중국에서의 기술에 관한 물음

up to you 3

The Question Concerning Technology in China:
An Essay in Cosmotechnics
© Urbanomic Media Ltd, 2016
Korean Translation edition © Saemulgyul Publishing House, 2019
This Korean edition is published by arrangement with
Urbanomic Media Ltd.
All rights reserved.

중국에서의 기술에 관한 물음
― 알고리즘 시대 인문학의 새로운 시작: 코스모테크닉스 시론

지은이	허욱
옮긴이	이철규 조형준
펴낸이	조형준
펴낸곳	새물결출판사
1판 1쇄	2019년 4월 16일
등록	서울 제15-52호(1989.11.9)
주소	121-822 서울특별시 마포구 망원1동 포은로 5길 46번지 2층
전화	(편집부)02-3141-8696 (영업부)02-3141-8697
이메일	saemulgyul@gmail.com
ISBN	978-89-5559-417-1(93100)

이 책의 한국어판 저작권은 저작권자와 독점 계약한 새물결출판사에 있습니다.
저작권법에 의해 한국 내에서 보호받는 저작물이므로 무단 전재와 무단 복제를 금합니다.

중국에서의 기술에 관한 물음
알고리즘 시대 인문학의 새로운 시작: 코스모테크닉스 시론

The Question Concerning Technology in China: An Essay in Cosmotechnics

허욱 許煜
조형준 이철규 옮김

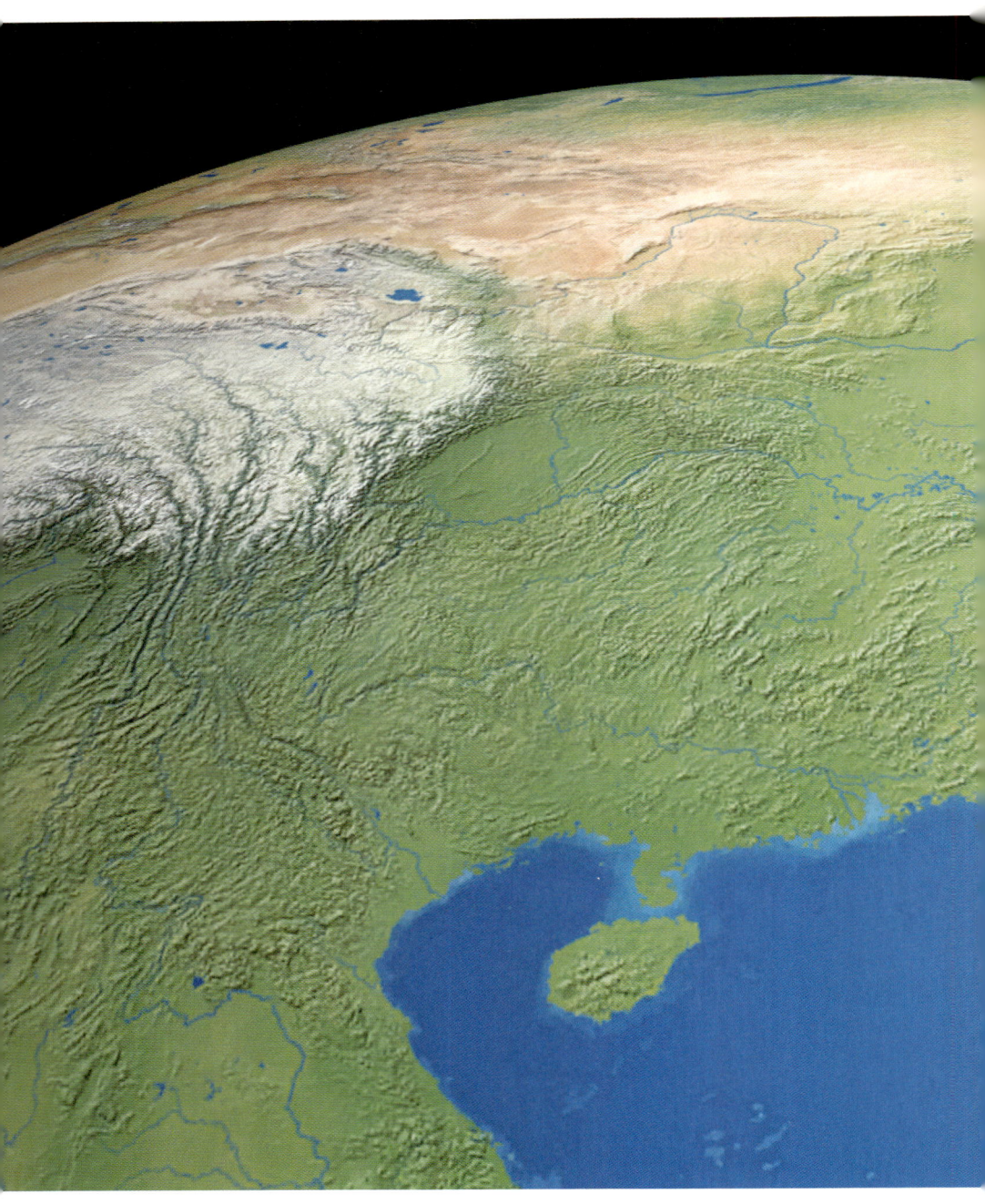

우주에서 바라 본 중국대륙.

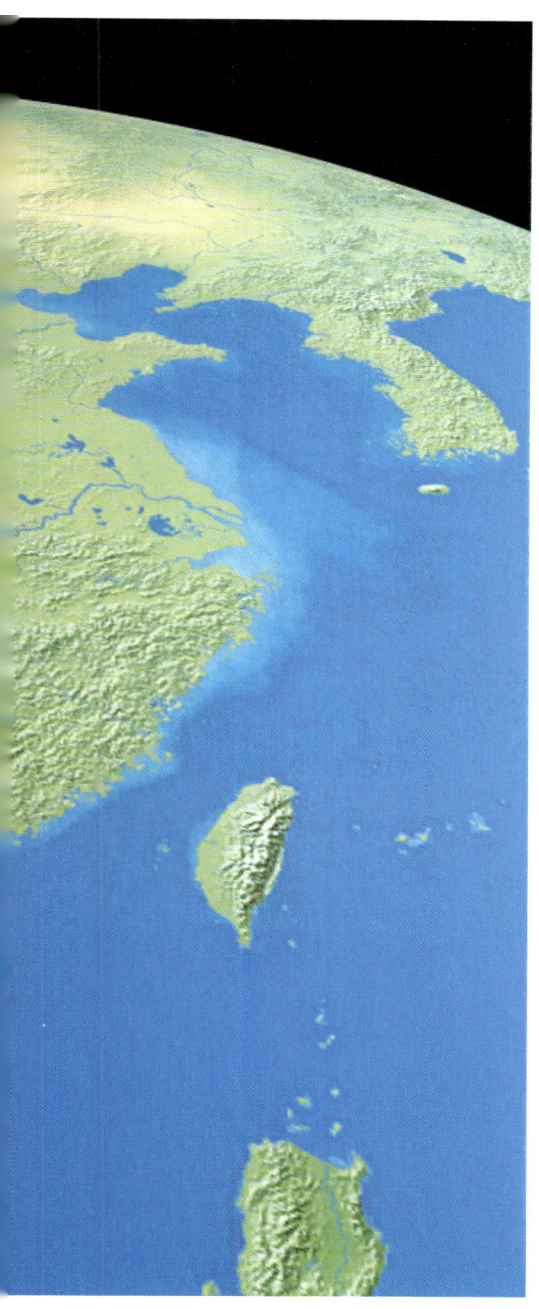

인류가 오존층을 파괴하기 전까지 중국 문명은 지구 위에 달에서도 보인다는 유일한 흔적, 즉 만리장성을 남긴 거대한 문명이었다. 중국의 영어 이름 China가 현대의 모바일 폰이라고 할 수 있는 도자기 china에서 유래한 것뿐만 아니라 베이컨 등 서구 지식인들이 화약, 종이, 나침판 등 세계의 3대 발명품을 만들었다고 격찬했듯이 중국 문명은 서양 문명과 본격적으로 접촉하기 전까지 기술 문명에서도 선진적이었다. 하지만 잘 아는 대로 중국은 '근대화'에서는 실패에 실패를 거듭했다. 19세기 중반에 세계의 중심에서 일종의 '변방'으로 전락하기 시작한 이 제국은 20세기 후반에는 정치적 독립에도 불구하고 '문화대혁명'이라는 문화적 야만으로 후퇴하는 듯했다. 하지만 20세기 말에 서구를 본격적으로 '따라잡으며' 모방과 복제와 흉내를 통해 어느덧 서구와 양적으로는 균형점에 이르러 G2로 불리며, '중국몽'과 함께 해상 및 육상 실크로드의 복구를 목표로 하는 '일대일로' 등 과거의 중화제국의 부활을 꿈꾸고 있다.
하지만 트럼프 정부와 정면충돌하고 있는 현재의 국면은 '자본 전쟁'이 아니라 중국은 과학과 기술에 대한 맹신에 기반한 단순 근대를 넘어 '코스모테크닉스'를 사유할 수 있는가라는 저자의 문제의식 속에서 재성찰되어야 할 것이다.

인간, 동물, 기계가 하나로 어우러진 중국의 전통 농촌 사회의 모습은 이 '수력사회'가 얼마나 선진적인 문명이었는지를 단적으로 보여준다.

기원전 6~5세기 말의 화병에 새겨진 중국 문명 초기의 다양한 모습. 상단의 그림은 채집 장면을, 중단의 그림은 사냥 장면을, 하단의 그림은 전투 장면을 보여준다.

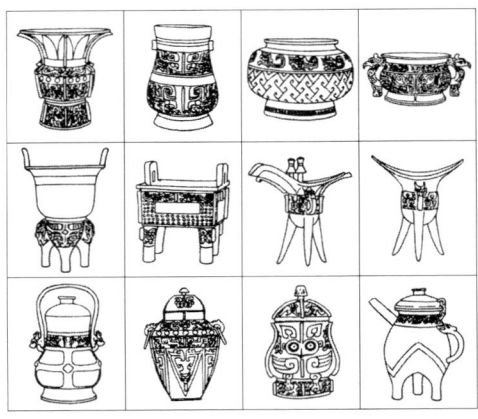

다양한 형태의 제기. 하늘에 제사지내기 위한 제기는 당대 최고의 합금 기술, 상감 기술, 세공 기술이 총동원된 종합예술이었다. 공자가 복원하려고 했던 주나라의 질서 또한 사실은 우주와 관련된 제례와 밀접하게 관련되어 있었다.

하늘 천天을 형상화한 최초의 상형문자 중의 하나. 1977년에 호북성의 한 무덤에서 발견된 상자 위에 옻을 칠해 그린 그림으로 기원전 3세기의 것이다.

영국이 인도를 침략하기 전, 최전성기를 누리고 있던 무굴 제국이 전 세계 부의 거의 절반을 차지했듯이 19세기 초에 서구 열강이 본격적으로 침략하기 전까지 청제국의 '국부'는 오히려 영국 제국을 능가했다. 실제로 아편전쟁은 영국 제국주의의 (인도)식민지 경영의 실패에 대한 야만적 자백에 다름 아니었다. 하지만 중국의 기술 문명과 관련해서는 '니덤의 질문'이라는 아킬레스건이 존재한다. 즉 왜 중국에서는 근대과학과 기술이 출현하지 않았는가? 니덤에 따르면 심지어 유럽의 근대 이전에는 중국의 과학기술이 유럽보다 더 선진적이었다. 하지만 저자에 따르면 서구 사상의 뿌리에 놓인 그리스 기하학의 기본 논리인 필증성必證性이 이후 서구의 합리적 사유, 이어 기술적 사유의 뿌리에 놓여 있던 반면 중국적 사유에서는 필증성의 논리에 토대를 놓아줄 기하학적 사유는 보이지 않는다. 즉 '기술'에 대한 사유가 존재할 토대가 부재한다. 간단하게 요약하자면 서구에서는 '코스모스'에 대한 사유가 윤리화되는 대신 기술화되는 반면 중국에서는 코스모스에 대한 사유가 윤리화되면서 기술에 대한 사유가 부재한다. 그리하여 중국에서는 하늘의 논리가 인간의 도리, 그리고 이어 자연의 이치가 된다. 이 코스모스와 기술을 합일시키는 것이 21세기 문명의 과제가 아닐까?

강희제 태산을 순방하다. 왕휘王翬 등, 〈강희남순도康熙南巡圖〉(3권, 제남지태산濟南至泰山).

만약 중국적 사유의 특징 같은 것이 존재한다면 천인합일을 기본으로 하는 형이상학의 발전 그리고 형이상학과 정치의 긴밀한 통일을 들 수 있을 것이다. 서구 철학은 너 자신을 알라는 소크라테스의 정언명령, 그리고 너 자신의 내면을 들여다보고 네가 신 앞에 서라는 아우구스티누스의 신학적 정언명령에서 볼 수 있듯이 외부의 자연이나 우주 등의 경험 세계로부터의 인간의 독립을 중심으로 하며 이는 데카르트와 칸트의 근대 철학까지 계속 이어진다. 하지만 그것은 나를 알기 위한 도구에 의한 매개, 일종의 외부화를 필연적으로 요구한다. 그리고 그것은 베버가 말하는 대로 자본주의 정신과 프로테스탄트 윤리의 역설적 결합

이라는 형태로 기술의 발전을 잠재적으로 내포하는 것이었다. 하지만 동양은 우주를 신적 세계라는 또 다른 형이상학으로 확장하지 않고 그것을 인간 세계와 결합시키는 지극히 '현세적' 사유 방식을 보여준다. 그리하여 도교를 제외한 여러 사상학파는 현실 정치와 긴밀하게 결합되게 되었으며, 이것은 하늘을 대신해 천하를 다스리는 천자라는 개념으로 구체화되었다. 일종의 정치와 하늘에 대한 사유의 병진 현상을 볼 수 있는 것이다. 이처럼 우주적 형이상학의 정치론이 아니라 우주와 기술의 새로운 매개적 변증 방법을 찾는 것은 저자 말대로 21세기 동양의 사유의 가장 긴급한 과제 중의 하나일 것이다.

(위) 제2차 아편전쟁 때 영국군과 청군의 전투 장면. (아래) 페리 제독을 환영하는 일본의 막부 정권.

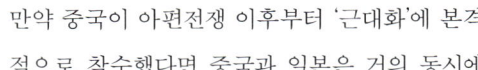 만약 중국이 아편전쟁 이후부터 '근대화'에 본격적으로 착수했다면 중국과 일본은 거의 동시에 '근대화'에 착수한 셈이다. 하지만 이후 두 나라의 역사적 명암은 극명하게 갈렸으며, 그것은 거의 20세기 후반까지 계속 이어진 것처럼 보인다. 하지만 이 명암이 단순히 근대화에의 성공과 실패라고 할 수 없는 것은 일본의 성공은 20세기 중반의 '근대 초극 논쟁'이 보여주듯이 정신적으로는 형이상학적 파시즘으로 귀결되고, 현실적으로는 대동아공영권을 빙자한 전쟁으로 치달았기 때문이다. 그리고 전후에는 완전히 미국의 지적·정신적·군사적 식민지가 되고, 한때 '경제적 동물'이라는 비아냥을 들었듯이 아직도 일본이 진정 극대를 '초극'했다는 평가를 내리기에는 여러모로 부족한 모습이다. 중국은 19~20세기의 '대실패'를 20세기 말에 개혁개방을 통해 순식간에 만회하는 듯했으나 지금 '동도서기'라는 19세기 문제의식 중 '동도'는 완전히 망각된 듯하다. '흑묘백묘론'이 단지 경제 영역뿐만 아니라 사회 전체와 대외 관계까지 중국의 정신 전체를 지배하고 있는 듯하다. 미국 문명의 매력 중의 하나가 '소프트 파워'라는 점에 비추어 볼 때 거대한 비만아가 된 21세기 중국이 어떻게 새로운 '정신문명'을 건설하느냐가 전 지구인의 초미의 관심사가 되고 있다.

아시아에서 유일하게 일본이라는 아시아 국가에게 식민지가 된 한국의 근대화 초기의 운명은 이 그림 어느 쪽에도 속하지 않는 비참한 것이었다. 동시에 그것은 그만큼 한국에서는 근대화의 염원과 동력이 강할 수밖에 없었음을 의미하는데, 그것은 어쩌면 중국에서처럼 '동도서기'론조차 허용하지 않는 것이었다. 해방 후에 군사독재와 유신헌법이라는 예외 상태 하에서 경제가 비로소 '근대화'에 성공한 역사의 굴곡이 이를 너무나 잘 보여준다. 하지만 이 과정에서 '동도' 자체를 거의 완전히 망각할 수밖에 없었던 한국 또한 진정한 창조력과 정신문명의 세기인 21세기에 과거의 물질 만능주의의 잔혹한 복수를 목전에 두고 있다면 지나친 과장일까?

서양 중세의 기하학 연구.

서구의 철학적 사유의 최대 성과 중 하나는 '기하학'의 발견이라고 할 수 있다. 위대한 그리스 연구자 베르낭에 따르면 과학을 비롯해 서구 문명 전체를 오늘날까지 각인하고 있는 '법'이나 '법칙'을 의미하는 그리스의 노모스 _nōmoi_ 는 기하학과 긴밀하게 관련되어 있다. 이 법 또는 법칙은 노모스가 기하학과 긴밀하게 관련되어 있기 때문에 또한 디케 즉 정의와도 밀접한 관련을 맺게 되는데, 그것은 기하학적 조화를 상징하는 원으로 표현되어 아고라 등의 건축으로 구현되었다. 이처럼 기하학이 과학과 기술은 물론 인간 세계의 정의 그리고 신적 질서 모두를 정초하는 기본 원리였다. 이것은 20세기의 데카르트라고 할 수 있는 후설이 『기하학의 기원』에서 논구한 이래 데리다까지 이어지면서 서구 사상사를 조명할 수 있는 새로운 빛을

『기하 원본』을 공동번역한 마테오리치와 서광계.

던지고 있다. 하지만 이와 반대로 유교와 도교를 비롯한 동양의 사유는 완연히 하늘의 이치와 인간의 도리라는 원리를 통일적으로 궁구하는 것을 중심으로 하고 있었는데, 따라서 반기술적이고 반기하학적일 수밖에 없었다.

유클리드의 『기하 원본』의 중국어 번역이 중국과 서양 문명의 교섭사에서 하나의 이정표가 될 수 있는 것은 이 때문이지만 이후 중국의 사유는 '필증성'의 방향이 아니라 형이상학과 실용(주의)이라는 극단을 왕복하게 되었다. 예를 들어 '실용'이 극에 달해 부작용이 나타날 때마다 '형이상학'의 공자가 소환되는 역사의 경험이 이를 잘 보여준다.

인도의 판타의 아편 제조 공장.

인도의 판타에 쌓여 있는 어마어마한 아편의 양은 19세기 중반에 중국에 불교의 전래만큼 큰 '정신적 충격'을 가한 아편전쟁의 진실을 단적으로 보여준다. 무굴 제국의 전성기에는 향신료를 비롯한 전 세계 부의 거의 절반이 이 신비한 제국을 통과했던 것으로 알려졌다. 이 때문에 영국이라는 근대 제국주의는 인도와 중국이라는 구제국을 신기술과 신문명을 통해 정복했다. 하지만 결국 그것은 인도 경영 때문에 파국에 처한 재정을 중국에 인도 산 아편을 판매해 보충해야 하는 도덕의 파국에 이어, 아편전쟁이라는 '문명의 야만'으로 귀결되었다. 쇄국정책과 함께 고두 의례로 상징되는 문화적 우월감에 빠진 채 우물 안 개구리가 되어 있던 중화 제국이 이 '문명의 야만'에 패배해 '세계의 중심'이 아닌 것으로 판명된 것이 중국의 실질적 근대화의 시초가 되었다. '정신'과 '문명'만 고집하다 '오랑캐'의 기술에 철저하게 패한 것이다. 현재 중국 정부가 추진 중인 여러 프로젝트에는 저자 말을 빌리자면 '테크놀로지'만 들어 있지 '코스모스'라는 우주와 형이상학은 빠져 있는 것처럼 보인다. 즉 '정신'과 '문명'은 없이 '오랑캐'에게서 배운 테크놀로지만 역수출하는 모습이다. 저자 주장대로 우주와 하늘의 이치를 궁구한 중국의 거대한 뿌리인 '전통'에 대한 변증적 사유가 필요한 이유가 여기 있다.

현대와 전통 사이에 선 오늘의 중국.

중국의 사상가 이택후에 따르면 20세기 중국의 사상사적 사명은 '구국과 계몽의 변증' 사이의 아찔한 외줄타기였다. 그리고 그는 극단적 이념으로 점철되어 무수한 희생과 정치적 소란만 되풀이한 20세기 중국의 역사에 '고별혁명'을 선언하며 실용의 세기를 열 것을 주문하고 있다. 21세기 중국은 어떤 미래의 궤적을 그려나갈 것인가? 이 문제는 단지 중국만의 문제가 아니라 넓게는 지구촌 전체의 문제, 좁게는 이 거대한 슈퍼자이언트를 바로 옆에 두고 있는 우리의 직접적 고민이기도 하다. 그리고 우리는 점점 이 거대한 비만아에게 하루는 매혹을, 다른 하루는 대경실색하는 일을 점점 더 빈번하게 반복하고 있다. 아무튼 G2로 세계사의 지정학적 지위를 변경한 중국의 급속한 변화는 동시에 '중국 물음'에 대한 사상적·철학적 물음을 새롭게 제기할 것을 요구하고 있다. 민주화/산업화라는 패러다임에 몇십 년째 갇혀 있는 우리 시야를 넓혀 중국과 일본을 모두 시야에 넣은 채, 그리고 저자 주장대로 코스모스와 기술을 함께 사유할 때만이 과거의 소비적 논쟁을 넘어 미래를 여는 길을 모색할 수 있을 것이다. 가끔은 우주와 하늘 같은 '뜬금없는 이야기'가 필요하며, 그것만이 새로운 세상이 보이도록 만들어준다.

허욱 Yuk Hui

홍콩 출신의 철학자로 독일의 로이파나Leuphana대학교와 중국의 차이나 아카데미 오브 아트China Academy of Art에서 가르치고 있다. 국제시몽동연구센터 회원으로 본서 외에도 *On the Existence of Digital Objects*(2016)와 *Recursivity and Contingency* 등의 저서가 있다.

런던의 골드스미스에서 스티글러의 지도 아래 (기술)철학을 전공했다. 서양 형이상학의 존재–망각을 극복하려고 한 하이데거를 다시 기술–망각 테제를 통해 넘어서고자 하는 스티글러의 문제의식과 공명하고 또 대화하면서 '21세기의 기술 문명 극복'이라는 거대한 과제를 '동양'의 눈을 통해 글로벌하게 모색하고 있다. 우리 시대의 절박한 이 과제를 동서양을 두루 아우르면서 새롭게 사유하려는 선구적인 시도 중의 하나를 대변하는 이 신진학자의 새로운 시도는 중국과 일본을 비롯해 유럽 등 전 세계에 걸쳐 널리 주목받고 있다.

옮긴이

이철규　서울대학교 독어독문학과를 졸업하고 중국 상하이의 복단대학교에서
　　　　석사학위를 받았다.
조형준　서울대학교 영어영문학과를 졸업하고 석사 과정을 수료했다.

일러두기

1. 본문 중 볼드는 필자의 강조이다.
2. 인용문은 기존 번역서를 참조했으나 미번역된 것은 역자가 직접 번역했다.
3. 단행본이나 학술지, 잡지는 『 』로, 논문과 시, 단편 소설은 「 」로 음악과 미술 작품 등은 〈 〉로 표시했다.

차례 · 중국에서의 기술에 관한 물음

옮긴이 서문 … 27
서문 … 61

서론 67
    1.   프로메테우스 되기 … 74
    2.   우주, 우주론, 코스모테크닉스 … 85
    3.   테크놀로지적 파열과 형이상학적 통일 … 101
    4.   근대(성), 근대화 그리고 기술성 … 106
    5.   무엇을 위한 '존재론적 전회'인가? … 113
    6.   방법에 대한 몇 가지 노트 … 121

1부   중국의 테크놀로지 사상을 찾아서

    7.   도와 우주: 도덕 원리 … 129
    8.   폭력으로서의 테크네 … 138
    9.   조화와 하늘 … 149
    10. 도-기: 덕 대 자유 … 157
        10. 1. 도교에서의 기와 도: 포정해우 … 171
        10. 2. 유교에서의 기-도: 예의 복원 … 179

10. 3. 스토아학파적 코스모테크닉스와 도교적 코스모테크닉스에 대한 논평 ⋯ 187
11. 저항으로서의 기-도: 당대의 고문 운동 ⋯ 201
12. 초기 신유교에서의 유물론적 기氣 이론 ⋯ 206
13. 명대의 송응성의 기술백과사전에서의 기-도 ⋯ 210
14. 장학성과 도의 역사화 ⋯ 220
15. 아편전쟁 후의 기-도의 파열 ⋯ 224
16. 기-도의 붕괴 ⋯ 231
    16. 1. 장군매: 과학 그리고 삶의 문제 ⋯ 232
    16. 2. 중국 본위의 문화 건설 선언과 그에 대한 비판자들 ⋯ 235
17. 니덤의 질문 ⋯ 238
    17. 1. 유기적 사유양식과 자연의 법칙들 ⋯ 241
18. 모종삼의 응답 ⋯ 246
    18. 1. 칸트의 지적 직관에 대한 모종삼의 전유 ⋯ 246
    18. 2. 모종삼에서 양지의 자기-부정 ⋯ 257
19. '자연 변증법'과 형이상학의 종언 ⋯ 264

2부 근대(성)와 기술-의식

20. 기하학과 시간 ⋯ 273
    20. 1. 고대 중국에서의 기하학의 부재 ⋯ 275
    20. 2. 기하학화와 시간화 ⋯ 281
    20. 3. 기하학과 우주론적 특수성 ⋯ 289
21. 근대(성)와 테크놀로지-의식 ⋯ 297
22. 근대(성)의 기억 ⋯ 305
23. 니힐리즘과 근대 ⋯ 317

24. '근대 초극' … 325

25. 포스트모던의 상기 … 346

26. 귀향의 딜레마 … 361

27. 인신세에서의 중화미래주의中華未來主義(1839~2046년) … 369

28. 또 다른 세계사를 위하여 … 381

찾아보기 … 393

《이 책에서 논하는 동서양 사상가 연표》

선사시대 ★
- 복희
- 여와
- 신농(염제, 여산씨)

상(기원전 1766~1122년) ★
주(기원전 1122~256년) ★

동양	서양
노자(기원전~531년)	솔론(기원전 640~558년)
공자(기원전 551~479년)	탈레스(기원전 624~546년)
묵자(기원전 470~391년)	아낙시만드로스(기원전 610~546년)
장자(기원전 370~287년)	헤라클레이토스(기원전 535~475년)
맹자(기원전 372~289년)	파르메니데스(기원전 515~450년)
순자(기원전 313~238년)	소포클레스(기원전 497/6~406/5년)
	소크라테스(기원전 470/469~399년)
	플라톤(기원전 428/427~348/347년)
	아리스토텔레스(기원전 384~322년)
	유클리드(기원전 300)

진(기원전 221~207년) ★
- 아르키메데스(기원전 287~212년)
- 키티움의 제논(기원전 334~262년)
- 클레안테스(기원전 330~230년)
- 솔로이의 크리시포스(기원전 279~206년)

한(기원전 206~기원후 220년) ★

동양	서양
유안(기원전 179~122년)	키케로(기원전 106~43)
동중서(기원전 179~104년)	세네카(1~65년)
사마천(기원전 145~90년)	프톨레마이오스(100~170년)
정현(127~200년)	마르쿠스 아우렐리우스(121~180년)

육조(220~589년) ★
3국(220~265년) ★
진(265~420년) ★
위진남북조(386~589년) ★

동양	서양
왕필(226~249년)	알렉산드리아의 파포스(290~350년)
곽상(252~312년)	디오게네스 라에르티오스(3세기)
	아우구스티누스(354~430년)

보에티우스(480~524년)

수(589~618년) ★
당(618~907년) ★
　한유(768~824년)
　유종원(773~819년)
　홍인(601~685년)
　신수(606~706년)
　혜능(638~713년)

오대십국(907~960년) ★
송(960~1270년) ★
북송(960~1127년) ★
남송(1127~1279년) ★
　주돈이(1017~1073년)　　　배스의 아벨라르(1080~1152년)
　장재(1020~1077년)　　　　토마스 아퀴나스(1251~1274년)
　정호(1032~1085년)
　정이(1033~1107년)
　소옹(1011~1077년)
　주희(1130~1200년)

원(1279~1368년) ★
명(1368~1644년) ★
　왕양명(1472~1529년)　　　니콜라스 쿠자누스(1401~1464년)
　송응성(1587~1666년)　　　잠베르티(1473~1543년)
　　　　　　　　　　　　　　코페르니쿠스(1473~1543년)
　　　　　　　　　　　　　　브라헤(1546~1601년)
　　　　　　　　　　　　　　수아레스(1548~1617년)
　　　　　　　　　　　　　　갈릴레이(1564~1642년)
　　　　　　　　　　　　　　케플러(1571~1630년)
　　　　　　　　　　　　　　데카르트(1596~1650년)

청(1644~1911년) ★
　왕부지(1619~1692년)　　　스피노자(1632~1677년)
　대진(1724~1777년)　　　　뉴턴(1642~1727년)
　단옥재(1735~1815년)　　　라이프니츠(1646~1716년)
　장학성(1738~1801년)　　　칸트(1724~1804년)
　공자진(1792~1841년)　　　헤겔(1770~1831년)

위원 (1795~1856년)
엄복 (1894~1921년)
강유위 (1858~1927년)
담사동 (1865~1898년)
오치휘 (1865~1953년)
왕국유 (1877~1927년)

셸링 (1775~1854년)

횔덜린 (1770~1842년)
캅 (1808~1896년)
니체 (1844~1900년)
후설 (1859~1938년)
베르그송 (1859~1892년)
데자우어 (1881~1963년)

민국(1912~1949년) ★

프로이트 (1886~1939년)
하이데거 (1889~1976년)
마르쿠제 (1898~1979년)
르루아-구랑 (1911~1986년)
엘륄 (1912~1994년)
베르낭 (1914~2007년)
시몽동 (1924~1989년)
리오타르 (1924~1998년)
하버마스 (1929년~)
데리다 (1930~2004년)
바디우 (1937~)
슬로터다이크 (1947년~)
스티글러 (1952년~)

진독수 (1879~1942년)
웅십력 (1885~1968년)
장동손 (1886~1973년)
장군매 (1887~1968년)
정문강 (1887~1936년)
호적 (1891~1962년)
허지산 (1893~1941년)
풍우란 (1895~1990년)
모종삼 (1909~1995년)
장대년 (1909~2004년)
우광원 (1915~2013년)
노사광 (1927~2012년)
이택후 (1930년~)
여영시 (1930년~)
진창서 (1932~2011년)
유술선 (1934~2016년)
두유명 (1940년~)

중국에서의 기술에 관한 물음   up to you 3

⟨옮긴이 서문⟩
테크놀로지의 계보학, 코스모스와 테크네
— 디지털 시대의 새로운 사유를 위한 소고

1

이 책의 저자 허욱은 최근에 만난 기인이자 귀인 중의 한 사람이다. 그를 만나게 된 것은 이 책과 함께 출간되는 『자동화 사회 1 — 노동의 미래』의 저자 스티글러를 통해서였다.

그의 책을 번역 중이던 나는, 그에게 그(그리고 시몽동)의 몇몇 용어에 대한 번역어를 함께 논의해줄 아시아권 학자를 소개해줄 것을 부탁한 터였다. 나중에 알게 된 바지만 홍콩 출신의 허욱은 스티글러가 런던의 골드스미스에 있을 때 제자였을 뿐만 아니라 이 책이 스티글러에게 헌정된 데서 알 수 있듯이 둘은 일종의 '사상적 동지'이기도 했다.

그렇게 해서 연락이 닿았는데, 마침 그는 광주비엔날레 발표자로 방한할 예정이었다. 여러 경로를 통해 저자가 해당 학계에 등장한 '앙팡 테리블'이라는 말을 전해 들은 나는 지인들과 함께 한 대학교에서 그의 생각을 엿볼 수 있는 세미나를 조직하고, 번역과 관련된 문제는 광주로 동행하면서 해결하기로 했다. — 나는 그가 독일에서 출발해 UC 버클리를 거쳐 콜로라도대학교의 짐머만 교수(미국의 대표적인 하이데거 연구자 중의 하나이다)를 만나고 오는 중임을 알게 되었다.

당연히 우리 이야기는 유럽에서 크게 논쟁 중이던 하이데거의 『블랙 노트북』부터 시작해 라투르, 쥘리앵, 루만 등 그가 공부하는 유럽의 몇몇 주요 사상가를 섭렵하게 되었다. 그가 이 많은 사상가를 지독하게 읽어대거나 생존 중인 학자를 개별적으로 만난 일은 그 자체만으로도 흥미진진했다. 또한 그는 내게 거의 문외한이던, 그가 전공하는 시몽동에 대해 문제의식 중심으로 몇 권의 편집서를 출판하자며 기꺼이 편집자를 자임해주기로 했다. 자연히 나는 그에 대해 무지막지한 책벌레지만 동시에 '백면서생'과는 전혀 다른 빼어난 현실 감각을 겸비하고 있다는 인상을 갖게 되었다.[1]

그렇게 이야기를 나누며 나는, 그가 '나는 왜 공부하는가?'라는 물음에 대해 정말 깊은 이해와 성찰을 갖고 있음을 알게 되었다. 그가 내

---

[1] 저자를 만난 후 파리에서 스티글러를 만난 일이 있는데, 그를 만나기 전에 들른 서너 군데 서점에서는 작지만 시몽동의 '부활'이라고 할 만큼 그의 책이 제법 자리를 차지하고 있었다. 작고 직전의 시몽동을 만난 일이며 '비물질 노동'을 축으로 하는 이탈리아 그룹의 시몽동 연구 방식에 대한 스티글러의 이야기를 들으며 시몽동도 유럽에서 다양한 방식으로 수용, 소화되고 있음을 알 수 있었다. 우리 또한 마찬가지여야 할 것이다. 스티글러(이 책의 저자도 마찬가지인 것처럼 보인다)는 1993년에 등장한 www와 디지털을 '기술철학'의 일종의 코페르니쿠스적 전환으로 보며, 이를 기준으로 1989년에 작고한 시몽동의 사유의 장단점을 평가하고 있는 것처럼 보였다. 그리고 '감시', '통제', '규율', '통치성'과 관련해 한국에서 유행 중인(?) 들뢰즈에 대해서도 마찬가지로 www와 알고리즘으로 대표되는 새로운 '통치성'의 전 지구화의 현재 상황에서는 더 이상 적용 불가능하다고 보는 것처럼 보였다(자세한 내용에 대해서는 『자동화 사회』를 참조하라). www와 디지털이라는 '테크놀로지'의 새로운 단계(로자 룩셈부르크가 말하는 '금융자본'과 달리 레닌이 말하는 자본주의의 제국주의 단계에 비견되

게 귀인인 이유였다. 이 점은 광주에 거의 도착할 무렵 입시 스트레스가 우리의 몇 배나 된다는 홍콩에서 어린학생들이 목숨을 버리는 안타까운 이야기를 하다가 확인되었다. 우리는 현대의 몇몇 철학적 흐름의 공허함과, 시대의 고통의 자리에 있어야 할 철학의 의무에 대한 속 깊은 이야기를 주고받으며 발표회장으로 들어갔던 기억이 아직도 생생하다.

앞의 사실을 두고 '귀인' 운운하는 것은 과할 수도 있지만 눈 밝은 독자라면 그것이 우리의 지식사회를 염두에 둔 다소 전술적인 진술임을 어렵지 않게 눈치챌 수 있을 것이다.

물론 우리에게도 지식인의 '실천'과 관련해 조선시대부터의 오랜 전통과 역사가 있고, 근대에 들어서도 그러한 전통은 연속되었다. 하지만 동시에 그것은 거의 언제나 '학문'이나 '진리' 자체가 아니라 '과거 시험'을 통한 입신양명과 '출세' 등의 도구적 성격에 묶여 있기도 했다. 설사 의도하지 않더라도 결국 '정치(화)'로 귀결되거나 '윤리(화)'로, '정치적 정당화' 도구로 굴절되는 경우가 비일비재했다. 따라서 후설 말대로 '사태 자체로 zur Sache selbst' 박진迫進하는 일은 예나 지금이나 좀체 드물었다. 그리하여 소문난 잔치에 먹을 게 없다고, 조선시대에 무수한 당쟁이 벌어졌지만 그처럼 격렬한 '정치적' 다툼이 사마천의 경우처럼

는 — 구글, 아마존 등을 중심으로 한 — '자본주의의 인터넷 제국주의 단계'?)를 역사적 시대 평가의 새로운 기준으로 삼자는 그의 제안은 좀 더 자세히 검토해보아야겠지만 현재의 우리 사상계의 표류와 관련해 시사하는 바가 많을 것이다. 즉 냉전의 해체 이후 '포스트모더니즘'이 옳건 그르건 우리의 사상적 지표가 되어주었듯이 www와 디지털의 등장과 함께 우리 시대의 '생명과 기술'을 사유하기 위한 새로운 철학이 필요하리라. 이와 관련해 '호모 사케르'라는 아감벤의 테제가 나름의 울림과 한계를 동시에 느끼게 만들고 있는 것 또한 이 때문일 것이다. 즉 '생명' 또는 '생명정치'에 대한 사유는 '기술'에 대한 사유와 결합되어야 한다.

정치적 피의 대가를 궁극적 '진리'를 통해 되돌려주는 일은 드물었다.

그것은 현대에 와서도 마찬가지로, 20세기 하반기의 가장 큰 이론적 논쟁 중의 하나인 '사회구성체논쟁'에 대해서도 똑같이 말할 수 있을 것이다. 이 논쟁의 주류를 이룬 '식민지반봉건사회론'의 경우, '반미투쟁'이라는 정치적 실천을 위해 1980년대의 한국 자본주의를 그렇게 규정한 점에서 이론의 정치화와 도구화를 전형적으로 보여준다. '정통' 마르크스주의에서조차 '이론'은 상대적 자율성을 갖지만, 우리 사회에서 이론의 정치에의 종속은 조선시대부터 '거대한 뿌리'를 갖고 있는 것 같다. '공부'가 과거에 '과거'를 위한 도구였고 지금도 여전히 '고시'를 치르기 위한 도구일 뿐인 것을 보라.

그처럼 실천이나 실용과 초라한 병리적 관계만 맺기 때문에 이론이나 이념은 동시에 역방향으로 관념 속에서 과격화되기 일쑤였다. 이는 조선시대에 사대부가 '소중화'를 자임할 수 있도록 해주었고, 현대에는 지식인들이 자폐적 급진주의('주체사상', '민족문학이 세계문학이다')를 통해 정치투쟁에 나서는 것을 가능하게 해주었다.

이처럼 이론과 정치가 일종의 근친상간 관계를 맺어온 전통은 21세기까지도 이어지고 있는데, 소위 '386' 세대가 이 둘을 모두 장악함으로써 과거를 반복하고 있는 듯하다. 지금 '87체제'니 '분단체제'니 온통 과거 체제가 현재 체제를 규정한다는 이야기만 나돌지 미래 체제에 대해서는 일체 말이 없는 것은 여러모로 징후적이다. 누구나 알고 있듯 '87체제' 등은 소위 '386' 세대 이외의 다른 모든 세대를 학문적·정치적으로 선험적으로 배제하는 경향이 있다.2 그러면서 어떤 새로운 이론

---

2 과연 21세기의 한국 사회가 이 두 '체제'에 의해 사태 자체로서 얼마나 해명

도, 어떤 새로운 정치적 비전도 보여주지 못하고 있다. 이는 지식사회에서도 또 정계에서도 모두 사실이지 않은가?

하지만 정작 이제는 그러한 '이론' 공부, 심지어 '논쟁'의 목소리마저 좋았던 옛일이 되고 말았다. 옛적에 왕조가 망할 때는 마을에서 아이 울음소리가 그친다고 했듯이 이제는 이론적 논쟁이나 토론 자체가 잠잠해진 지 꽤 오래된 듯하다. 그나마 들리는 소소한 목소리도 '대학 자체의 문제'로 게토화되어버린 듯하다.

2

지식사회가 이렇게 적막강산으로 변하거나 마피아처럼 오메르타, 즉 침묵의 계율을 고수하고 있는 것과 달리 사회 전반은 'ㅇㅇ 혐오', 'ㅇ포 세대', 'ㅇ수저', '이생망', '갑질', '미투' 등 온갖 고성과 함성과 괴성으로 들끓고 있다.

물론 그것들은 얼핏 보면 시대에 대한 깊은 성찰을 보여주기보다는 한 단계 지양되어야 할 어떤 고통을 직설적으로 내뱉고 있는 것처럼 보인다. 동시에 그러한 시대의 아우성의 반대편에는 디지털과 SNS의 '참을 수 없는 존재의 가벼움'이 공존하며 배출구 노릇을 하고 있다. 이와

될 수 있을까? 스티글러와 저자 주장대로 www가 전 세계적으로 등장한 1993년 그리고 무한 경쟁의 신자유주의의 글로벌 체제에 한국 자본주의가 본격 편입된 1997년을 한국 사회의 '체제' 전환의 진정한 이정표로 간주해야 하지 않을까? 한국의 지식사회에서 이론의 정치적 과잉화/'사실'적 빈곤의 대조는 놀라울 정도이다. 그것이 가능한 것은 그들이 제시하는 이론이 진리이기 때문이 아니라 오직 그들이 현실 권력을 장악하고 있기 때문이 아닐까?

관련한 몇몇 현상은 프로이트의 생각을 떠올리게 한다. 그는 아이가 어머니의 물리적 부재를 수용하면서 상징계로 진입할 때 어머니가 사라지면 실패를 들고 '포르트*fort*(없다, 갔다)'라고 했다가 나타나면 '다*da*(있다, 왔다)'를 반복하며 세계의 상실을 견딘다고 말한다. 우리도 그와 비슷하게 온갖 불만과 부재와 상실에 대해 모바일 폰이라는 디지털 실패를 들고 '좋아요'와 '싫어요'를 누르며 온갖 감정 또는 니체가 말하는 '원한'을 배설하는 단계로 퇴행하고 있는 듯하다.

이와 관련해 라캉의 헤겔 독해가 하나의 '거울'을 제공해줄 수 있을 텐데, 그는 『정신현상학』을 독해하며 정신분석가가 '아름다운 영혼'과 '마음의 법칙'이라는 두 가지 태도를 쉽게 취할 수 있는 것을 경계할 것을 촉구하고 있다. '아름다운 영혼'은 — 극히 단순화하자면 — 나의 영혼은 아름다운데 세상은 타락하고 부패했다는 낭만주의적 인식이다. 세상이 온통 '슬프기만 한' 베르테르나 야만적 사유*pensée sauvage*가 문명보다 과학적이라며 불교의 '열반'으로 망명한 '슬픈 열대'의 저자가 그러한 세계 인식의 전형을 보여준다. 우리 사회의 '헬조선'이라는 말에서도 단적으로 그것을 찾아볼 수 있다. 그리고 'O 수저' 주장부터 SNS에서의 무수한 '혐오' 논란과 막가파식 '논쟁'에서 그것의 변형태를 찾아볼 수 있다.

이 '헬'은 그와 정반대되는 아름다운 영혼을 맞짝으로 가진다. 한국 사회에 거의 항시적인 정신적 압박으로 존재하는 성형 유혹, 다이어트 강요, '뽀샵' 문화, '먹방' 셀카 등을 아름다운 영혼을 외적으로 드러내기 위한 몸부림으로 볼 수 있지 않을까?

또한 세간의 논란이 된 지 오래인 소위 '일베'도 얼마든지 '아름다운 영혼'의 논리에 비추어 읽어낼 수 있을 것이다. 일종의 물구나무 선 '아름다운 영혼'으로 말이다. 그들은 세상이 '헬'일 뿐만 아니라 본인의 영혼도 아름답지 '않다'는 급진적(?) 제스처를 취한다. 그렇게 세상 모든 것으로부터 책임과 의무를 면제받는('일간日刊'=하루살이) 동시에 내가 세상에서 가장 '아름답다=추하다'('베스트')고 주장한다.3 하지만 그들의 상당수가 소위 '명문대' 출신이라는 이야기는 우리 사회의 '원한'의 사회학과 관련해 놀라운 사실을 말해준다. 즉 니체는 원한이 '약자'의 노예의 윤리라며 '초인'을 새로운 도덕으로 제시하지만 세계에 대한 일베의 '원한'은 약자를 가장한 '강자'의 원한으로, 우리의 정신적 병리가 얼마나 삐딱하게 왜곡되어 있는지를 전형적으로 보여주는 징후이다.

'마음의 법칙'이야말로 한국의 디지털 문화가 낳은 가장 대표적인 병리 현상이다. 이를 극히 단순하게 요약하면, 먼저 내 마음속에서 생겨난 것이 세계 내의 객관적 법칙이며, 그리하여 내가 하는 개별적 행위는 보편적 선을 위한 것이라는 논리라고 할 수 있다. 즉 이 단계의 '정신의 여정'에서는 마음속에서 싹트는 법칙과 외부의 필연성이 일체화되며, 따라서 나의 쾌락의 향유나 정의의 추구는 모든 인류를 위한 것이다.

헤겔은 그것을 '마음의 법칙das Gesetz des Herzens'이라는 일종의 형용모순적 개념— 법칙은 항상 객관적이기 때문이다 — 으로 정식화하지만 문제는 우리의 고도의 디지털 문화(의 SNS 문화)에서는 이 '마음의

---

3 라캉은 『에크리』에서 공격성과 혐오의 메커니즘을 분석하면서 '아름다운 영혼'은 자기가 "맞서 싸우고 있는 큰 혼란에 아름다운 영혼으로서 기여하고 있다는 사실을 인식하지 못하고", "자기 존재를 규정하는 무질서를 세계에 전가한다"(『에크리』, 141페이지, 새물결출판사)고 지적한다. 그것은 헤겔 말대로 예수가 십자가에 처형당하면서 '저들은 자기가 무슨 짓을 하는지를 모르나이다'라고 말한 것을 떠올린다. 헤겔은 여전히 생생하게 살아 있다.

옮긴이 서문 33

법칙'이 구체적으로 실현되기 위한 최적의 (기술적·정치적) 조건이 제공되며, 따라서 그것이 형용모순처럼 보이지 않는다는 것이다. 예를 들어 최근 논란 중인 '드루킹 사건'보다 이것을 더 잘 보여주는 예도 없을 것이다.

마치 피히테의 '아我=타他의 철학'을 연상시키는 이 '마음의 법칙'이 우리 사회에 가져온 급속한 변화와 병리 현상에 대해 여기서 길게 논할 수는 없지만, 다행히 우리에게는 그것의 균형추로서 촛불혁명이라는 위대한 참여 정치가 공존하고 있다. 그것이 겨우 우리 사회를 벼랑에서 구할 수 있었지만 그것 또한 분명히 한쪽 날개일 뿐이다. 그런데 지금 한반도 전체가 빅뱅을 겪고 있으며, 우리 사회는 사회대로 새로운 블랙홀로 빠져들고 있다. 이때 모든 것을 '마음의 법칙'이나 '광장' 멘탈리티 하나에만 맡기다가는 도끼로 제 발등 찍기라는 자충수를 두기 십상이다. 광장이라는 '열정'과 국제 정치라는 '냉정' 또는 '냉혹' 사이의 거리는 얼마나 먼가. 이 양자의 충돌을 우리는 과연 감당할 수 있을까?

어쩌면 촛불혁명은 겨우 한국 사회의 '정상화'를 가져왔을 뿐일지도 모른다. '뿐'이라고 말한 것은 해방 이후 최초로 한국 사회가 정치적·사회적으로 교과서적 정상성을 달성해 사회 외적이고 정치 외적인 어떤 것이 폭력을 행사하거나 권력을 남용하거나 인민을 통치하던 시대를 비로소 넘어서고 있기 때문이다. 역사상 전례 없는 '인민주권'이 실현된 셈이다.

하지만 또한 그것이 겨우 정상화에 불과한 것은 그것이 말 그대로 과거의 부정적 '적폐'를 청산한 것일 뿐 미국의 독립혁명처럼 긍정적 미래 전망에 입각한 것이 아니기 때문이다. 이렇게 우리의 자랑스러운 성취에 대해 외눈이 아니라 쌍눈으로 천리 앞을 내다보는 지혜가 필요하리라.

'한반도 운전자'라는 굳건한 '주체 의식'에 입각해 세기의 변화를 추동한 최근의 한반도 정세를 둘러싼 인식에 대해서도 마찬가지다. 그와 같은 주체 의식 못지않게 한반도를 둘러싼 '운전 지도'라는 객관적 정세를 냉정하게 인식하고 운전하지 않는다면 엉뚱한 곳에 이를지 아무도 모르기 때문이다.

북한 또한 '전쟁국가'로부터 '정상국가'로의 전환을 비로소 전략적 목표로 설정하고 있는 듯하며, '중국몽'을 내세운 중국 또한 '패권국가화'라는 또 다른 정상화를 전략적 목표로 추구하고 있다. 만약 북한이 '정상국가화'에 성공한다면 그동안 우리가 낭만적으로 꿈꾸어온 '민족통일'은 역설적으로 요원해질 가능성이 있으며, 우리는 과거와는 다른 식의 남북한 협력과 '통일'을 상상해야 할 것이다. 또 중국이 G2 국가 형태로 '정상화'된다면 북한이 그토록 핵심적인 정책으로 추구해온 '자주화' 또한 만만치 않은 도전에 직면해 불가피하게 미국과 일본의 자본주의를 경유할 수도 있지 않을까?

한반도의 변화와 더불어 우리에게 진정한 도전은 중국의 '중국몽'일 텐데, 그러한 패권 추구는 유구한 동양의 역사로 보면 19세기와 20세기까지의 일시적 비정상이 '정상화'되는 것일 뿐이다. 예컨대 시진핑이 '황제'라는 풍자는 풍자가 아니라 중국 역사의 재'정상화'가 아닐까? 중국의 전통과 역사와 패권 구조로 미루어볼 때 과연 중국의 지도자가 '황제'가 아닐 수 있을까? 그리고 주머니에 돈이 두둑한 중국이 과연 패권을 추구하지 않은 적이 있던가? 최근 '사드' 논란에서 확인되듯이 중국이 주변국을 전통시대처럼 '사대'까지는 아니더라도 '속국'으로 바라보지 않는 것이 가능할까? 여러모로 불길하고 예감이 좋지 않은 중국의 '정상화'이다.

'마르크스주의', '민주주의', '자본' 등 서구적 또는 외래적 이념의 중국적 수용과 관련해 궈모뤄郭沫若의 「마르크스의 공자 방문기」가 여러모로 시사하는 바가 많은 것은 이 때문이다. 특히 1945년 이전에 벌어진 최대 논쟁 중의 하나인 '마르크스주의의 중국화인가 중국의 마르크스주의화인가'[4]는 건국 후 중국식 마르크스주의가 '중국화'를 넘어 인민공사나 문화대혁명 같은 '중국 농촌화'로 귀결될 수밖에 없는 필연적 이유를 잘 보여준다. 현재의 중국의 '자본(주의)'과 민주주의 또한 자본(주의)의 중국화와 민주주의의 중국화로 귀결될 텐데, 그것이 우리에게 어떤 영향을 미칠지 두려운 마음으로 지켜보자.

이처럼 한반도를 둘러싼 국내외의 모든 환경은 이 책의 저자가 말하는 '코스모스'가 아니라 '카오스모스' 상태로 진입하고 있는 형국이다. 그런데도 오매불망 '촛불'만 추억하다가는 오히려 우리 몸에 불이 붙을 수도 있지 않을까? 아무튼 우리는 지금 한반도를 둘러싼 우주의 카오스모스를 직시해야만 한다.

3

자칫 역자 서문에서 너무 멀어지는 듯하지만 헤겔 이야기를 조금 더 해보자. 헤겔에 따르면 철학이란 '자기 시대를 정신 속에서 파악하는 것'이다. 혹시 너무 추상적으로 들릴 수도 있으니 『정신현상학』에서의

---

4 이에 대해서는 송영배, 『중국사회사상사』, 사회평론을 참조하라.

본인 이야기를 직접 들어보자.

> 정신은 자기 자신이 절대적 분열 속에 있을 때만 진리를 얻는다. 정신이 그러한 힘인 것은 부정적인 것을 무시하는 긍정적인 것으로서가 아니다. 어떤 것에 대해 아무것도 아니라거나 가짜라면서 다른 쪽으로 바로 넘어갈 때처럼 말이다. 그게 아니라 정신이 그러한 힘인 것은 오직 부정적인 것을 직시하며, 그것에 머무를 때뿐이다. 그러한 머묾이 부정적인 것을 존재로 거꾸로 뒤집는 마력이 된다.5

우리 시대는 단연 '절대적 분열'과 '부정', '불의不義'의 시대인 것처럼 보인다. 심지어 최상류층인 재벌 가족의 모든 구성원이 '분노조절장애'에 걸려 온갖 '갑질'을 일삼을 정도로 한국 사회는 분노와 원한과 원망으로 차고 넘쳐 '원한의 철학자' 니체도 한국에 오면 펜을 내려놓을 정도일 것이다. 그리고 온갖 'OO충'이라는 공격적 비아냥거림을 보면 우리 사회가 카프카적 '벌레'들의 세계이자 고통은 많고 즐거움은 적으며, 성질이 무지몽매하고 인간관계의 기본적인 윤리도 없이 서로 싸우고 잡아먹는다는 축생의 세계가 아닌가 하는 의구심이 들 정도이다. 그것은 'OO 혐오', 'O포 세대', 'O수저', '이생망', '갑질'이라는 말로

---

5 임석진 역, 한길사, 71~72페이지(번역을 대폭 수정했다). 원문을 병기한다. Er gewinnt seine Wahrheit nur, indem er in der absoluten Zerrissenheit sich selbst findet. Diese Macht ist er nicht als das Positive, welches von dem Negativen wegsieht, wie wenn wir von etwas sagen, dies ist nichts oder falsch, und nun, damit fertig, davon weg zu irgend etwas anderem übergehen; sondern er ist diese Macht nur, indem er dem Negativen ins Angesicht schaut, bei ihm verweilt. Dieses Verweilen ist die Zauberkraft, die es in das Sein umkehrt.

회자되고 있다. 아도르노 말대로 '부정 변증법'의 사상가 헤겔이 저절로 떠오르는 이유이다.

눈치 빠른 독자는 마르크스의 시대에 이미 '죽은 개'가 된 것을 넘어 포스트모더니즘에서는 근대의 주체 철학의 '적폐 중의 적폐'로 치부된 헤겔을 소환하는 이유를 능히 짐작할 수 있을 것이다. 물론 우리에게 중요한 것은 헤겔의 철학 체계 자체라기보다는 철학(함)에 대한 그의 태도인데, 위의 인용문은 그것을 단적으로 보여준다. 즉 '절대적 분열 속에 있는 시대를, 자기도 분열 속에 있음으로써 진리로서 파악하는 것'이 그것이다. 이 생각은 『헤겔』이라는 명저를 내놓은 테일러Charles Taylor의 생각이기도 한데, 그는 헤겔의 방법을 체계와 구분해 적극 수용할 것을 제안한 엥겔스와 비슷하게 헤겔의 체계 구성이나 결론은 도저히 받아들일 수 없지만 철학(함)에 대한 그의 태도는 어떤 학문도 무시해서는 안 된다고 말한다. 우리 현실에 대한 간략한 스케치와 함께 우리가 헤겔을 소환하는 이유 또한 그와 동일하다.6 '절대적으로 분열 중인 현실', '원한과 절대적 부정과 분노로 넘치는 감정의 개인', 이 도저한 절대적 '부정'을 '긍정'으로 전화시키는 정신의 노동은 무엇일까?를 묻기 위해서인 것이다.

---

6 헤겔과 21세기의 '디지털'을 연결시키려고 이렇게 낑낑대다가 문득 떠오른 사람이 있는데, 바로 에코Umberto Eco이다. 포스트모더니즘이 막 한국에 상륙할 무렵 나는 '포스트모던인가 새로운 중세인가'라는 제목으로 그의 에세이 모음집을 출간한 적이 있는데, 아마 그가 지금 살아 있다면 여전히 '헤겔이 디지털에게 웃으면서 화내는 방법'에 대해 포복절도할 에세이를 내놓았지 않을까? '세계정신'을 논하는 『철학강요』, 즉 '철학백과사전'을 내놓은 헤겔이니 말이다.

4

위에서 '절대적 부정'을 떠올리게 하는 우리 상황을 일부 단정적으로 요약한 후 그것을 긍정으로 전화시키기 위해 헤겔의 철학(함)의 '정신'으로 돌아갈 필요가 있다고 이야기한 것은 이 책을 어떻게 자리매김하면 좋을까 하는 고민에서였다. 이 책에서의 저자의 작업을, 헤겔의 용어를 빌려, '시대정신Zeitgeist을 개념적으로 파악하기'라고 요약하고 싶었기 때문이다. 저자는 이렇게 질문하고 있다. 즉 경제가 한참 고고도 성장을 구가 중인 '중국에는 테크놀로지에 대한 사유가 존재하는가?', '근대 극복을 위한 서구에서의 하이데거의 철학적 시도, 동양에서의 교토학파의 근대 초극 논쟁과 모종삼을 비롯한 중국의 신유학파의 철학적 시도 그리고 냉전이 해체된 후에 리오타르에 의해 촉발된 "포스트모더니즘" 이후 우리 사유는 어디 있는가?' 냉전의 해체가 아닌 9·11 이후 '포스트모더니즘' 주장대로 '거대서사'는 전멸하고, '문명의 충돌'류의 저널리즘식 인식 말고 '시대정신'에 대한 논의는 좀체 찾아볼 수 없었는데, 앞의 두 질문만으로도 저자의 탐구는 웬만한 '거대서사'를 훌쩍 뛰어넘는다. 그가 제시하는 '동서양 사상가들의 연대표'에서 알 수 있듯이 그의 논의는 동서양 모두를 그리고 철학의 '시원'과 '종언' 모두를 시야의 사정거리 안에 두고 있다. 저자를 두고 '기인'이라고 말한 이유 중의 하나이다.

저자는 '하늘'과 '기술'이라는 두 개념을 화두로 동서고금을 무소불위로 종횡무진한다. 이 신진기예의 어마어마한 무불통달과 박람강기를 두고 지금은 옥스퍼드대학교에 있는 래시Scott Lash는 단박에 '천재'라고 엄지척을 해주었지만 내가 그에게서 중시하는 것은 '나는 왜 사유하는가?'에 대한 그의 고민이다. 즉 시대의 아픔, 즉 '절대적 분열'을 '자기의 절대적 분열' 속에서 긍정으로 전화시키는 것. 그것을 섣부른 '정치'나 '이념'으로 상승, 지양시킨다는 핑계로 변질시키는 것이 아니라 '진리'를 향하도록 하방시키는 것. 그가 '귀인'인 이유이다. 이러한 그의 태도는 새삼 새로울 것도 없지만 지난 몇 년 동안 우리 지식사회에서 급속히 사라지고 있는 것이 그것이 아닐까?

헤겔은 예나로 입성하는 나폴레옹을 보고 저기 세계정신이 있다고 했다는데, 지금은 세계의 거의 모든 사람이 손에 들고 있는 '모바일 폰'이 움직이는 세계정신이 되었다. 하지만 저자는 이렇게 묻는다. '중국에는 테크놀로지에 대한 사유가 존재하는가?' 중국은 최근 몇십 년 동안 국내적으로 초고속성장을 거듭 중일 뿐만 아니라 국외적으로는 '일대일로' 프로젝트를 비롯해 아프리카의 인프라건설 프로젝트까지 전 지구를 거의 집어삼킬 듯한 기세를 뽐내고 있다. 그런데도 저자는 그렇게 묻고 있다.

저자의 질문은 세계 최고의 선진 디지털 기술을 자랑한다는 우리 사회에도 그대로 적용되어야 하지 않을까? '한국에는 테크놀로지에 대한 사유가 존재하는가?' 한국 사회는 지금 민주화/산업화를 넘어 AI가 주도하는 '자동화 사회'로 진입 중이다. 하지만 근대화나 민주화에 대해서라면 몰라도 기술, 특히 소위 '선진 기술'에 대해 문제를 제기하거나 사유의 대상으로 삼는 것은 발전과 선진화를 거의 우상숭배할 수밖에 없던 근대의 비극적 역사상 거의 불가능할 것이다. 이 점에서는 소위 '좌파'나 '우파' 모두 동일할 것이다. 테크놀로지, 특히 첨단 기술인 디지털에 대한 '사유'가 거의 존재하지 않는 것 그리고 AI에 의한 자동화 사회로의 진입을 '제4차산업혁명'이라고, 즉 '산업혁명' 중의 하나일 뿐이라고 부르는 것에서 그러한 사유의 부재를 찾아볼 수 있다.

시인 장정일은 「햄버거에 대한 명상」에서 1980년대 초의 미국의 최첨단 음식 '햄버거'에 대해 이렇게 노래한 바 있다. "옛날에 나는 금이나 꿈에 대하여 명상했다/아주 단단하거나 투명한 무엇들에 대하여/그러나 나는 이제 물렁물렁한 것들에 대해서도 명상하련다." 이 시의 '금'을 산업화로, '꿈'을 민주화로 그리고 '물렁물렁한' 햄버거를 '기술'로 바꾸어보면 현재 우리 사유가 얼마나 지체되고 있는지를 얼추 짐작할 수 있을 것이다. 즉 우리는 1980년대 초와 마찬가지로 여전히 단단하거나 투명한 산업화나 민주화에 대해서만 명상하는 척하지 우리 시대의 새로운 '금'과 '꿈'이 된 물렁물렁한 것, 우리 시대의 햄버거인 모바일폰 등에 대해서는 전혀 사유하고 있지 않은 것이다.

하지만 사태는 그렇게 단순하지 않다. 『성경』에서 세상 종말이 오기 직전에 적그리스도가 그리스도를 자임하듯 우리의 디지털 문화에서도 그와 유사한 교묘한 전도 현상이 맹위를 떨치고 있기 때문이다. 즉 디지털 기술은 인간이 직접 '사유'하지 않아도, 즉 '명상하지 않아도' 되는 쪽으로 점점 더 '첨단화되는' 동시에 유저에게 점점 더 세계에 '참여'하고, 세계와 실시간으로 호흡하고 있다는 환상을 제공하고 있다. 왜 그럴까?

그에 대한 대답 중의 하나를 김수영의 한 시구에서 찾아볼 수 있을 것이다.[7] 김수영은 어느 날 고궁을 나오며 이렇게 묻는다. '왜 나는 조

---

[7] 디지털 그리고 우리 사상의 비루함과 초라함, 무엇보다 정직함과 관련해 김수영을 자꾸 언급하는 것은 그의 사망 50주년을 기념하는 나만의 오마주 방식이다.

그마한 일에만 분개하는가?' 나는 '왕궁의 음탕 대신 50원짜리 갈비가 기름 덩어리만 나왔다고 분개하고', '땅 주인에게는 못하고 이발쟁이'에게, '구청 직원에게는 못하고 동회 직원'에게 '반항'한다. 그리고 '옹졸한 나의 전통은 유구하고 이제 내 앞의 정서情緖로 가로 놓여 있다.' 아마 김수영이 묘사하는 바는 하이데거가 말하는 현대인의 몇 가지 특징, 즉 '존재-망각', 그에 따른 무사유 그리고 그에 따른 행동으로서의 '무배려'로 간단하게 요약될 수 있을 것이다. 그리고 그것이 정치화되면 지금의 한국 사회에서처럼 '원한'으로 분출될 것이다.

하이데거는 이 모든 것에 대한 대리보충물로, 이 모든 것을 다시 망각할 수 있도록 해주는 것으로 매스미디어(현대의 무의미한 '수다'를 위한 핵심 기술)를 들며 이를 현대의 핵심적인 병리 현상 중의 하나로 거론한다. 위의 김수영 시의 또 다른 중요한 특징은 무수한 'ㅇㅇ한다'라는 동사에 있다. 즉 나는 '옹졸하게 분개하고', '설렁탕집 돼지 같은 주인년에게 욕을 하고', '증오하고', '반항한다.' 왜 그럴까? '절정 위에는 서 있지 않고 암만해도 조금쯤 옆으로 비켜서 있기' 때문이다.

이 얼마나 빼어난 성찰인가. 분노와 증오, 반항 그리고 '욕설'이라는 배설의 이면에는 '나의 비겁함'이 자리 잡고 있다는 것이다. ─ '우습지 않느냐/1원 때문에/모래야 나는 얼마나 작으냐.'

근대인의 본질에 대한 빼어난 통찰을 보여주는 이 시의 탁월한 통찰은 동시에 디지털 문화의 본질에 대해서도 새로운 혜안을 마련해준다. 즉 디지털은 '나의 비겁함'을 의식하지 않고도 온갖 분노(실은 니체적 의미의 원한), 반항 그리고 '욕설'을 남에게, 세상에 배설하고 온갖 '행위'를 실제로는 하지 않아도 되도록 해준다. 최근에 치러진 한 도지사 선거에서 불거진 '여배우 스캔들'은 디지털에서의 소동, 분노, 증오 그리고

'욕설'이 공공장인 '정치'쯤은 얼마나 가볍게 '망각'과 '무사유'와 '무배려'로 내몰 수 있는지를 전형적으로 보여준다. 이런 식으로 우리 일상을 24시간, 7일 내내, 365일 장악 중인 디지털에 차고 넘치는 남의 '조그마한 일'에 대한 분개와 원한, 반항 그리고 '욕설'이야말로 하이데거가 『존재와 시간』에서 말한 근대 세계의 완벽한 모습이라고 할 수 있다. 즉 초현대 기술이 형이상학의 종말과 동시에 완전한 존재-망각을 가져오는 것이다.

이처럼 대중은 포스트모더니즘에서 말하는 '주체의 죽음'이나 '거대서사'의 죽음을 디지털이 제공하는 '주체의 대체'와 '작은 서사의 백화제방'을 통해 대체 중이다. 구글이 새로운 신, '구글 신'이라는 글로벌한 주체로 등장함에 따라 유저들은 마치 라캉의 거울 단계의 어린아이처럼 구글이라는 거울에 자기를 비추어 봄으로써 완벽한 나의 주체라는 환상을 일상적으로 주입받고 있다. 그리고 '(거대)서사의 종말'이라는 비관적 주장과 달리 지금 인터넷에서는 '트위터'와 페이스북을 비롯한 온갖 이야기가 창세기의 홍수처럼 지구 전역을 덮고 있지 않은가? 그리고 SNS의 'social'(이것은 과거라면 '사교'나 '사회적'이라는 의미지만 지금은 오직 가상공간 속에만 존재한다)이라는 정체불명의 용어가 현대인의 모든 관계 맺음network을 대체 중이다.

'조그마한 일'/'큰일'이라는 패러다임은 단순히 인터넷과 SNS를 넘어 현재 우리 현실을 지배하고 있는 '분노의 정치'를 읽는 데도 유용한 도구가 될 수 있을 것이다. 아무튼 중요한 것은 지금 여기서의 우리 모두의 '큰일'에 대해 '명상'하는 것인데, 가령 '고용의 종말'이나 사회의 인공지능화, 자동화라는 거대한 변화가 대표적이다.

하지만 우리는 '제4차산업혁명'과 같은 식으로 '큰일'을 '조그마한 일'로 만들어 눈 가리고 아웅 하거나 마피아의 침묵의 계율인 오메르타를 따르기라도 하듯 감히 '큰일'에 대해서는 입을 열고 있지 않다.

에코는 1960년대에 유럽 문화에 매스미디어가 본격적으로 등장할 때 묵시론과 근거 없는 낙관론 모두를 경계할 것을 가르친 바 있는데, 디지털 기술의 마력에 대해서도 우리는 그것의 주술에 지나치게 홀려 낙관하지도 또 그것의 위력에 눌려 비관하지도 말아야 한다. 우리는 에코뿐만 아니라 유년기부터 이발관의 거울에 적힌 푸시킨의 시구에서 이런 지혜도 배웠기 때문이다. '삶이 그대를 속일지라도 슬퍼하거나 노여워하지 말라.' 우리는 '슬퍼'하거나 '노여워'하거나 '분개'하기 전에, 삶이 우리를 속인다고 외치기 전에 이 책의 저자처럼 이렇게 물어야 한다. '우리에게 ○○에 대한 사유가 존재하는가?' 즉 삶에 대해, 슬픔과 분노의 대상에 대해 '명상'해보았는가? 슬픔과 노여움만큼이나 '사유'와 '명상'을 우리의 소중한 가치로 끌어올리는 것이 우리의 또 다른 과제가 되어야 하지 않을까?

라캉을 우회적으로 인용하자면, 삶이 우리를 속이기보다는 — 그래서 우리는 슬퍼하고 노여워하며 삶을 소진시키게 된다 — 우리가 삶을 속이기 때문이다. 진정한 철학은 삶이, 남이 나를 속이는 것보다는 내가 삶을, 남을 속이는 것에 관한 것이지 않은가? 그래서 철학의 비조 소크라테스는 세상이, 삶이 자기를 속이는 바람에 독배를 마셨어도 마지막 유언으로 의학의 신 아스클레피오스에게 닭 한 마리를 바쳐 감사의 인사를 전하라고 하지 않았을까? 그는 결코 자기를 속이지 않았기 때문이다. 우리가 우리 시대의 기술과 생명에 대해 사유하고 명상해야 하는 것은 이 때문이다. 그리고 삶이란 결국 속는 셈치고 사는 것, 하이데거 식으로 '초연한 내맡김' 속에서 사는 것이리라.

따라서 저자의 질문을 '과연 우리 시대에 우리는 사유하면서 살고 있는가?'라는 질문으로 바꾸어볼 수 있을 것이다. 그것은 '주체의 죽음'과 '철학의 종말' 등 포스트모더니즘의 유행어들이 얼마나 타조처럼 머리를 모래 속에 처박고 자기가 안전하다고 믿는 바보 같은 자기 눈가림이었는가를 새삼 상기시켜준다.

하이데거 말대로 서구 형이상학의 완성이 기술의 지배로, 다시 존재-망각으로 이어졌다면 기술의 그러한 호랑이굴에서도 정신 차리고 살아남을 방법에 대해 '명상'을 해야지 마치 양치기 소년처럼 '인간은 죽었대요, 주체도 죽었대요, 거대서사도 죽었대요'라고 외치다가 철학이 거짓말쟁이가 되어버린 것이 지금 우리 사상계의 형국이라면 지나칠까? 게다가 막상 호랑이굴에서 소동을 벌이는 것은 진짜 호랑이기보다는 호랑이라고 우기는 여우인 경우가 많다. AI 논쟁, 미래성장동력, 청년일자리를 둘러싼 논쟁에서도 우리는 '제4차산업혁명'론처럼 여우 꼬리를 붙잡고 호랑이 머리라고 우기고 있지는 않은가?

5

이 책은 동양의 역사와 사상사 전체 그리고 하이데거를 중심으로 한 서구 사상사 전체를 '통섭'하며 '기(器)'와 테크네 그리고 코스모스와 우주론을 중심으로 논의를 전개하고 있다. 이처럼 동서양의 모든 지적 자원을 동원해 현재 지구가 직면하고 있는 지적·도덕적·정치적 도전에 대해 새로운 형이상학적 대답을 제시하려는 야심찬 도전인 이 책은 앞서 우리 사회에 대해 살펴본 여러 가지 사태와 관련해 많은 시사점을 마련해 줄 것이다.

한국 또는 동양의 근대 이전, 즉 소위 전통과 관련해 내가 가장 좋아하는 화두는 김수영의 '공자의 생활난'이라는 역설8이다. 그리고 그가 '역사는 아무리 더러운 역사라도 좋다'는 도저한 긍정으로 건너갈 수 있도록 해준 '거대한 뿌리'가 두 번째 화두이다.9 이와 관련해 최근 '적폐'라고 통칭되는 여러 사건과 이념 논쟁의 과잉은 우리의 근대 정치가 얼마나 봉건적으로 낙후되었는가를 새삼 다시 생각해보게 해주었다. 우리의 정신 구조와 역사 그리고 육체 속에까지 무수한 '근대화'와 '개혁'으로도 도저히 극복 불가능한 어떤 '거대한 뿌리'가 깊숙이 자리 잡은 것은 아닌가 하는 의구심은 나만의 것이 아닐 것이다. 몇몇 여의도 정치의 풍경은 조선시대의 '동인-서인', '노론-소론'의 당파싸움을 연상시키며, 여당과 야당을 막론하고 뿌리 깊은 질병으로 자리 잡은 '친親 ○', '진眞○', '골骨○' 논쟁은 조선시대의 예송논쟁의 데자뷔 같은 인상을 불러일으키니 말이다.

이처럼 우리는 모더니즘-포스트모더니즘식으로 명목상으로는 계속 '발전'을 거듭해왔다고 하지만 심층적으로는 '거대한 변형'을 이루어낸

---

8 생활은 평생 곤궁했으며 정치적으로는 실패를 거듭한 공자와 감방에서 독배를 마시고 죽은 소크라테스. 두 스승은 어찌 보면 이념은 항상 실패함을 온몸으로 보여주었지만 제자들은 스승의 이념을 실현하려다 스승보다 더 큰 실패, 즉 '생활난'을 초래하기 십상이다. 이념의 과잉이 항상 가난을 동반해온 인류 역사가 이를 입증한다.
9 이 의미에서 마치 보들레르가 다가오는 근대가 '악의 꽃'임을 간파한 최초의 서구인이었다면 김수영은 우리가 맹종하는 근대화가 '악의 꽃'이며, 이 꽃이 '근대화'와 '서구화'로도 도저히 어찌할 수 없는 어떤 '거대한 뿌리' 위에서 꽃피우리라는 것을 감지한 거의 유일한 한국인이었다. 과연 그의 죽음 이후 한국의 지성은 '민족주의[어떤 뿌리]'와 '모더니즘[꽃]'으로 또는 '산업화' 세력과 '민주화' 세력으로 분기되면서 퇴행하는데, 이것은 시인 이성복을 비롯한 몇몇의 성취를 제외하고는 지금까지도 극복의 기미를 보이고 있지 않다.

것 같지는 않다. 우리 정치나 사유는 항상 (민족이나 민중의) '생활난' 개선을 '개혁' 이념으로 제시하지만 결국 현실 정치는 '친공자', '진공자', '골공자' 논쟁으로 귀결되고 마는 고질병을 벗어나지 못하니 말이다.

따라서 저자가 이 책에서 시도하는 대로 '공자는 왜 생활난'에 부딪쳤는가를, 문제 틀을 바꾸어 다시 물어야 한다. 즉 동양은 왜 '생활'을 서구 근대에서 빌려와야 했는가, 그리하여 결국 우리는 행복하게 되었는가 아니면 '생활'(생활이라는 이 시니피앙은 저자에게서는 '기술'이다)만 남고 '공자'('공자'라는 이 시니피앙은 저자에게서는 '코스모스'이다)는 영영 사라지고 말았는가를 말이다. 역자도 저자와 마찬가지로 '코스모스'라는 거대한 뿌리 아래 살던 우리가 단순히 (디지털이라는 첨단 기술과 '친○' 대 '반○'라는 정치 기술) '기술'만 보고 무조건 앞으로 내달리고 있는 것이 현재의 우리 사회의 가장 큰 맹점이고 모든 병리의 근원이라고 생각한다. 저자의 제안대로 동서양의 '코스모스'와 '기술'을 뿌리부터 되짚어 보아야 하는 이유이다. 또 우리는 그의 제안대로 이 둘을 합친 새로운 삶의 윤리, 진정한 의미의 '근대 초극 프로젝트'를, 궁극적으로는 '공자가 생활'이 되는 유토피아 아닌 유토피아를 고민해보아야 할 것이다. 우리 삶이 점점 더 '공자'와 '우주'(형이상학, 꿈, 이상)는 완전히 잃어버리고 '생활'(취업, 혼밥, 비혼)과 '선진 기술' 속으로 매몰되고 있기 때문이다. 때문에 저자의 이 책은 일종의 '에티카'이기도 하다.

단테는 『신곡』에서 지옥으로 들어가면서, 지옥이란 하늘에는 별이 보이지 않고 더 이상 아무런 희망도 없는 곳이라고 단박에 정의한다. 단테의 이 정의를 빌리자면 어쩌면 지금의 우리는 점차 '지옥'에 접근하고 있는 삶을 살고 있을지도 모른다. 루카치도 『소설의 이론』에서 하늘에 반짝이는 별을 보고 갈 길을 찾을 수 있던 그리스적 이상향에 대해 이야기하며, 이후의 근대적 삶이란 고향 상실이자 길 잃은 아이의 아버지 찾기라고 말한다.

이처럼 동양은 물론 서양에서도 하늘이나 우주는 전통적인 철학이나 인간의 삶에, 특히 동양에서 핵심적인 요소였다. 그리고 지금 디지털 첨단 사회에서 완전히 사라진 것이 바로 이것이다. 물론 이 '우주'와 '하늘'은 단지 물리적 의미에서만이 아니라 추상적인 원리로도 이해되어야 한다. 즉 평생 자기는 우주라는 거대한 바다의 해변에서 조개나 줍는 어린아이에 불과했다는 뉴턴의 고백처럼 우리 삶은 거대한 우주 속의 일부이며, 우리를 넘어선 거대한 자연적·윤리적 세계가 존재한다는 인식이 그것이다.

즉 나=우주가 아니며 나는 그저 우주라는 바닷가의 어린아이에 불과하다는 인식이 존재하지 않는 한 윤리(윤리란 나를 넘어선 것에 대한 사유이며 도덕은 나와 함께 있는 것에 대한 사유이다)와 윤리적 삶은 불가능하며, 따라서 추구해야 할 삶의 우주적 지표도 찾을 수 없을 것이다. 약간 농담 섞어 이야기하자면 지금은 디지털 기기의 화면이 하늘과 우주가 되고, 디지털 포털portal(포털은 우연인지 '문'이라는 의미이다)은 '구하라 그러면 구할 것이요, 찾아라 그러면 찾을 것이요, 두드리라 그러면 열릴 것'이라는 하느님의 나라(구글은 통상 '구글 신'으로 불린다)를 현실에서 구현 중이다. 서구 형이상학의 완성은 기술의 완성으로 이어졌다는 하이데거 말은 정확히 이러한 현상을 말하는 것처럼 보인다. 다만 디지털 기기와 포털은 그것이 완벽한 '존재-망각'임을 결코 말해주지 않지만 말이다. 물리적 의미가 아니라 추상적, 즉 윤리적 의미의 하늘-의식이란 내가 나로 그치는 것이 아니라 나 밖의 다른 어떤 것 즉 타자 및 자연과 연결된 채 공존하며 '집Home'을 공유하고 있다는 의식이라고 할 수 있다. ― 동양에서의 '천인합일', 서양의 '별이 총총히 빛나는 밤'. 지금 디지털 기기와 포털이 자임하는 것이 바로 그것이다.

인간의 거대한 뿌리를 이루어온 우주적 삶 자체가 사라진 것이 아니라 '적그리스도' 같은 거대한 우주적-기술들(www, 즉 월드 와이드 웹)에 의해 상업적으로 도용되고 있는 것이다.

따라서 저자 주장대로 '우리의 하늘'과 '우리의 기술'을 되찾고 그것을 다시 결합시켜 이 인간 해방의 참칭자 '적그리스도'를 극복하는 것은 난망하지만 긴급한 과제가 아닐 수 없다. 예를 들어 AI의 도전과 관련해 단지 '기술' 측면에서만 문제에 접근하다가는 인간이 백전백패할 것이 불 보듯 뻔하지 않은가? '코스모테크닉스'의 관점에서 접근하지 않고 '인공 지능'이라는 관점에서만 접근하면 이미 백기를 들고 논쟁하는 꼴이 되지 않을까? 저자의 논의가 현실적 적실성을 가진 또 다른 이유이다.

이처럼 우주 또는 하늘에 대한 동서양의 철학적 사유의 역사 그리고 그것이 기술과 맺어온 관계에 대한 저자의 철저한 논구는 우리 시대에 삶의 형태 또는 윤리가 어디서, 어떻게 출발해 구성되어야 하는지에 대해 많은 것을 시사해준다. 물론 그의 논의는 얼핏 원론적이고 추상적으로 보일 수도 있을 것이다. 하지만 앞서 지적한 대로 AI라는 너무나 '기술적인' 문제에 오히려 '코스모스'를 우회해 접근하는 것이 문제의 핵심에 다가가는 정도正道임을 깨닫게 해주는 점에서 그의 논의는 '현실적인, 너무나 현실적인' 적실성을 드러낸다.

6

그런데 '코스모테크닉스'에 대한 그의 논의는 단지 오늘날의 우리 현실뿐만 아니라 우리의 거대한 뿌리를 이루는 조선의 성리학에 대한 재검토에서도 근본적인 발상의 전환을 제공할 수 있을 것이다. 예컨대 한국의 전통 성리학은 주로 '이理'나 '도道'와 '기氣'를, 즉 이기론을 중심으로 논의를 펼쳐왔다. 하지만 이 책에서 저자는 '이理'나 '성性' 그리고 '기器' 사이의 '천인합일'을 중심으로 동양사상사를 살피고 있어 국내의 동양철학 연구자에게도 많은 자극이 될 것이다. 역자가 동양사상에 대해서는 거의 문외한에 가까워 여기서 심층적 논의를 펼치기에는 무리지만 저자의 논의는 한국의 '정통 성리학'뿐만 아니라 그에 대한 대안을 제시했다는 '실학'(저자 논지에 따르면 '기器'론을 전개했어야 하는 학파)을 새롭게 평가하는 데도 도움이 될 것이다.

서양의 근대화란 저자 말대로 과학과 기술의 '로고스화'의 전면화로, 그것은 하이데거 말을 빌리자면 과학과 기술이 하나의 '세계상'으로 굳어지는 과정일 것이다. 저자가 이 책에서 수행하는 작업은 (니체의 '도덕의 계보'와 비슷한) '테크놀로지의 계보학'이라고 할 수 있을 것이다. 또는 (푸코의 '말과 사물'과 흡사한) '코스모스와 테크네' 비슷할 것이다.

서양에서 정치의 근대화란 마키아벨리 말대로 정치가 도덕과 윤리, 즉 '코스모스'로부터 독립된 *ars*(일종의 '테크네', 일상어로 번역하자면 '술수')가 되는 과정이었다. 그리하여 정치는 왕이나 하늘이 아니라 '인민'을 겨냥한 '열정'의 기술이 되었다. 그리고 '과학기술'로 이루어진 토대와도 독립된 상부구조의 제도로 분리되었다. 테크네와 코스모스라는 이분법은 이렇게 정치적 근대화와 관련된 통찰에도 도움이 되는데, 그의 기본적인 논지는 근대화 역시 기器를 중심으로 또는 기와 함께 코스모스를 바라볼 때 정치와 경제의 진상이 포착될 수 있다는 말로 요약될 수 있다. 동양에서도 마찬가지임은 굳이 언급할 필요가 없을 것이다.

조선의 정치적 풍경은 선비의 나라를 지향했음에도 불구하고 현실에서는 정치 이념의 과격화와 그에 따른 잔혹함이 현실의 초라함과 비극적 대조를 이루는 모습을 자주 보여주었다. 인간의 도리와 하늘의 이치를 그렇게 강조하면서도 정치에서는 능지처참, 부관참시 등의 극단성을 무시로 보여주었던 것이다.

'공자의 생활난'을 넘어선 공자의 이 잔혹함은 저자 주장대로 기에 대한 사유의 전면적 부재에서 유래한 것은 아닐까? 예를 들어 조선 후기의 '북벌론'의 경우 과연 '기'와 관련해 어떤 실천을 보여주었는가? 문명국 '명'을 위해 야만족 '청'을 쳐 천하의 도리를 바로잡는다는 주장은 무의식적 정신구조에서 헤겔식 버전의 '아름다운 영혼'의 논리를 그대로 반복하고 있던 것이 아닐까? 그것은 '왜란'과 '호란' 등 대타자가 등장하는 세계사의 격변을 극복하기 위한 '세계사적 노동', 즉 '기' 문제를 직시하고 싶지 않던 지배계급의 최고의 환상이지 않았을까? 역으로 일종의 '기'에 대한 논쟁으로 그쳤어야 할 '예송논쟁'이 정권의 정당성을 둘러싼 '이理' 또는 '명분(오늘날이라면 '이념') 논쟁으로 비약할 수밖에 없던 사실 또한 '기'에 대한 천착 없이 성리학은 악무한을 반복할 수밖에 없음을 보여준다.

아무리 도덕적으로 천하의 이치와 인간의 도리의 합일을 내세우더라도 둘을 매개하는 '기' 없이 그것은 고상한 명분이나 이념과 달리 필연적으로 '피바람'을 불러올 수밖에 없을 것이다. '이'의 보편성은 어떤 다름, 즉 '이단'도 구조적으로 용납할 수 없기 때문이다. 반면 '기'는 항상 상대적이며, 따라서 언론의 자유라는 민주주의 그리고 정치적 구현

방식의 다양성과 상대성이라는 근대 민주주의 정치 제도의 뿌리를 이루고 있기 때문이다.

'기'와 '이'에 대한 저자의 이러한 새로운 독법은 단지 조선의 성리학을 새로 읽는 데만 유용한 것은 아니다. 소위 '산업화 세력' 대 '민주화 세력' 운운하는 현 정치 담론을 보자. 그것은 '성리학'과 '실학'을 둘러싼 학계의 철 지난 논쟁의 변주처럼 보이지 않는가? 이 '민주화 세력' 대 '산업화 세력'이라는 패러다임 또한 저자 말대로 코스모테크닉스가 아니라 '코스모스'와 '테크닉' 사이의 완전한 분리라는 이론적 맹점을 그대로 노출하고 있다. 그러던 와중에 노무현 정부는 코스모스에 치중하다가 '테크닉'에서 좌초했다면 이명박 정부는 아예 코스모스에 대해서는 생각도 없고, '테크닉'에만 홀려 있다가 총체적으로 실패했고 박근혜 정부는 이 모두를 비밀스런 '테크닉'으로, (소위 문고리 3인방의) 환관과 '비선'의 봉건시대로 돌려놓은 셈이라면 어떨까?

그런데 그것이 '정권' 차원의 문제만은 아님은 21세기까지도 『삼국지』가 한국인 최고의 애독서로 꼽히는 것이 잘 보여준다. 프랑스의 아날학파는 망탈리테 *mentalité*의 '장기지속'에 대해 말하는데, 앞의 현상은 포스트모던을 사는 우리의 정치적 무의식 속에 봉건성이 '장기지속'되고 있음을 입증해주는 것처럼 보인다. 예를 들어 가난한 유비가 가진 것이라곤 몰락한 한漢 왕조의 '정통' 후손이라는 '명분'뿐 그에게는 어떤 미래의 비전도 없다. 반면 여러모로 정치 '테크닉'의 귀재인 조조는 다만 '정통성'이 없다는 이유로 '간신'으로 격하된다. 그런데 중국의 현실 역사에서는 저잣거리의 부랑아인 한고조 유방부터 '왕후장상의 씨가 따로 있나'는 논리에 따라 제국을 건설해왔지만 이 역사소설은 정반대 논리를 줄곧 펼치고 있다. 이 소설에서 가장 아름다운 미담 중의 하나로 꼽히는 도원결의는 역사적 반동성을 '의리와 명분', 즉 '우리가 남이가, 우리가 정통을 대변한다'는 궤변으로 가리기 위한 미적 장치일 뿐이다.

이 소설이 조선시대부터 21세기까지 줄곧 한국 최고의 애독서인 것은 여러모로 징후적이다. 그것은 이 책이 한국인의 근본적인 정치적 멘탈리티를 가장 잘 반영하고 있을 뿐만 아니라 우리의 현실정치가 이 소설을 매일매일 구체적으로 표현하고 있기 때문이 아닐까? 나관중보다 약 1세기 뒤에 태어난 마키아벨리는 양과 사자의 두 얼굴을 또는 이 책의 저자 말대로 하면 코스모스와 테크닉을 '예술적'으로 결합하는 사람이야말로 '군주', 즉 현대 정치인이라고 주장했지만 우리 정치에서는 여전히 '코스모스'론 또는 양과 사자의 대립이 지배적인 형국이다. 정치와 관련해서라면, 우리의 멘탈리티는 과연 '포스트모던일까 '새로운 중세'일까?'

7

몇몇 용어에 대해 역자 주를 달아야 했지만 이미 저자의 주만으로도 충분하고 이 책 전체를 읽으면 궁극적으로 이해되지 않는 용어는 많지 않다는 판단에 따라 아쉽지만 전체적으로 달지 않는 쪽을 택했다. 가장 중요한 테크네technē-기술technics-테크놀로지technology 사이의 구분의 경우처럼 이미 저자가 간단하게 주를 달거나 본문에서 설명하고 있기도 하지만 역자 주를 달다가는 꽤 많은 지면이 필요하리라는 것이 또 다른 이유이기도 했다. 하지만 아쉬움은 여전한데, 우리 언어에서 예컨대 이 세 용어를 둘러싼 혼란은 히포크라테스의 '인생은 짧고 예술은 길다'는 말에서 단박에 알 수 있기 때문이다. 이때 '예술'은 라틴어 *ars*의 번역어인데, 히포크라테스는 의사이므로 이 라틴어는 '기예', '솜씨'로 번역되어야 할 것이다. 하지만 그리스 시대에 기술은 동시에 예술이었던 점을 고려한다면 그것 또한 그리 마땅한 번역이 아님을 알 수 있다. 근대 이전에는 '예술'과 '기술'이 구분되지 않았던 소이일 것이다. 이처럼 몇몇 개념어를 둘러싼 번역상의 그리고 해석상의 난점은 일단 이 개론서(뿐만 아니라 이 책은 철학에 입문하려는 초보자에게 동서양 철학을 매우 계통적으로, 문제의식적으로 안내해주는 좋은 입문서임을 덧붙이기로 하자) 격의 책에서는 본문에서의 논의에 맡기기로 한다.

정작 문제는 현재 한국 사회에서 통용 중인 여러 신조어, 대표적으로는 '제4차산업혁명'이라는 용어인 것처럼 보인다. 모든 용어는 참으로 정치적이고 이데올로기적이다. 여기서 이데올로기적이라고 한 것은 아래와 같은 이유에서이다. 즉 AI가 세계 최고의 바둑기사를 누른 것을 보면서도 그것을 '제4차' 산업혁명이라고 부르는 것은 앞으로 다가올 총체적 변화를 부분적인 것으로 호도하기 위한 것이기 때문이다. 그것은 또한 정치적이기도 하다. 예컨대 지금의 AI, 즉 인공'지능'의 발전 속도로 보면 현재의 대학교육은 '지능', 즉 단순한 '노동경쟁력 생산'에서 비록 당분간 온갖 요술을 부려가며 문제의 핵심을 회피할 수 있을지 몰라도 곧 무용해질 것이다. 하지만 대학이라는 '진리'의 상아탑에서 막상 이러한 진리를 말하는 것은 '정치적으로' 허용되지 않을 것이다. '제4차산업혁명'이라는 용어가 유령처럼 떠도는 정치적·이데올로기적 이유 중의 하나를 여기서 찾을 수 있지 않을까?

또한 이 용어의 내력을 찬찬히 살펴보면 우리 사회의 지적 맷집(?)이 얼마나 허약해졌고, 우리 사회가 얼마나 교묘하게 진실을 외면하고 있는지 알 수 있다. 이 용어는 시중에 거의 100여 권의 관련서가 출간되었을 정도로 헌팅턴의 '문명의 충돌' 이후 가장 널리 회자되는 화두가 되었다. 하지만 또 다른 진실은, 이 용어가 한국 이외의 다른 나라에서는 거의 사용되지 않는다는 것이다. 잘 알려진 대로 이 용어는 2016년의 다보스포럼 의장이던 독일의 경영학자 슈밥이 '마케팅 용어'로 처음 제안한 것인데, 한국에서는 그것이 기업은 물론 정부, 대학 심지어 NGO에서까지 단순한 마케팅 용어가 아니라 마치 시대의 화두처럼 사용되고 있다.

즉 지금 정체불명의 '제4차' 혁명이라는 '마케팅 용어'가 한국 사회를 지적으로, 정신적으로 지휘하고 있는 것이다. 그것은 '포스트모더니즘'까지 그래도 우리의 지적 좌표를 제시해온 대학의 지적 헤게모니의 최종적 종말을 슬프게 증언해준다. 하지만 정작 이러한 정체불명보다 더 두려운 것은 이 용어를 통해 표방되고 있는 정신적 태도이다. 예컨대 일본은 오늘날의 '디지털'인 흑선黑船을 보고 '유신'과 '개혁'의 길을 택했지만 중국은 '동도서기東道西器', '중체서용中體西用' 식의 '정신 승리'라는 애매모호한 태도로 일관하다가 역사적 비극을 당했으며 한국도 마찬가지였다. 지금의 '제4차산업혁명'론을 보고 조선시대 말의 '동도서기'론을 떠올리는 것은 역자만일까?

한때 우리 지식인은 그저 기지촌 수입상에 불과하다는 자조 어린 비판이 있었지만, 그것은 나름대로 우리가 세계와 동시대를 호흡하는 것을 가능하게 해주었다. 하지만 지금은 그러한 수입조차 제대로 이루어지고 있지 않다는 생각이 드는 것은 역자만일까? 예컨대 인신세人新世10로 번역한 Anthropocene과 관련된 국제적 논의가 국내에는 거의 소개되고 있지 않은 것이 그것을 상징적으로 보여준다. 크뤼천이 2000년에 처음 제안한 이 새로운 지질시대 개념은 시공간적으로 포괄 범위에서 '포스트모더니즘'이나 '근대/현대', '제4차산업혁명'을 훌쩍 뛰어넘는다. 지금까지는 충적세 또는 완신세가 지구 최후의 지질시대이자 현세現世로 알려져 있었다. 하지만 다시 그것이 세분되어, 산업혁명부터 시작해 인류의 자연환경 파괴로 인한 지구 환경의 근본적 변화로 인해 지구 전체가 특이점으로 향하고 있다는 문제의식 하에 '인신세' 개념이 제안되고 있다. 즉 지금까지 인류는 그저 지구의 피동적인 적응적 요소에 불과했지만 이제 인신세에 들어와 최초로 지구 생태계를 파괴할 정도로 '주체'가 되었고 그렇게 이 '주체'는 지구 환경과 함께 자기의 죽음을 초래하고 있다는 것이다. 게다가 최근에는 AI의 등장으로 인해 지구 생태계의 주인공 자체가 바뀌고 있다는 문제의식까지 덧붙여지고 있다(최근 작고한 호킹은 이를 명시적으로 선언하고 있다).

따라서 이러한 몇 가지 상황만 염두에 두더라도 AI 등을 중심으로 하는 작금의 세계의 변화를 '제4차산업혁명' 운운할 수는 없을 것이다. 이 점에서 우리 사회는 진보와 보수의 '정치'와 SNS의 '소셜'에서는 과

---

10 '인류세' 또는 '인간세'로 번역된다. 통상 1만 년 전에 시작되어 현재에 이르는 지구 최후의 지질시대를 '충적세'라고 하는데, 이는 Holocene의 번역어이다. 이 말은 어원학에 충실하게 번역하면 '완신세完新世'가 된다. 이 책에서는 Anthropocene를 '인류세'나 '인간세'로 다소 중립적으로 번역하기보다는 '인신세'라는 보다 가치평가적 또는 정치적인 용어로 옮기기로 한다. 즉 인류가 지구를 '새롭게' 만들고 있을 뿐만 아니라 지구 환경의 변화에 의해 지금까지와는 다른新 존재가 되는 시대라는 의미로 말이다. 또한 그렇게 해야만 이제는 상대적 개념이 된 '완신세'와 개념적 맞짝을 이룰 수 있다. 이 용어를 처음 제안한 크뤼천은 지구 대기의 오존층이 사라질 가능성을 최초로 경고한 공로로 노벨화학상을 공동 수상했는데, 이처럼 인간이 지구의 (지리) 환경을 근본적으로 바꿀 정도로 우리 시대는 '인신세'이다.

잉 정치화되어 있는 반면 본래적 의미의 정치, 즉 세계에 대한 올바른 이해와 실천 res publica이라는 점에서는 과소정치화, 탈정치화되어 있는 셈이다. 또는 디지털적으로는 세계를 선도하지만 지적으로는 디지털 기지촌화 되고 있다.

* * *

번역을 시작한 지 꽤 짧은 시간 안에 완역할 수 있었다. 나를 이 책으로 이끈 계기 중의 하나는 '제4차산업혁명'이 어떤 '불편한 진실'을 감추고 있다는 의구심이었다. '제4차산업혁명'[11]이라는 말은, 마치 조선시대 말처럼 AI와 알고리즘화에 의한 세계사적 격변이 다가오고 있는데도 그것을 호미로 막으려는 당랑거철 또는 라캉의 '타조의 눈가림' 같은 태도라는 확신이 들었기 때문이다. 그리고 그러한 조어법의 이면에는 일종의 동도서기 같은 멘탈리티가 자리 잡고 있다는 생각에서였다. 즉 우리 사회나 교육 구조를 근본적으로 바꾸지 않고도 AI라는 첨단기술을 '활용'할 수 있다는 꿩 먹고, 알 먹고 식의 헛된 꿈이 그러한 태도 속에 감추어져 있다고 보면 과장일까?

돌이켜 보니 저자의 책이 주는 '지식의 즐거움'이 기본적인 동력이 되어 피곤한 줄도 모르고 번역을 마치게 되었다. 또한 일을 수월하게 마

---

[11] 이 개념을 둘러싼 논란은 여러 가지 있지만 핵심은 그것이 주장하는 대로 '제4차산업혁명'이 진행되지 않는 데 있다. 『사피엔스』의 저자 유발 하라리는 인공지능화나 로봇화의 피해는 방글라데시의 빨래 노동자에게로 제일 먼저 파급되리라고 주장하는데, 그것이 작금의 사태의 진실을 말해준다. 즉 저급 '지능' 기술로부터 시작해 고급 '지능' 기술로 상승하면서 기계와 기술이 인간을 육체적·지적으로 '프롤레타리아화'해, 대체하게 될 것이다. 그것이 '산업혁명'인 것은 오직 기계 쪽에서 보았을 때뿐이지 않을까?

칠 수 있도록 역자를 응원해준 여러 분의 음덕에 감사드린다. 특히 아직도 한글의 창제 원리에 대해 밤새워 강의하실 정도로 여전한 지적 호기심과 청년 같은 마음을 갖고 있으며 이 책을 디자인해주신 정병규 선생님, 동양철학에 대한 지식이 여러모로 일천한 역자들의 초고를 꼼꼼히 읽고 여러 가지 아찔한 오류를 지적해주신 용인대학교의 이동철 교수님께 깊은 감사의 말씀을 드린다. 특히 번역하는 내내 모든 질문에 거의 실시간으로 대답해준 저자에게 깊이 감사드린다. 그리고 이 책에 나오는 무수한 번역서를 일일이 대조해볼 수 있도록 음양의 도움을 준 연세대학교의 김항 교수에게도 깊은 감사를 전한다.

그럼에도 불구하고 이 책에서 발견될 수 있는 모든 오류와 실수는 전적으로 두 역자 책임이며, 이 졸고에서 드러날 수 있는 어떤 정치적 판단도 위의 여러 분과는 무관함을 밝혀둔다.

공역자인 이철규는 대학 캠퍼스에서의 인연부터 치면 30년도 넘는 지우인데 북경에 오래 머무는 바람에 그동안 여러모로 적적했다. 부디 이 책이 둘이 함께했던 아름다운 추억을 즐겁게 회고하는 또 다른 이정표가 되기를 기대한다.

2018년 3월 30일 역자를 대신해
조형준

현대인들이 '외로워'라며 불평할 때 나는 무슨 일이 일어났는지를 안다.
우주를 잃어버린 것이다.
— 로런스D. H. Lawrence, 『묵시론*Apocalypse*』

만약 중국에서 공산주의가 통치하게 된다면 오직 이런 식으로만 중국은
테크놀로지에 대해 자유로워질 수 있다고 추정할 수 있을 것이다.
이 과정은 무엇일까?
— 하이데거, *GA* 97, 『촌평들*Anmerkungen*』 I-V.

스티글러에게

서문 Preface

이 책을 집필하면서 계속 다시 살펴본 적잖은 노트는 내가 10대 때 쓴 것으로, 당시 나는 신유교의 우주 생성론과 현대의 천체물리학 모두에 매료되어 있었다. 여러 해 동안 여름이면 동생 벤과 함께 매주 정기적으로 구룽九龍중앙도서관에 가서 물리학과 형이상학 책을 무더기로 대출한 다음 우리 능력 밖에 있던 데다 당시로서는 어떻게 이용할지도 모르던 것에 대해 읽으며 온종일 시간을 보내던 일이 아직도 기억에 생생하다. 다행히도 문학과 서예 선생님 뇌광붕賴光朋 박사님과의 많은 토론에서 도움을 얻을 수 있었는데, 선생님은 내게 신유학과 철학자 모종삼 牟宗三(1909~1995년)의 사상을 소개해주었다. ─ 모종삼은 당시 선생님의 박사학위논문 지도교수였다. 이후 서양철학, 특히 현대 사상을 연구하기 시작한 나는 그것을 과거에 배운 것과 피상적이며 이국적인 방식으로 비교하는 함정에 빠지지 않고 통합시키는 데 큰 어려움에 직면했다. 2009년에 하이데거에 관한 니시타니西谷啓治(1900~1990년)와 스티글러의 작업과 조우한 것은 시간-물음Zeit-Frage의 관점에서 상이한 철학 체계에 접근할 수 있는 길을 제시해주었다. 보다 최근에는 인류학자 데스콜라Phlippe Descola와 중국철학자 이삼호李三虎의 저서를 읽으며 구체적 물음을 정식화하기 시작했다. 즉 만약 다수의 자연이 존재함을 받아들인다면 다수의 기술을, 즉 기능적・미학적으로뿐만 아니라 존재론적・우주론적으로 서로 다른 기술을 사유하는 것이 가능하지 않을까? 나는 본서에서 내가 코스모테닉스cosmotechnics라고 부르는 것을 테크놀로지와 테크놀로지의 역사에 대한 물음을 열어젖히기 위한 시도로 제안하는데, 이 물음은 다양한 이유에서 지난 세기 동안 닫혀 있었다.

    감사의 말을 드리고 싶은 많은 분이 많다. 독일연구협회*Deutsche Forschungsgemeinschaft*(DFG)의 연구 그룹 미디어 분과*Mediale Teilhabe*의 여러 성원, 옥스너 교수Beate Ochsner, 슈테헬리Elke Stäheli, 비푸스 교수Elke Bippus, 오토 교수Isabell Otto, 슈푀레Markus Spöhrer, 슈톡Robert Stock, 디터리히 교수Sebastian Dieterich, 슈튀르머Milan Stürmer 교수가 그들이다. 특히 이 프로젝트를 너그러이 받아들여 주고 많은 토론을 함께해준 데 대해 회를Erich Hörl 교수께 감사드린다. 이 책의 출판과 함께 고사명高士明 교수, 관부빈管怀斌 교수, 황손권黃孫權 교수, 장송인張頌仁, 노예양盧睿洋, 위산魏珊, 강준姜俊, 요우진姚雨辰, 장순인張順仁, 주정周靜과의 토론을 지원해준 중국예술원에 감사드린다. 파르마콘 철학회의 아래 성원에게도 감사드린다. 알롱베르Anne Alombert, 바란조니Sara Baranzoni, 노니Anaïs Nony, 비뇰라Paolo Vignola, 조프루아Paul-Émile Geofroy, 그르부아지에Michaël Crevoisier, 코르비지에르François Corbisier, 앤더슨Axel Andersson, 카롤린 스티글러Caroline Stiegler, 엘사 스티글러Elsa Stiegler, 오귀스탱 스티글러Augustin Stiegler, 빌렘마르크Paul Willemarck(또한 그에게 뵘Rudolf Boehm의 저서를 소개해준 데 대해서도 감사드린다). 그리고 케이길Howard Caygill, 래시Scott Lash, 바르텔레미Jean-Hugues Barthélémy, 봉탕Vincent Bontems, 모렐Louis Morelle, 피게Louise Piguet, 가르시아Tristan Garcia, 노르망Vincent Normand, 메이Adeena

Mey, 뷔러Regula Bührer, 나탈리 스카톨론Nathalie Scattolon, 제오 스카톨론 Géo Scattolon, 모냉Alexandre Monnin, 레멘스Pieter Lemmens, 베베룽겐Armin Beverungen, 마르스Marcel Mars, 레커Martina Leeker, 브뢱만Andreas Broeckmann, 파스Holger Fath, 뒤파퀴에Cécile Dupaquier, 쇼Jefrey Shaw, 로드리게스Hector Rodriguez, 린다 래Linda Lai, 장이빈張異賓 교수, 혼다 에이코 등 고무적인 논의를 주고받은 동료와 친구에게도 감사드린다.

또한 빼어난 편집, 비판적 논평, 말로 평가할 수 없을 정도로 귀중한 여러 제안을 해준 맥케이Robin Mackay와 빌Damian Veal에게 감사드리고 싶다. 마지막으로 지난 몇 년 동안 너그러이 함께 토론해주고 영감을 불어넣어 준 스티글러에게 감사드린다.

베를린, 2016년 여름

서론

Introduction

1953년에 하이데거는 「기술에 관한 물음」[1]이라는 유명한 강의를 통해 근대 테크놀로지의 본질은 전혀 테크놀로지적인 어떤 것이 아니라 닦달*Ge-stell*이라고 선언했다. — 즉 인간과 세계의 관계가 철저하게 변형되어 모든 존재가 '부품*Bestand*'이나 '재고'의 지위로 전락해버렸다는 것이다. 즉 따져지고 계산되고 착취당하는 것이 가능한 것의 지위로 말이다. 근대 테크놀로지에 대한 하이데거의 비판은 기술의 힘에 대한 새로운 인식을 열어주었는데, 그것은 윙거Ernst Jünger나 슈펭글러Oswald Spengler 같은 독일의 동료 저술가에 의해 이미 질문되고 있었다. 사유의 '전회'(보통 1930경에 이루어진 것으로 알려져 있다) 이후 하이데거가 쓴 글, 특히 앞의 논문은 '밖으로 끌어내 앞으로 내어놓음*poiesis*' 또는 '앞에 내어놓음*Hervorbringen*'으로서의 테크네로부터 닦달로서의 테크놀로지로의 전환을 묘사하고 있는데, 후자는 서구 형이상학의 필연적 결과로 그리고 새로운 형태의 사유를 요구하는 운명으로 간주된다. 존재의 진리-물음에 대한 사유가 그것이다.

---

[1] 하이데거, 『강연과 논문』, 이기상, 신상희, 박찬국 역, 이학사, 9~49페이지.

하이데거의 비판은 동양2 사상가들에게서 그것을 매우 환영하는 청중을 발견했다. — 가장 주목할 만한 반응은 교토학파의 주장에서 나왔으며, 뿐만 아니라 기술적 합리성에 대한 도가의 비판에서도 그것을 찾아볼 수 있다. 후자는 하이데거의 초연한 내맡김 *Gelassenheit*을 무위無爲라는 도가의 고전적 개념과 동일시했다. 그렇게 수용한 것은 몇 가지 이유에서 이해할 만하다. 먼저 근대 테크놀로지의 힘과 위험에 대한 하이데거의 선언들은 전쟁과 산업화 그리고 대중 소비주의의 참화에 의해 올바름이 입증되어온 것처럼 보인다. 그것은 20세기 중반의 사르트르의 저술들에서처럼 하이데거를 일종의 실존적 휴머니스트로 해석하는 입장으로 이어졌다. 그러한 해석은 근대 중국의 급속한 산업적·기술적 변형에 의해 촉발된 불안과 소외감과 깊게 공명하는 것이었다. 두 번째로, 하이데거의 성찰은 서구 문명의 몰락에 대한 슈펭글러의 주장을 보다 심오한 어조로 반향하고 있었다. — 그것은 둘의 주장이 '동양'의 가치를 긍정하는 구실로 받아들여질 수 있음을 의미했다.

하지만 그러한 긍정은 기술과 테크놀로지 물음에 대한 모호하고 문제적인 이해를 낳고 있으며 — 논란이 많은 탈식민주의 이론을 제외하면 — 동양에서 이 주제에 관한 진정 독창적인 사유의 출현을 막아왔다. 왜냐하면 그것은 기술과 테크놀로지3는 오직 한 종류만 존재한다는 것

---

2 이 책에서 '동양'이라는 말은 일반적으로 동아시아를 가리킨다(중국, 일본, 한국 등, 즉 유교, 불교, 어느 정도는 도교의 영향을 받은 나라를 가리킨다).
3 나는 기술, 테크네, 테크놀로지라는 말의 용법을 구분한다. 기술은 모든 형태의 만듦과 실천이라는 일반 범주를 가리킨다. 테크네는 그에 대한 그리스적 이해 방식을 가리키는데, 하이데거는 이를 포이에시스 또는 '밖으로 끌어내 앞에 내어놓음'으로 이해한다. 그리고 테크놀로지는 유럽 근대 동안 일어났으며, 점증하는 자동화의 방향으로 발전해 결국 하이데거가 닦달이라고 부르는 것으로 이어진 급진적 전회를 가리킨다.

을 암묵적으로 받아들인다는 것을 함축하고 있기 때문이다. 즉 기술과 테크놀로지는 인류학적으로 보편적인 것으로 간주될 수 있으며, 문화와 무관하게 동일한 기능을 가지며, 따라서 동일한 용어로 해명되어야 한다는 의미에서 말이다. '국제적'이지 않으며 오히려 독특하고 '고향적인' 사유와 반대로 테크놀로지와 과학을 '국제적인 것'으로 이해하는 이 경향에서는 하이데거 본인도 예외가 아니었다. 최근 출판된 『블랙 노트북』에서 그는 이렇게 쓰고 있다.

> '과학'은 테크놀로지와 마찬가지로 그리고 기술적 도구*Techniken*로서 필연적으로 국제적이다. 국제적 사유는 존재하지 않는다. 하나의 원천에서 샘솟는 보편적 사유만 존재한다. 하지만 원천과 가까이 머물러 있으려면 그러한 사유는 유일한 고향에 거주하는 숙명적 머묾 그리고 유일한 인민*Volk*을 필요로 한다. 따라서 그것은 단지 사유의 인민적 목적 그리고 인민의 단순한 '표현'이 아니게 된다. 대지에 발 디딤의 그때그때의 유일한 숙명적 고향 찾기*Heimattum*가 뿌리내리기이다. 그것만이 보편적인 것으로의 성장을 가능하게 해줄 수 있다.4

---

4 "'Wissenschaften' sind, wie die Technik und als Techniken, notwendig international. Ein internationales Denken gibt es nicht, sondern nur das im Einen Eizigen entsprin genade universale Denken. Diesen aber ist, um nahe am Ursprung bleiben zu können, notwendig ein geschickliches Wohnen in einziger Heimat und einzigem Volk, dergestalt. daβ nicht dieses der völksche Zweck des Denkens und dieses nur 'Ausdruck' des Volkes ― ; das jeweilig einzige geschckliche Heimattum der Bodenständigkeit ist die Verwurzelung, die allein das Wachstum in das Universale gewährt." M. Heidegger, *GA 97 Anmerkungen I-V*(*Schwarze Hefte 1942~1948*)(Frankfurt Am Main: Vittorio Klostermann, 2015), pp. 59~60. "사유와 작시作詩*Denken und Dichten.*"

이 진술은 보다 상세한 분석을 요구한다. 먼저 하이데거 본인의 사고 속에서 사유와 기술 사이의 관계가 해명되어야 한다(아래의 §7과 §8을 보라). 두 번째로, 테크놀로지에 맞선 전회로서의 철학의 '귀향'이라는 문제 틀이 검토될 필요가 있다. 하지만 여기서 하이데거가 테크놀로지를 문화적 원천으로부터 분리 가능한 어떤 것으로, 즉 이미 '국제적인 것으로', 그리하여 '사유'에 의해 극복되어야 할 것으로 보고 있는 것은 분명하다.

같은 책에서 하이데거는 중국에서의 테크놀로지 발전에 대해 논평하는데, 한 촌평에서 공산당의 승리를 예견하고 있다. 그것은 공산당5 집권 후 수십 년 동안 중국에서 기술-물음은 해결에 실패하리라는 것을 암시하는 것처럼 보인다.

> 만약 중국에서 공산주의가 통치하게 된다면 오직 이런 식으로만 중국은 테크놀로지에 대해 자유로워질 수 있다고 추정할 수 있을 것이다. 이 과정은 무엇일까?6

여기서 테크놀로지에 대해 *für* '자유로워진다'는 것이 테크놀로지에 대해 성찰할 수 없는, 변형시킬 수 없는 무능력의 희생자가 된다는 의미가 아니라면 무슨 의미일까? 그리고 실제로 동양에서의 기술-물음에 대한 성찰의 결여는 동양 자체의 문화에서 유래하는 어떠한 진정한 비판의 출현도 막아왔다. 그것은 하이데거가 1940년대의 유럽과 관련해 묘사

---

5 *GA* 97은 1942~1948년에 작성되었다. 중국공산당은 1949년에 집권했다.
6 앞의 책, 441페이지.

한 바와 유사한 사유와 테크놀로지 사이의 괴리를 진정 징후적으로 보여주는 것이라고 할 수 있다. 하지만 만약 이 물음을 다루기 위해 중국이 테크놀로지의 역사와 관련해 근본적으로 서양적인 하이데거의 분석에 의지한다면 우리는 막다른 골목에 이르게 될 것이다. ― 그리고 불행히도 오늘날 우리는 이 지점에 서 있다. 따라서 근대화 이전의 비유럽 문화들에서 기술-물음은 무엇이었을까? 근대화 이전의 서양과 동일한 물음, 즉 그리스적 테크네에 관한 물음이었을까? 더 나아가 만약 하이데거가 존재-물음을 서구 형이상학의 존재 망각*Seinsvergessenheit*으로부터 되찾아올 수 있었다면, 만약 오늘날 스티글러가 시간-물음을 서양철학에서의 오랜 기술 망각*oubli de la technique*으로부터 되찾아볼 수 있었다면 비유럽인들은 무엇을 열망할 수 있을까? 만약 이 물음들이 심지어 제기되지 않았다면 중국의 **기술철학**은 계속 하이데거, 캅Ernst Kapp, 데자우어Friedrich Dessauer, 마르쿠제, 하버마스 같은 독일 사상가들 그리고 미첨Carl Mitcham, 이드Don Ihde, 보그먼Albert Borgman 같은 미국 사상가들, 엘륄Jacques Ellul, 시몽동Gilbert Simondon, 스티글러 같은 프랑스 사상가들에게 전적으로 의존해야 할 것이다. 전진할 수 없을 것처럼 보인다. ― 심지어는 후진조차 할 수 없을지도 모른다.

나는 역사적 이유뿐만 아니라 정치적 이유에서도 '중국에서의 과학철학'을 구상하고 발전시킬 긴급한 필요가 있다고 믿는다. 중국은 '영국을 따라잡고 미국을 추격하기超英趕美'(1957년에 모택동이 제시한 슬로건) 위해 지난 1세기 동안 근대화를 추구해왔다. 지금 중국은 전환점에 선 것처럼 보인다. 근대화가 중국으로 하여금 열강의 일원으로 자리 잡는 것을 가능하게 해주는 수준에 도달했기 때문이다. 하지만 동시에 중국이 이처럼 맹목적인 근대화를 계속할 수는 없으리라는 일반적 정서가 존재하고 있다. 최근 수십 년간 이루어진 거대한 가속화는 또한 다양한 형태의, 즉 문화적, 환경적, 사회적, 정치적 파괴로 이어졌다. 우리는 지금 — 지리학자들 말에 따르면 — 대략 18세기에 산업혁명과 함께 시작된 인신세라는 새로운 역사적 시기 속에서 살고 있다. 인신세에서 살아남으려면 근대로부터 물려받은 실천들에 대한 성찰과 변형이 요구될 것이다. 근대(성) 자체를 극복하기 위해서 말이다. 이 책에서 개요를 제시해볼 중국에서의 기술-물음의 재구성 또한 이 과제와 관련되어 있는데, 이 책은 테크놀로지 개념이 얼마나 다양할 수 있는지를 펼쳐 보여주고 진정 글로벌한 세계사를 다시 열어놓음으로써 근대화 프로그램에 대한 해독제 역할을 하는 것을 목표로 하고 있다. 이 책은 하이데거의 기술 개념에 응답할 뿐만 아니라 **중국** 고유의 기술철학을 구성할 수 있는 가능한 길을 소묘하기 위한 시론이기도 하다.

§ 1. 프로메테우스 되기

중국에는 테크놀로지에 대한 사유가 존재하는가? 얼핏 보기에 이것은 쉽게 기각될 수 있는 물음이다. 어디 테크놀로지 없는 문화가 존재한단 말인가? 분명히 기술은 많은 세기 동안 중국에 존재했다. 만약 이 개념을 인공적 제품을 만들 수 있는 재주skills를 가리키는 것으로 이해한다면 말이다. 하지만 이 물음에 보다 완전하게 대답하려면 기술-물음에서 쟁점이 되는 것에 대한 보다 깊은 이해가 필요하다.

인간이 호모 파베르로 진화하는 과정에서 손이 해방된 시점은 또한 만들기의 체계적이고 전달 가능한 실천의 시작을 표시하는 시점이기도 했다. 이 실천은 먼저 생존의 필요에서, 즉 불을 피우고 사냥하며 거처를 만드는 등의 필요에서 출현했다. 나중에, 즉 생존조건을 개선하기 위해 몇몇 기능에 서서히 숙달되면서 보다 복잡한 기술이 발전할 수 있게 되었다. 프랑스의 인류학자이자 고생물학자인 르루아-구랑의 주장에 따르면 손이 해방되는 순간 기관과 기억의 외부화와 보철물의 내부화라는 방식으로 기나긴 진화의 역사가 열리게 되었다.7 지금 이러한 보편적인 기술적 경향 내부에서 우리는 다양한 문화에 걸쳐 인공물이 다양화되고 있는 것을 관찰할 수 있다. 그러한 다양화는 문화적 특수성에 의해 초래되지만 또한 피드백 회로를 통해 그것을 강화하기도 한다. 르루아-구랑은 이 특수성을 '기술적 사실'이라고 부른다.8 기술적 **경향**이 필연적인 반면 기술적 사실은 우연적이다. 그에 따르면, 이 사실은 "경향과 수많은 환경의 우연적 요소가 마주치는 데서"9 유래한다. 바퀴의 발명은 기술적 경향인 반면 바퀴가 바퀴살을 가질지는 기술적 사실 문제이다. 만드는 과학의 초기는 기술적 경향에 의해 지배되는데, 이것은 인간의 활동 — 예를 들어 원시적 바퀴의 발명이나 부싯돌의 사용 — 속에서 드러나는 것은 최적의 자연적 효율성임을 의미한다. 문화적 특수성이나 기술적 사실이 보다 변별적으로 모습을 드러내는 것은 단지 이후의 일일 뿐이다.10

이처럼 기술적 경향과 기술적 사실에 대한 르루아-구랑의 구분은

---

7 A. Leroi-Gourhan, *Gesture and Speech*(Cambridge, MA and London: MIT Press, 1993).
8 A. Leroi-Gourhan, *Milieu et techniques*(Paris: Albin Michel, 1973), pp. 336~340: *L'Homme et la Matière*(Paris: Albin Michel, 1973), pp. 27~35.
9 Leroi-Gourhan, *L'Homme et la Matière*, p. 27.
10 앞의 책.

상이한 문화 간의 기술적 발명의 유사성과 차이에 대한 설명을 제공하려고 한다. 그것은 기술적 장치에 의한 인간 기관의 연장延長뿐만 아니라 발명이라는 기술적 경향에 의해 특징지어지는 **인간[세계]화** 과정에 대한 보편적 이해로부터 논의를 시작한다. 하지만 세계 도처에서 이루어지고 있는 테크놀로지의 다양화 그리고 상이한 문화에서 발명이 진행되는 상이한 속도에 대한 설명으로 이 모델은 얼마나 효율적일까? 나는 이 물음들에 비추어 — 르루아-구랑 본인은 좀체 논하지 않는 — 우주론과 형이상학의 차원들을 논해볼 수 있기를 바란다.

여기 나의 가설이 있는데, 일부 독자들에게는 다소 놀라울 수도 있을 것이다. 즉 중국에는 오늘날 우리가 이해하고 있는 의미에서의 — 또는 적어도 서구의 몇몇 철학자가 규정하는 바에서의 — **기술은 결코 존재하지 않았다**는 것이다. 모든 기술은 동일하다는, 어떤 문화에서건 찾아볼 수 있는 모든 재주skills와 인공적 산물은 '테크놀로지'라고 불리는 한 가지 것으로 환원 가능하다는 일반적 오해가 존재한다. 그리고 실제로 기술이 신체의 연장 또는 기억의 외부화로 이해될 수 있음을 부인하기는 거의 불가능하다. 하지만 그렇다고 해서 상이한 문화에서 동일한 방식으로 **지각되거나** 성찰될 수는 없을 것이다.

다른 식으로 말해, 인간의 일반적 활동으로서의 기술은 오스트랄로피테쿠스Australopithecus 또는 오스트랄안트로포스Australanthropos[오스트랄로피테쿠스는 '남쪽의 원숭이'라는 뜻인데, 르루아-구랑은 이 이름보다는 '남쪽의 인간'이라는 이 이름을 더 선호한다] 이래 지구상에 존재해왔다. 하지만 기술이라는 철학적 개념은 보편적인 것으로 간주될 수 없다. 우리가 여기서 언급하고 있는 기술은 철학의 주제로 다루어지는 것을 말한다. 즉 철학의 탄생을 통해 가시화되는 것을 의미한다. 그렇게 이해된 것으로서의 기술, 즉 철학 범주로서의 기술은 또한 철학사의 주제이기도 하며, 그것을 탐구하는 특수한 관점에 의해 규정된다. 이 책에서 말하는 '기술철학'은 독일에서 기술철학Technikphilosophie ― 이것은 캅이나 데자우어 같은 사람과 결부되어 있다 ― 이라고 알려진 것과 정확하게 일치하는 것은 아니다. 오히려 기술은 헬레니즘철학과 함께 나타났으며, 철학의 핵심적 탐구 중의 하나를 구성하고 있다. 그리고 그렇게 이해된 기술, 즉 내가 주장하는 대로 존재론적 범주로서의 기술은 보다 큰 성좌, 즉 기술이 출현한 문화에 고유한 '우주론'과 관련해 탐구되어야 한다.

우리는 고대 그리스에서 철학의 탄생은 탈레스와 아낙시만드로스의 사유에서 잘 드러나는 대로 합리화 과정이었으며, 신화와 철학 사이의 점진적 분리를 표시한다는 것을 알고 있다. 신화(론)는 서양철학의 원천이자 본질적 구성요소로, 서양철학은 신(성)을 자연화시키고 그것을 합리성의 (대리)보충물로 통합시킴으로써 신화(론)로부터 거리를 두었다. 합리주의자라면 신화(론)에 의지하는 것은 모두 후퇴이며, 철학은 신화적 기원들로부터 완전히 해방될 수 있었다고 주장할 수도 있을 것이다. 하지만 나는 과연 그러한 철학이 존재하는지 또는 심지어 앞으로도 존재할 수 있는지 의구심을 갖고 있다. 우리는 뮈토스와 로고스 사이의 대립이 아테네 아카데미에서 분명하게 존재했음을 알고 있다. 즉 아리스토텔레스는 헤시오도스학파의 '신학자들'에 대해 아주 비판적이었으며, 그보다 전에 플라톤은 신화를 무자비하게 논파한 바 있다. 『파이드로스』(61a)에서 그는 소크라테스 입을 통해 뮈토스는 자기 관심사가 아니며 오히려 (『국가』에서 거짓말쟁이로 묘사되는) 시인이 할일이라고 말한다. 하지만 베르낭이 분명히 보여주듯이 플라톤은 "저술들에서 [인간의 한계] 너머에 있는 것 그리고 엄밀한 철학적 언어에는 미치지 못하는 것을 표현하는 수단으로서의 신화에 중요한 자리를 마련해주고 있다."[11]

철학은 맹목적인 인과적 필연성의 언어가 아니라 오히려 그러한 필연성이 말해지는 것을 허용할 뿐만 아니라 그러한 필연성을 넘어서는 것의 언어이다. 합리성과 신화 사이의 변증법적 운동이 철학의 역동성을 구성하며, 그것 없이는 오직 실증과학만 존재할 뿐이다. 18세기 말에 활동한 낭만파와 독일 관념론자들은 철학과 신화 사이의 그러한 문제적 관계를 알고 있었다. 예컨대 우리는 1797년에 익명으로 출판되었지만 튀빙겐신학교의 삼총사, 즉 횔덜린, 헤겔, 셸링이 쓴 것으로 추정되는 또는 적어도 그들과 관련된 것으로 추정되는 「독일 관념론의 가장 오래된 체계 프로그램」에서 "신화(론)는 철학적인 것이 되어야 하며, 사람들은 합리적으로 되어야 하며, 철학은 철학자들이 감수성을 가질 수 있도록 신화적으로 되어야 한다. 그러면 영원한 통일이 우리를 지배할 것"[12]이라는 내용을 읽을 수 있다. 그러한 통찰이 주로 아주 영향력이 컸던 이 세 친구의 작업을 통해 그리스 비극에 대한 철학적 관심이 재생되던 때 이루어진 것은 우연이 아니다. 여기서 그것은 유럽에서 신화로부터 자기를 분리시키려는 철학의 시도는 다름 아니라 신화(론)에 의해 좌우되었음을 함축하고 있다. 그것은 신화(론)가 그와 같은 방식의 철학하기의 맹아적 형태를 드러낸다는 것을 의미한다. 모든 탈신화화는 재신화화를 수반한다. 철학은 결코 완전히 절연할 수 없는 기원에 의해

---

11 J.-P. Vernant, *Myth and Society in Ancient Greece*, tr. J. Lloyd(New York: Zone Books, 1990), pp. 210~211.
12 "The 'Oldest System-Programme of German Idealism'", tr. E. Förster, *European Journal of Philosophy* 3(1995), pp. 199~200.

조건 지어져 있기 때문이다. 따라서 기술-물음에서 쟁점이 되고 있는 것을 탐구하기 위해서는 우리에게 전해져 왔으며 서양철학에 의해 거부되는 동시에 확장되어온, 기술의 기원에 대한 지배적인 신화들에 의탁해야 한다. 기술은 모종의 보편적인 것으로 간주될 수 있다는 오해가 글로벌한 테크놀로지적 조건 일반 그리고 특수하게는 그것이 비유럽 문화에게 제기하는 과제에 대한 이해에 큰 장애로 남아 있다. 이 물음을 이해하지 못한다면 모두 근대 테크놀로지가 동질화되고 있는 작금의 추세에 압도되어 막막해할 수밖에 없을 것이다.

최근 일부 저서는 소위 '프로메테우스주의'를 복제해 이용하려고 시도하고 있는데, 자본주의에 대한 사회적 비판을 테크놀로지에 대한 폄하로부터 분리시켜 근대(성)의 구속과 모순으로부터 우리를 해방시킬 수 있는 테크놀로지의 힘을 인정하려고 하는 것이다. 앞의 '프로메테우스주의'는 '가속화주의'라는 개념과 종종 동일시되거나 또는 적어도 긴밀하게 관련지어지고 있다.13 하지만 만약 테크놀로지와 자본주의에 대한 그러한 반응이, 마치 프로메테우스가 보편적인 문화적 형상인양 글로벌하게 적용된다면 보다 미묘한 형태의 식민주의를 영구화할 위험이 있다.

그러면 프로메테우스란 누구이고, 프로메테우스주의는 무엇을 대변하는가?14 플라톤의 『프로타고라스』에서 이 소피스트는 티탄족 — 그

---

13 R. Mackay and Armen Avanessian, *#Accelerate: The Accelerationist Reader*(Falmouth and Berlin: Urbanomic/Merve, 2014). 특히 Ray Brassier, "Prometheanism and its Critics", pp. 469~487을 참조하라.

14 빌라모비츠-묄렌도르프Ulrich von Wilamowitz-Moellendorff에 따르면 프로메테우스의 정체에는 두 가지가 있다. 1) 이오니아적-아테네적 프로메테우스. 불과 관련된 산업의 신으로 도공이자 대장장이로 프로메테이아 축제에서 숭배된다. 2) 보에티우스적-루크레티우스적 프로메테우스. 이 티탄족이 받는 형벌은 상이한 세대의 신들 간의 갈등이라는 큰 주제의 일부이다. J.-P. Vernant, *Myth and Thought among the Greeks*(New York: Zone

는 또한 인간 존재의 창조자라는 이야기도 있다 ― 인 프로메테우스 이야기를 들려주는데, 그는 제우스에게서 온갖 재주를 뭇 생명에게 나눠주라는 명령을 받는다. 동생 에피메테우스가 그 일을 넘겨받지만 모든 재주를 나누어준 후 그는 인간에게 무엇인가를 주는 것을 잊어버린 것을 깨닫는다. 동생인 에피메테우스의 실수를 보상하기 위해 프로메테우스는 헤파이스토스 신에게서 불을 훔쳐 인간에게 건네준다.15 헤시오도스는 『신통기』에서 이 이야기에 대해 약간 다른 버전을 들려주는데, 거기서 티탄족은 희생물 공희와 관련해 속임수를 씀으로써 제우스의 전지전능함에 도전한다. 제우스는 프로메테우스가 불을 훔쳐간 것에 대한 복수로 인간으로부터 불과 **생계수단**을 숨기는 것으로 분노를 표현한다. 프로메테우스는 제우스에게서 벌을 받는다. 그는 절벽에 쇠사슬로 묶인 채 낮에는 헤파이스토스가 보낸 독수리에게 간을 파 먹히는데, 밤에 다시 그것이 자란다. 이 이야기는 『일과 날들』에서도 계속되는데, 거기서 프로메테우스의 사기*apatē* 또는 기망*dolos*에 분노한 제우스는 인간에게 재앙을 가져오는 것을 보냄으로써 복수한다. 이 재앙을 가져오는 것 또는 돌로스는 판도라라고 불린다.16 판도라의 형상 ― '판도라'라는 이름은 '모든 것을 주는 여자'라는 뜻이다 ― 은 이중적이다. 먼저 그녀는 풍요를 대변한다. 베르낭에 따르면 또 다른 고대의 설명에서 대지의 여신인 아네시도라Anesidora[선물을 주는 여자]라는 또 다른 이름을 갖고 있기 때문이다.17 두 번째로는 게으름과 탐진을 대변한다. 가스테르*gastēr*,

Books, 2006), p. 264를 보라.
15 플라톤, 『프로타고라스』, 320c-328d.
16 베르낭은 프로메테우스와 제우스의 행동 모두 돌로스라고 강조한다. 베르낭의 『신화와 사회』, 185페이지를 보라.
17 앞의 책, 266페이지.

즉 "인간이 노동을 통해 자기를 위해 거두어들인 비오스*bios* 또는 영양분을 게걸스럽게 먹어 치우는 탐욕스러운 위胃"이기 때문이다.18

프로메테우스가 모든 기술의 아버지이자 모든 공예의 장인*didasklos technēs pasēs*이 되는 것은 오직 아이스킬로스에서뿐이다.19 반면 전에 그는 불을 훔쳐 갈대숲 우묵한 곳에 감추어둔 자였다.20 프로메테우스가 기술을 발명하기 전에 인간은 감각 능력을 가진 존재가 아니었다. 왜냐하면 눈을 뜨고도 보지 못했으며, 귀가 있어도 듣지 못했으며, 아무렇게나 되는 대로 뒤섞여 살았기 때문이다.21 아이스킬로스의 『결박된 프로메테우스』에서 이 티탄족은 "가련한 나는 인간을 위해 그런 기술을 발명했다"고 선언한다. 이 기술*technai*은 정확히 무엇일까? 이 말의 가능한 모든 의미를 남김없이 파헤쳐보기는 힘들 테지만 아래 같은 프로메테우스의 말은 주목해볼 만한 가치가 있다.

> 그 밖에도 나는 그들을 위해 발명품의 진수인 숫자를 발명해냈고, 문자의 조립도 찾아내 그것이 그들에게 모든 것의 기억이 되고, 예술의 창조적 어머니가 되게 했소.22

보편적 프로메테우스주의를 상정하는 것은 모든 문화가 원래 그리스적인 테크네에서 유래한다고 상정하는 것이다. 하지만 중국에서 우리는 인간의 창조 그리고 기술의 기원과 관련해 또 다른 신화(론)를 발견하

---

18 앞의 책, 174페이지.
19 앞의 책, 271페이지.
20 앞의 책, 265페이지.
21 앞의 책.
22 아이스킬로스, 『사슬에 묶인 프로메테우스』, 441~506(천병희 역, 숲).

는데, 거기서 프로메테우스적 형상은 존재하지 않는다. 대신 중국 신화는 고대 부족先民들의 지도자였던 고대의 삼황 이야기를 들려준다. 복희, 여와, 신농이 그들이다.23 상반신은 우아한 미녀지만 하반신은 뱀 모습으로 그려지는 여신 여와가 진흙으로 인간을 빚었다.24 여야와 남매로 나중에 남편이 되는 복희는 사람 머리에 뱀 모습으로, 팔괘八卦를 발명했다. 몇몇 고전 문헌은 여와가 오색 빛이 나는 돌로 갈라진 하늘의 틈을 메워 하늘의 물이 지상으로 엄청나게 쏟아지고 불길이 무섭게 번져나가는 것을 막는 과정을 기록하고 있다.25 신농의 정체는 이보다 훨씬 더 모호한데, 종종 그는 다른 두 이름, 즉 염제炎帝과 열산씨烈山氏와 결부되기 때문이다.26 이렇게 결부됨으로써 말 그대로 '신성한 농부'를 의미하는 신농은 또한 불의 신이 되며, 죽은 후에는 부엌의 신이 된다(염이라는 글자는 화라는 글자가 위아래로 겹쳐 만들어진 것이다. 역사가들의 인식에 따르면 이것은 태양숭배보다는 가정에서 불을 사용한 데서 유래했을 가능성이 크다).27 이름이 암시하듯이 신농은 또한 농업, 의학 그리고 다른 기술을 발명했다. 기원전 약 139년에 회남왕 유안劉安(기원전 179~122년)의 궁정에서 일련의 문객과 학자가 벌인 토론에서 유래한 고대 중국 문헌

---

23 이 삼황이 누구인가에 대해서는 다양한 설명이 존재한다. 아래 명단이 가장 흔하게 받아들여지고 있는 것이다.
24 진흙의 사용과 관련해 이 이야기에 대한 상이한 이본들이 존재한다. 예를 들어 『회남자』에 따르면 인간을 빚은 것은 여와 혼자가 아니라 다른 신들과 함께한 일이었다. "황제가 음양을 만들었고, 상병이 귀와 눈을 만들었으며, 상림이 어깨와 손을 만들었다. 이것이 여와가 70번이나 변한 이유이다"(『회남자』, 17편 25, 설림훈說林訓, "黃帝生陰陽, 上騈生耳目, 桑林生臂手, 此女媧所以七十化也").
25 『회남자』, 6편, 남명훈覽冥訓을 보라.
26 李桂民, 神農氏, 烈山氏, 炎帝的糾葛與遠古傳說的認識問題, 理論學刊, 3: 217(2012년 3월호), pp. 108~112.
27 앞의 책.

인 『회남자』에 따르면 신농은 식용식물과 유독식물을 구분하기 위해 수백 종의 식물을 시험하다가 목숨을 잃을 뻔했다고 한다. 여와가 메워야 했던 하늘의 갈라진 틈은 여와의 후손, 즉 불의 신 축융祝融과 물의 신 공공工共 간의 싸움으로 인한 것이었다.28 농업의 신과 불의 신이 서로 다른 신화 체계에서 유래하는 것에 그리고 비록 이 두 신은 신으로 불리지만 죽은 후에나 그렇게 인정되는 것에 주목하라. ─ 원래 그들은 고대 부족의 지도자들이었다. 따라서 티탄족이 불과 생존수단을 인간에게 가져줌으로써, 그리하여 인간을 동물보다 위에 있도록 만들어줌으로써 신에게 맞서는 그리스 신화에서와 달리 중국 신화에는 그러한 반란이 존재하지 않으며, 그와 같은 초월성도 부여되지 않는다. 대신 그와 같은 자질은 고대의 현인들의 선의 덕분인 것으로 간주된다.

베르낭과의 대화중에 프랑스의 중국학자 제르네는 그리스적 합리성이 발전하기 위해 필요했던 신들의 세계와 인간 세계의 철저한 분리는 중국에서는 일어나지 않았다고 지적한 바 있다.29 그리스 유형의 사유가 마침내 중국에 도달했지만 어떤 형성적 영향을 행사하기에는 너무 늦었다. ─ 중국인들은 이미 "신(성)을 자연화했던 것이다."30 그에 응

---

28 다시 한 번 중국 신화들에서는 여와가 세상에 먼저 나왔는지 아니면 신농이 먼저 나왔는지에 대한 그리고 축융이 신농 후손인지 아니면 황제 후손인지에 대한 다양한 설명이 존재한다. 여기서는 가장 널리 알려진 판본을 따른다.
29 베르낭, 『신화와 사회』, 86페이지.
30 제르네 또한 다른 곳에서 유대교와 기독교의 신과 중국 문화의 천天 사이의 차이에 대해 논하고 있다. 유대교적·기독교적 신은 양치기들의 신으로, 말하고 명한다. 반면 중국의 천은 말하지 않는다. "[중국의 천은] 계절을 낳고 계절이 어김없이 다가오는 방식으로 지속적으로 작용하는 것으로 만족한다." J. Gernet, *Chine et christianisme: action et réaction*(Paris: Gallimard, 1982). F. Jullien, *Procès ou création ─ Une introduction à la pensée des lettrés chinois*(Paris: Éditions du Seuil, 1989), p. 45도 같은 문장을 인용하고 있다.

답하면서 베르낭은 또한 그리스 문화를 특징짓는 양극적 용어들 — 인간/신들, 비가시적/가시적, 영원한/유한한, 항구적인/가변적인, 강력한/무력한, 순수한/불순한, 확실한/불확실한 — 이 중국에는 부재한다고 지적하면서 그것이 비극을 발명한 것이 그리스인들인 이유를 부분적으로 설명해준다고 말한다.31

여기서는 단순히 중국, 일본, 인도 또는 그 밖의 다른 곳에는 창조 및 기술과 관련해 서로 다른 신화가 존재한다는 명백한 사실을 가리키려는 것이 아니다. 내가 말하고자 하는 요점은 오히려 그러한 신화 각각은 기술에 대해 각각의 경우 신, 기술, 인간 그리고 우주의 상이한 관계에 상응해 서로 다른 기원을 제공한다는 것이다. 동일한 문화적 실천이 문화별로 어떻게 변형되지를 논하고 있는 일부 인류학의 노력을 제외하면 기술과 테크놀로지 담론에서 그러한 관계들은 무시되거나 그것들이 미치는 영향은 고려되지 않는다. 나는 우리가 상이한 '형태들의 삶'에 대해, 따라서 기술과의 상이한 관계에 대해 이야기할 때 그것이 무슨 의미인지를 이해할 수 있는 것은 오직 기술성*technicité*32의 생성에 대해 지금까지와는 다른 설명을 찾아내는 것에 의해서만 가능하다고 제안하고자 한다.

기술 개념을 상대화하려는 시도는 역사 연구뿐만 아니라 기존의 인류학적 접근에게도 도전하는 것인데, 그것들은 상이한 시기에 상이한 문화 사이에서 개별적인 기술적 대상이나 (질이 말하는 의미에서의) 기술 체계의 진보를 비교하는 것에 기반해 있다.33 과학적·기술적 사유는

---

31 F. Jullien, *Procès ou création*, pp. 98~100.
32 '기술성'이란 시몽동에게서 차용한 개념으로, 그에 따르면 테크놀로지의 발달은 인간 사회의 주술적 단계 동안 시작된 지속적 분기의 계통으로 이해되어야 한다.

인간과 환경 사이의 관계 — 이것은 결코 정적이지 않다 — 속에서 표현되는 우주론적 조건 아래 출현한다. 이 이유에서 나는 기술에 대한 이러한 이해 방식을 **코스모테크닉스**라고 부르고자 한다. 예를 들어 중국의 코스모테크닉스의 가장 특징적인 사례 중의 하나는 중의학中醫學이다. 그것은 신체를 묘사하기 위해 음양, 오행, 조화 등 우주론에서 발견되는 것과 동일한 원리와 용어를 사용하고 있다.

§ 2. 우주, 우주론, 코스모테크닉스

여기서 기술적 사실에 대한 르루아-구랑의 분석만으로도 이미 상이한 기술성을 분석하기에 충분하지 않은지를 물을 수 있을 것이다. 그가 그의 저서에서 기술적 경향과 기술적 사실의 분화를 탁월하게 기록하고 있는 것은 사실이다. 즉 기술적 진화의 상이한 계통을 그리고 환경이 도구와 물품의 제작에 미치는 영향을 말이다. 하지만 그의 연구는 한계를

---

33 프랑스의 기술사가 질Bertrand Gille(1920~1980년)은 테크놀로지의 역사를 본인이 '기술 체계'라고 부르는 것에 따라 분석할 것을 제안하고 있다. 그는 『기술의 역사*Histoire des techniques*』(Paris: Gallimard, 1978), p. 19에서 '기술 체계'를 이렇게 규정하고 있다. "모든 기술의 상호 의존도는 다양하다. 그리고 그것들 사이에 일정한 일관성이 존재할 필요가 있다. 모든 구조, 모든 앙상블, 모든 절차의 상이한 수준의 일관성의 이 앙상블이 기술 체계라고 부르는 것을 구성한다." 기술 체계는 기술 혁명에 직면해, 예를 들어 중세 시기(12~13세기), 르네상스 시기(15세기), 산업혁명 시기(18세기) 동안 변형을 겪었다. 요대지姚大志나 회그셀리우스Per Högselius 같은 연구자는 질의 분석을 서구 중심적이라고 비난한다. 질이 유럽의 기술 체계를 주요한 참조점으로 사용하고, 그렇게 하는 가운데 중국 기술은 2세기 전에는 유럽보다 더 진보했던 것처럼 보인다는 니덤의 고찰을 무시한다는 의미에서 말이다. 이 논쟁에 대해서는 "Transforming the Narrative of the History of Chinese Technology: East and West in Bertrand Gille's *Histoire des Techniques*", *Acta Baltica Historiae et Philosophiae Scientiarum* 3: 1(2015년 봄), pp. 7~24를 참조하라.

갖고 있다(비록 이것 또한 그의 연구의 힘과 독특성을 구성하지만 말이다). 그것은 그가 상이한 문화에 적용 가능한 기술적 계보학과 기술적 위계질서를 구조화하기 위해 기술적 대상의 개체화에 초점을 맞추는 데서 유래하는 것처럼 보인다. 이 관점에서 우리는 그가 왜 도구의 발달에 기반한 기술적 생성에 대한 설명에 논의를 국한시켰는지를 이해할 수 있을 것이다. 『인간과 물질』 초판이 나온 지 30년 후에 쓴 「후기」에서 그가 개탄하듯이 대부분의 고전적 민족지는 첫 장을 기술에 할애하고, 그런 다음 바로 나머지 부분에서 사회적·종교적 측면으로 넘어간다.34 그의 저서에서 기술은 인간, 문명, 문화를 검색할 수 있도록 해주는 '렌즈'로 작용한다는 의미에서 자율적으로 된다. 하지만 기술적 사실의 특이성을 오직 '환경' 탓만으로 돌리기는 어렵다. 그리고 나는 우주론에 대한 물음을, 따라서 **코스모테크닉스**에 대한 물음을 피하는 것이 가능하다고 믿지 않는다.

이 물음을 칸트적 이율배반 형태로 제기해보자. 1) 기술은 인간학 anthropology적으로 보편적이다. 그리고 신체 기능의 연장과 기억의 외부화로 이루어지기 때문에 상이한 문화에서 생산되는 차이들은 사실적 상황이 기술적 경향을 굴절시키는 정도에 따라 설명될 수 있다.35 2) 기술은 인간학적으로 보편적이지 않다. 상이한 문화에서 테크놀로지는 이 문화에 대한 우주론적 이해에 의해 영향을 받으며, 오직 일정한 우주론적 배경 내에서만 자율성을 갖는다. — 기술은 항상 **코스모테크닉스**이다. 이 이율배반의 해결책을 찾는 것이 우리 탐구의 아리아드네의 실이 될 것이다.

---

34 Loroi-Gourhan, *L'Homme et la la Matière*, p. 315.
35 앞의 책, 29~35페이지.

여기서 코스모테크닉스에 대한 예비 규정을 제시해보자. 즉 그것은 기술적 활동을 통한 우주질서와 도덕질서의 일치를 의미한다(비록 우주질서라는 용어는 자체가 동어반복이지만 말이다. 그리스어 코스모스[우주]는 질서를 의미하기 때문이다). 코스모테크닉스라는 개념은 즉각 우리에게 기술과 자연을 관습적으로 대립시켜온 입장을 극복하고 철학의 과제를 이 둘의 유기적 일치를 추구하고 확인하는 것으로 이해할 수 있도록 해주는 개념적 도구를 마련해준다. 이 「서문」의 나머지 부분에서 나는 20세기 철학자 시몽동의 작업 그리고 우리 시대의 다른 몇몇 인류학자, 특히 인골드Tim Ingold의 작업 속에서 이 개념을 탐구할 것이다.

『기술적 대상들의 존재양식에 대하여』(1958년) 3부에서 시몽동은 기술성의 사변적 역사에 착수하면서 대상의 기술적 계통만 탐구하는 것으로는 충분하지 않다고 주장한다. 또한 그것은 "사유와 세계 내 존재양식의 유기적 성격을 함축하고 있다"는 것을 이해하는 것이 필요하다는 것이다.36 시몽동에 따르면 기술성의 생성은 '주술적 단계'와 함께 시작되며, 거기서 우리는 주체/객체의 분리 이전의 본래적 일치를 발견한다. 이 단계는 배경과 형상 사이의 분리와 융합에 의해 특징지어진다. 시몽동은 이 두 용어를 게슈탈트심리학에서 차용했는데, 이 심리학에서는 형상을 배경으로부터 분리시킬 수 없으며 형상을 부여하는 것은 배경인 반면 동시에 형상 또한 배경에 한계를 부여한다. 우리는 주술적 단계의 기술성을 그가 '요충지pointes clès'라고 부르는 것에 따라 망상적으로 조직화되는 힘의 장으로 파악할 수 있을 것이다. 예를 들어 산, 거암巨巖, 고목 같은 정점이 그것이다. 코스모테크닉스의 본원적 양식인 원시적인

---

36 시몽동, 『기술적 대상들의 존재양식에 대하여』, 김재희 역, 그린비, 306페이지.

주술적 시점은 기술과 종교로 분기화되며, 거기서 종교는 일치를 획득하려는 지속적인 노력 속에서 기술과의 평형 상대를 간직한다. 기술과 종교는 이론적 부분과 실천적 부분 모두를 낳는다. 종교에서 이 둘은 윤리(이론적 부분)와 도그마(실천적 부분)로 알려져 있다. 주술적 단계는 우주론과 코스모테크닉스가 거의 구분되지 않는 양식이다. 우주론은 여기서는 오직 일상적 실천의 일부일 때만 의미가 있기 때문이다. 근대라는 역사적 시기 동안에만 앞서 말한 분리가 이루어지는데, 테크놀로지 연구와 (천문학으로서의) 우주론 연구는 두 개의 상이한 분과학문으로 간주되기 때문이다. — 이것은 기술이 우주론으로부터 완전히 분리되었으며, 코스모테크닉스에 대한 모든 명시적인 이해 방식이 사라졌음을 암시한다. 하지만 우리 시대에 코스모테크닉스가 존재하지 않는다고 말하는 것은 정확하지 않을 것이다. 그것은 분명히 존재한다. 데스콜라가 '자연주의'라고 부르는 것이 그것인데, 그것은 서양에서 17세기에 승리를 거둔 문화와 자연 사이의 대립을 의미한다.[37] 이 코스모테크닉스에서 코스모스는, 하이데거가 세계상 *Weltbild*이라고 부르는 것에 따르면, 착취 가능한 재고로 간주된다. 여기서 우리는 시몽동에게는 우리 시대를 위한 코스모테크닉스(비록 그는 이 용어를 사용하지 않지만 말이다)를 재발명할 일정한 가능성이 남아 있다고 진술해야 한다. 시몽동은 기술학 *mécanologie*에 관해 가진 한 인터뷰에서 TV 안테나에 대해 이야기하면서 (근대 테크놀로지와 자연적 지리학 사이의) 그러한 수렴이 어떻게 보여야 하는지를 아름답게 묘사하고 있다. 비록 내가 아는 한 시몽동은 이 주제에 대해 더 이상 깊이 파고 들지는 않았지만 그가 말하려고 한 것을

---

[37] Ph. Descola, *Beyond Nature and Culture*, tr. J. Lloyd(Chicago and London: Chicago University Press, 2013), p. 85.

계속 밀고 나가는 것이 우리 과제가 되어야 할 것이다.

> 이 TV 안테나를 있는 그대로 보세요. …… 고정되어 있지만 특정한 방향을 향해 있지요. 우리는 이것이 먼 곳을 응시하는 것을, 먼 곳에 있는 발신기로부터 (신호들을) 수신할 수 있는 것을 봅니다. 저에게 이것은 하나의 상징 이상인 것처럼 보입니다. 그것은 온갖 종류의 몸짓, 거의 주술적인 지향성의 힘, 우리 시대의 형태의 주술을 대변하는 것처럼 보입니다. 가장 높은 장소와 마디점 사이의 이 만남 — 그것이 고주파의 전송 지점입니다 — 속에 인간적 네트워크와 지역의 자연적 지리학의 모종의 '공-자연성'이 존재합니다. 이것은 의미작용과 관련된 차원 그리고 의미작용들 사이의 만남뿐만 아니라 시적 차원도 갖고 있습니다.[38]

회고해볼 때, 시몽동의 제안은 몇 년 후 출간된 『야생의 사고』(1962년)에서 주술과 과학을 구분한 레비-스트로스 입장과는 양립 불가능함을 발견할 수 있을 것이다. 주술 또는 오히려 레비-스트로스에 따르면 '구체성의 과학'은 과학적·기술적 진화의 한 단계나 기빵로 환원될 수 없는 반면[39] 시몽동에게서는 앞서 살펴본 대로 주술적 단계가 기술성 생성의 첫 번째 단계를 차지한다. 레비-스트로스에 따르면 구체성의 과학이 사건 중심적이고 기호 지향적인 반면 과학은 구조 중심적이고 개념 지향적이다. 따라서 레비-스트로스에게서 이 둘 사이에는 불연속성이 존재하지만 이 불연속성은 비유럽적인 신화적 사유를 유럽의 과학적 사

---

38 G. Simondon, "Entretien sur la méchanologie", *Revue de synthèse* 130: 6, no. 1 (2009), pp. 103~132: p. 111.
39 C. 레비-스트로스, 『야생의 사고』, 안정남 역, 한길사, 69페이지.

유와 비교해볼 때만 정당화되는 것처럼 보인다. 다른 한편 시몽동에게서 주술적인 것은 과학 및 테크놀로지의 발전과 연속성을 간직하고 있다. 나는 『기술적 대상들의 존재양식에 대하여』 3부에서 시몽동이 암시하고 있는 것이 바로 '코스모테크닉스'라고 제안해볼 생각이다. 주술적인 것/신화적인 것은 과학과 구분되며, 전자로부터 후자로 나간다고 주장하는 대신 코스모테크닉스 개념을 받아들인 이상 "감성적 용어들에 의한 감각계의 이론적 조직화와 탐색"40에 의해 특징지어지는 전자가 후자와 관련해 반드시 퇴보가 아님을 볼 수 있다.

최근의 일부 연구는 비서구 문화를 면밀히 검토해보면 복수의 존재론과 우주론을 보여주는 그것들이 현대의 곤경으로부터 벗어날 수 있는 길을 찾을 수 있도록 해줄 것이라고 주장해왔다. 데스콜로나 데 카스트로Eduardo Viveiros de Castro 같은 인류학자는 유럽에서의 자연/문화의 구분을 해체하기 위해 아마존 문화를 살펴보고 있다. 이와 비슷하게 쥘리앵이나 베르크Augustin Berque 같은 철학자는 단순한 도식에 따라서는 쉽게 분류될 수 없는 심오한 복수성을 묘사하기 위해 유럽 문화를 중국 문화 및 일본 문화와 비교하면서 서구의 근대(성)를 극복하려는 서양의 노력을 재해석하려고 시도하고 있다. 데스콜라는 획기적 저서 『자연과 문화를 넘어서』에서 서양에서 발전된 자연/문화라는 구분은 보편적인 것이 아니라고 제안할 뿐만 아니라 그것은 주변적인 경우라고 주장한다. 데스콜라는 4개의 존재론을 묘사한다. 즉 자연주의(자연/문화라는 구분), 애니미즘, 토테미즘, 유비주의analogism가 그것이다. 이 존재론 각각은 자연을 상이한 방식으로 기입하고 있는데, 우리는 비서양적 실천 속

---

40 앞의 책.

에서 유럽의 근대 이후 당연시되어온 자연/문화라는 구분이 더 이상 타당하지 않음을 발견할 수 있다.[41] 데스콜라는 철학자는 "무엇이 인간을 특수한 종류의 동물로 만드는지"를 좀체 묻지 않는다는 사회인류학자 인골드의 지적을 인용하고 있다. 자연주의에 관해 그들이 선호하는 전형적 물음은 "무엇이 인간을 동물과 다른 종으로 만드는가?"[42]이기 때문이다. 데스콜라가 지적하듯이 철학자만이 그런 것이 아니다. 왜냐하면 민족지학자 또한 인간 존재의 독특함을 주장하는 자연주의의 도그마에 그리고 인간은 문화를 통해 다른 존재로부터 분화해왔다는 가정에 빠져들기 때문이다.[43] 자연주의에서 우리는 내면성에서의 불연속성과 물질성physicality에서의 연속성을 발견할 수 있다. 애니미즘에서는 내면성에서의 연속성과 물질성에서의 불연속성을 발견할 수 있다.[44] 네 가지 존재론에 대한 데스콜라의 규정을 이렇게 표로 나타낼 수 있을 것이다.

유사한 내면성, 다른 물질성	애니미즘	토테미즘	유사한 내면성, 유사한 물질성
다른 내면성, 유사한 물질성	자연주의	유비주의	다른 내면성, 다른 물질성

이처럼 다양한 존재론은 자연에 대한 상이한 이해 방식과 상이한 형태의 참여를 함축하고 있다. 실제로 데스콜라가 지적하는 대로 자연주의가 전제하는 자연/문화의 대립은 '자연'에 대한 다른 이해 방식에서는 거부된다. 데스콜라가 자연에 대해 이야기하는 것은 또한 기술에 대해서

---

[41] 데스콜라, 『자연과 문화를 넘어서』, 특히 3부를 보라.
[42] 앞의 책, 178페이지.
[43] 앞의 책, 180페이지.
[44] 앞의 책, 122페이지.

도 이야기할 수 있을 텐데, 그것은 데스콜라의 글에서는 '실천'으로 추상화된다. — 이 용어를 통해 기술/문화 구분을 피하고 있는 것이다. 하지만 그것을 '실천'이라고 부르는 것은 기술의 역할을 모호하게 만들 수 있다. 우리가 우주론 대신 코스모테크닉스라고 말하는 것은 이 때문이다.

비록 인골드는 '코스모테크닉스'와 비슷한 용어는 사용하지 않지만 이 점을 분명하게 인지하고 있다. 베이트슨Gregory Bateson에 의지해 인골드는 실천들 그리고 실천들이 속한 환경 사이에는 통일성이 존재한다고 제안한다. 이 생각은 그로 하여금 감지적sentient 생태학을 제안하도록 이끌고 있는데[45], 그것은 인간과 환경 사이의 정서적 관계에 따라 매개되고 작동된다. 수렵-채집민 사회와 관련해 그가 제시하는 한 가지 사례가 그가 말하는 '감지적 생태학'가 무슨 의미인지를 분명하게 이해하는 데 도움이 될 것이다. 그의 말에 따르면 수렵-채집민의 실천 속에는 환경에 대한 지각이 내장되어 있다.[46] 인골드는 캐나다 북동쪽에 거주하는 크리족은 순록을 죽이기가 쉬운 이유를 이렇게 설명한다고 지적한다. 즉 이 동물이 "선의의 정신에서, 심지어 사냥꾼에 대한 사랑의 마음에서"[47] 자발적으로 자기를 내주기 때문이라는 것이다. 짐승과 수렵꾼이 마주치는 것은 단지 '쏠 것이냐 말 것이냐?'의 문제가 아니라 오히려 우주론적이고 도덕적인 필연성 문제이다.

그처럼 눈과 눈이 마주치는 결정적 순간에 수렵꾼은 동물의 압도적 존재를

---

[45] T. Ingold, *The Perception of the Environment: Essays on Livelihood, Dwelling and Skill*(London: Routledge, 2011), p. 24.
[46] 앞의 책, 10페이지.
[47] 앞의 책, 13페이지.

느꼈다. 그는 마치 자기의 존재가 왠지 동물의 존재와 묶이거나 뒤섞인 것처럼 느꼈다. — 그것은 사랑에 필적하는 느낌이었으며, 인간들의 관계 영역에서라면 성교에서 경험될 수 있는 것이었다.48

인골드는 요나스Hans Jonas, 깁슨James Gibson, 메를로-퐁티를 상기시키면서 시각과 청각, 촉각 같은 감각을 재사유하면서 감각 문제를 재탐구할 때 근대 테크놀로지의 발전에서는 완전히 무시되는 이 감지적 생태학을 재전유하는 것이 가능함을 보여주려고 시도한다. 하지만 인간과 환경에 대한 그러한 이해 방식에서 환경과 우주론의 관계는 아주 분명하지는 않으며, 환경과 함께 살아가는 생명체를 그러한 방식으로 분석하는 것은 베이트슨의 것과 같은 사이버네틱스의 피드백 모델로 환원될, 그리하여 코스모스의 절대적으로 압도적이고 우연적인 역할을 약화시킬 위험이 있다.

시몽동도 인간 존재와 외부 세계를 배경과 형상으로 바라보는 등 둘 사이의 관계에 대해 그와 비슷한 견해를 갖고 있다. — 코스모테크닉스의 기능 모델이라고 할 수 있는데, 배경은 형상에 의해 제한되고, 형상은 배경에 의해 힘을 얻기 때문이다. 종교의 경우 분리된 덕분에 배경은 더 이상 형상에 의해 제한되지 않으며, 따라서 제한되지 않는 배경은 신과 같은 힘으로 이해된다. 반면 역으로 기술에서는 형상이 배경을 따라잡아 둘 사이의 관계가 전복되기에 이른다. 따라서 시몽동은 철학적 사유에 하나의 과제를 제시한다. 즉 형상과 배경의 일치를 재확인해주는 수렴을 생산하는 것이 그것이다.49 그것은 코스모테크닉스에 대한 탐구

---

48 앞의 책, 25페이지.
49 시몽동, 『기술적 대상들의 존재양식에 대하여』, 311~314페이지.

로 이해될 수 있을 것이다. 예컨대 어떤 현대적 장비도 없이 수천 개의 섬을 항해할 수 있는 폴리네시아인들의 능력을 코스모테크닉스로 간주하면서 우리는 재주skill로서의 이 능력이 아니라 오히려 이 능력을 예시하는 형상-배경 관계에 초점을 맞출 수 있을 것이다.

인골드와 다른 민족지학자들의 작업 그리고 시몽동의 작업의 비교는 중국에서의 기술-물음에 접근할 수 있는 두 가지 상이한 방식을 암시해준다. 전자에서 우리에게는 사회적·정치적 삶을 조건 짓는 우주론을 이해하는 방식이 주어진다. 반면 시몽동의 작업에서 철학적 사유는 형상의 배경에 대한 탐구로 형태가 바뀌는데, 이 둘의 관계는 현대 사회에서의 전문화 증가와 전문직의 분할 때문에 점점 더 분리되는 것처럼 보인다. 고대 중국의 코스모테크닉스와 중국의 역사 내내 발전된 철학적 사유는 정확히 배경과 형상의 그러한 통합을 가져오기 위한 부단한 노력을 반영하는 것처럼 보인다.

중국의 우주론에서 우리는 시각, 청각, 촉각과는 다른 감각을 발견할 수 있다. 그것은 감응感應이라고 불리는데, 말 그대로 느끼고 반응한다는 의미이다. 이것은 종종 (그라네나 그레이엄 같은 중국학자들의 저서에서는) '천인합일적correlative 사유'로 이해된다.50 나는 니덤을 따라 그것을 **공명**resonance이라고 부를 것이다. '도덕 감정'을, 더 나아가 (사회적·정치적 관점에서는) '도덕적 의무'를 낳는 그것은 단순히 주관적 명상의 산물이 아니라 오히려 하늘과 인간 사이의 공명으로부터 나온다. 하늘이 도덕의 배경이기 때문이다.51 그와 같은 공명의 존재는 천인합

---

50 A. C. Graham, *Yin-Yang and the Nature of Correlative Thinking*(Singapore: National University of Singapore, 1986).
51 도덕질서의 기원과 관련해 예컨대 베르그송의 『도덕과 종교의 두 원천』에서 그에 대한 설명

일天人合一이 존재한다는 전제에 기반하고 있다. 따라서 공명은 1) 만물의 동질성, 2) 부분과 부분 그리고 부분과 전체 사이의 관계의 유기적 성격을 함축하고 있다.52 이미 『주역 — 계사하전系辭下傳』에서 그러한 동질성을 발견할 수 있는데53, 거기서 고대의 포희씨(복희의 또 다른 이름이다)는 그러한 동질성을 통해 만물이 하나로 연결되어 있는 것을 반영하기 위해 팔괘를 창조하고 있다.

> 옛적에 세상을 다스릴 때 포희씨는 위를 우러러보며 하늘에서 **형상**을 관찰했고, 아래를 내려다보며 땅에서 **법칙**을 관찰했다. 새 짐승의 모양과 지형의 **적합한 상태**를 관찰하며, 가깝게는 몸에서 취하고 멀게는 사물에서 취해 비로소 팔괘를 그려냈으니 사람들은 팔괘를 사용해 신명한 덕에 통할 수 있었고 만물의 상태를 분류할 수 있었다古者包犧氏之王天下也, 仰則觀象于天, 俯則觀法于地, 觀鳥獸之文 與地之宜 近取諸身 遠取諸物, 于是 始作八卦, 以通神明之德, 以類万物之情.54

천인합일을 이해하는 데서는 '형상', '법칙', '적합한 상태' 같은 말이을 찾기는 어렵다. 베르그송은 두 종류의 도덕을 구분한다. 하나는 사회적 의무 및 습관과 관련된 닫힌 도덕이고, 다른 하나는 그가 '영웅의 부름appel de héro'과 관련된 열린 도덕이라고 부르는 것이다. 후자의 형태에서 우리는 압력이 아니라 매력에 복종한다. 베르그송에 따르면 이 두 형태의 도덕은 공존하며 어떤 것도 순수한 형태로 존재하지 않는다. 분명히 베르그송의 도덕 개념 그리고 그것이 내가 여기서 개요를 제시하려는 중국의 코스모테크닉스에 대해 가진 함의들은 한층 더 자세히 살펴볼 만한 가치가 있을 것이다. 비록 도덕에 대한 베르그송의 이해는 오히려 서구 전통, 특히 그리스인들에 국한되어 있는 것처럼 보이지만 말이다. 중국에서는 우주가 결정적 역할을 했으며, 그리하여 어떤 영웅적 행위건 그저 천인합일일 수밖에 없을 것이다.

52 黃俊傑, 東亞儒學史의 新視野(台北: 臺灣國立大學, 2015). p. 267.
53 역사 문헌들에 따르면 중국에는 『주역』의 세 판본이 존재했는데, 주나라의 주역, 즉 『주역』만 보존되어 유통되었다. 『주역』에는 7개의 고전적 해설이 있다.
54 『주역』, 「계사하전」, 김인환 역, 나남출판, 519페이지.

핵심적이다. 이 말들은 중국에서 과학에 대한 태도를 함축하고 있는데, 그것은 (니덤 같은 저자가 제시하는 유기주의적 독법에 따르면) 자연에 대한 그리스의 태도와 다르다. 중국에서 규칙과 법칙에 권위를 부여하는 것은 공명인 반면 그리스인들에게서, 베르낭이 종종 지적하듯이, 법(칙)nōmoi은 기하학과 긴밀하게 관련되어 있기 때문이다. 하지만 이 공명을 어떻게 지각할 수 있을까? 유가와 도가는 모두 다른 존재(예를 들어 『맹자』를 보라)뿐만 아니라 외부 환경(예를 들어 『춘추번로春秋繁露』를 보라)55과 공명할 수 있는 우주론적 심心(이에 대해서는 아래의 §18에서 검토한다)을 상정한다. 우리는 나중에 이 지각이 어떻게 중국에서 천인합일 속에서 표현되는 도덕적 우주론 또는 도덕형이상학의 발전으로 이어지는지를 살펴볼 생각이다. 여기서 우리 논지와 관련해 중요한 것은 이렇다. 즉 기술의 맥락에서 그러한 합일은 또한 기器(말 그대로 '도구'로 번역된다)와 도道의 합일로 표현된다는 것이다. 예를 들어 유교에서 기는 제의와 제례에서 드러나는 인간과 자연의 관계에 대한 우주론적 의식意識을 함축하고 있다. 1부에서 논하겠지만 유교 경전인 『예기』에는 '예기禮器'라는 제목의 긴 편이 들어 있는데, 예를 다하는 데서의 기술적 대상들의 중요성을 기록하고 있다. 그에 따르면 도덕은 오직 '예기'를 제대로 사용할 때만 지켜질 수 있다.

중국에서의 이러한 '천인합일적 사유'를 그리고 기와 도의 역동적 관계를 정교화하는 것이 1부의 과제가 될 것이다. 나는 코스모테크닉스 개념이 상이한 기술성을 추적하는 것을 허용하고, 기술과 신화(론) 그리고 우주론 사이의 관계의 다양성을 열어젖히는 데 기여할 수 있으리

---

55 이 책은 전한 시대의 중요한 유학자 동중서(기원전 179~104년)가 저술한 것으로 전하는데, 그에 대해서는 아래에서 논할 것이다.

라고 믿는다. — 그리하여 상이한 신화(론)와 우주론에서 물려받은 인간과 기술 사이의 다양한 관계를 포괄할 수 있도록 하는 데 말이다. 분명히 프로메테우스주의는 그러한 관계 중의 하나이다. 하지만 그것을 보편적인 것으로 간주하는 것은 매우 문제가 많다. 하지만 그렇다고 해서 내가 여기서 어떤 문화적 순수성을 주창하거나 오염에 맞서 그러한 순수성을 기원으로 지키자고 제안하려는 것은 분명히 아니다. 기술은 다양한 인종 집단 사이의 의사소통 수단으로 이용되어 왔다. 그것은 절대적 기원이라는 모든 개념을 즉각 의문에 붙인다. 우리의 기술적 시대에 기술은 지구화의 추동력이다. — 공간을 통해 작용하며 모든 것을 모아들이는 힘이자 시간 속에서 동기화를 불러일으키는 힘이라는 두 가지 의미 모두에서 말이다. 하지만 이질성이 존재할 여지를 남기기 위해, 그리하여 전통적인 형이상학적 범주들에 기반한 상이한 에피스테메를 발전시키기 위해 — 이 과제는 지역성이라는 진정한 물음에 접근할 수 있는 길을 열어줄 것이다 — 근본적 다름他性이 주장되어야 할 것이다. 나는 에피스테메라는 용어를 푸코와 관련해 사용하고 있는데, 그에게서 이 용어는 일군의 선별 기준으로 기능하며 진리의 담론을 규정하는 사회적·과학적 구조를 가리킨다.56 『말과 사물』에서 푸코는 서양의 에피스테메는 세 시기로 구분된다고 주장한다. 르네상스 시기의 에피스테메와 고전주의 시대의 에피스테메 그리고 근대의 에피스테메가 그것이

---

56 M. 푸코, 『말과 사물: 인간과학의 고고학』, 이규현 역, 민음사, 17페이지. "우리가 명백히 드러내고자 하는 것은 인식론적 장, 즉 인식이 합리적 가치나 객관적 형태에 대한 모든 기준과 무관하게 검토되고 인식의 실증성이 파묻히며 이런 식으로 인식의 완벽성이 증대하는 역사보다는 오히려 인식을 위한 가능성의 조건의 역사가 드러나는 에피스테메인데, 이 이야기에서 반드시 나타나게 마련인 것은 지식의 공간에서 경험적 인식의 다양한 형태를 야기한 지형이다"[번역을 일부 수정했다].

§ 2. 우주, 우주론, 코스모테크닉스

다. 후일 에피스테메라는 용어를 도입한 것이 막다른 골목으로 이어진 것을 발견한 그는 보다 일반적인 개념, 즉 장치dispositif라는 개념을 발전시킨다.57 에피스테메로부터 장치로의 이행은 보다 내재적인 비판으로의 전략적 이동으로, 푸코는 그것을 보다 당대적인 분석에 적용할 수 있었다. 『성의 역사』가 출간된 즈음인 1977년에 가진 한 인터뷰에서 과거를 돌아보면서 푸코는 에피스테메를 장치 형태로 규정할 것을 제안했다. "모든 가능한 발화 행위 중 '그것은 참 또는 거짓'이라고 말할 수 있는 것의 과학성의 장 안에 수용 가능한 것의 선별을 허용해주는 전략적 장치"58로 말이다. 나는 여기서 실례를 무릅쓰고 에피스테메라는 개념을 재정식화할 것이다. 나에게 그것은 근대 테크놀로지에 직면해 삶의 형태를 재도입하고 지역성을 재활성화하기 위해 전통적인 형이상학적 범주들에 기반해 재발명될 수 있는 장치이다. 예컨대 중국에서 매번의 역사적 시기마다 일어나는 사회적, 정치적, 경제적 위기에 뒤이은 시기에 그와 같은 재발명이 이루어진 것을 관찰할 수 있다(그리고 분명히 다른 문화에서도 유사한 사례를 찾을 수 있을 것이다). 주 왕조(기원전 1122~256년)의 몰락, 불교의 도입, 아편전쟁에서의 패배 등이 그렇다. 그와 같은 시점들에서 우리는 에피스테메의 재발명을 발견할 수 있는데, 그것은 다시 미학적, 사회적, 정치적 삶을 조건 지었다. 오늘날 형성 중인 기술 체계들 — (예를 들어 '스마트시티', '사물인터넷', 소셜네트워크, 대규모 자동화 시스템 같은) 디지털기술이 그것을 부채질하고 있다 — 은 인간[임]humanity와 기술 사이의 동질적 관계로 이어지는 경향이 있다.

---

57 M. Foucault, "Le jeu de Michel Foucault[Entretien sur l'histoire]", pp. 297~329, p. 301.
58 앞의 책.

즉 집중적인 양화와 통제 관계로 말이다. 하지만 그것은 단지 디지털기술을 받아들이되 그저 '글로벌'하고 '총칭적인' 에피스테메에 동기화되지 않도록 하기 위해 다양한 문화가 자기의 역사와 존재론을 성찰하는 것을 한층 더 중요하고 보다 긴급한 과제로 만들고 있을 뿐이다.

현대 중국사에서 결정적인 순간은 19세기 중반에 있은 두 차례 아편전쟁과 함께 다가왔는데, 이때 청(1644~1911년)은 영국군에게 참패당했다. 그것은 중국을 서구 열강을 위한 준식민지로 개방하는 것으로 이어졌으며, 중국의 근대화에 불을 붙였다. 기술적 능력의 결여가 중국인들에 의해 패배의 주요 원인 중 하나로 간주되었다. 따라서 기술 발전을 통한 급속한 근대화의 필요를 절감했으며, 그렇게 하면 서구 열강과의 불평등을 끝낼 수 있으리라는 희망을 품었다. 하지만 중국은 당시의 지배적 개혁가들이 바랐던 방식으로 서구 테크놀로지를 흡수할 수 없었는데, 대부분은 기술에 대한 무지와 오해 때문이었다. 왜냐하면 중국인들은 중국 사상 — '정신' — 을 단지 도구로만 이해한 테크놀로지로부터 분리시키는 것이 가능하리라는, 전자 즉 배경은 기술적 형상의 수입과 구현에 의해 영향을 받지 않은 채 고스란히 보존되리라는 믿음을 고수했기 때문이다. 되돌아보면 다소 '데카르트적' 믿음이었던 것처럼 보인다.

그와 정반대로 테크놀로지는 결국 그러한 이원론을 모두 전복시켜 버렸으며, 자신을 형상보다는 배경으로 구성하게 되었다. 아편전쟁 이후 150년이 넘는 세월이 흘렀다. 중국은 정권교체와 온갖 방식의 실험적 개혁 때문에 한층 더 많은 파국과 위기를 겪었다. 이 기간 동안 기술-물음과 근대화에 대해 많은 성찰이 이루어졌으며, 사유하는 정신과 기술적 도구 사이의 이원론을 유지하려는 시도는 실패로 드러났다. 보다 심각하게는, 최근 수십 년 동안 지속적인 경제적·테크놀로지의 호황에 직면해 그러한 성찰이 모두 무력화되었다. 대신 일종의 황홀경과 과대광고가 출현해 이 나라를 미지의 세계 속으로 몰고 가고 있다. 돌연 중국은 어떤 한계, 어떤 목적지도 볼 수 없게 된 채 대양 한가운데 있는 자기 모습을 보고 있다. — 니체가 『즐거운 지식』에서 묘사하는 곤경이 그것으로, 그것은 곤란한 상황에 빠진 현대인의 처지를 묘사하는 가슴 아픈 이미지로 남아 있다.59 유럽에서는 이 처지로부터의 어떤 가상적인 탈출을 명명하기 위해 '포스트모던'이나 '포스트휴먼' 같은 다양한 개념이 발명되어 왔다. 하지만 기술-물음에 직접 달려들어 대결하지 않고 출구를 찾는 것은 불가능할 것이다.

위에서 언급한 모든 물음을 염두에 두면서 이 책은 근대 테크놀로지에 대한 새로운 탐구의 장을 여는 것을 목표로 한다. 따라서 프로메테우스주의를 기본 가정으로 받아들이지 않을 것이다. 이 책은 2부로 나뉜다. 1부에서는 중국에서의 '기술적 사유'에 대한 체계적·역사적 개관을 시도해보려고 하는데, 맞짝인 유럽과 비교하는 방식을 취할 것이다. 그것이 이 탐구가 얼마나 시급한지에 대한 성찰뿐만 아니라 여기서 무엇이 쟁점이 되고 있는지를 이해할 수 있는 새로운 출발점 역할을 해줄 것이다. 2부는 근대 테크놀로지에 대한 역사적·형이상학적 물음들에 대한 탐구로, 기술-물음이 중국에서, 특히 인신세에 모호한 채로 남아 있는 이유를 새롭게 조명하는 것을 목표로 한다.

---

59 F. 니체, 『즐거운 학문』, 안성찬·홍사현 역, 책세상, 199페이지.

§ 3. 테크놀로지적 파열과 형이상학적 통일

위에서 개요를 제시한 코스모테크닉스 개념에 함축되어 있듯이 여기서 제시하는 테크놀로지에 대한 설명은 역사적, 사회적, 경제적 수준에 국한되지 않는다. 형이상학적 통일을 재구성하기 위해 우리는 이 수준들을 넘어서야 한다. 내가 여기서 말하는 '통일unity'은 정치적 또는 문화적 동일성이라는 의미가 아니라 실천과 이론의 통일, 보다 구체적으로는 공동체의 (반드시 조화까지는 아니더라도) 일관성을 유지하는 삶의 형태를 의미한다. 유럽과 비유럽 국가 모두에서 삶의 형태의 파편화는 대부분 이론과 실천의 불일치의 결과이다. 하지만 동양에서 이 간격은 단순한 교란이 아니라 하이데거가 묘사하는 '뿌리 뽑힘Entwurzelung'으로 드러나고 있다. — 총체적 비연속성으로 말이다. 근대 테크놀로지에 의해 초래된 실천의 변형은 이전까지 적용되어온 고대의 범주를 능가하고 있다. 예를 들어 1부에서 논하겠지만 중국인들은 그리스인들이 테크네나 퓌시스라고 부르는 것에 상응하는 범주를 갖고 있지 않다. 따라서 중국에서는 테크놀로지의 힘이 실천과 이론의 형이상학적 통일을 해체하고 파열을 만들어내고 있는데, 그것은 아직도 합일을 기다리고 있다. 물론 동양에서만 그런 일이 일어나고 있는 것은 아니다. 서양에서, 하이데거가 묘사하듯이, '테크놀로지' 범주의 출현은 더 이상 테크네와 동일한 본질을 공유하지 않는다. 기술-물음은 궁극적으로 존재-물음을 다루도록 하기 위한 그리고, 이런 말을 해도 좋을지 모르지만 새로운 형이상학을 또는 심지어 더 좋게는, 새로운 코스모테크닉스를 창조하기 위한 동기 부여로 이용되어야 한다.[60] 우리 시대에 그러한 합일 또는 차이의 제거는 배경에 대한 탐구로 나타나지 않으며 오히려 근원적 근거[배경]*Urgrund*와 동시에 근거 없는 근거[배경]*Ungrund*로 드러나고 있다. 근거 없는 근거[배경]인 것은 다름他性에 열려 있기 때문이다. 근원적 근거[배경]인 것은 동화同化에 저항하는 근거[배경]로서이다. 따라서 근원적 근거[배경]와 근거 없는 근거[배경]는 통일로, 존재와 무와 흡사한 통일로 간주되어야 한다. 통일에 대한 탐구는 원래대로 말하자면 헤겔이 셸링과 피히테론에서 주장하는 대로 철학의 텔로스이다.[61]

앞으로 살펴보겠지만 중국에서의 기술-물음에 대답하는 것은 테크놀로지의 경제적·사회적 발달에 대한 상세한 역사를 제시하는 것 ― 그것은 니덤 같은 역사학자와 중국학자들이 이미 여러모로 탁월한 방식으로 수행해오고 있다 ― 이 아니라 오히려 도와 관련해 기器 범주의 변형을 묘사하는 것이 될 것이다. 이 점을 보다 명확히 해보자. 보통 기술이나 테크놀로지는 중국어로 기술이나 과기科技로 번역된다. '기술'은 테크닉이나 스킬을 의미한다. 과기는 두 글자로 구성되어 있는데, '과'는 과학을 의미하며 '기'는 '테크닉'이나 '응용과학'을 의미한다. 우리의 물음은 이 번역어들이 서양 용어의 의미를 적절하게 옮기고 있는가(이 번역어들이 신조어라는 점에 주목해야 한다)가 아니라 오히려 이 번역어들이 서양의 기술이 중국 전통 속에서 상응하는 것을 갖고 있다는 환상을 조장하느냐의 여부여야 한다. 중국의 이 신조어들은 '우리도 그러한 용어들을 갖고 있다'는 것을 보여주기 위해 열심이다가 결국 기술에 대한 진정한 물음을 모호하게 만들고 있다. 따라서 이처럼 대단히 혼란

---

60 비록 하이데거는 명시적으로 이렇게 주장하지는 않지만 니체 주해에서 형이상학을 모든 존재를 내려다보는 통일의 힘으로 간주한다. 하지만 서구 형이상학의 역사에 대한 하이데거의 독법은 한 가지 가능한 해석 중의 하나일 뿐임을 명심해야 한다. 하이데거, 『니체』 2, 박찬국 역, 길출판사, 313~314페이지를 참조하라.
61 헤겔, 『피히테와 셸링 철학체계의 차이』, 임석진 역, 지식산업사, 24페이지.

스러운 신조어들에 의존하는 대신 나는 기器-도라는 고대의 철학적 범주로부터 기술-물음을 재구성해 이 두 범주가 분리되고, 재일치되거나 심지어 완전히 무시되는 다양한 전환점을 추적할 것을 제안한다. 기-도 관계가, 정확히 말하자면, 중국에서의 기술에 대한 사유를 특징짓고 있는데, 그것은 또한 코스모테크닉스에서의 도덕적 사유와 우주론적 사유의 합일이기도 하다. 기술-물음이 형이상학적 토대[배경]에 도달하는 것은 기-도를 합일시키는 가운데서이다. 또한 기가 자기 자신의 진화에 따라 도덕적 우주론에 참여하고 형이상학적 체계에 개입하는 것은 이 관계에 들어가는 가운데서이다. 따라서 우리는 기-도 관계가 기-도 합일道器合一을 위한 지속적인 시도 ─ 각각의 시도는 각기 미묘한 차이를 띠었고, 상이한 결과를 가져왔다 ─ 에 뒤이어 중국 사상사 내내 어떻게 변했는지를 보여줄 것이다. 기로써 도를 밝힌다器以明道, 그릇器에 도를 싣다器以載道 또는 기는 도를 위해 쓰인다器以道用, 도는 기를 위해 쓰인다道以器用 등이 그것이다. 아래에서 우리는 공자와 노자부터 시작해 현대 중국에 이르기까지 이 관계를 추적할 것이다. 마지막으로, 우리는 피상적이고 환원적인 유물론의 도입이 어떻게 기-도를 완전히 분리시키는 결과 ─ 이것은 전통 체계의 붕괴로 간주될 수 있는 그리고 심지어 중국 자체의 '형이상학의 종언'으로 부를 수 있는 사건이다 ─ 로 귀결되었는지를 보여줄 것이다. 비록, 다시 한 번 말하지만, 여기서 우리는 유럽 언어들에서 '메타피직스'로 부르는 것은 통상 중국어로 형이상학形而上學으로 번역되는 것과는 동일한 것이 아님을 강조해야 하지만 말이다. 이 중국어는 실제로는 '형 위에 있는 것'을 의미하는데, 『주역』의 도와 동의어이다. 따라서 하이데거가 '메타피직의 종말'이라고 부른 것은 결코 형이상학의 종말이 아니다. ─ 하이데거가 보기에 우리에게 근대의 기술과학을 가져온 것은 형이상학의 완성이기 때문이다. 반면 '형이상학'은 아래와 같은 이유로 근대 테크놀로지를 낳을 수 없다. 즉 먼저 그것은 '메타피지카'와 동일한 원천을 갖고 있지 않기 때문이다. 두 번째로 아래서 상술하겠지만 신유학 사상가 모종삼의 말을 따르자면 중국 사상은 항상 현상보다는 본질에 우선권을 주어왔기 때문이다. 그리고 중국에서 상이한 코스모테크닉스가 발달한 것은 바로 이러한 철학적 태도 때문이다.

하지만 중국의 전통적 형이상학으로 충분하며, 단지 그것으로 돌아가기만 하면 된다고 주장하는 것이 나의 목표는 아니다. 그와 정반대로 단지 전통적 형이상학을 부활시키는 것으로는 불충분한 반면 테크놀로지의 글로벌한 헤게모니에 대해 사유하고 도전하기 위한 그것에 긍정적인 프로메테우스주의나 신식민주의 비판과는 다른 방식을 찾기 위해 그것으로부터 **출발하는** 것이 핵심적임을 보여주려고 한다. 궁극적 과제는 도-기 관계를 역사적으로 위치시킴으로써 그리고 어떤 방식으로 그러한 사유 노선이 중국에서 새로운 기술철학을 건설하는 데서뿐만 아니라 기술의 글로벌화의 현재 상태에 대응하는 데서도 유용할지를 물음으로써 도-기 관계를 재발명하는 것이 될 것이다.

이 과제는 필연적으로 또한 소위 '니덤의 질문'이라는 끊임없이 출몰하는 딜레마에도 대답해야 할 것이다. 즉 왜 중국에서는 근대과학과 기술이 출현하지 않았는가? 16세기에 유럽인은 중국에 매료되었다. 중국의 미학과 문화, 또한 중국의 선진 기술에 말이다. 예를 들어 라이프니츠는 서예에 사로잡혔다. 특히 『주역』이 바로 본인이 제안한 이진법에 의해 구성된 것을 발견하고 깜짝 놀랐다. 그리하여 그는 중국의 저술들에서 선진적인 방식의 조합술을 발견했다고 믿었다. 하지만 16세기 이후 중국의 과학과 기술은 서양에 추월당했다. 지배적 견해에 따르면 16~17세기 동안 이루어진 서양의 과학과 기술의 근대화가 그러한 변화를 설명해준다. 그와 같은 설명은 단절 또는 사건에 의존한다는 의미에서 '우연적'이다. 하지만 아래서 상술해보려고 하겠지만 또 다른 설명, 형이상학적 관점에서의 설명이 존재할 수 있을 것이다.

근대과학과 기술이 중국에 왜 출현하지 않았는지를 물음으로써 우리는 니덤 본인뿐만 아니라 풍우란(1895~1990년)과 모종삼 같은 중국의 철학자가 내놓은 잠정적 대답도 함께 논할 것이다. 그중 모종삼의 대답이 가장 정교하고 사변적이며, 그가 제안하는 해결책은 두 가지 형이상학 체계의 재일치를 요구한다. 하나는 본체적 세계를 사변하면서 그것을 도덕형이상학을 구성하는 핵심으로 만드는 체계이고, 다른 하나는 현상 수준에 자기를 국한하는 경향이 있는 체계로, 그렇게 하는 가운데 고도로 분석적인 활동을 위한 지형을 제공한다. 그러한 독법은 분명히 칸트에 의해 영향을 받은 것으로, 모종삼은 실제로 종종 칸트의 어휘를 사용한다. 모종삼은 처음 칸트를 읽을 때 칸트가 본체라고 부르는 것이 중국철학의 핵심에 있는 것을 보고 충격을 받았으며, 중국의 형이상학과 유럽의 형이상학의 차이를 만드는 것은 본체와 현상에 초점을 맞추는 각각의 방식이라고 회고하고 있다.[62] 본체에 대한 사변에 몰두하는 중국철학은 지적 직각直覺[모종삼은 칸트의 '지적 직관'을 '지적 직각'으로 번역하고 있다] 활동으로부터 전진하는 경향을 보이며, 현상 세계를 다루는 것은 자제한다. 중국철학은 단지 '형이상'에 도달하기 위한 발판으로 사용하기 위해서만 현상 세계에 주목한다. 따라서 모종삼은 중국의

---

[62] 牟宗三, 全集 21券, 現象與物自體(台北: 學生書局), pp. 20~30.

전통 사상을 부활시키려면 본체적 존재론과 현상적 존재론 사이의 접촉면이 복원되어야 한다고 주장한다. 그와 같은 연결은 중국의 전통 자체 이외에서는 올 수가 없다. 궁극적으로 모종삼은 중국의 전통 철학 **또한** 근대과학과 기술을 발전시킬 수 있으며, 그렇게 하기 위해서는 단지 새로운 방법만 요구할 뿐임을 입증하려고 하기 때문이다. 이것이 제2차세계대전 이후 홍콩과 중국에서 발달한 신유학[63]의 과제를 요약하고 있는데, 우리는 그것을 1부(§ 18)에서 논할 것이다. 하지만 모종삼의 제안은 관념론적인 것으로 머무는데, 왜냐하면 '심' 또는 본체적 주체를 궁극적 가능성으로 간주하기 때문이다. 하지만 그에 따르면 자기부정을 통해 '심'은 (현상적) 지식의 주체가 되기 위해 내려갈 수 있다.[64]

이 책의 2부는 모종삼의 접근방식에 대한 비판이 될 것이다. 그리고 그러한 관념론적 견해에 대한 대안(또는 오히려 보충)으로서 '기술적 대상 자체로 돌아갈 것'을 제안할 것이다.

§ 4. 근대(성), 근대화 그리고 기술성

2부에서는 그의 관념론은 피하면서 중국 사상과 서양 사상의 접촉면이 필요하다는 모종삼의 명제를 통해 사유하려고 시도하는 가운데 거기서 핵심적인 것은 기술과 시간의 관계임을 밝혀볼 생각이다. 거기서

---

[63] 수와 당대에 전성기에 이른 형이상학 운동인 신유교Neo-Confucianism를 20세기 초에 시작된 운동인 신유학[또는 신유가]New Confucianism과 구분할 필요가 있다.
[64] 모종삼 본인은 자기는 관념론자가 아니라고 주장한다. 심은 정신이 아니기 때문이다. 그것은 정신 이상으로, 보다 많은 가능성을 제시한다.

나는 『기술과 시간』에서 기술성에 관한 물음에 따라 서양 사상사를 재정식화하는 스티글러에 의지할 것이다. 하지만 시간은 중국철학에서는 결코 **현실적** 물음이었던 적이 없다. 그라네와 쥘리앙 같은 중국학자가 분명하게 진술하듯이 중국인들은 결코 시간-물음을 실제로 정교하게 사유해본 적이 없다.[65] 따라서 그것은 스티글러의 작업을 뒤따라 중국에서 기술과 시간의 **관계**를 탐구할 수 있는 가능성을 열어줄 것이다.

르루아-구랑, 후설, 하이데거의 작업에 기반해 스티글러는 **테크놀로지적 무의식**에 의해 특징지어지는 근대(성)를 종결시키려고 시도한다. 테크놀로지적 의식은 시간 의식으로, 자기의 유한성에 대한 의식이다. 하지만 또한 이 유한성과 기술성의 관계에 대한 의식이기도 하다. 스티글러는 플라톤부터 시작해 기술과 상기의 관계가 이미 확고하게 자리 잡고, 영혼의 경제의 핵심에 놓여 있었음을 설득력 있게 보여준다. 영혼은 환생 후 과거의 삶에서 획득한 진리에 대한 지식을 망각한다. 따라서 진리 탐구는 근본적으로 상기 또는 회상 행위이다. 소크라테스가 이를 『메논』에서 입증한 것은 유명하다. 거기서 젊은 노예는 기술적 도구의 도움을 받아(모래 위에 그림을 그림으로써) 전에 전혀 알지 못한 기하학 문제들을 푼다.

하지만 동양에서 영혼의 경제는 시간에 대한 위와 같은 상기적 이해 방식과는 아무런 공통점도 없다. 우리는 비록 여러 문화에서 달력이라는 도구는 서로 닮았지만 그러한 기술적 대상 속에서 상이한 기술적 계통뿐만 아니라 시간에 대한 상이한 해석 — 이것이 일상생활에서의 기술적 대상의 기능과 지각의 환경을 설정한다 — 을 발견한다고 말해야

---

65 F. Jullien, *Du Temps*(Paris: Biblio Essais, 2012).

한다. 그것은 대부분 도교와 불교의 영향의 결과로, 이 둘은 유교와 결합해 "이해하는 이성에 분석적으로 접근하는分解的 盡理之情神" 서구 문화와 반대로 "이해하는 이성에 종합적으로 접근하는綜合的 盡理之情神"66 태도라고 모종삼이 부르는 것을 낳았다. 후자가 함축하고 있는 본체적 경험 속에서는 도대체 시간이 존재하지 않는다. 또는 보다 정확하게는, 시간과 역사성은 물음으로 생겨나지 않는다. 하이데거에게서 역사성은 현존재의 유한성과 기술에 의해 조건 지어지는 해석학으로서, 세대에서 세대로 외부화된 기억을 건네줌으로써 현존재의 파지把持적 유한성을 무한화한다. 모종삼은 『칸트와 형이상학의 문제』에서의 하이데거의 칸트 비판을 인정하는데, 거기서 하이데거는 초월론적 상상력을 발본화해 그것을 시간-물음으로 만든다. 하지만 또한 모종삼은 유한성에 대한 하이데거의 분석을 한계로 보는데, 모종삼에게서 본체적 주체로서의 심은 실제로 '무한화'될 수 있는 것이기 때문이다. 모종삼은 기술과 심 사이의 어떤 물질적 관계도 정식화하지 않았다. 왜냐하면 그는 기술-물음을 대부분 무시하기 때문이다. 그에게 기술은 단지 '양지良知'의 자기부정의 가능성良知的自我坎陷 중의 하나일 뿐이다. 나는 신유학이 근대화 문제 그리고 역사성에 대한 물음에 대답하지 못하고 실패한 것은 이처럼 기술-물음에 대한 성찰이 결여되어 있기 때문이라고 추측해본다. 하지만 그러한 결여를 긍정적 개념으로 변형시키는 것은 가능하고 또 필요하다. 이 과제는 아래서 검토해보겠지만 리오타르가 수행한 작업과 흡사하다.

중국의 형이상학에서 이렇게 시간이 무시되고 역사성에 대한 모든 담론이 결여된 것은 1930년대 동안 프라이부르크에서 하이데거 밑에서

---

66 牟宗三, 全集 9券, 歷史哲學(台北: 學生書局), pp. 192~200.

공부한 교토학파의 일본 철학자 니시타니에 의해 지적된 바 있다. 니시타니가 보기에 동양철학은 시간 개념을 진지하게 받아들이지 않았으며, 따라서 역사성 같은 개념을 설명할 수 없었다. 즉 '역사적 존재'로서 사유할 수 있는 능력을 가질 수 없었다. 이 물음은 실제로 가장 하이데거적인 물음이다.『존재와 시간』2부에서 이 철학자는 개별적 시간 그리고 역사성 Geschichtlichkeit과의 관계 사이의 관계에 대해 논한다. 하지만 동양과 서양을 함께 사유하려는 니시타니의 시도 속에서 두 가지 문제가 등장해 딜레마를 제시한다. 먼저 이 일본 철학자에게 테크놀로지는 니체와 하이데거의 작업에서와 마찬가지로 '허무'에 이르는 길을 열어 놓는다. 하지만 니시타니가 옹호하는 불교에서 공 Śūnyatā은 허무를 초월하려는 목표를 갖고 있다. 그리고 그와 같은 초월성에서 시간은 모든 의미를 잃는다.[67] 두 번째로 역사성 그리고 더 나아가 세계-역사성 Weltge-schichitlichkeit은 파지적 체계 없이는 불가능하다. — 이것은 스티글러가 『기술과 시간』3권에서 보여주는 대로 또한 기술이다.[68] 이것은 현존재와 기술성의 관계를 의식하지 않고는 현존재와 역사성의 관계를 의식하는 것이 가능하지 않음을 의미한다. — 즉 역사적 의식은 테크놀로지적 의식을 요구한다.

    2부에서 논하겠지만 근대(성)는 테크놀로지적 무의식에 따라 기능하는데, 그것은 니체가『즐거운 학문』에서 묘사하는 대로 자기 자신의 한계에 대한 망각으로 이루어져 있다.

---

67 『종교란 무엇인가? 종교와 절대무』, 정병조 역, 대원정사, 1993.
68 B. Stiegler, Technics and Time 3: Cinematic Time and the Question of Malaise, tr. S. Barker(Stanford: Stanford University Press, 2010).

오, 한때 자신을 자유롭다고 느끼다가 이제 새장의 벽에 몸을 부딪고 있는 새여! 마치 육지에 자유가 있었다는 듯 향수가 너를 사로잡는다면 그것은 슬픈 일이로다. '육지'는 이제 없다.[69]

이 곤경은 다름 아니라 손에 들고 있는 연장, 그것의 한계, 위험에 대한 인식의 결여에서 유래한다. 근대(성)는 테크놀로지적 의식의 등장과 함께 종결되는데, 이 의식은 테크놀로지의 힘에 대한 의식과 인간의 테크놀로지적 조건에 대한 의식 모두를 의미한다. 니체와 모종삼이 제시한 과제를 해결하려면 시간과 역사에 대한 물음을 기술-물음과 관련시키는 것이 필요하다. 본체적 존재론과 현상적 존재론을 연결할 수 있는 사유의 새로운 토양을 개척하고 탐구하기 위해서 말이다.

하지만 중국의 기술철학이 이러한 포스트-하이데거적(스티글러적) 관점을 채택할 것을 요구하면서 우리는 다시 한 번 그저 서구적 관점을 강요할 위험에 빠지지는 않을까? 반드시 그렇지는 않다. 왜냐하면 오늘날 보다 근본적인 것은 세계사 및 코스모테크닉스적 사유와 관련해 기술적 대상 및 체계와 함께 존재할 수 있는 새로운 방식을 제공할 수 있는 새로운 이해 방식을 찾는 것이기 때문이다. 따라서 우리는 단순히 모종삼과 니시타니의 분석을 포기하고 그것을 스티글러의 분석으로 대체하기는커녕 아래와 같은 물음을 제기한다. 즉 기술을 두 사람 중의 어느 한쪽의 존재론 속으로 흡수하기보다는 두 사람의 존재론을 위한 **매체** *medium*로 이해하는 것은 가능할까? 니시타니의 물음은 이러한 것이었다. 즉 절대무가 근대(성)를 전유하고, 따라서 서구적 근대(성)에 의해

---

[69] 니체, 『즐거운 학문』, 안성찬·홍사현 역, 책세상, 199페이지.

제한되지 않은 새로운 세계사를 구성할 수 있을까? 모종삼의 물음은 이러한 것이었다. 즉 중국적 사유는 이미 근대과학과 기술의 가능성의 범위 안에 있는 자기 자신의 사유를 재환경설정하는 것을 통해 근대과학과 기술을 흡수할 수 있을까? 니시타니의 대답은 근대 극복 전략으로서의 총력전에 대한 제안으로 이어졌다. 그리고 그것이 전전의 교토학파 철학자들의 슬로건으로 채택되었다. 바로 내가 형이상학적 파시즘이라고 부르는 것이 그것으로, 그것은 근대(성)-물음에 대한 오진으로부터 유래한다. 우리는 어떤 대가를 치르더라도 그것을 피하지 않으면 안 된다. 그리고 1부에서 살펴보겠지만 비록 중국 지식인들에 의해 크게 의문시되었음에도 불구하고 모종삼의 대답은 긍정적이며 적극적이다. 모종삼과 니시타니(뿐만 아니라 두 사람이 속한 학파와 두 사람이 산 시대)가 근대(성) 극복에 실패한 것은 대부분 기술-물음을 충분히 진지하게 검토하지 않았기 때문인 것처럼 보인다. 하지만 이 물음을 명확히 하기 위해 우리는 여전히 두 사람의 작업을 거쳐야 한다. 여기서 분명히 말할 수 있는 한 가지 점은, 근대 테크놀로지에 의해 도입된 형이상학 체계의 파열을 치유하기 위해 우리는 어떤 사변적인 관념론적 사유에도 의지할 수 없다는 것이다. 대신 (에르곤^{ergon}[활동, 기능, 산물]으로서의) 기술의 물질성을 고려하는 것이 필요하다. 그것은 고전적 의미의 유물론이 아니라 물질의 가능성을 한계까지 밀고 나가는 유물론이다.

이 물음은 사변적인 동시에 정치적이다. 1986년에 리오타르는 스티글러 초청으로 파리의 퐁피두센터에 있는 IRCAM에서 세미나를 개최했다. 나중에 그것은 「로고스와 테크네 또는 텔레그라피」라는 제목으로 출판되었다.[70] 이 세미나에서 리오타르는 새로운 테크놀로지들이 파지적 도구가 되기보다는 13세기 일본의 선승 도겐道元이 '명경明鏡'이라고

§ 4. 근대(성), 근대화 그리고 기술성

부른 것을 사유할 수 있는 새로운 가능성을 열어주는 것이 가능한지를 물었다. 리오타르의 물음은 모종삼 및 니시타니의 분석과 공명하는데, '명경'이 기본적으로 동양의 형이상학 체계의 핵심을 구성하기 때문이다. 이 세미나 말미에서 리오타르는 아래와 같은 결론을 내리고 있다.

> 물음 전체는 이렇다. 즉 이행은 가능할까? 즉 새로운 테크놀로지들을 특징짓는 새로운 양식의 기입과 기억화와 함께 말이다. 아니 오히려 그것에 의해 허용될까? 이 테크놀로지들은 종합을 강요하지 않을까? 이전의 테크놀로지들이 한 것보다 더 영혼 속에서 훨씬 더 내밀하게 이루어지게 되는 종합을 말이다. 하지만 바로 그러한 사실에 의해 또한 기억의 저항을 가다듬는 데 도움이 되지 않을까? 나는 이처럼 모호한 희망에서 멈출 것이다. 그러한 희망은 그것을 진지하게 간주하기에는 너무나 변증법적이다. 이 모든 것은 아직 한 번 더 끝까지 생각하고 시험해보아야 할 것으로 남아 있다.[71]

왜 리오타르는 위와 같이 제안한 후 그로부터 물러나 그것을 진지하게 간주하기에는 너무나 모호하고 변증법적이라고 주장했을까? 리오타르는 모종삼 및 니시타니와는 정반대 방향에서 이 물음에 접근했다. 즉 그는 서양에서 동양으로의 이행을 찾고 있었다. 하지만 동양에 대한 리오타르의 제한된 지식은 그것을 세계의 역사성에 대한 물음으로까지 밀고 나가는 것을 허용하지 않았다. 당대의 다른 많은 사람, 특히 타르드 Gabriel Tarde와 더불어 리오타르는 근대(성)를 극복하기 위한 서구 지식인

---

70 J.-F. Lyotard, *The Inhuman: Reflections on Time*, tr. G. Bennington(London: Polity, 1991).
71 앞의 책, 57페이지.

들의 두 번째 시도를 대변하는 사람이었다. 첫 번째 시도는 제1차세계대전 무렵에 있었다. 이때 지식인들은 서양의 몰락 그리고 문화(슈펭글러), 과학Wissenschaft(후설), 수학(바일Hermann Weyl), 물리학(아인슈타인), 역학(미제스Richard von Mises)의 영역에서 드러나고 있던 위기를 의식하게 되었다. 이와 병행해 동아시아에서도 신유학의 1세대(모종삼의 스승인 웅십력熊十力) 그리고 양계초, 장군매張君勱 같은 지식인이 등장했다. 그리고 대단히 독일 지향적인 교토학파가 나타났으며, 이어 1970년대에는 신유학 2세대가 출현했다. 이 모두는 동일한 물음을 끄집어내려고 시도했다. 하지만 1세대 신유학자와 마찬가지로 그들은 근대화에 대한 관념론적 접근방법에 둔감한 채 남아 있었으며 기술-물음에 적절한 철학적 지위를 부여하지 않았다. 의당 그래야 하는데도 말이다. 유럽에서 우리는 지금 데스콜라 같은 인류학자들 그리고 인신세라는 사건을 존재론적 복수성을 열기 위해 근대(성)를 극복할 수 있는 기회로 이용하려는 라투르 같은 사람과 함께 세 번째 시도를 목격하고 있다. 그와 병행해 아시아에서 우리는 또한 유럽적 담론에 의존하지 않고 근대(성)를 이해할 수 있는 방법을 찾고 있는 학자들의 노력을 볼 수 있다. 특히 장송인과 그 밖의 다른 사람들이 주도하고 있는 〈인터-아시아 스쿨〉이 주목할 만하다.[72]

§ 5. 무엇을 위한 '존재론적 전회'인가?

리오타르에게서 그가 제기하는 물음은 또한 지금 세계를 지배하고

---

72 http://www.interasiaschool.org/을 보라.

있는 테크놀로지적 헤게모니 — 이것은 서구 형이상학의 산물이다 — 에 맞서 저항하는 것이 가능한가 하는 물음이기도 하다. 그것이 바로 포스트모던의 과제이다. 미학적 표현을 넘어 말이다. 포스트모던을 피하고 있는 라투르와 데스콜라 같은 몇몇 다른 사상가는 대신 이 과제를 해결하기 위해 '비-모던' 쪽으로 끌려가고 있다. 하지만 뭐라고 부르건 리오타르의 물음은 다시 한 번 진지하게 검토해볼 만한 가치가 있다. 그리고 앞으로 살펴보겠지만 이 물음은 니시타니, 모종삼, 스티글러 그리고 하이데거의 탐구와 수렴된다. 만약 비-모던적 유형의 사유를 정교화하기 위해 자연의 인류학 같은 것이 가능하고 또 필요하다면 윤리학에 대해서도 동일한 조작이 가능할 것이다. 근대 초극 프로그램과 관련해 우리가 우리 시대의 유럽 사상과 맞대결을 벌일 수 있고 또 벌여야 하는 것은 이 점에 관해서이다. 예를 들어 프랑스 철학자 몽트벨로Pierre Montebello의 최근 저작『우주와 인간의 동형동성적 형이상학 — 인간 세계의 종말』에서 분명하고 체계적으로 예시된 대로 말이다.[73]

몽트벨로는 포스트-칸트적 형이상학에 대한 탐구가 현대 인류학에서의 '존재론적 전회'와 발맞추어 어떻게 우리 — 적어도 유럽인들 — 를 근대(성)가 우리를 위해 설치한 덫으로부터 벗어날 수 있도록 이끌수 있는지를 보여주려고 한다. 몽트벨로 말에 따르면 칸트의 형이상학은 한계[제한]에 기반해 있다. 칸트는 이미『순수이성비판』독자들에게 사변적 이성의 광신Schwärmerei에 대해 경고하면서 순수이성의 경계들을 그리려고 했다. 칸트에게서 '비판'이라는 용어는 부정적 의미를 띠지 않으며 오히려 긍정적 의미, 즉 주체의 가능성의 조건을 물음에 붙이는

---

[73] P. Montebello, *Métaphysiques cosmomorphes — La fin du monde humain*(Dijon: Les presse de réel), 2015.

의미를 갖고 있다. ― 이 한계들 안에서 주체는 경험을 할 수 있다는 것이다.

칸트가 현상과 본체를 나누고, 인간 존재가 지적 직관 능력을 갖고 있다거나 물 자체를 직관할 수 있다는 것을 거부하는 데서 그러한 제한이 다시 나타난다.74 칸트에게서 인간 존재는 오직 현상에 상응하는 감각적 직관만 갖고 있다. 화이트헤드, 들뢰즈, 타르드 그리고 라투르의 사유 속에 예시되고 있는 포스트-칸트적 형이상학의 생성에 대한 몽트벨로의 정식화는 그와 같은 한계의 형이상학을 극복하기 위한 시도를 중심축으로 하며, 따라서 필연적 무한화를 제안하고 있다. 칸트적 유산의 정치적 위험성은 인간 존재가 점점 더 세계로부터 분리되는 것인데, 라투르는 이 과정을 이렇게 정식화하고 있다. "물 자체는 접근 불가능한 것이 되는 반면 그와 대칭적으로 초월론적 주체는 세계로부터 무한히 멀어지게 된다."75 모종삼의 칸트 비판은 이 측면에서 몽트벨로의 비판과 일치한다. 비록 모종삼은 무한화에 대해 그와는 다른 사유방식을 제안하지만 말이다. 즉 중국철학에서 끌어낼 수 있는 용어들로 칸트적인 지적 직관을 재발명하는 것을 통해 그렇게 할 것을 말이다.

몽트벨로는 메이야수의 작업이 근대(성)의 한계(여기서는 한계의 형이상학이라는 칸트적 유산과 동의어이다)에 대한 도전으로서 빼어난 면모를 보여준다고 주장한다. 메이야수가 문제시하는 근대(성)의 한 가지 핵심적인 양상이 그가 '상관주의correlationism'라고 부르는 것이다. ― 즉 지식의 대상은 어떤 것이건 조건과, 즉 주체에게 대상이 드러날 때

---

74 앞의 책, 21페이지.
75 라투르, 『우리는 결코 근대인이었던 적이 없다』, 홍철기 역, 갈무리 출판사, 151페이지 [번역을 수정했다].

따르게 되는 조건과 관련해서만 사유될 수 있다는 규정이 그것이다. 메이야수에 따르면 이 패러다임이 2세기 이상 동안 서양철학을, 예를 들어 독일 관념론과 현상학을 지배해왔다. 메이야수의 물음은 아주 단순하다. 즉 이성은 얼마나 멀리까지 이를 수 있는가? 이성은 이성 자체가 존재하기를 그치는 시간성에 응할 수 있는가? 예를 들어 인류 출현 이전의 인류의 조상이 살던 시대에 속하는 대상들을 사유하는 데서 말이다.76 비록 몽트벨로는 메이야수의 저서를 인정하지만 동시에 메이야수와 바디우Alain Badiou를 '수학적 무한성'에 기반한 유한성을 피하려다 실패한 시도를 대변하는 사람으로 전략적으로 묘사한다. 여기서 몽트벨로가 말하는 '수학'은 수적 환원을 의미한다. 그리고 (이 의미에서의) 수학과 상관주의를 함께 묶어 이렇게 비난한다.

> 머리 두 개 달린 괴물이 인간 없는 세계를, 즉 수학적이고, 빙하 같고, 사막 같으며, 거주할 수 없는 세계와 동시에 세계 없는 인간을, 즉 유령이 출몰하고 귀신이 들렸으며 순전히 귀신만 사는 세계를 주장하고 있다. 수학과 상관성은 맞서기는커녕 장례식 같은 혼례를 올리며 서로 결혼하고 있다.77

바디우와 메이야수에 반대하는 몽트벨로의 판결을 검토하는 것은 여기서 우리 과제가 아니다. 우리가 관심을 갖고 있는 것은 그가 제안하는 해결책인데, 그것은 대신 "우리를 세계 속에 위치시키는 관계들의 다양성multiplicity"78을 주장하는 것으로 이루어져 있다. 우리는 그것을 수학

---

76 메이야수, 『유한성 이후: 우연성의 필연성에 대한 시론』, 정지은 역, 도서출판 b.
77 몽트벨로, 앞의 책, 77페이지.
78 앞의 책, 55페이지.

적 합리성에 기반한 사유에 맞선 저항으로 이해할 수 있을 것이다. 그것은 우주론의 역사를 고려하는데, 우리는 그것을 신화에서 벗어나 천문학에서 궁극적으로 완성되는 기하학의 진전이라는 관점에서 분석할 수 있을 것이다. 이 유형의 관계적 사유가 유럽에서 고대 이후 살아남은 실체론적 사유를 대체하면서 출현 중인 것처럼 보인다. 이것은 철학 — 화이트헤드와 시몽동의 반실체론적인 관계적 사유가 점점 더 주목을 끌고 있다 — 뿐만 아니라 인류학 — 예를 들어 관계들의 생태학에 대한 데스콜라의 분석 — 에서의 소위 '인류학적 전회'에서 명백하게 나타나고 있다. 여기서는 관계라는 개념이 실체라는 개념을 해소하고 있는데, 실체는 관계들의 통일이 되고 있다. 이 관계들은 부단히 서로 엮이는 가운데 다른 존재들과 우리가 맺는 관계뿐만 아니라 세계의 망을 구성하고 있다. 데스콜라, 데 카스트로, 인골드 그리고 그 밖의 다른 인류학자의 저서에서 입증되고 있는 대로 그러한 관계들의 다양성을 많은 비유럽 문화에서 발견할 수 있다. 그러한 관계들의 다양성 속에서 우리는 상이한 우주론에 따른 새로운 형태의 참여를 발견할 수 있으며, 그러한 의미에서 몽트벨로는 신인동형동성화보다는 **우주인간동형동성화**cosmomor-phosis를 생각해볼 것을 제안한다. — **인간**anthropos를 넘어 사유하고 코스모스에 따라 우리의 실천을 재환경설정할 것을 말이다. 앞서 살펴본 대로 자연주의는 애니미즘, 유비주의, 토테미즘 그리고 데 카스트로가 '관점주의' — 인간과 동물 사이의 관점의 교환을 의미한다(예를 들어 페커리[아메리카 대륙에 분포하는 돼지 비슷한 동물]는 자기를 사냥꾼으로 간주할 수 있으며 그 역도 마찬가지이다) — 라고 부르는 것과 같은 다른 우주론과 더불어 그러한 우주론 중의 하나일 뿐이다. 데 카스트로는 강도 intensité라는 들뢰즈와 가타리의 개념을 차용해 새로운 형태의 참여, 즉

'타자-되기'를 묘사하는데, 이것은 포스트-구조주의적 인류학의 가능성들을 새롭게 조명해준다. 데 카스트로의 기여의 중요성은 레비-스트로스의 구조주의의 유산에 국한되지 않고도 인류학을 할 수 있는 새로운 방법을 도입한 데서 찾을 수 있다. 그가 보기에 만약 서구의 상대주의relativism(즉 다수의 존재론의 인정)가 공적 정치로서의 다문화주의를 함축하고 있다면 아메리카인디언의 관점주의는 우주적 정치로서의 다자연주의를 제공해줄 것이다.[79] 자연주의와 달리 이 다른 형태의 우주론들은 문화와 자연 사이의 불연속성보다는 연속성(즉 다양한 강도와 되기)에 따라 작동한다. 동일한 이유에서 나는 그레이엄과 슈워츠 같은 중국학자들이 만든 구조주의 인류학적 접근법을 채택하지 않고 중국에서의 기술적 사유를 탐구할 것을 제안한다.

몽트벨로는 보다 심오한 자연철학으로 복귀하면 새로운 **방식의 함께함과 공존재**를 가져옴으로써 — 근대(성)의 상징인 — 인신세를 극복할 수 있으리라고 주장한다. 그러한 자연 개념은 '자연주의'에 기반한 문화와 자연의 구분에 맞설 수 있을 것이다. 그런데 몽트벨로가 데스콜라와 데 카스트로에게서 차용하는 많은 사례는 내가 위에서 논한 대로 인간과 하늘의 공명(또는 합일)에 기반한 우주론적·도덕적 원리로서의 도 개념과 강하게 공명하고 있다. 이와 같은 공명에 기반한 중국의 존재론은 궁극적으로 도덕적 우주론이다. — 이 우주론적 견해가 자연적 원천과 문화적 실천(가족의 위계, 사회 질서와 정치 질서, 인간/비인간 사이의 관계)이라는 관점에서 인간과 세계 사이의 상호작용을 규정하고 있다. 실제로 데스콜라의 작업에서 우리는 그가 종종 중국 문화를 참조하는 것

---

79 E. V. de Castro, *Cannibal Metaphysics: For a Post-Structural Anthropology*, tr. P. Skafish(Minneapolis: Univocal Publishing, 2014), p. 66.

을 볼 수 있는데, 그것은 쥘리앵과 그라네의 작업에서 유래하는 것처럼 보인다. 예를 들어 데스콜라는 그라네를 읽으면서 유럽의 르네상스 동안 자연주의보다는 유비주의가 지배적 존재론이었음을 발견하고 있다.[80] 이러한 의미에서 '자연주의'는 단지 근대(성)의 한 가지 산물일 뿐이다. 그것은 취약하며 "고대의 뿌리를 결여하고 있다."[81]

하지만 나는 '자연' 개념으로의 그와 같은 종류의 복귀 또는 재발명 또는 모종의 태곳적 우주론으로의 복귀가 근대(성)를 극복하기에 충분한지에 대해 회의적이다. 그러한 회의주의는 인식론적인 동시에 정치적인 것이다. 몽트벨로는 시몽동을 동원해 자연이 '전前개체적'임을, 따라서 모든 형태의 개체화의 토대임을 보여준다. 시몽동이 "개체가 자신과 더불어 실어 나르는 이 전개체적 실재를 자연이라고 명명할 수 있을지도 모른다"고 말하는 것은 사실이다.

> 그리하여 '자연'이라는 말 속에서 소크라테스 이전 철학자들이 사용한 의미를 재발견하고자 한다면 말이다. …… 자연은 인간의 대립물이 아니라 존재자의 첫 번째 상相이다. 두 번째 상은 개체와 환경의 대립이다.[82]

하지만 시몽동에게 자연이란 무엇일까? 내가 다른 곳에서 보여준 대로[83] 두 가지의 별도의 시몽동 수용의 흐름 — 자연철학자로서의 시몽동과 기술철학자로서의 시몽동. 둘은 각각 『형태와 정보 개념에 비추어

---

80 데스콜라, 『자연과 문화를 넘어서』, 206~207페이지.
81 앞의 책, 205페이지.
82 시몽동, 『형태와 정보 개념에 비추어 본 개체화』, 황수영 역, 그린비, 577페이지.
83 졸저, 『디지털 대상들의 존재에 대하여』, 미네소타대학교 출판부, 2016년.

본 개체화』와 『기술적 대상들의 존재양식에 대하여』에 근거하고 있다 — 이 존재하는 것은 문제적이라고 하지 않을 수 없다. 왜냐하면 실제로 시몽동이 하려고 했던 것은 자연, 문화 그리고 기술 사이의 불연속성을 극복하는 것이었기 때문이다. 여기서 문제가 되는 것은 단지 시몽동에 대한 재해석이 아니라 오히려 이 '자연' 자체이다. 그리고 '자연'과 글로벌한 기술적 조건 사이의 긴장은 단지 '존재론적 전회'라는 서사 때문에 사라지지는 않을 것이다.

이러한 고찰은 내가 앞의 담론에 덧붙이고 싶은 글로벌한 기술적·정치적 차원으로 우리를 데려간다. 유럽의 철학자라면 일단 유럽이 근대(성)에서 벗어나면 다른 문화들도 중단된 우주론을 되찾을 수 있으리라고 믿으리라는 것은 이해할 만하다. 따라서 유럽 사상을 다른 존재론들에 열어놓는 가운데 또한 타자를 서양의 기술적 사유에 종속되어 있는 상태로부터 구할 수 있으리라고 믿는 것도 말이다. 하지만 여기서는 맹점이 작용하고 있다. 몽트벨로와 다른 사람들도 유럽의 '자연주의'가 드물고 아마 예외적인 사례이리라는 것은 인정하면서도 그러한 견해가 근대 테크놀로지와 식민화 동안 다른 문화에 얼마나 깊이 침투했는지는 고려하지 않는 것처럼 보인다. 지난 20세기에 유럽의 식민화에 맞서 싸워야 했던 문화들은 이미 큰 변화와 변형을, 글로벌한 기술적 조건이 그들 자신의 운명 자체가 될 정도로 겪었다. 관점을 그런 식으로 '전도시켜' 놓고 보면 그들이 말하는 복귀는 모두 아무리 좋게 보더라도 그저 미심쩍을 뿐이다.

이 책에서 나는 중국을 근대(성)의 '다른 면'을 묘사하기 위한 사례로 이용해 그리고 바라기로는 디지털화와 인신세 시대의 '근대 초극' 또는 '근대(성)의 재설정'이라는 현재의 프로그램에 대한 몇 가지 통찰을 제공함으로써 그와는 다른 관점을 제시해보려고 한다. 고대의 범주들로 돌아가 코스모테크닉스를 환기시키려는 것은 결코 '진리' 또는 '해명'으로서의 그것들로 돌아가는 것이 아니다. 오늘날의 과학 지식은 고대의 많은 사유 방식이 오해로 가득 차 있음을 확인해주며, 이에 기반해 일부 과학주의는 심지어 존재-물음 그리고 도에 대한 물음 모두에 대한 어떤 검토도 거부하고 있다. 하지만 이 책이 그려보이게 될 궤적을 통해 나는 단지 우주론에 대한 믿음으로 돌아가는 것이 아니라 **코스모테크닉스를 재발명**하려고 한다는 것을 다시 한 번 분명히 할 필요가 있을 것이다. 나는 또한 자연으로 돌아가려 하는 것도 아니다. 많은 사람이 이오니아철학[탈레스를 시조로 하는 자연철학자들]이나 도가철학을 자연철학으로 읽는 의미에서 말이다. — 오히려 시몽동이 기술성의 생성에 대한 명제에서 제안하는 대로 기술과 자연을 조화시키려고 하는 것이다.

§ 6. 방법에 대한 몇 가지 노트

우리의 탐구에 착수하기 전에 방법에 관해 몇 마디 추가해야 할 것이다. 비록 나는 기-도 관계가 역사적으로 어떤 변형을 겪었는지의 개요를 그려보려고 시도할 생각이지만 이 관계의 복잡성은 내가 여기서 제시할 수 있는 간단한 스케치를 훌쩍 넘어선다는 것을 알고 있다. 왜냐하면 그것의 역동성을 이와 같은 소박한 에세이 속에서 남김없이 담아내는 것은 불가능하기 때문이다. 이 책이 감행할 수밖에 없는 일반화와 비관습적 독법은 한계와 편견을 담고 있을 수밖에 없음을 인정해야 한다. 하지만 그것들을 통하지 않고는 이 기획을 수행할 다른 방법이 없다. 그럼에도 불구하고 아래에서 착수하려는 것이 유럽의 관점과 동양의 관점 모두에서 기술-물음을 다루려고 하는 — 이 일은 점점 더 필요해지고 있다고 믿는다 — 학자들에게 영감을 줄 수 있기를 바란다.

형식적 방법을 제시하는 대신 내가 **피하려고** 하는 세 가지 것을 설명해보기로 하자. 먼저 개념들의 대칭성. 즉 사람들은 서양철학과 중국철학에서 상응하는 개념들로부터 시작한다. — 예를 들어 중국 문화에서 테크네와 퓌시스에 상응하는 것을 식별해내려고 한다. 수많은 세월 동안 번역과 문화적 소통에서 많은 진전이 이루어진 후 서양철학의 용어들이 중국어에서 많건 적건 상응하는 번역어들을 찾을 수 있던 것은 사실이다. 하지만 그것들을 대칭적 관계로 받아들이는 것은 위험하다. 왜냐하면 대칭성에 대한 추구는 결국 동일한 개념을 사용하도록 또는 보다 정확하게는 두 가지 형태의 지식과 실천을 미리 정한 개념들 아래 포함시키도록 강요할 것이기 때문이다. 먼저 비대칭성은 또한 차이 — 하지만 관계없는 차이(예를 들어 거울 상, 반영, 환영)가 아니다 — 에 대한 인정을 그리고 그러한 차이에 의해 조건 지어지는 수렴을 추구한다는 것을 의미한다. 따라서 중국에서의 기술-물음에 대한 나의 탐구에서는 비록 **기술**이라는 용어를 사용하지만 독자들은 언어적 제약을 의식해야 하며, 상이한 우주론적·형이상학적 체계에 마음을 열 준비를 해야 한다. 이 이유들에서 나는 'technic'과 관련해 '공工'이나 '기技'라는 통상적 번역어를 사용하지 않을 생각인데, 그것들은 우리의 탐구를 단순한 경험적 사례들로 변질시켜 버릴 것이기 때문이다. 그것보다는 오히려 '기'와 '도'에 대한 체계적 개관으로부터 시작할 텐데, 다시 이 두 용어는 산물*ergon*과 영혼*psychē*으로 환원될 수 없을 것이다. 이 책에서는 그러한 비대칭성이 전제되고, 방법론적으로 동원된다. 독자들은 내가 종종 유사성을 끄집어내려고 시도하지만 단지 기저에 깔린 비대칭성을 가시화하기 위해 그럴 뿐임을 발견할 수 있을 것이다.

이원론과 유물론 같은 '론'의 번역에 대해서도 동일하게 말할 수 있을 것이다. 예를 들어 음양을 유럽에서와 동일한 의미에서의 이원론으로 이해하는 것은 부정확할 것이다. 유럽에서의 이원론은 보통 두 가지의 대립적이고 불연속적인 실체를 가리킨다. 정신-육체, 문화-자연, 존재-무가 그것이다. 그러한 형태의 이원론은 중국에서는 지배적이지 않으며, 음과 양은 두 가지의 불연속적 실체로 파악될 수 없다. 따라서 중국의 형이상학에는 실제로 도교 경전에 이미 기술되어 있듯이 존재가 무에서 나온다는 것을 인정하는 데 아무런 문제도 없다. 유럽에서 무로부터의 *ex nihilo* 창조는 신적 권능에 유보된 영역이다. 그것은 과학적으로 불가능하기 때문이다. 무에서는 아무것도 생기지 않는다 *ex nihilo nihil fit*. 라이프니츠가 '왜 있는 것은 도대체 있고 차라리 아무것도 아니지 않는가?'라는 물음 — 이 물음은 나중에 존재-의미를 해명하기 위해 하이데거에 의해 다시 거론된다 — 을 제기하기 전까지 존재-물음은 서양 철학에서 한층 더 상세히 해명되지 않았다. 보다 일반적인 용어로 말하자면, 중국의 사유는 불연속성보다는 연속성에 더 많은 관심을 기울이는 경향이 있다. 이 연속성은 관계들에 의해 구성된다. 예를 들어 천인합일, 악기들의 합일, 달과 꽃들[달맞이꽃] 사이의 합일에서 발견되듯이 말이다. 앞서 언급한 대로 그것은 종종 '천인합일적 사유'[84]로 언급된다. 하지만 이 담론은 그라네 그리고 나중에는 그레이엄에 의해 발달되었는데, 그는 구조주의 인류학을 이용해 두 가지의 상응하는 실체를 대

---

[84] 그레이엄, 『음양과 관계의 자연』, 2장을 보라.

립물로, 예를 들어 음과 양으로 정식화했다. 나는 그것을 '천인합일적 사유'보다는 '관계적' 사유로 부르고 싶다. 왜냐하면 앞서 언급한 중국 학자들이 구조주의적 인류학에서 영감을 받아 천인합일적 사유라고 묘사하는 것은 항상 체계화한 다음 마침내 정적 구조들을 제시하기 위한 시도 속에서 동원되고 있기 때문이다.[85] 그러한 관계적 사유는 실제로 얼핏 보기보다는 더 열려 있는데, 보다 역동적이기 때문이다. 그것은 실제로 천인합일적 양식의 연관association을 내포하고 있는데, 이것은 하나의 자연 현상은 우주론에서 공유하고 있는 공통 범주에 따라 다른 범주들과 연결될 수 있음을 의미한다. — 예를 들어 오행五行이 그렇다. 그것은 또한 (하늘의 뜻을 나타내는) 절기의 변화와 국가의 정치 사이에도 연관이 있을 수 있다는 의미에서 정치적일 수 있다. — 예를 들어 봄철에는 범죄자 처형을 피해야 한다. 마지막으로 그것은 또한 심心은 도道에 이르기 위해 자연 현상 간의 미묘한 합일을 감득할 수 있다는 의미에서 미묘하고 시적일 수 있다. — 이 점은 특히 신유교[송명리학]의 심학파 [왕양명]에 해당되는 말이라고 할 수 있다.

두 번째로 나는 마치 정적 범주인 양 고립된 개념으로부터 출발하는 것을 피하려고 한다. — 많은 중국학자들이 이 방법을 사용하고 있지만 그것은 다소 문제적으로 보인다. 왜냐하면 그것 또한 무의식적으로 일종의 문화적 본질주의를 강요하기 때문이다. 개념은 결코 독립적으로 존재할 수 없다. 개념은 다른 개념과의 관계 속에서 존재한다. 더 나아

---

85 구조주의적 독법이 어떻게 이루어지고 있는지에 대해 관심이 있는 독자들은 슈워츠, 『중국 고대 사상의 세계』, 나성 역, 살림출판사의 9장, 「천인합일적 우주론: 음양학파」를 참조할 수 있을 것이다. 여기서 슈워츠는 레비-스트로스의 원시적인 '구체성의 과학'과 흡사한 방법을 이용해 이 학파를 분석하고 있다.

가 시간에 따라, 자체적으로 또는 보다 넓은 개념 체계와 관련해 변형된다. 중국적 사유에서는 특히 그렇다. — 앞서 말한 대로 중국적 사유는 근본적으로 관계적 사유이기 때문이다. 따라서 두 범주를 비교하는 대신 나는 체계적으로 개괄하고 개념의 **계보학**을 체계 내부에 위치시킬 수 있는 가능성을 열어보려고 시도할 것이다. 앞으로 살펴보겠지만 도-기 관계에 초점을 맞출 때 우리는 이 양자의 역사적 분리뿐만 아니라 양자의 재일치를 계통으로, 즉 그것을 통해 중국에서의 기술철학을 기획할 수 있는 계통으로 간주해야 한다. 나는 중국의 사례가 그러한 차이를 예시할 수 있는 사례로 쓰이고, 그리하여 기술성의 다양성에 대한 사유에 기여할 수 있기를 바란다.

세 번째로 나는 이 책을 탈식민주의적 비판과 분리시키려고 한다. 물론 그렇다고 해서 탈식민주의 이론이 여기서 고려되지 않는다는 말은 아니다. 오히려 나는 탈식민주의 이론이 무시하는 경향이 있는 것을 보충할 수 있는 보완적 논의를 제공하는 것을 목표로 하고 있다. 탈식민주의 이론의 힘은 권력의 역동성에 관한 물음을 서사로 효율적으로 재정식화하는 데, 따라서 다른 또는 상이한 서사를 주장하는 데 있는 것처럼 보인다. 하지만 그것은 또한 이 이론의 약점 중의 하나로 간주될 수 있는데, 기술-물음을 무시하기 때문이다. — 나는 이 물음은 [다른 많은] 서사 중의 하나로 환원될 수 없다고 주장한다. 실제로 그렇게 환원하려고 시도하는 것은 위험한데, 그렇게 하는 것은 물질적 조건의 물질적 의미significance는 이해하지 못한 채 그러한 조건을 인정하는 것을 수반하고 있기 때문이다. — 청대 이후 중국에서의 사회개혁과 정치개혁 동안 기가 도에 비본질적인 것으로 간주되었듯이 말이다(§ 14를 보라). 따라서 여기서 우리가 택하고 있는 접근법은 유물론적 비판으로 나가기 위해 탈식민주의 비판의 접근법에서 벗어난다. 하지만 이 유물론은 정신과 물질을 대립시키는 유물론이 아니다. 오히려 이 유물론은 전통과 현대, 지역적인 것과 글로벌한 것, 동양과 서양의 관계에 대한 우주론적·역사적 이해에 이르기 위해 물질적 실천과 물질적 구성을 전경화하는 것을 목표로 하고 있다.

중국의 테크놀로지 사상을 찾아서   1

§ 7___ 도와 우주: 도덕 원리

중국은 이미 이오니아 시기(기원전 770~211년)에 기술-물음에 고전적 문헌을 하나 바친 바 있다. 이 문헌에는 다양한 기술 — 바퀴 만들기, 축성 등 — 의 세부사항만 아니라 기술에 대한 최초의 이론적 담론도 들어 있다. 문제의 고전은 『주례』, 「고공기考工記」(기원전 770~476년)로 거기서 아래 내용을 읽을 수 있다.

> 하늘에는 때가 있고, 땅에는 기氣가 있으며, 재료에는 아름다움이 있고, 기술자工에게는 기술巧이 있는데, 이 네 가지가 합쳐져야 비로소 좋은 것이 만들어질 수 있다天有時, 地有氣, 材有美, 工有巧, 合此四者, 然後可以爲良.

그러니까 위 문헌에 따르면 생산을 함께 결정하는 네 가지 요소가 있다. 앞의 세 가지는 자연이 주는 것이며, 따라서 통제 가능하지 않다. 네 번째 기술은 통제 가능하다. — 하지만 그것은 또한 다른 세 가지 요소, 즉 때, 기, 재료에 의해 **제약된다**. 인간이 마지막 요소로, 이 인간의 존재 방식은 상황에 따라 다르다. 게다가 기술은 주어지는 것이 아니다. 그것은 학습되고 개선되어야 하는 것이다.

물론 아리스토텔레스주의자들 또한 4원인을 갖고 있다. 형상인, 질료인, 운동인, 목적인이 그것이다. 그들에게서 생산은 형상 *morph*에서 시작해 그것이 질료 *hylē* 속에서 실현되는 것으로 끝난다. 하지만 중국의 사유는 사실상 형상 문제를 건너뛰어 '에너지氣'(글자 그대로 '기운'을 의미한다)에 대한 물음에 이른다. 그리고 기술은 결정요소가 아니라 오히려 기를 촉진하는 것으로 쓰인다. 그러한 기氣적 세계관에서 존재는 모두에게 공통적인 의식意識을 통해 소통하는 우주질서 속에서 하나로 합일된다. 그리고 기술은 이 우주질서와 공명하는 것을 '숙련되게' 합일시키는 능력과 관련된다. ― 이 우주질서는 앞으로 살펴보겠지만 궁극적으로는 도덕질서이다.

「기술에 관한 물음」에서 하이데거는 아리스토텔레스의 4원인을 되풀이하면서 운동인을 드러남의 가능성과 결부시켰다. 4원인에 대한 그의 이해 방식에서 기술은 그 자체로 (만듦과 시 모두로서의) 포이에시스 *poiesis*이다. 이 기술 개념은 중국의 개념과 비슷해 보이지만 근본적 차이가 있다. 즉 기술을 우주의 '도덕적 선'을 실현하는 것으로 보는 중국적 개념과 달리 아리스토텔레스의 기술에 대한 하이데거의 해석은 '진리 *alētheia*를, 즉 존재의 탈은폐성을 드러낸다. 물론 하이데거가 진리로 이해하고 있는 것은 논리적 진리가 아니며, 오히려 현존재와 이 현존재의 세계 간의 관계의 드러남으로, 이 관계는 전재적인 것 *vorhanden*으로서의 세계에 대한 지각에서는 보통 무시된다. 그럼에도 도덕의 추구와 진리의 추구가 중국철학과 그리스-독일철학을 갈라놓는 경향을 특징짓는다. 그리스와 중국 모두 우주론을 갖고 있는데, 다시 그것은 각자의 코스모테크닉스적 성향에 자국을 남길 것이다. 철학자 모종삼(1909~

1995년) 주장대로 중국의 우주론은 도덕적 존재론이며 도덕적 우주론인데, 그것은 중국의 우주론이 『주역』의 「건. 문언」에 진술되어 있는 대로 자연철학이 아니라 도덕형이상학으로서 기원했음을 의미한다.

> 대저 대인大人은 천지와 더불어 덕이 합치하고, 일월과 밝음이 합치하며, 사시와 더불어 차례가 합치하고, 귀신과 더불어 길흉이 합치한다大人者與天地合其德. 與日月合其明. 與四時合其序. 與鬼神合其凶.[1]

유교의 우주론에서 '도덕'이 의미하는 것은 타율적 도덕 법칙과는 무관하며, 창조(이것이 바로 건의 의미이다) 그리고 인격의 완성과 관련된다. 이런 이유로 모종삼은 중국의 도덕형이상학moral metaphysics을 도덕의 형이상학metaphysics of morals과 구분하는데, 후자는 단지 도덕을 형이상학적으로 논구할 뿐인 반면 모종삼에게서 형이상학은 도덕에 기초해서만 가능하기 때문이다.

소크라테스 이전의 고전 그리스철학과 비교해볼 때 동일한 시기의 중국 역사에서는 존재-물음도 테크네-물음도 철학의 핵심 문제를 포함하고 있지 않았다. 유가와 도가의 가르침에서 공통적인 것은 '존재'라기보다는 도덕적이거나 선한 삶을 이끈다는 의미에서 '삶'에 대한 물음이었다. 쥘리앵이 『삶의 철학』에서 보여주려고 시도하는 대로 이 경향은 중국에서 완전히 상이한 철학적 사고방식으로 이어졌다.[2] 고대 중국에

---

[1] 『주역』, 김인환 역, 40페이지. 牟宗三, 宋明儒學的問題與發展(上海: 華東師範大學校出版部, 2004), p. 13에서 재인용.
[2] F. Jullien, *Philosophie du Vivre*(Paris: Gallimand, 2011). 이렇게 말했지만 나도 그렇게 말하는 것이 정당한 이유를 간단하게나마 제시하는 것이 필요하다는 것을 알고 있다. 왜냐하면 그것은 서양철학사에 대한 해석과 관련해 불가피하게 의견충돌을 초래할 것이기 때문이

도 몇몇 자연철학이 존재했음은 부인할 수 없는데, 특히 도가 그리고 그것을 '기술적'으로 지속해나간 연금술에서 그것을 찾아볼 수 있다. 하지만 이 자연철학은 탈레스, 아낙시만드로스, 엠페도클레스나 그 밖의 다른 철학자의 경우처럼 세계의 토대를 이루는 기본 물질에 대한 사변에 몰두하지 않았으며, 오히려 삶의 — 우주는 관계의 총체3로 간주되며 이 우주를 이루고 있는 상호 인과 관계에 삶이 종속되어 있다는 의미에서 — 유기적인 또는 체계적인 형태를 다루었다. 유교에서 도는 우주론

다. 본서에서 내가 형이상학의 역사에 대한 하이데거의 독법을 다루고 있는 것은 사실이다. 하지만 나는 헬레니즘의 여러 학파(예를 들어 견유학파, 에피쿠로스학파 그리고 스토아학파)와 그들을 계승한 로마제국의 여러 학파에는 삶의 기술techne tou biou 또는 푸코의 용어를 빌리자면 '자아의 테크놀로지'의 전통 전체가 존재한 사실을 무시하고 싶지 않다(M. Foucault, "Technologies of the Self", in L. H. Martin, H. Gutman and P. H. Hutton [eds], *Technologies of the Self, A Seminar with Michel Foucault*[Amherst: University of Massachusetts Press, 1988], pp. 16~49)('자아에 대한 배려'에 대한 헬레니즘학파의 강조는 『존재와 시간』에서 하이데거가 마음 씀Sorge이라고 부르는 것과 공명하는 것처럼 보인다. 실제로 하이데거는 §42에서 마음 씀cura에 대해 말할 때 세네카의 『루킬리우스에게 보내는 도덕 서한Epistulae Morales ad Lucilium』을 인용한다. 골드슈미트는 하이데거 식으로 물리적 시간과 삶의 시간을 구분하는 것은 스토아학파에게는 적용할 수 없는데, 왜냐하면 그들은 전혀 다른 퓌시스 개념을 갖고 있었기 — 아래(§ 10. 3)에서 다룰 것이다 — 때문이라고 주장해왔다(V. Goldschmidt, *Le systeme stoicien et l'Idee du temps*[Paris: Vrin, 1998], p. 54]를 보라). 하이데거가 절묘한 솜씨로 헬레니즘철학을 우회하면서 로마제국의 철학을 그저 고대 그리스철학의 형편없는 번역으로 간주하는 것을 보는 것은 언제나 곤혹스럽다. 그것은 존재-물음이 헬레니즘 사상가들에게서는 분명하지 않기 때문일까 아니면 이 일화가 단지 그의 존재의 역사와 양립 불가능하기 때문일까? 심지어 스토아학파의 코스모테크닉스와 테크네에 대한 하이데거의 규정 간에는 확실히 양립 불가능성이 존재한다고 추측해볼 수도 있을 것이다. 그것은 아주 상세하게 다루어볼 만한 가치가 있는 물음들이다. 당면 목적을 위해 나는 테크놀로지에 대한 하이데거의의 논문의 배경을 이루는 것에 기대 형이상학적 연구에 논의를 국한할 것이지만 § 10. 3에서 스토아학파와 도가로 돌아올 것이다.
3 중국의 창조 신화에서 우주는 반고盤古라는 거인이 도끼로 원시적 혼돈을 하늘과 땅으로 쪼갰을 때 형성되었으며, 그가 죽은 뒤 그의 신체의 각 부분은 산맥(뼈)과 하천(창자)로 변형되었다.

적 질서와 도덕질서 사이의 일관성으로 인식되었다. 이 일관성은 자연自然으로 불리며, 종종 'nature'로 번역된다. 근대 중국어에서 이 용어는 환경을, 즉 이미 주어져 있는 야생동물, 식물, 강 등을 가리킨다. 하지만 그것은 또한 성性에 따라 어떤 가식도 없이 행동하고 처신하는 것 또는 사물을 있는 그대로 놔두는 것을 의미하기도 한다. 그러나 이 성은 백지상태tabula rosa가 아니며, 어떤 우주질서, 즉 도로부터 생겨나며 그것에 의해 길러지고 제약되는 것이다. 다른 한편 도가에서는 '자연이 도의 법칙이다道法自然'가 자연철학의 구호인 동시에 원리였다.[4] 유가와 도가에서 이 두 가지 도 개념은 흥미로운 상호 관계를 갖고 있는데, 왜냐하면 한편으로 관습적 독법에 따르면 이 둘은 긴장 관계에 있는 것처럼 보이기 때문이다. 도가(노자[~기원전 551년]와 장자[기원전 370~287년]의 문헌에서)는 모든 강요된 질서에 대해 매우 비판적인 반면 유가는 그와는 다른 종류의 질서를 인정하려고 했다. 다른 한편 양자는 유가가 '무엇'을 묻는다면 도가는 '어떻게'를 묻는 식으로 상보적인 것처럼 보인다. 그러나 아래서 논증하겠지만 둘은 모두 내가 '도덕적 코스모테크닉스'라고 부르는 것을 구현하고 있다. 이 용어는 우주와 인간 존재에 대한 관계적 사유를 가리키는 것으로, 거기서 둘의 관계는 기술적 존재에 의해 매개된다. 따라서 도와 존재 간의 그러한 관계를 자연철학으로 읽는 것이 나의 의도는 아니며, 오히려 유가와 도가 모두에서 가능한 테크놀로지 철학으로 그러한 관계를 이해하는 것이 나의 의도이다. 따라서

---

4 노자, 『도덕경』, 최진석 지음, 소나무[25장. "도는 스스로 그러함을 본받는다"]. 애디스Stephen Addis와 롬바르도Stanley Lombardo는 "도는 자기 본성nature을 따른다"고 번역하고 있다. 이 문장을 그렇게 이해하는 것은 가능하다. 하지만 논란의 여지가 있는데, 왜냐하면 여기서 '본성'은 '본질essence'을 시사하지만 도는 본질을 갖고 있지 않기 때문이다.

그러한 병행적 독법에 따르면 중국철학에서 도는 존재의 최고 질서를 나타낸다. 그리고 기술은 최고 기준에 이르기 위해 도와 양립할 수 있어야 한다. 따라서 이 최고 기준은 도기합일道器合一로 표현된다. 「서문」에서 언급한 대로 근대적 의미에서 기는 '도구', '연장' 또는 좀 더 일반적으로는 '기술적 대상'을 의미한다. 노자와 장자 같은 초기 도가 사상가들은 '만물萬物'은 도를 통해 나왔다고 믿었다. 이와 관련해 노자는 이렇게 쓰고 있다.

> 도는 하나를 낳고, 하나는 둘을 낳고, 둘은 셋을 낳고, 셋은 만물을 낳는다
> 道生一, 一生二, 二生三, 三生萬物.5

따라서 도는 만물 속에서 덕德으로 나타나며, 그러한 형태 속에서 존재와 분리되지 않는다. 그것은 내재적이다. 하지만 덕을 흔히 하는 대로 '미덕'으로 번역하는 것은 논란의 여지가 있는데, 왜냐하면 『도덕경』(또는 『노자』)에서 덕은 미덕 또는 도덕적 완성이라는 의미를 함축하고 있지 않으며, 오히려 우주를 낳는 힘의 본원적 조화를 의미하기 때문이다.6 장자 말대로 도는 어디에나 있고 모든 존재 속에 존재하는데, 왜냐하면 존재를 낳는 것은 그것과 분리되지 않기 때문이다物物者與物無際, 사물을 사물로 있게 하고 이를 지배하는 도는 사물과 동떨어져 있지 않고 모든 사물 속에 있소[『장자』 22편 지북유知北遊]. 장자에게서 도가 사물 속에 있는 것은 기氣

---

5 앞의 책[42장].
6 錢新祖, 中國思想史講義(上海: 東方出版中心, 2016), p. 127. 전신조는 노자가 『도덕경』 55장에서 "덕을 두텁게 함장하고 있는 사람은 갓난애에 비견된다含德之厚, 比於赤子"고 말할 때 이 덕은 미덕이라기보다는 자연을 나타내는 것이라고 주장한다.

(앞서 언급한 대로 이 단어는 글자 그대로 '기운'을 의미하며 종종 '에너지'[7]로 번역된다) 형태를 취한다. 도와 존재 또는 도-기 사이의 이러한 관계는 위진남북조 시대의 학자 왕필王弼(226~249년)에 의해 명확해졌는데, 그의 노자 주석은 가장 오래된 판본[8]이 발견되기 전까지는 수 세기 동안 기본적인 도가 연구서로 이용되었다. 왕필은 4개의 유비적 쌍을 끌어내는데, 각각은 유사한 관계를 맺고 있는 것으로 간주된다. 1) 도-기. 2) 무-유. 3) 본本-말末 그리고 4) 체體-용用[9]이 그것이다. 각 쌍의 합일은 중국철학의 전체론적 관점을 구현하고 있다. 이 점에 대해서는 합의가 이루어져 왔다. 예컨대 도-기는 비록 차이가 있을지라도 마치 두 개의 실체인 양 분리될 수 없다.

[『장자』]「외편 지북유」에서 장자는 스피노자와 마찬가지로 도는 어디에나 있다고 선언한다.

동곽자東郭子가 장자에게 물었다. '소위 도란 어디에 있습니까?' 장자가 대답했다. '없는 곳이 없소.' 동곽자가 [다시] 물었다. '분명히 가르쳐 주십시오.' 장자가 대답했다. '땅강아지나 개미에게 있소.' [동곽자가] '어째서 그렇게 낮은 것에 있습니까?' 하고 물으니까 [장자는 다시] '돌피나 피에 있소' 하고 대답했다. '어째서 그렇게 점점 더 낮아집니까?' 하고 [동곽자가] 다시 묻자 '기와나 벽돌에도 있소' 하고 대답했다. '어째서 그렇게 차츰 더

---

[7] 陳鼓應, "論道與物關係問題. 中國哲學史上的一條主線", 台大文史哲學報 62(2005년 5월호), pp. 89~118, pp. 110~112.
[8] 이보다 앞선 두 판본이 마왕퇴馬王堆(1973년)와 곽점郭店(1993년)의 고고학 발굴 현장에서 발견되었다. 곽점 죽간은 현존하는 가장 오래된 판본으로 간주되며 왕필의 판본과는 몇 가지 다른 점을 담고 있다.
[9] 陳鼓應, 앞의 책, 113페이지.

심하게 내려갑니까?' 하고 물으니까 '똥이나 오줌에도 있소' 하고 대답했다. 동곽자는 [그만 말문이 막혀] 아무 대꾸도 하지 않았다.10

이로부터 도에 대한 위와 같은 이해 방식은 자연철학을 수반한다고 쉽게 결론 내릴 수도 있을 것이다. 더 나아가 비록 놀랄 정도로 시대를 마구 뒤섞는 것처럼 보일지도 모르지만 이 자연철학은 이오니아철학에 대해 우리가 알고 있는 것보다는 오히려 훨씬 더 뒤에 칸트, 셸링 그리고 그 밖의 다른 초기 낭만파와, 즉 유기적 형태에 대한 그들의 사유와 더 많은 친화성을 갖고 있을 것이다. 『판단력비판』 §64에서 칸트는 유기적 형태 문제에 대한 새로운 탐구에 착수하는데, 그것은 선험적 범주를 기계적으로 따르는 것과는 다르다. 그것과 달리 이것은 존재의 부분-전체 관계, 부분과 전체 간의 상호 관계를 주장한다. 칸트는 당대의 자연과학에 대한 연구를 통해 이 문제를 의식하게 되었으며, 유기적 형태라는 개념은 초기 낭만파에 의해 한층 더 상세히 전개되었다. 하지만 삶, 자연, 우주를 유기적 존재로 파악하는 그러한 방식은 도가적 사유 초기부터 존재했는데, 거기서 그것은 만물의 원리로 기능하고 있다.

더욱이 도는 특정한 대상이 아니며, 특정한 종류의 대상들의 원리도 아니다. 도는 없는 곳이 없으나 모든 대상화를 벗어난다. 도는 무조건적인 것[절대자]*das Unbedingte*, 즉 체계의 절대적 근거를 찾으려고 했던 19세기의 관념론적 기획에 공통적인 '절대자', 즉 전체적으로 자족적인 제일원리*Grundsatz*이다. 피히테에서 그것은 그러한 절대자의 가능성으로서의 아였다. 셸링의 초기 저작 『자연철학*Naturphilosophie*』에서 그것

---

10 장자, 『장자』, 안동림 역주, 현암사, 546~547페이지.

은 아로부터 (이때, 즉 1794~1797년까지 그는 여전히 피히테 추종자였다) (1799년의 『자연철학 체계에 대한 최초의 개요』에서) 자연으로 나간다. 『최초의 개요』에서 셸링은 능산적 자연natura naturans과 소산적 자연natura naturata이라는 스피노자의 구분을 받아들여, 전자를 자연의 무한한 생산력으로, 후자를 그것의 생산물로 이해했다. 마치 기류가 장애물을 만났을 때 소용돌이가 생기듯이 소산적 자연은 생산력이 장애물의 방해를 받을 때 나타난다.11 그리하여 플라톤의 『티마이오스』에서 묘사되는 세계영혼 — 순환적 운동에 의해 특징지어진다 — 처럼12 무한자는 유한한 존재 속에 새겨진다. 화이트헤드의 글들에서 유기체 철학이 한층 더 지속되고 있는 것을 볼 수 있는데, 그것은 20세기 초의 중국에서 큰 반향을 발견했다.13 이런 방식으로 이해할 때 도는 기술적 대상을 포함한 만물의 제약된 완성을 정초하는 절대자이다. 확실히 동곽자가 상상한 대로 도는 세상에서 가장 우월한 형태나 대상 속에 있어야 한다. 하지만 앞서 살펴본 대로 장자는 도를 또한 인간의 삶의 낮은, 심지어는 바람직하지 않은 대상, 즉 개미, 돌피나 기와, 마지막으로 배설물 등에 놓음으로써 동곽자의 도도한 환상을 산산 조각낸다. 도의 추구는 공자

---

11 F. W. J. von Schelling, *First Outline of a System of the Philosophy of Nature*, tr. K. P. R. Peterson(New York: State University of New York Press, 2004), p. 18.
12 여기서 플라톤이 아니라 셸링을 언급하는 이유 중의 하나는 초기 셸링의 자연 개념에서는 도가에서와 마찬가지로 데미우르고스의 역할이 없기 때문이다.
13 서양의 어떤 모델이 중국 모델에 보다 가까운가 하는 문제는 쟁점으로 남아 있다. 예를 들어 모종삼과 니덤은 모두 중국적 사유의 본질에 대해 논할 때 화이트헤드를 언급한다. 하지만 여기서 보다 자세한 연구가 필요한데, 화이트헤드와 셸링(예컨대 화이트헤드의 *The Concept of Nature*[Cambridge: Cambridge University Press, 1920], p. 47에 나오는데, 거기서 화이트헤드는 자기의 주장을 지지하기 위한 근거로 셸링을 든다) 간의 관계는 보다 상세히 해명될 필요가 있다고 믿는다.

가 '천리天理'라고 부르는 것과도 공명하는데, 장자도 같은 문구를 사용하고 있다. 이 특수한 예에서 자연적인 것과 도덕적인 것이 만나는데, 두 사람의 가르침은 이 지점에서 수렴된다. 즉 산다는 것은 비록 완전히 이해하지는 못하더라도 도와 미묘한 공모적 관계를 유지하는 것이다.

§ 8 ___ 폭력으로서의 테크네

독일 관념론과의 이처럼 놀라운 유사성이 보여주는 대로 비록 두 문화에 걸쳐 몇몇 유사성이 존재하지만 자연과 기술 개념, 게다가 둘 사이의 관계에 대한 개념에서 초기 그리스의 사유와 중국의 사유 사이에는 큰 차이가 있다. 그리스어 퓌시스*physis*는 '성장', '산출'14, '자연적 발전 과정'15 등을 가리키는데 라틴어로 번역해도 '탄생'16이라는 함의를 여전히 간직하는 반면 중국철학의 '자연'은 생산(성)이라는 이러한 함의를 필수적으로 지니지 않는다. 그것은 또한 쇠퇴와 정체에도 적용된다. 고대 그리스인들에게 기술은 자연을 모방하는 것인 동시에 완성하는 것이었다.17 테크네는 퓌시스와 티케*tychē*(운 또는 우연의 일치) 사이

14 W. Schadewaldt, "The Greek Concepts of 'Nature' and 'Technique'", in R. C. Scharff and V. Dusek(eds), *Philosophy of Technology. The Technological Condition, An Anthology*(Oxford: Blackwell, 2003), p. 2.
15 C. H. Kahn, *Anaximander and the Origins of Greek Cosmology*(New York: Columbia University Press, 1960), p. 201. 칸은 더 나아가 '자연'과 '기원'은 하나의 동일한 이념 속에서 합일된다고 지적한다.
16 P. Aubenque, "Physis", *Encyclopedia Universalis*, http://www.universlis.fr/encyclopedie/physis/.
17 Schadewaldt, "The Greek Concepts of 'Nature' and 'Technique'", p. 30.

를 매개한다. 기술이 자연을 대리보충하고 '완성'하리라는 생각은 중국 사상에서는 생길 수 없을 텐데, 왜냐하면 기술은 항상 우주론적 질서에 종속되어 있기 때문이다. 자연의 일부인 것은 도덕적으로 선한 것인데, 왜냐하면 그것은 또한 도덕질서이기도 한 우주론적 질서를 함축하고 있기 때문이다. 더 나아가 분명히 중국인들에게도 우연이 존재하지만 그것은 기술에 반대되는 것도 또 기술을 통해 극복될 수 있는 것도 아니다. 우연은 자연의 일부이기 때문인데, 그리하여 그것에 저항할 수도 또 극복할 수도 없다. 진리를 드러내기 위해 — 하이데거는 고대 그리스의 진리 개념을 이렇게 파악한다 — 어떤 폭력도 행사할 필요가 없다. 테크네의 경우처럼 외적 수단을 통해 진리를 발견하기보다는 조화를 통해 그것을 구현할 수 있을 뿐이다.18

하이데거는 그와 같은 필연적 폭력을 테크네의 형이상학적 의미로 그리고 인간을 기술적 존재로 파악하는 그리스적 방식의 형이상학적 의미로 특징짓는다. 일찍이 1935년에 하이데거는 강연『형이상학 입문』에서 소포클레스의『안티고네』에 대한 해석을 발전시켰는데, 그것은 또한 파르메니데스의 철학과 헤라클레이토스의 철학, 즉 존재의 사상가 대 생성의 사상가 간의 대립을 해소시키려는 시도이기도 했다.19

---

18 이러한 차이가 또한 고대 중국에 그리스 비극 개념 같은 것이 존재하지 않은 이유를 설명해줄 수 있을 것이다. 누스바움 같은 학자들에 따르면 티케는 그리스 비극의 기본 요소이다. 불가피한 우연이 자연의 질서를 방해하며, 그리하여 우연은 비극의 필연성이 된다. — 예컨대 재간이 많은 오이디푸스는 비록 스핑크스의 수수께끼는 풀었을지 몰라도 예언된 운명은 피할 수 없다. 실제로 그가 스핑크스를 이긴 것은 단지 그러한 운명으로 가는 길을 깔았을 뿐으로, 그가 왕이 되어 어머니와 결혼하도록 이끈다. M. Nussbaum, *The Fragility of Goodness. Luck and Ethics in Greek Tragedy and Philosophy*(Cambridge: Cambridge University Press, 2001).

19 파르메니데스와 헤라클레이토스에 대한 하이데거의 독해에서 근본적인 물음은 로고스라

뵘[20]이 명백하게 밝힌 대로 『형이상학 입문』에서의 하이데거의 독법에서 눈에 띄는 것은 테크네가 사유의 기원을 구성하는 것이다. 그것은 하이데거의 이 저서에 대한 관습적 해석과 상충되는데, 그에 따르면 존재-물음은 플라톤 및 아리스토텔레스와 함께 시작된 기술의 역사와 동일시되는 형이상학의 역사로부터의 출구이다. 『형이상학 입문』에서 하이데거는 [『안티고네』의] 첫 번째 합창에서 인간은 토 데이나타톤 $^{to\ deinataton}$ 즉, 두려운 것 중 가장 두려운 것 $das\ Unheimlichste\ des\ Unheimlichen$이라고 지적한다. "두려운 것은 많으나 아무것도 인간을 뛰어넘을 만큼 두려운 것은 없나니"(횔덜린은 토 데이논 $^{to\ \delta\epsilon\iota\nu o\nu}$을 기이한 것[압도적인 것] ^{Ungeheuer}으로 번역한다. 하이데거의 독법은 두려운 것 ^{Unheimlich}, 고향적이지 않은 것 ^{Unheimisch}, 기이한 것[압도적인 것] ^{Ungeheuer}, 이 세 단어를 하나로 합치고 있다).[21] 하이데거에 따르면 고대 그리스인에게서 데이논 ^{deinon}

는 단어의 해석과 관련되어 있음을 상기하라. 이 단어는 동사 레게인 ^{legein}[말하다, 모으다]에서 유래하는데, 하이데거에게서 그것은 본질적으로 '앞에-놓아-두기', '보이도록-앞에-가져오기', 진리의 탈은폐, 알레테이아를 의미한다. 파르메니데스의 모이라 ^{moira}(단편 8. "왜냐하면 모이라가 [존재자를], 그것이 하나의 전체이게끔 그리고 움직이지 않게끔 구속했기 때문이다"), 땅의 신성함은 퓌시스로, 그것이 지속적으로 현존하는 것이 로고스이다. 하이데거, 『강연과 논문』, 336페이지를 보라. 헤라클레이토스의 알레테이아에 대한 해석(앞의 책, 345페이지 이하)에서 존재는 지속적인 자기-나타내기와 자기-은폐하기 또는 숨기기 속에 있다. 단편 123에서 "사물의 본질은 자기를 숨기기를 좋아한다"고 지적되듯이 말이다. 그것을 하이데거는 "(자기를 은폐함으로부터의) 나타내기는 자기를 은폐함에게 호의를 선사한다"(앞의 책, 366페이지)라고 번역한다. 헤라클레이토스의 불은 현성하는 것을 조명하고, 현성하는 것들이 현성을 준비하도록 함께 묶는 '밝힘 ^{Lichtung}'이다. 죽을 자들은 밝힘에 대해 망각 상태로 머물러 있을 수 있는데, 현성하는 것에만 관심이 있기 때문이다(앞의 책, 379페이지). 존재를 나타내면서-감추는 것을 생생한 고유화 ^{Ereignis}로 전유하는 것은 로고스로 현성된다.

20 R. Boehm, "Pensée et technique. Notes préliminaires pour une question touhant la préblematique heideggerienne", *Revue Internationale de Philosophie* 14. 52(2)(1960), p. 194~220. p. 195.

은 존재의 서로-마주서서-대립됨*Aus-einander-setzungen des Seins*을 오간다. 여기서는 존재와 생성[되기] 간의 긴장이 기본 요소이다. 하이데거에 따르면 두려운 것은 두 가지 의미로 말해진다. 첫 번째, 폭력 행위*Gewalt-tätigkeit*, 폭력 행위성*Gewalt-tätigkeit*에 대해 그렇게 말해지는데, 테크네로서의 인간 존재의 본질이 거기 있다. 인간 존재는 한계를 넘는 현존재이다. 그렇게 하는 가운데 인간 존재라는 현존재는 자기가 더 이상 집에 있지 않다는 것*Unheimlich*을 발견하는데, 그리하여 그의 현존재는 두려운 것*Unheimlich*이 된다.22 테크네와 결부된 이 폭력 행위는 근대적 의미에서의 예술도 기술도 아니라 앎 즉 개개의 있는 것이 그렇게 있을 수 있도록 해주는 있음을 실현시켜줄 수 있는 앎의 형태이다.23 두 번째로 바다와 지구의 힘 같은 압도적인*Überwaltigend* 힘에 대해 그렇게 말해진다. 이 압도적인 것은 디케*dike*24라는 단어에서 드러나는데, 그것은 관습적으로 [법률적·도덕적 의미에서] '정의*Gerechtigkeit*'로 번역된다. 하이데거는 그것을 질서*Fug*로 번역하는데, 왜냐하면 라틴어로 정의에 해당하는 이유스티타*Justitia*는 "[서양의] 알레테이아*aletheia*에서 유래한 디케와는 완전히 다른 본질 근거를 갖고 있기"25 때문이다.

---

21 하이데거, 『횔덜린의 송가 「이스터」』, 최상욱 역, 동문선, 110페이지.
22 하이데거, 『형이상학 입문』, 박희근 역, 문예출판사, p. 246.
23 앞의 책.
24 헤시오도스는 『신통기』에서 제우스는 테미스*Themis*와 결혼해 딸인 호라이(계절의 여신들), 에우노미아(질서), 디케*Dike*(정의), 에이레네(평화)의 아버지가 되었으며, 오르페우스에 따르면 "디케가 제우스의 왕좌 다음 자리에 앉아 인간의 모든 일을 안배했다." F. Zore, "Platonic Understanding of Justice. On Dike and Dikalosyne in Greek Philosophy", in D. Barbaric(ed.), *Plato on Goodness and Justice*(Cologne: Verlag Konigshausen & Neumann, 2005), p. 22.
25 C. R. Bambach, *Thinking the Poetic Measure of Justice. Hölderlin-Heidegger-Celan*(New York: SUNY Press, 2013), p. 14. Heiddgger, *GA 54*, *Parmenides*(1942~

우리는 이 단어[*dike*]를 질서*Fuge*라고 번역한다. 우리는 여기서 질서라는 것을 우선 적합함*Fuge* 그리고 잘 짝맞음*Gefüge*이라는 의미로 이해한다. 그리고 다음으로는 처분*Fügung*으로서, 압도적인 것*Überwaltigende*이 자기의 지배를 위해 내리는 지시*Weisung*로 이해한다. 그리고 마지막으로는 자기가 거기에 따르도록*Einfügung* 그리고 순응하도록*sich fügen* 강제하는, 순응해서 따라야 함*das fügende Gefüge*, 순명이라는 의미로 이해한다.26

단어, 질서*Fuge*와 그것의 파생어들 — *Gefüge, Fügung, fügende Gefüge, Verfügung, Einfügung, sich fügen* — 에 대한 말놀이는 영어 번역에서는 완전히 사라진다. 이처럼 어원이 같은 말들은, 보통 법적·도덕적 의미에서 '정의'로 번역되는 디케가 하이데거에게서는 처음에는 적합함, 잘 짝맞음이며, 다음으로는 압도적인 것이 자기의 지배를 위해 내리는 처분 — 하지만 누가 지배하고 있을까? — 임을 분명하게 해준다. *Glückliche Fügung*은 종종 '운 좋은 우연의 일치'로 번역되지만 그것은 완전히 우연적인 사건의 일어남이라기보다는 오히려 외적 힘들로부터 태어난다. 그리고 마지막으로 그것은 강제하는 힘인데, 강제되는 자는 잘 짝맞음의 일부가 되기 위해 이 힘에 따라야 한다. 우리가 테크네와 디케 간의, 그리스적 현존재의 '폭력 행위'와 '존재의 압도적인 것 *Übergewalt des Seins*'27 간의 대립을 관찰하게 되는 것은 이 순간에서이다. 언어, 집짓기, 항해 등과 같은 '폭력 행위'는 인간학적으로 이해되어

1943 겨울학기)(Frankfurt am Main: Vittorio Klostermann, 1982). p. 77.
26 하이데거, 『형이상학 입문』, 259페이지.
27 앞의 책, 263페이지.

서는 안 되며 신화(론)이라는 관점에서 이해되어야 한다고 하이데거는 강조한다.

> 시인의 시적으로 말함의, 사색가의 기획이 갖고 있는, 건축가가 건설하는 데서의, 국가의 창조적 행위의 폭력-행위성이라는 것은 인간이 지니고 있는 어떤 능력의 발휘가 아니라 오히려 이 힘들을 통제하고 조화시키는 것이며, 이 힘을 통해 있는 것은 있는 그대로 자신을 열어 보여 발견되는 것이며, 인간은 있는 것들 안으로 들어갈 수 있는 것이다.[28]

이러한 대결은 하이데거에게서 소크라테스 이전 사상가들에 따라 고립된 존재를 열려는 시도이다. 그것은 필연적인 대결인데, 왜냐하면 "역사적 인류의 현존재란 존재의 압도적인 것이 모습을 나타내면서 침입해 들어가는 틈으로 정립되며, 그리하여 이 틈 자체가 존재에 부딪혀 깨어져 버린다는 것을 의미하기"[29] 때문이다. 이 폭력의 극장에서 존재에 대한 인간의 공격은 존재에 의해, 즉 퓌시스의 지배에 의해 필연적인 것이 되는 긴급성에서 나온다. 하이데거에 따르면 테크네와 디케 간의 그러한 대결은 파르메니데스의 '전체로서의 존재'로 이해될 수 있는데, 그에게서는 '사유'와 '존재' 모두 그것에 속한다. 하지만 그것은 또한 헤라클레이토스의 가르침과 완벽하게 조화를 이루는데, 그에 따르면 "주목할지어다. 필요한 것은 대-결*Aus-einander-stezung*이라는 것을 모으는 것으로 그리고 질서라는 것을 대립으로 이해하는 것이다."[30] 그러한 대결은

---

28 앞의 책, 254~255페이지.
29 Bambach, *Thinking the Poetic Measure of Justice*, p. 174.
30 하이데거, 『형이상학 입문』, 267페이지. 헤라클레이토스의 단편 80을 인용하면서. 이 문장

존재를 퓌시스, 로고스, 디케로 드러내며, 존재를 존재자들 속에서 실현될 수 있도록 해준다. 하이데거는 이렇게 결론을 내린다. 즉 그 결과 "**역사로서** 자기가 압도적인 것의 실현임을 증명한다."31

베르낭의 지적대로 디케도 또 노모스nomos도 고대 그리스인에게서는 절대적인 체계적 함의를 갖고 있지 않았다. 예컨대『안티고네』에서 안티고네가 노모스라고 부르는 것은 크레온이 그러한 말로 이해하는 것과 동일한 것이 아니다.32 하이데거는『형이상학 입문』에서 디케는 질서Fug로 번역되어야 한다고 주장한 바 있는데, 1946년의 에세이「아낙시만드로스의 잠언Der Spruch des Anaximander」에서 이를 다시 한 번 언급한다. 거기서 하이데거는 니체와 고전학자 딜스Hermann Diels가 제안한 대로 디케를 Busse[벌]나 Strafe[처벌]로 번역하는 것에 반대하면서 대신 다시 한 번 디케를 질서로, 안배해 이어주는 적합함fuend-fügende Fug으로, 아디키아Adikia를 안배되지 않은 곳[부-적합]Unfug으로 번역할 것을 제안한다.33 니체의 번역은 이렇다. "사물들은 자기가 생겨난 곳으로

은 관습적으로 "전투polemos는 보편적인 것이고 쟁투는 정의라는 것을 알지 않으면 안 된다"라고 번역된다. 이러한 대립은 헤라클레이토스의 단편들에 들어 있는 두 문장을 참조하면 좀 더 쉽게 이해될 수 있을 것이다. 단편 B 51. "그들은 여하튼 일자가 서로 반발하면서diapheromenon 일치하는가를 이해하지 못한다. 즉 활과 칠현금에서 서로 반발하는palintropos/plintonos 일치harmonie를 이해하지 못한다. 그리고 B 53. 여기서 그것은 심지어 훨씬 더 폭력적인 방식으로 표현된다."전투는 만물의 아버지이고 만물의 지배자이다. 그것은 한편에 신을, 다른 한편에 인간을 만들고 또 한편에 노예를 다른 한편에 자유인을 만든다." Backman, *Complicated Presence. Heidegger and the Postmetaphysical Unity of Being* (New York: SUNY Press, 2015), p. 32, p. 33에서 재인용[헤라클레이토스의 한국어 번역은 모두 http://hichy.tistory.com/entry/헤라클레이토스-단편선[히키의 상상 공간]에서 가져왔다].
31 앞의 책, 264페이지.
32 J. P. Vernant and P. Vidal-Naquet, *Myth and Tragedy in Ancient Greece*(New York: Zone, 1990), p. 26.
33 하이데거,『숲길』, 신상희 역, 나남, 523페이지.

반드시 소멸해가기 마련이다. 왜냐하면 사물들은 시간의 질서에 따라 반드시 대가를 치르면서 자기가 저지른 옳지 못한 일들에 대해 처벌받아야 하기 때문이다."34 아낙시만드로스의 단편에 대한 하이데거의 재해석은 심연에 이르고 있는 존재의 역사를 되찾아오려는 시도이다. 하이데거의 독자들은 알 수 있듯이 존재Sein와 존재자들Seiendes 간의 존재론적 차이 그리고 둘 사이의 역동적 관계가 서양 형이상학의 역사를 구성하는데, 거기서 존재 망각과 존재자들이 총체로 현성하는 것이 그가 "존재의 종말론"35이라고 부르는 것으로 이어진다. 단순한 현존으로서의 존재자들은 무질서 속에, 혼란스러운 상태에 있다. 그리하여 하이데거는 아낙시만드로스의 단편 2부에 대한 니체의 번역을 "그것들은 적합함을 [속하게 하며didonai …… diken], 따라서 또한 부-적합을 [극복하는 가운데] 하나가 다른 하나에게 배려를 속하게 한다"36로 옮긴다. 하이데거는 의도적으로 단어 염치Ruch(우리는 이것이 무엇을 뜻하는지 전혀 모르고 있다)를 질서, 즉 디케와 연결시킨다. 그는 또한 배려Sorgfalt와 마음 씀Sorge을 의미하는 중고 독일어 단어 로우케ruoche[신중함이나 세심한 배려]를 언급하는데, 더 이상의 주해는 없다.37 무질서는 존재자 속에 질서를 가져오기 위해 극복된다. ― 현전자를 현전하게 하기. 그것은 존재자를 단순한 현전자로서의 존재자로 규정하기보다는 존재의 경험을 그

---

34 "*Woraus aber die Dinge das Entstehen haben, dahin geht auch ihr Vergehen nach der Notwendigkeit, den sie zahlen einander Stafe und Busse fur iher Rucklosigkeit nach der festgesetzten Zeit.*" 하이데거, 『숲길』, 473페이지.
35 하이데거, 『숲길』, 481페이지. 여기서 '존재의 종말론'은 신학적 의미를 갖지 않는다. 대신 하이데거는 '정신의 현상학'의 의미로 그것을 받아들여야 한다고 주장한다.
36 앞의 책, 529페이지.
37 앞의 책, 529페이지

러한 압도적 질서의 드러남으로 되찾으려는 시도이다. 여기서 우리가 강조하고자 하는 요점은 테크네의 폭력을 통해 존재의 디케를 드러내는 것의 필연성이다. 1946년의 하이데거는 더 이상 1936년처럼 기술의 폭력에 대해 말하지 않으며 훨씬 더 부드러운 단어인 *verwinden*('극복하다')을 사용하며, 존재의 수수께끼에 대한 '시적 사유'로 돌아섰다. 하지만 이 시적 사유는 기술의 포기가 아니라 포이에시스로서의 기술로 되돌아가는 것으로 이루어져 있었다.

그리하여 하이데거는 분석을 통해 그리스인이 기술과 맺은 관계는 우주론에서 나오며, 기술 지식은 우주에 대한 반응, 즉 '질서에 따르려는' 시도 또는 '질서', 아마 '조화'를 얻기 위한 노력이라고 암시하기 시작한다.38 무엇이 이 질서를 특징지을까? 특히 아낙시만드로스를 존재의 철학자로 읽는 하이데거와 아낙시만드로스를 사회와 정치 사상가로 해석하는 베르낭을 병행해서 독해해보면 그리스의 '코스모테크닉스'적 사유가 기하학과 맺고 있는 관계가 여기서 하는 역할과 관련해 뭔가 특이한 것을 드러내 줄 것이다. 왜냐하면 만약 우리가 고대 그리스의 도덕

---

38 하이데거의 헤라클레이토스 세미나(1966~1967년)에서 이 우주론적 관점은 논의는 되지만 주제화되지는 않는다. M. Heidegger, *GA 15, Heraklit Seminar Wintersemester 1966/1967*(Frankfurt am Main: Klostermann, 1986). 7차 세미나에서 하이데거는 단편 16과 단편 64 간의 차이에 관한 물음을 제기한다. 단편 64는 밝힘*Blitz*으로부터 시작되는데, 만물*ta panta*에 대한 논의 내내 인간에 대해서는 전혀 언급되지 않는다. 밝힘, 태양, 불, 전투 그리고 만물*ta panta* 간의 관계는 공-존재를 함축한다. 하지만 하이데거가 언급하는 대로 어려움은 만물*ta panta*의 총체성을 **초과하는** 다양성 또는 다양한 것이 있는 것이다("다른 한편 총체성을 넘어서는 다양성이 문제이다*Andererseits ist von einer Mannigfaltigkeit die Rede, die über die Totalität hinausgeht*," p. 125). 수수께끼는 '만물' — 존재자들이 이것 속에서 총체성으로 파악된다 — 이 **형이상학적** 개념인 것이다. 헤라클레이토스의 사유는 아직-형이상학적이지-않으며, 더 이상-형이상학적이지-않은 반면 헤겔이 우연히 밝혀낸 대로 형이상학적 개념으로서의 만물*ta panta*은 소크라테스와 이오니아철학자들 사이의 단절을 표시한다(p. 129).

이론에 대해 언급하게 된다면, 법률*nomos*은 기하학적 의미에서 디케와 밀접하게 관련되어 있기 때문이다. 디케는 어떤 것이 신적 질서에 적합한 것이 될 수 있음을 의미하는데, 그것은 기하학적 투영을 암시한다.

> 법률가들에 의해 도입된 법률*Nomoi*은 구체적 결과를, 즉 시민들 간의 사회적 조화와 평등을 얻기 위한 인간적 해법으로 제시되었다. 하지만 이 법률은 인간적인 것 이상의 의미를 갖는 균형과 기하학적 조화의 모델 — 그것은 신적 디케의 한 양상을 대표하는 것이었다 — 에 부합할 때만 유효한 것으로 간주되었다.39

베르낭이 여기서 밝히고 있는 것은 아낙시만드로스 사상에서 우주론과 사회철학이 어떻게 연관되어 있는가이다. 아낙시만드로스에게서 지구는 (헤시오도스가 『신통기』에서 윤곽을 그리고 있는 우주론과 반대로) 부동인데(반면 헤시오도스에게서 지구는 떠돌아다닌다), 왜냐하면 그것은 중간에 있고*meson*, 다른 힘들에 의해 균형을 유지하기 때문이다. 아낙시만드로스에 따르면 무한정자인 아페이론*apeiron*이라는 개념은 탈레스에게서의 물처럼 하나의 요소가 아니다. 그렇지 않으면 그것은 다른 모든 요소를 극복하거나 파괴했을 것이다.40 베르낭은 여기서 토 크라토스*to kratos*[지배]에 대한 자기의 해석을 제시한다. 즉 비록 크라테인*kratein*은 원리적으로 지배라는 의미를 전달하지만 아낙시만드로스의 우주론에서는 또한 '지탱하다', '균형 잡다'를 함의하기도 한다. 전체, 일자로서의 존재가 가장 강력하다. 상이한 존재자들 사이의 평등한 관계를 보증하는

---

39 Vernant, *Myth and Society*, p. 95.
40 앞의 책, p. 229.

유일하게 가능한 방법은 디케를 부과하는 것이다.

> 따라서 아페이론의 통치는 헤시오도스에 따르면 제우스에 의해 또는 철학자들에 따르면 공기와 물 — 철학자들이 이 요소들에게 우주 전체를 지배하는*kratein* 힘을 부여했다 — 에 의해 행사된 것 같은 군주제*monarchia*와 비교될 수 있는 것이 아니다. 아페이론은 각각의 개인에게 동일한 디케를 부과하고 각각의 권력을 각자에 고유한 영역의 한계 내에 유지하는 관습법의 방식에서 주권적이다.[41]

이러한 관계는 예를 들어 고대 그리스의 도시 개발에서 표현되고 있는데, 거기서 원형의 형태를 가진 — 원은 가장 완전한 기하학적 형태라는 점을 상기하라 — 아고라*agora*가 도시 한가운데 자리 잡는다. 아고라는 중간*meson*에 놓인 지구처럼 권력에 대한 기하학적 상상의 세계를 낳는다. 이 권력은 제우스 같은 어떤 단일한 존재가 아니라 모두에게 속한다. 아낙시만드로스보다 1세기 뒤에 산 건축가 히포다모스는 "아고라라는 열린 공간을 중심으로 사방을 둘러싸 나가는"[42] 바둑판처럼 도시 공간을 합리화하려는 목적을 가진 계획에 따라 파괴된 밀레토스를 재건했다.

존재의 디케와 관련된 기술의 원래적 의미에 대한 하이데거의 이해 그리고 사회 구조와 기하학의 관계에 대한 베르낭의 분석, 이 둘의 위와 같은 종합은 기하학이 기술과 정의 모두에게 정초적이었음을 가리킨다. — 그리고 우리는 기하학이 탈레스학파에서 필수적인 훈련으로 간주되었던 점을 잊어서는 안 된다. 칸은 아낙시만드로스와 피타고라스 모두

---

41 앞의 책, 231페이지.
42 앞의 책, 207페이지.

에게서 "기하학의 이념은 인간과 우주에 대한 훨씬 더 큰 관점 속에 끼워 넣어져 있었다"[43]는 것을 상기시킨다. 이 질서는 그 자체로 주어진 것이 아니다. 그것은 존재의 압도적인 것과 테크네의 폭력 간의 대결에서만 드러난다. 따라서 하이데거가 본래의 테크네로 귀환한 것을 고대 그리스적 코스모테크닉스의 정신에 대한 탐구로 간주해야 할까?[44]

§ 9. 조화와 하늘

반대로 인간의 '두려운 것 중 가장 두려운 것', 즉 테크네의 폭력 그리고 존재의 압도적인 것에 대한 이러한 이해 방식이 부재하는 중국 사상에서 우리는 조화를 발견한다. — 하지만 또한 중국인들에게서 이 질서는 인간과 다른 우주론적 존재자들 간의 또 다른 종류의 관계 속에, 즉 전투 $polemis$와 다툼 $eris$보다는 오히려 **공명**에 기초한 관계 속에 깃들어 있다고 말할 수도 있을 것이다. 그러한 공명의 본질은 무엇일까? 『시경』(기원전 11~7세기경에 지어졌다)에서 우리는 이미 일식과 주나라 유

---

43 Kahn, *Anaximander and the Origin of Greek Cosmology*, p. 97.
44 회고해 보자면, 1950년의 하이데거의 에세이 「물Das Ding」은 이것을 명확하고 간결하게 설명한 것처럼 보인다. 하이데거는 물을 4중적으로 즉 하늘, 땅, 신, 인간의 관점에서 이해할 것을 제안한다. 여기서 마이Reinhard May가 *Ex Oriente Lux. Heideggers Werk unter Ostasiatischem Einfluss*(Wiesbaden: Franz Steiner Verlag, 1989)에서 하이데거가 「물」에서 정교화하는 공 $Leere$ 개념이 『도덕경』 11장에 나온다고 주장하고 있다는 것을 지적하는 것은 이와 연관성이 없지 않다. 만일 이 주장이 타당하다면 하이데거가 코스모테크닉스 쪽으로 '이동하고 있다'는 것이 보다 명백해진다. 하이데거와 도가의 연관성에 대한 보다 진전된 설명으로는 M. Lin, *Heidegger on West-East Dialogue — Anticipating the Event*(New York and London: Routledge, 2008)을 보라.

왕幽王(기원전 781~771년)의 폭정 사이의 관계에 대한 간략한 묘사를 발견할 수 있다.45 고대 중국의 연대기 『춘추』에 대한 주석서 『춘추좌 씨전』(기원전 400년) 「은공」 장에도 일식과 왕의 죽음 사이의 관계가 묘사되어 있다.46 회남 왕 유안劉安이 저술한 것으로 알려져 있으며, 사회-정치 질서를 규정하려고 시도한 문헌인 『회남자』(기원전 125년)에서 (하늘로 표현되는) 자연의 도와 인간의 관계에 의존하고 있는 많은 사례를 발견할 수 있다. 다양한 저자들이 설명해온 대로 고대 중국에서 하늘은 의인화된 하늘主宰天 그리고 자연의 하늘自然天 두 가지 모두로 이해되었다. 유가와 도가의 가르침에서 하늘은 신성이 아니다. 오히려 그것은 도덕적 존재이다. 별, 바람 그리고 다른 자연 현상은 하늘의 이유들을 가리키는 것들로, 객관성과 보편성을 구현하고 있다. 그리고 인간의 행위는 이 원리들과 조화를 이뤄야만 한다.

앞으로 좀 더 살펴보겠지만 자연에 대한 위의 이해 방식은 또한 시간에 대한 사유에도 굴절되었다. 그라네와 쥘리앵 모두 일직선적이거나 기계적인 것이 아니라 하늘의 변화에 의해 나타난다는 의미에서 중국에서의 시간의 표현을 계절적인 것으로 이해할 것을 제안하고 있다. 「천문훈天文訓」이라는 제목의 『회남자』의 한 편에 나오는 다음 예에서 한 해 내내 부는 다양한 바람은 신에게 제물을 바치는 것과 범죄자를 처형하는 것을 포함해 다양한 정치적, 사회적, 지적 행동의 지표였다.

---

45 『시경』, 「소아小雅」, 기부지집祈父之什, 십월지교十月之交. "시월이 사귀는 초하룻날인 신묘일에 해가 좀먹음이 있으니 또한 심히 추하도다. 저 달이기에 이지러지거니와 이 해가 되어 이지러짐이여, 이제 이 아래 백성이 또한 심히 슬프도다十月之交, 朔日辛卯. 日有食之, 亦孔之醜. 彼月而微, 此日而微. 今此下民, 亦孔之哀."
46 "은공 3년, 봄, 주력으로 2월 기사己巳 일에 일식이 있었다. 3월 경술庚戌 일에 주나라 천자가 돌아가셨다三年, 春, 王二月, 己巳, 日有食之, 三月, 庚戌, 天王崩."『춘추』, '은공 3년隱公三年'.

팔풍八風이란 무엇인가?

태양이 동지를 지난 지 45일 후 조풍條風[동북풍]이 불어오고

조풍이 분 지 45일 후 명서풍明庶風[동풍]이 불어오며

명서풍이 분 지 45일 후 청명풍清明風[남동풍]이 불어오고

청명풍이 분 지 45일 후 경풍景風[남풍]이 불어오고

경풍이 분 지 45일 후 양풍涼風[남서풍]이 불어오고

양풍이 분 지 45일 후 창합풍閶闔風[서풍]이 불어오고

창합풍이 분 지 45일 후 불조풍不調風[북서풍]이 불어오고

불조풍이 분 지 45일 후 광막풍廣莫風[북풍]이 불어온다.

조풍이 불어오면 가벼운 죄를 지은 자를 석방하고 감옥의 죄수를 내보낸다.

명서풍이 불어오면 토지의 경계를 바르게 하고 농경지를 정리한다.

청명풍이 불어오면 창고 속의 비단을 꺼내 제후들에게 예물로 보낸다.

경풍이 불어오면 덕 있는 자에게 작위를 내리고 공 있는 자에게 상을 준다.

양풍이 불어오면 대지의 덕에 보답하고 사방의 신들에게 제사 지낸다.

창합풍이 불어오면 종이나 경쇠와 같은 금속 타악기를 거두어들이고 거문고나 가야금을 연주하지 않는다.

불조풍이 불어오면 궁궐을 수리하고 변경의 성을 정비한다.

광막풍이 불어오면 관문과 교량을 폐쇄하고 죄수의 형별을 결정한다.何謂八風?
距日冬至四十五日, 條風至. 條風至四十五日, 明庶風至. 明庶風至四十五日, 清明風至. 清明風至四十五日, 景風至. 景風至四十五日, 涼風至. 涼風至四十五日, 閶闔風至. 閶闔風至四十五日, 不周風至. 不周風至四十五日, 廣莫風至. 條風至則出輕系, 去稽留. 明庶風至則正封疆, 條田疇. 清明風至則出幣帛, 使諸侯. 景風至則爵有德, 賞有功. 涼風至則報地德, 祀四郊. 閶闔風至則收縣垂, 琴瑟不張. 不周風至則修宮室, 繕邊城. 廣莫風至則閉關梁, 決刑罰.47

사실 『회남자』의 담론 전체 뒤에 놓여 있는 것은 「시칙훈時則訓」과 「남명훈」 같은 편에서 좀 더 분명해지는 대로 인간과 하늘 간의 공명이라는 개념인데, 그것은 실재적인 것이지 관념적 또는 순수하게 주관적인 것이 아니며, 또한 징후와 전조에 대한 물음 이상의 것이기도 하다. 이 공명은 서로 조화를 만들어내는 두 악기인 거문고와 비파로 가장 잘 예시될 수 있을 것이다. 유교에서 인간과 하늘의 공명은 순수하게 주관적인 것이 아니며, 악기들이 공명하는 것처럼 객관적이고 구체적인 것이다.

하늘과 인간의 공명이라는 개념은 한대 유교에서 한층 더 정교해졌는데, 여기서 그것은 권위와 유교의 가르침을 정당화하기 위한 도구로 이용되었다. 역사가들에 따르면 『회남자』와 동일한 시기에 도교와 유교 모두 위축되었고 몇몇 미신적 유형의 사유에 의해 오염되었다.48 ─ 여기서 미신적이라는 의미는 이 유파들이 종종 유교의 가르침과 양립 불가능한 초감각적인 신비로운 힘에 의존한다는 의미인데, 예를 들어 광신적 종교 집단으로 변질되기 직전에 도교와 음양학파를 결합했던 황로黃老 사상이 그러했다. 한대의 가장 중요한 유교 사상가 동중서董仲舒(기원전 179~104년)가 "천인감응天人感應"49이라는 개념을 사용한 것은 이 맥락에서였다. 동중서의 기여는 논란의 원천이 되었는데, 왜냐하면 한편으로 유교를 정치사상 그리고 심지어 본인 이후의 중국 문화의 원리적 교리로 만들었으며, 그것이 심오한 영향을 미치게 되었기 때문이

---

47 『회남자』, 3편 6, 이석명 역, 소명출판사, 178~179페이지.
48 勞思光, 中國哲學史新編 第二冊(桂林: 廣西師範大學出版), pp. 11~24.
49 胡適(1891~1962년), 中國哲學史大綱(上海: 上海古籍出版社, 1997)에 따를 경우 하늘과 인간의 공명이라는 개념은 비록 한대 동안 유교에 의해 주요한 이론적 도구로 사용되었지만 유가보다는 묵가에 의해 발명되었다. 許地山(1893~1941년), 道敎史(香港: 中和出版, 2012), p. 288에서 도교 또한 이 개념을 차용했다고 지적한다.

다. 다른 한편으로 많은 역사가들은 그가 음양과 오행의 신비주의 사상을 유교로 도입했고, 그리하여 유교를 인간 본성 또는 심성心性에 대한 담론으로부터 합법적인 하늘에 대한 담론으로 변형시켰다고 비판했다. 그것은 실제로는 황제에게 정치적 의지를 실행할 수 있는 권위를 부여해주었다.50 그럼에도 불구하고 하늘과 도덕질서의 관계를 이해하기 위한 동중서의 접근법은 『회남자』에서 발견되는 것과 유사하다. 음과 양은 각각 도덕적 선과 형벌로 이해되었으며, 여름과 겨울에 해당되었다. 비록 대부분의 역사가가 동중서의 해석이 진정으로 유교적이지 않다는 데 동의하고, 그의 이론이 봉건주의에 봉사하는 것이었음을 인정해왔지만 그가 인간과 하늘 사이에 존재하는 것으로 그려본 이 관계가 어디서 갑자기 튀어나온 것이 아님을 인식하는 것이 핵심적이다. 그것은 장자와 노자 같은 초기 경전들에서 이미 암시되었는데, 거기서 그것은 자연에 대한 도덕적·우주론적 견해, 즉 천일합일天人合一에 의해 재가되었다. 동중서가 황제에게 올린 상소문을 읽어보면 이 점을 더 잘 이해할 수 있다.

> 왕이 된 자가 훌륭한 일을 하고자 한다면 마땅히 단서를 하늘에서 찾아야 합니다. 천도의 큰 것은 음양에 있으니, 양은 덕이고 음은 형벌이며, 형벌은 죽이는 것을 위주로 하고 덕은 살리는 것을 위주로 합니다. 이 때문에 양은 항상 한여름에 있어 생육하고 장양長養하는 것을 일로 삼고, 음은 항상 한겨울에 있어 공허하여 쓰지 않는 곳에 쌓이니, 이로써 하늘이 덕에 맡기고 형벌에 맡기지 않음을 알 수 있습니다. 왕이 된 자는 하늘의 뜻을 받들어 종사하므로 덕교德教에 맡기고 형벌에 맡기지 않는 것입니다(『자치통감』, 강목

---

50 앞의 책, 16페이지. 노사광(1927~2012년)은 한대 유교의 퇴보는 부인할 수 없다고 주장한다.

3].

그런데 하이데거에 의해 묘사된 대로 인간과 자연의 대결을 통해 디케 문제를 이해하려고 한 초기 그리스 사상가들과 달리 그리고 인간의 압도적인 것을 극복하기 위해 디케를 강요하려고 한 그리스 통치자들 — 그리스 비극에서 그러한 정신을 발견할 수 있다 — 과 달리 고대 중국인들은 우주에 심오한 도덕(성)을 부여했던 것처럼 보인다. 그것은 조화로 표현되었는데, 황제가 하늘과 백성을 중재하는 가운데 정치적 삶과 사회적 삶은 그것을 따라야 했다. 황제는 옛 문헌을 읽고 익히며, 지속적인 자기반성을 통해 덕을 길러야 한다. 만물이 제자리를 찾고 하늘과 백성이 모두 평안하도록 말이다.51

> 신이 들으니, 하늘은 만물의 시조이므로 만물을 두루 덮어주고 포용하여 차별하는 바가 없고 또한 성인이 하늘을 본받아 도를 세울 적에 두루 사랑하고 사사로움이 없다고 하였습니다. 봄은 하늘이 만물을 낳는 것이고 인은 군주가 백성을 사랑하는 것이며, 여름은 하늘이 만물을 자라게 하는 것이고 덕은 군주가 백성을 길러주는 것이며, 서리는 하늘이 만물을 죽이는 것이고 형벌은 군주가 백성들에게 벌을 내리는 것입니다. 이로써 사람의 행위에 지극히 아름답거나 추악한 것이 마침내 천지와 유통하여 오고 가며 서로 응함을 볼 수 있으니, 이 또한 천도를 말하는 한 단서입니다.然則王者欲有所爲, 宜求其端於天. 天道之大者在陰陽. 陽爲德, 陰爲刑. 刑主殺而德主生. 是故陽常居大夏, 而以生育養長爲事, 陰常居大冬, 而積於空虛不用之處 …… 臣聞, 天者, 群物之祖也. …… 故聖人法天而立道, 亦, 博愛而亡私, …… 春

---

51 이 점은 유가뿐만 아니라 『장자』에 분명하게 진술되어 있는 대로 도가에게도 타당하다(「천지」를 보라). 『도덕경』이 제왕술帝王術로 이해된 것은 언급할 필요도 없이 말이다.

者, 天之所以生也. 仁者, 君之所愛也. 夏者, 天之所以長也. 德者, 君之所以養也. 霜者, 天之所以殺也. 刑者, 君之所以罰也. 由此言之, 天人之征, 古今之道也.52

우주론적인 유교는 한 말(기원전 206~220년)에 여러 가지 이유로 쇠퇴했는데, 그중 가장 중요한 이유는 자연재앙이었다. 우주론적 질서와 도덕질서가 등가라는 것은 우주론적 무질서는 즉각 도덕적 무질서를 함축한다는 것을 의미하는데, 이 시기에 많은 자연재앙이 발생했다. 설상가상으로 이 시기에 태양 흑점이 매우 빈번히 발생했다. 이 모든 것이 우주론적 유교를 의문에 부치고 그것의 신뢰성을 파괴하는 등의 결과를 가져왔다. 김광도와 유청봉 같은 역사가가 지적하는 대로 우주론적 유교의 실패는 대체물로서 자연과 자유에 대한 노자와 장자의 사유의 수용으로 이어졌는데, 그것은 '무위', '자연'53을 강조했다. 그것은 위진현학魏晉玄學으로 알려져 있는데, 여기서 현학은 글자 그대로 '신비로운 배움'을 의미한다. 이 용어는 서구적 의미의 형이상학과 미신 사이의 어딘가에 놓인 사유 형태를 묘사하기 위해 사용되고 있다. 그러한 이유로 일부 철학사들은 이 시기에 나타난 사상을 깊이가 없는 것으로 간주해 왔다. 뒤에서(§ 16. 1) 우리는 현학이라는 이 용어가 베르그송과 오이켄 Rudolf Eucken 사상을 수용한 중국 지식인들의 신뢰를 떨어뜨리는 데 어떻게 이용되었는지를 살펴볼 것이다. 하지만 이 시점에서 비록 우주론적 유교가 쇠퇴했더라도 하늘과 도덕(성) 간의 관계의 중요성은 그대로 유지된 점을 강조하고 싶다. 프랑스의 중농학자 케네가 1767년에 쓴 에세이 『중국의 폭정 Despotism of China』에서 언급하고 있는 대로 1725년

---

52 『자치통감』, 강목 3.
53 金觀濤와 劉青峰, 中國思想史十講(北京: 法律出版社, 2015), p. 126.

에 자연재앙이 일어나자 중국의 황제는 하늘을 향해 자기가 부덕하지 백성은 잘못이 없다고 간곡히 애원했다. 자기가 '부덕하다'는 것이 드러난 이상 벌을 받아야 하는 것은 자기라는 것이었다.54 실제로 이런 형식의 통치는 오늘날에도 여전히 존재한다. 자연재해나 산업재해 현장을 방문한 서기장이나 총리가 눈물로 연설하는 것에서 볼 수 있듯이 말이다. 예를 들어 2008년의 사천성 지진 때 현장을 방문한 원자바오 총리의 눈물이 미디어의 관심의 초점이 되었다.

동중서가 도가와 음양을 유교 속으로 흡수한 것 ― '순수한' 유교적 가르침의 타락으로 간주되었다 ― 에 대한 격렬한 비판이 있었음에도 불구하고 우주와 도덕 간의 합일은 중국철학사 내내 계속해서 인정되었다. 자연 현상과 황제의 행위 또는 제국의 부상과 몰락 간에는 상관관계가 있다는 그러한 생각은 우리에게는 미신적인 것처럼 보일지도 모르지만 그러한 몸짓 아래 놓여 있는 정신 ― 그러한 몸짓은 동중서 이후에도 계속되었다 ― 은 우리가 예컨대 제국에서 일어난 일식과 재난의 수를 헤아리면서 상상할 수 있는 단순한 상관관계를 훌쩍 뛰어넘는 것이라는 점은 강조할 만한 가치가 있다. 도덕질서를 우주질서와 동일시하는 태도는 그러한 상호연관의 정확성뿐만 아니라 오히려 천인합일이라는 믿음으로부터 정당성을 끌어오는데, 후자는 일종의 자기-촉발*auto-affection*로 간주될 수 있을 것이다. 그것은 중국철학에서 우주와 도덕이 분리 불가능함을 함축한다.55 이 점에서 모종삼의 동중서 비판을 살펴

---

54 F. Quesnays, *Oeuvres économiques et philosophiques de François Quesnay. Fondateur du système physiocratique*(Paris: Peelman, 1888), pp. 563~660.
55 물론 그것은 황제의 정통성을 상정하고 있다. 여기서 우리는 우주와 도덕의 합일을 존재론적 물음으로 다루기 위해 이 맥락을 추상한다.

보는 것은 계시적이다. 『중국철학 19강』에서 모종삼은 동중서 사상을 우주 중심론이라고 비난하는데, 동중서에게서는 우주가 도덕에 우선하며, 따라서 우주가 도덕에 대한 설명이 되기 때문이다.56 모종삼의 비난은 의심할 여지 없이 정당화될 수 있다. 하지만 도덕을 우주보다 우선시하는 것이 과연 그것보다 더 논리적일까? 도덕은 인간이 이미 세계 내에 있을 때만 세워질 수 있고, 세계 내 존재만 우주론의 현존 또는 천리天理에서 심오한 의미를 얻을 수 있다. — 그렇지 않다면 그것은 윅스퀼이 묘사하는 동물-환경 세계Umwelt 관계와 같은 것일 뿐이다. 몇 페이지 뒤에서 모종삼도 『중용』과 『역전易傳』에서 "우주질서는 도덕질서"57임을 인정하고 있다. 그런데 성리학 전통 전체에 대한 모종삼의 해석에서는 우주질서와 도덕질서의 합일이 항상 중심을 차지하고 있다. 비록 앞으로 살펴보겠지만(§ 18) 모종삼에게서는 칸트 저작과의 친화성 때문에 심心이 절대적 출발점으로 정립되지만 말이다. 여기서 우리가 강조하고 싶은 것은 이렇다. 즉 우주와 도덕의 합일이 고대 중국철학의 특징이며, 그러한 통일은 당말부터 나타난 성리학에서 한층 더 발전된다는 것이다.

§ 10. 도-기: 덕 대 자유

중국적 사유에서 도는 어떤 기술적·도구적 사유보다 우월하며, 도의 목적은 또한 기술적 대상들의 한계를 초월하는 데 있다. — 즉 그러

---

56 牟宗三, 中國哲學十九講(上海: 上海古籍出版社, 2005), p. 61.
57 앞의 책, 65페이지.

한 대상들이 도에 의해 인도되도록 하는 데 있다. 반대로 고대 그리스인들은 테크네에 대해 목적을 위한 수단이라는 다소 도구적인 개념을 갖고 있던 것처럼 보이는데, 적어도 아리스토텔레스학파의 경우에는 그러했다. 플라톤의 경우는 좀 더 복잡하다. 플라톤의 대화편들에서 테크네가 도덕적・윤리적 삶에서 어떤 역할을 하는지는 고전학자들 사이에서 여전히 논쟁 중인 주제다. 테크네는 인도유럽어 어근 테크*tek* — "집의 목공 부분을 잘 끼워 맞추는"58이라는 의미이다 — 에서 유래하는 것으로 생각된다. 소크라테스 이전 사상가들에게 테크네의 의미는 이 어근에 가장 가까웠으며, 하이데거 말대로 "각각의 테크네는 매우 특정한*bestimmte* 과제 및 성취 유형과 상호 연관되어 있다."59 쿠베는 호메로스에서 테크네라는 단어는 신 헤파이스토스 또는 목수 일과 관련해서만 사용되며, 어떤 다른 작업과도 관련이 없는데, 아마 의학, 점술 그리고 음악 등과 같은 다른 실천은 여전히 독립적인 직업이 되어야 했기 때문인 듯하다고 지적하고 있다.60 플라톤에서 우리는 이 단어가 의미심장하게

---

58 T. Angier, *Technē in Aristotle's Ethics. Crafting the Moral Life*(London and New York: Continuum, 2012), p. 3.

59 F. Heinimann, "Eine Vorplatonische Theorie der τεχνη", *Museum Helveticum* 18. 3(1961), p. 106. Angier, 앞의 책, 3페이지에서 재인용.

60 J. Kube, *TEXNH and APETH. Sophistisches und Platonisches Tugendwissen* (Berlin: De Gruyter, 1969), pp. 14~15. 『일리아드』에서 파리스는 헥토르의 심장을, 선재船材를 자르기 위해 '테크네'를 사용하는 목수의 도끼와 비교한다["형님의 마음은 언제나/도끼처럼 굽힐 줄 모르지요./선재를 솜씨 있게 다듬는 목수의 손에 들려 그의 팔 힘을 올려주며/나무를 깎아 나가는 도끼처럼 말이오"(3권 59~63행). 천병희 역]. 루크닉(*Of Art and Wisdom*, p. 23)은 더 나아가 『오뒷세이아』에서 테크네로부터 유래한 두 단어, 테크네사이*technessai*("어느 누구보다 능하듯/파이아케스족 여인들은 베틀 일에 솜씨가 뛰어났으니"[7권 111행])와 테크넨테스*techneentes*("고귀한 오뒷세우스는 기뻐하며 바람에 돛을 펼치고는/뗏목에 앉아 능숙하게 키로 방향을 잡았고"[5권 270~271행. 천병희 역])를 찾을 수 있다고 지적한다.

수정되는 것을 보는데, 그것은 또 다른 단어, 일반적으로는 '훌륭함'을, 특수하게는 '미덕'을 의미하는 아레테*aretē*61와 밀접하게 관련되게 된다. 베르낭은 아레테라는 단어는 솔론(기원전 640~558년) 시대에 이미 변동을 겪기 시작했는데, 귀족적 환경에서 전사와 맺고 있던 관계가 종교적 환경에 속하는 자기-통제라는 또 다른 이해 방식으로 옮겨갔다고 지적하고 있다. 길고 고통스러운 아스케시스*askesis*[수련, 수덕修德]으로부터 생겨나는 올바른 행동이 그것이다. 그것은 세 가지 어리석은 행동, 즉 코로스*koros*(탐욕), 휘브리스*hybris*(오만), 플레오넥시아*pleonexia*(욕심)에 맞서는 것을 목적으로 한다. '인간의 우주(폴리스*polis*)'는 조화로운 통일을 이루고 있는 것으로 파악되었는데, 거기서 개인의 아레테는 소프로시네*sophrosyne*(절제)이며, 디케는 모두에게 공통된 법이다.62 베르낭 말대로 "솔론과 함께 디케와 소프로시네는 하늘로부터 땅으로 내려와 아고라에 자리 잡는다."63 덕-테크네는 배울 수 있고 가르칠 수 있는 모든 테크나이*technai*의 테크네에 대한 그리고 모든 덕의 덕으로서의 디케에 대한 플라톤의 탐구에서 핵심적 질문을 구성한다.64 [소피스트인] 안티폰이 말하는 대로 "각각의 테크네는 제작 과정에서 불쑥 나타나는 우연적 발생(티케)과 오류를 극복하기 위한 처방전이다." "퓌시스에 의해 우리를 패배시킨 것을 우리는 테크네에 의해 정복한다."65 이

---

61 L. Brisson, "Tekhnē is Not Productive Craft", Preface to A. Balansard, *Technè dans les dialogues de Platon*(Sank Augustin: Academia Verlag, 2001), p. XII.
62 J-P. Vernant, *Les origins de la pensée grecque*(Paris: PUF, 1962), pp. 92~93.
63 앞의 책, 96페이지.
64 Zore, "Platonic Understanding of Justice. On dike and dikaiosyne in Greek philosophy", p. 29.
65 Angier, *Techne in Aristotle's Ehtics*, p. 4.

모티브는 플라톤의 대화편에서 여러 차례 반복된다. 특히 『프로타고라스』에서 소크라테스는 프로메테우스라는 인물에 대해 경탄하며, 티케를 제거하는 것뿐만 아니라 쾌락주의를 제한하는 방법으로 측정 기술(메트레티케 테크네*metrētikē technē*[356d1-357b3])이 필요함을 인정하는 데서 프로타고라스에 동의한다.66 『고르기아스』에서 폴로스는 "경험은 기술에 따라 삶을 살아가게 하지만 미숙함은 요행[티케]에 따라 살아가게 한다"67고 주장한다. 우주(질서)와 기하학의 관계는 소크라테스가 칼리클레스에게 이렇게 말하는 『고르기아스』의 뒤 구절들에서 보다 분명해진다. 즉 기하학을 연구한 현명한 사람은

> 함께 나눔과 우애, 절도 있음과 절제와 정의로움은 하늘과 땅과 신들과 인간들을 함께 묶어준다고 말하네. 그렇기 때문에, 친구여, 그들은 이 전체를 세계질서라고 부르며 …… 오히려 자네는 기하학적 동등이 신들 사이에서나 인간들 사이에서나 큰 힘을 발휘한다는 것을 간과하고 있네. 그러면서 자네는 더 많이 갖는 연습을 해야 한다고 믿고 있네. 그건 자네가 기하학을 소홀히 하기 때문이네.68

『티마이오스』에서도 [생성된 것 중] 우주가 "가장 아름답고, 원인 중에서는 그것을 만든 장인이 가장 훌륭하며*dedemiourgetai*" "논리*logoi* —

---

66 *The Fragility of Goodness*에서 누스바움은 이 요행(티케)을 제거하려는 바람이 그리스 비극의 쇠퇴로 이어졌다고 주장한다. 이 주장은 니체의 『비극의 탄생』과 공명하는데, 거기서는 소크라테스라는 인물 — 이성을 아폴론적 절제로 도입했다 — 이 디오니소스 정신의 쇠퇴를 재촉한다.
67 『고르기아스』, 448c[김인곤 역, 이제이북스].
68 『고르기아스』, 508a.

즉, 지혜*hroneses* — 에 의해 파악될 수 있다"[69]고 말한다. 그것은 바로 플라톤이 계속 추구한 것이 정의(디케, 디카이오시네*dikaiosyne*)의 테크네, 즉 자신과 공동체에게 올바른 이성이기 때문이다. 이와 관련해 테크네는 단지 여러 테크네 중의 하나가 아니라 모든 테크나이의 테크네이다.

이처럼 고대 그리스인들에게서 테크네는 적절한 목적, 좋은 목적을 가져오는 포이에티케*poiētikē*를 함축하고 있었다. 플라톤의 『파이드로스』에서 우리는 테크나이와 기술적 능력*technēmata* 간의 구별을 발견할 수 있는데[268a], 거기서 후자는 단순히 '기술적 능력'만 의미한다. 예컨대 몸을 덥히거나 차게 해 치료할 수 있는 의사는 숙달된 테크네를 갖고 있지만 환자에게 무의미하거나 부정적인 변화만 가져다주는 방법을 알 뿐인 자는 "아무런 테크네도 보여주지 못한다."[70] 선을 목적으로 하는 테크네는 즉각 주어지지 않는다. 그것은 선천적 재주도 또 (시처럼) 신적 힘에게 부여된 재주도 아니며, 오히려 숙련될 필요가 있는 어떤 것이다. 특히 『국가·정체』(374d-e) 2권에서 소크라테스는 우리에게 이렇게 말한다.

> 도구 중 어떤 것을 집어 들었다고 해서 그것이 그를 장인으로나 운동선수로 만들어주지도 않을 것이거니와 …… 도구는 각각에 대한 지식을 지니고 있지 못한 사람에게서도 그리고 충분한 연습을 하지 못한 사람에게서도 아무 쓸모가 없을 테지. …… 그렇다면 수호자들*phylakes*의 일[기능]*ergon*이 가장 중요한 것이기에 …… 그 자체로는 …… 최대의 기술[테크네]과 관심을 또한 요하는 것일세.[71]

---

69 『티마이오스』, 29a[천병희 역, 숲]. Angier, *Techne in Aristotle's Ehtics*, pp. 18~19에서 재인용.
70 『파이드로스』, 268bn, 조대호 역, 문예출판사.

테크네와 아레테의 관계에 대해서는 몇 마디 더 할 필요가 있는데, 왜냐하면 플라톤과 아리스토텔레스 해석을 위해서는 그것이 중요하며, 따라서 또한 그것이 고전 그리스철학으로부터 전해 내려온 기술-물음에 대한 포괄적 이해를 제공해주기 때문이다. 둘의 관계는 여전히 고전학자들 사이에서 중요한 쟁점으로 남아 있다. 나는 여기서 이 논쟁에 끼어들 생각은 없으며 단지 그것을 개괄해보려고만 할 것이다. 실제로 이런 질문으로 시작하는 것이 실제로 더 흥미로울 수 있다. 무엇이 테크네가 아닌가? 베르낭은 테크네를 프락시스와 구분하는데, 이 구분은 아마『카르미데스*Charmides*』에서 소크라테스에게 도전한 크리티아스의 논리로부터 나온 것일 것이다. 거기서 그는 포에이시스로서의 테크네는 항상 산물*ergon*을 갖고 있는 반면 프락시스는 그 자체를 목적으로 한다고 진술하고 있다.[72] 하지만 그것은 오히려 논쟁이 될 만한 주장이다. 실제로 그것은 또한 플라톤의 테크네 개념의 복잡성을 시사한다. 예를 들어 소피스트들 또한 테크네를 갖고 있지만 그것은 자연 속에 결여되어 있는 것을 제작하는*poietike* 테크네가 아니라 자연 속에 존재하는 것을 이용하는*ktetike* 테크네이다.[73] 테크네와 대립하는 또 다른 것은 종종 '경험'으로 번역되는 엠페이리아*empeiria*인데, 그것은 착각과 오류에 종속되어 있다고 말해지기 때문이다. 시작詩作 또한 테크네가 아니며 다른 방식으로 그러한데, 좋은 시인은 실제의 작가가 아니라 신성한 힘*theia moira*[74]

---

71 박종현 역주, p. 150. Angier, *Techne in Aristotle's Ehics*, p. 31에서 재인용.
72 Balansard, *Technè dans les dialogues de Platon*, p. 6.
73 앞의 책, 78페이지.
74 앞의 책, 119페이지.

을 위한 통로이기 때문이다. 그리하여 누스바움이 보여주는 대로 테크나이를 테크네가 아닌 것과 구분해주는 것에서 공통점은, 테크네의 목표가 티케의 극복, 『티마이오스』에서의 데미우르고스처럼 질서와 비율의 보증자가 되는 데 있음을 볼 수 있다. 그런데 그것은 어떻게 미덕과 관련되어 있을까? 간단히 하기 위해 나는 테크네와 아레테의 관계를 다음과 같은 방식들로 요약하고자 한다.

아레테와 유사한 것으로서의 테크네. 소크라테스는 다양한 대화편에서 테크네와 아레테 사이의 유사성을 밝히려고 했다. 『라케스 Laches』에서의 용기, 『카르미데스』에서의 절제, 『에우튀프론 Euthyphro』에서의 경건함, 『국가』에서의 정의, 『에우튀데모스』에서의 지혜.75 하지만 『카르미데스』에서 크리티아스는 절제(소프로시네)는 계산과 기하학과 마찬가지로 아무런 산물(에르콘)도 갖지 않는 반면 의학은 건강을, 석공은 집을 목적으로 하기 때문에 그것을 의학이나 석공 같은 다른 테크나이와 비교하는 것에 반대하면서 소크라테스에게 이의를 제기한다.76

테크네의 목적으로서 아레테. 이 점은 즉각 명백하지는 않은데, 왜냐하면 비록 많은 경우 소크라테스가 의학을 테크네의 사례로 사용하지만 다른 경우 테크네는 중립적(반드시 좋거나 나쁘지 않은)인 것으로 간주되기 때문이다. 하지만 『고르기아스』의 한 구절은 이 점을 충격적인 방식으로 드러내는 것처럼 보인다. 소크라테스는 폴로스에게 요리술은 기술이 아니며, 그저 기쁨과 즐거움을 만들어내는 경험일 뿐이라고 대답한다.77 제시된 이유는

---

75 Roochnik, *Of Art and Wisdom*, pp. 89~177.
76 플라톤, 『카르미데스』, 165a3~166a1.

요리는 '의학의 위조'라는 것인데, "그것은 즐거움을 추구하지만 신체의 건강은 추구하지 않기"78 때문이다.

테크네로서의 아레테. 루크닉은 이 관계는 플라톤의 저술의 중간 지점에서, 예를 들어 『국가』 2권과 10권에서 분명해진다고 주장하는데79, 거기서 정의는 『티마이오스』의 도입부에서 언급된 대로 철학적 테크네로, 즉 비율에 대한 판단으로 간주된다. — 신화에서처럼 말이다. 거기서 프로메테우스가 인간에게 가져다준 테크나이가 불완전하다는 점을 고려해 제우스는 존경(아이도스*aidos*)과 정의(디케)를 폴리티케 테크네로서 인간 존재에게 보내고 있다.80

테크네-아레테의 이러한 관계는 아리스토텔레스가 『니코마코스 윤리학』 6권에서 지식을 분류하면서 깨진다. 플라톤 시대에는 일부 문헌학자들이 주장하는 대로 에피스테메와 테크네의 체계적이거나 일반적인 구분은 존재하지 않았다. 왜냐하면 테크네는 에르곤을 반드시 가질 필요는 없으며, 에피스테메는 어떤 경우에는 테크네의 한 형태로 간주될 수 있었기 때문이다.81 반대로 아리스토텔레스의 『니코마코스 윤리학』

---

77 『고르기아스』, 462d8~e1.
78 Balansard, *Technè dans les dialogues de Platon*, p. 139.
79 Roochnik, *Of Art and Wisdom*, p. 133.
80 Balansard, *Technè dans les dialogues de Platon*, p. 93.
81 Nussbaum, *The Fragility of Goodness*, p. 94. "내 자신의 작업으로 판단하건대 그리고 문헌학자들이 동의하는 대로 적어도 플라톤 시대 내내 에피스테메와 테크네 간의 체계적이거나 일반적인 구분은 존재하지 않았다. 심지어 이 주제에 관한 아리스토텔레스의 가장 중요한 몇몇 저작에서도 이 두 개념은 상호 교환적으로 사용되었다." 하이데거, 「기술에 대한 물음」, 『강연과 논문』, 이학사, 19페이지. "테크네라는 낱말은 옛날부터 플라톤 시대에 이르

에서 테크네는 에피스테메와 엄격하게 구분되는데, 후자는 불변의 것에 대한 지식에 관한 것이다. 그것은 또한 실천적 지혜인 프로네시스*phronesis*와도 구별되는데, 우리가 이미 부딪힌 바 있는 아주 익숙한 이유에서이다. 테크네는 산물을 갖는 반면 프락시스는 아무런 산물도 갖지 않기 때문이다. 아리스토텔레스는 이러한 구분을 주장한다. "제작물*poieton*과 행위*praktikon*는 서로 다르다. …… 그래서 이것들은 어느 것도 다른 것에 포함되지 않는다."[82] 이러한 맥락에서 보통 '기술'로 번역되는 테크네는 어떤 것이 모든 다른 가능성에 맞서 ― '우연에 맞서'라는 것을 의미한다 ― 성취되는 생산의 형태이다. 아리스토텔레스는 "기술은 우연을 사랑하고 우연은 기술을 사랑한다[83]"는 아가톤의 언급을 인용한다. 제작 과정으로 간주되건 아니면 실천의 한 형태로 간주되건 여기서 테크네는 보장으로, 아레테라는 단어가 의미하는 바대로 탁월함과 미덕을 얻기 위한 수단으로 간주되고 있음을 지적해야 한다. 하지만 하이데거가 1924~1925년 학기 강의에서 『니코마코스 윤리학』 6권에 바친 200페이지에 달하는 주석 ― 『플라톤의 소피스트』로 출판되었다 ― 이 이처럼 깔끔한 분류를 흩뜨리고 있다. 그는 플라톤을 따라 테크네는 '생산하는 것' 또는 '만드는 것'이 아니라 오히려 문제가 되는 또는 도래하는 사물을 '보는 것' 또는 '본질을 파악하는 것'이라고 단언한다. 하이데거는 이렇게 말한다.

기까지 에피스테메라는 말과 같이 사용되었다. 이 두 낱말은 넓은 의미에서의 인식을 지칭하는 이름이다. 그것들은 어떤 것에 정통해 있다거나 능통해 있다는 뜻이다. 인식은 해명하며 열어젖히는 힘이 있다. 해명하는 인식으로서의 인식은 일종의 탈은폐이다."
82 아리스토텔레스, 『니코마코스 윤리학』, 1140a.
83 앞의 책, 1140a20.

테크네를 가진 사람은 심지어 수공예 노동자의 실제 솜씨를 결여하고 있더라도 존경받는데, 다름 아니라 본질을 보기 때문이다. 그리하여 그는 실천에서 실패할지도 모르는데, 왜냐하면 실천은 특수한 것과 관련되는 반면 테크네는 보편적인 것과 관련되기 때문이다. 실천과 관련된 단점에도 불구하고 테크네를 가진 사람이 여전히 더 많이 존경 받고 더 많이 지혜로운 것으로 간주된다. 개현開顯적으로 보는 그의 특권적 방식 때문이다.84

더 나아가 하이데거는 6권의 같은 구절에서 소피아sophia는 테크네의 탁월함(아레테)으로 지정되고85, 철학은 그러한 탁월함을 추구하는 것에 불과한 것이라고 지적한다. 그는 여기서는 아리스토텔레스의 분류법을 철저하게 따르고 있지 않다. ― 대신 플라톤의 테크네로 돌아간다. 여기서 하이데거는 플라톤과 아리스토텔레스를 함께 뒤섞지만 단지 제작 과정으로 간주되건 아니면 실천의 한 형태로 간주되건 테크네는 보장으로, 아레테라는 단어가 의미하는 바대로 탁월함과 미덕을 얻기 위한 수단으로 간주되고 있다는 점을 지적하기 위해서일 뿐이다.

플라톤과 아리스토텔레스의 테크네 개념을 이렇게 간략히 개괄한 후 이제 두 사람의 형이상학을 쇠퇴*Abfall*와 전락*Absturz*으로 독해하는 하이데거 입장을 살펴볼 차례이다.86 만약 파르메니데스, 헤라클레이토스, 아낙시만드로스 등과 같은 초기 그리스 사상가들이 현전이 아니라 개시에 대해 사유한다는 의미에서 하이데거가 시원적*anfänglicher* 사상가

---

84 M. Heidegger, *Plato's Sophist*(Bloomington, Indiana University Press), p. 52. R. Rojcewicz, *The Gods and Technology. A Reading of Heidegger*(New York: State University of New York Press, 2006), pp. 63~64에서 재인용.
85 Heidegger, *Plato's Sophist*, p. 39.
86 Boehm, "Pensée et technique", p. 202.

로 부르는 사상가들이라면 그리고 만약 그들에게서 존재와 존재자들이 분명하게 구분되고 있지 않다면 하이데거는 플라톤과 아리스토텔레스에게서 형이상학-이전으로부터 본래의 형이상학으로 이행하고 있는 모습을 발견하게 될 것이다. 형이상학의 역사를 존재신학의 역사로 형성한 이행 말이다. 결국 근대 테크놀로지의 본질로서의 닦달Gestell로 이어진 것이 이 형이상학 즉 플라톤과 아리스토텔레스에 의해 시작되어 헤겔과 니체에서 완성된 이 형이상학이었다.[87] 미국의 하이데거 연구자 짐머만은 그것을 "생산주의적 형이상학"[88]이라고 부르는데, 왜냐하면 그와 같은 형이상학은 맨 처음부터 생산이나 기술적인 것과 관련되어 결국 '공작Machenschaft과 닦달로 끝나기 때문이다. 존재신학은 두 가지 물음을 담고 있다. 먼저 존재자들 자체는 무엇인가?(존재론) 둘째, 지고 존재는 무엇인가?(신학) 플라톤에서 선의 이념hē tou agathou idea은 그러한 존재신학의 시작에 착수하는데, 왜냐하면 그것이 "가지적인 것을 가지적인 것으로 만들며", 알려진 것에 "진리/개현을 제공하고 아는 자에게 알 수 있는 능력을 부여하기"[89] 때문이다. 그것은 다수를 하나로 즉, 이데아로 포괄하는 것에 의해 본질ousia이 규정된다는 것을 의미한다. 그리고 이 의미에서 '이데아'는 또한 '선'인데, 왜냐하면 그것이 모든 것

---

[87] Backman, *Complicated Presence*, p. 13.

[88] M. E. Zimmerman, *Heidegger's Confrontation with Modernity: Technology, Politics, and Art*(Indianapolis: Indiana University Press, 1990), p. 3, "그[하이데거]는, 그리스인들이 하나의 독립체에게서 '존재한다'는 것이 자기를 위해 생산하다는 것을 의미한다고 결론을 내렸을 때 '생산주의적 형이상학'을 개시했다고 믿었다. 하이데거가 보기에 그들이 '생산' 그리고 '만들기'라는 말로 의미했던 것은 산업 테크놀로지와 관련된 생산 과정과는 달랐던 반면 결국 근대의 기술테크놀로지로 귀결된 것은 독립체의 존재에 대한 그리스적 이해 방식이었다."

[89] Backman, *Complicated Presence*, p. 37.

의 원인이기 때문이다. 아리스토텔레스는 그것을 토 테이온*to theion*, 즉 신적인 것이라고 부른다.90

> 존재가 이데아로 해석되기 시작한 이래 존재자의 존재에 관한 사유는 형이상학적으로 되며 또 이 형이상학은 신학적인 것이 된다. 여기서 신학이란 신을 존재들의 '원인'으로 해석하면서 존재를 그러한 '원인' 속으로 옮겨놓는 입장을 의미하는데, 여기서의 원인은 존재자 중의 최상의 존재자Seiendste이기 때문에 존재는 자기 안에 포함되어 있을 뿐만 아니라 자기로부터 존재자들을 방출하는 그런 것이다.91

존재신학은 신플라톤적 형이상학과 기독교 철학에서 계속 발전해, 마침내 존재 망각과 존재의 폐기로 이어졌다. — 부품Bestand의 시대가 된 것이다.92 존재신학과 생산주의적 형이상학의 이 역사는 중국에는 명백히 존재하지 않았으며, 실제로 우리는 중국의 코스모테크닉스에서 기술과 미덕 간의 매우 상이한 관계를, 하이데거가 갈망한 것과는 다른 형태의 '공속'이나 '공존재'를 발견하게 된다. 즉 도덕적·우주론적 의식에 의해 인도되는 유기적 형태에 기반한 형태를 말이다. 하지만 이 개념을 보다 상세하게 설명하기 전에 중국철학의 기본적인 두 범주인 기-도 관계로 돌아가고 싶다. 기器는 '도구'를 의미한다고 말해왔지만 실제로 일상적(특히 근대적) 중국어에서는 명확하게 구분되지 않는 세 가지 다른 언어가 있다.

---

90 하이데거, 『이정표 1』, 317페이지.
91 앞의 책, 317~318페이지. Backman, *Complicated Presence*, pp. 43~44에서 재인용.
92 Backman, *Complicated Presence*, p. 55.

기機 — 총의 방아쇠 같은 것主發謂之機. 從木幾聲.

기器 — 개들에 의해 지켜지고 있는 그릇皿也. 象器之口, 犬所以守之.

계械 — 족쇄, 기라고도 불리며, '잡고 있다'를 의미한다. 담는 것은 계械라고, 담지 않는 것은 기器라고 한다桎梏也. 從木戒聲. 一曰器之總名. 一曰持也. 一曰有盛爲械, 無盛爲器.

두 가지 상이한 합성어 기기機器와 기계機械는 기계를 가리킨다. 두 단어는 교환 가능하다. 심지어 고대 어원학 사전(『설문해자說文解字』)에서조차 이 점과 관련해 애매함이 남아 있다. 예를 들어 기 항목에서 우리는 그것이 그릇이라는 말을 듣는다. 하지만 계 항목을 보면 기가 계와 동의어라고 되어 있지만 또한 이 사전은 계는 그릇인 반면 기는 그렇지 않다고 말하고 있다(따라서 이 항목은 기에 대한 거의 정반대되는 두 규정을 제시하고 있는 것을 주목하라). 기器의 상형문자 — 가운데 개가 있고 주변에 4개의 입 또는 구멍이 있는 모양 — 로부터 우리는 기는 가상적인 공간 형식을 암시하는 반면 좌변이 나무로 된 상형문자인 계械는 실재적인 물리적 도구를 가리키며 또한 고문 도구와 밀접하게 관련되어 있음을 볼 수 있다. 기의 상형문자는 마치 개가 공간을 감시하거나 용기를 보호하고 있듯이 개가 4개의 정사각형으로 둘러싸인 모양이다. 4개의 정사각형은 또한 '입口'이라는 글자일 수도 있고, 따라서 삶(마시는 것, 먹는 것)과 관련되어 있다. 기는 좀 더 간단하게 이해될 수 있는데, 왜냐하면 그것은 기계류라는 극히 분명한 의미를 갖고 있기 때문이다. 어떤 다른 것을 촉발시키고 움직이도록 만드는 것 말이다.

그렇지만 기의 공간적 형태는 형形을 강요한다는 의미에서 기술적이다. 『주역』의 주석서인 「계사상전」에서 "그러므로 형태를 초월한(또는 형 위에 있는) 형식을 도라고 하고 형태를 갖춘 (또는 형 아래 있는) 질료를 대상이라고 한다形而上者謂之道, 形而下者謂之器"라는 글을 읽을 수 있다. 같은 문헌에서 "나타나 보이는 것을 형상이라 하고 형태가 분명한 것을 대상이라 한다如見乃謂之象, 如形乃謂之器"는 글을 읽을 수 있다. 형이상形而上('형 위의')이 영어 단어 '메타피지컬'의 번역어로 사용되고 있는 것에 주목하는 것이 중요하다. 그리고 형이상학은 그것에 대한 학문 — 메타피직스이다. 도는 형과 현상을 부여하는 것이다. 그것은 둘보다 위에 있는 것으로 우월한 존재이다. 하지만 도는 이 용어가 17세기 유럽에서 이해되었던 것처럼 '자연법칙'을 의미하지 않는다. 그것은 오히려 파악할 수 없는 것이지만 그래도 알 수 있는 것이다. 주석가 정현鄭玄(127~200년)은 노자 독해를 『주역』과 결합해 "천지는 본래 형을 갖고 있지 않다. 지금 우리는 형을 발견하고 있는데, 형은 무형의 것에서 오기 때문이다. 이것이 「계사」에서 '형 위에 있는 것은 도라고 불린다'라고 한 이유이다"[93]라고 말한다. 기는 또한 그릇, 나르는 것이지만 물리적인 것만은 아니다. 그것은 또한 특수함과 관대함을 의미하기도 한다. 『논어』에서 '군자불기君子不器'라는 말을 읽을 수 있는데, 여기서 군자는 유교의 이상적 인간상이다. 이 구절은 종종 '군자는 [특정한 용도로 쓰이는] 그릇 같은 것이 아니다'[94]라고 번역되는데, 군자는 어떤 특수한 목적에 국한되지 않는다는 의미이다. 그것은 또한 그의 관대함이 무한하다는 말로도 읽힐 수 있다. 이 의미에서 기는 무한한 도에 따라 나타나는 제

---

93 吳述罪, 周易「形而上, 下」命題解析, 人文 150(June, 2006), p. http://www.hkshp.org/humanities/ph150~03.html. "天地本無形, 而得有形, 則有形生於無形矣. 故《系辭》曰.「形而上者謂之道.」"
94 공자, 『논어』, 2편 「위정」 12("군자는 한 가지 그릇으로 다루어지지는 않는다"), 차주환 역, 교문사.

한적인 유한한 존재이다.

도-기 관계에 주의를 기울이는 가운데 중국에서의 테크놀로지 철학을 재구성할 수 있을 것이다. 지금 이 관계는 위에서 논한 테크네-아레테 관계와 미묘한 유사성을 갖고 있다. — 하지만 또한 또 다른, 오히려 상이한 코스모테크닉스를 드러내고 있다는 의미에서 매우 다르기도 한데, 우주와 도덕 간의 유기적 교환에 기초한 조화를 찾는 코스모테크닉스가 그것이다. 중국의 기술철학자 이삼호의 뛰어난 저작, 『전통의 재천명. 일종의 정체론적 기술철학 비교 연구』[95] — 그것은 아무런 과장 없이 중국과 서양에서의 기술적 사유 사이의 진정한 소통을 추구한 첫 번째 시도로 불릴 수 있을 것이다 — 는 기-도 담론으로 되돌아갈 것을 요구하고 있다. 이삼호는 기가 본래적(위상적位相的·공간적) 의미에서 도에의 열림임을 보여주려고 한다. 따라서 중국의 기술적 사유는 기와 도가 하나로 합일되는道器合一 전체론적 관점을 포함하고 있다. 따라서 도와 기라는 두 개의 기본적인 철학 범주는 분리 불가능하다. 도는 지각 가능한 형태로 드러나기 위해 자기를 나르는 기가 필요하며, 기는 완전한 것(도가에서) 또는 성스러운 것(유가에서)이 되기 위해 도가 필요한데, 왜냐하면 도가 움직이면 기는 결정 작용을 박탈당하기 때문이다.

§ 10. 1. 도교에서의 기와 도: 포정해우

플라톤에게서 덕-기술은 근본적으로 측정 문제, 즉 자기-통치[다스

---

95 李三虎, 重申傳統. 一種整體論的比較技術哲學研究(北京: 社會科學文獻出版, 2008).

림]와 폴리스의 통치를 허용하는 형태를 찾아 이성을 사용하는 것인 반면 『장자』에서 기술로서의 도는 자연이기 때문에 측정을 결여한 궁극적 지식이다. 도교 사상가들은 자연을 갈망하고 자연을 최고의 지식, 즉 무위無爲의 지식으로 간주한다. 이에 따라 도교의 통치 원리는 무위의 정치無爲之治가 되는데, 그것은 아무런 작용도 없는 다스림을 의미한다. 그것은 비관주의나 수동주의가 아니라 오히려 사물을 내버려두는 것이며, 존재자가 완전히 자기와 자기 잠재력을 실현하길 바라면서 자기 방식으로 성장할 여지를 주는 것이다. ― 이것이 곽상郭象(252~312년)이 『장자』 주석에서 강조한 점이다.[96] 위진남북조와 같은 시기 동안 『주역』과 『도덕경』에 주석을 단 왕필이 무無가 도의 근본이라고 믿었던 것과 달리 그리고 근본은 유有여야 한다고 믿은 왕필 이후 사람들과 달리 곽상은 그러한 대립은 헛된 것이라고 비판했다. 있음은 없음에서 나오는 것이 아니며, 한 존재가 모든 존재를 낳는 것이 아니기 때문이다. 대신 그는 자연이라는 측면에서 도의 근본을 이해할 것을 제안한다. ― 불필요한 개입 없이 우주의 원리에 따름으로써 말이다.[97]

    도교적 코스모테크닉스의 본질을 보다 잘 이해하기 위해서 여기서 『장자』에 나오는 소 잡이 포정庖丁 이야기를 참조할 수 있을 것이다. 포정은 소를 잡아 뼈와 살을 발라내는 데 뛰어나지만 그에 따르면 훌륭한 소 잡이가 되는 데서 핵심은 솜씨의 숙달이 아니라 오히려 도를 이해하는 데 있다. 문혜왕文惠王으로부터 소를 잡는 도에 대해 질문 받은 포정은 그에 답하면서 좋은 칼을 갖고 있는 것으로 충분한 것은 아니라고 지적

---

[96] 勞思光, 中國哲學史 2, p. 147. "無爲者, 非拱默之謂也, 直各任其自爲, 則性命安矣"에서 재인용.
[97] 金觀濤와 劉靑峰, 十講, p. 149. "無旣無矣, 則不能生有", "豈有之所能有乎?"를 보라.

한다. 소 잡는 일에서는 도를 이해하는 것이 보다 중요한데, 그래야만 근육과 뼈를 무리하게 가르는 것이 아니라 오히려 커다란 틈새와 빈 곳에 칼을 놀리고 움직일 수 있다. 여기서 '도'의 문자적 의미 ― '길'이나 '도' ― 는 그것의 형이상학적 의미와 딱 들어맞는다.

> 제가 반기는 것은 도입니다. [손끝의] 재주[기술] 따위보다야 우월한 것입죠. 제가 처음 소를 잡을 때는 눈에 보이는 것이란 모두 소뿐이었으나[소만 보여 손을 댈 수 없었으나] 3년이 지나가 이미 소의 온 모습은 눈에 안 띄게 되었습니다. 요즘 저는 정신으로 소를 대하고 있고 눈으로 보지는 않습죠. 눈의 작용이 멎으니 정신의 자연스러운 작용만 남습니다. 천리天理를 따라 커다란 틈새와 빈 곳에 칼을 놀리고 움직여 소 몸이 생긴 그대로를 따라갑니다. 그러한 기술의 미묘함은 아직 한 번도 살이나 뼈를 다친 적이 없습니다. 하물며 큰 뼈야 더 말할 나위가 있겠습니까?[98]

포정은 이렇게 결론을 내리고 있다. 즉 따라서 솜씨 좋은 소 잡이는 사용할 수 있는 기술적 대상이 아니라 오히려 도에 기댄다. 도가 기(도구)보다 더 근본적이기 때문이다. 포정은 솜씨 좋은 소 잡이는 살을 가르기 때문에 1년에 한번 칼을 바꾼다고 덧붙인다. 평범한 보통 소 잡이는 달마다 칼을 바꾸는데, 무리하게 뼈를 가르기 때문이다. 반면 포정은 19년 동안 칼을 바꾸지 않았는데도 방금 숫돌에 간 것과 같다. 근육과 뼈가 엉긴 곳에 이를 때마다 일의 어려움을 알아채고 두려워해 경계하며 천천히 손을 움직여 칼의 움직임을 아주 미묘하게 하기 때문이다.

---

[98] 『장자』, 안동림 역주, 현암사, 93~94페이지.

질문했던 문혜왕은 "나는 포정의 말을 듣고 양생養生의 도를 터득했다"고 대답한다. 그리고 실제로 이 이야기는 「양생주養生主」[참된 삶을 누리게 하는 요체] 편에 포함되어 있다. 게다가 이야기의 중심에 있는 것은 '삶生'에 대한 물음이지 기술-물음이 아니다. 만약 여기에 '기술' 개념이 존재한다면 그것은 기술적 대상으로부터 분리된 것이다. 비록 기술적 대상이 중요하지 않은 것은 아니지만 연장이나 솜씨의 완벽화를 통해 기술의 완벽화를 추구할 수는 없을 텐데, 완벽화는 도에 의해서만 이루어지기 때문이다. 만약 도구적 이성에 부합해 ― '썰기'와 '자르기' 같은 기능으로 ― 사용되면 칼은 단지 존재의 보다 낮은 수준에나 속한 행위를 수행할 뿐이다. 반대로 만약 도에 의해 인도된다면 칼은 대장장이에 의해 부여된 기능적 규정을 '박탈당함으로써' 완벽한 것이 된다. 모든 도구는 그것에 특수화된 기능을 부여하는 기술적·사회적 규정에 종속되어 있다. ― 예를 들어 부엌칼은 날카로운 칼날이라는 기술적 규정을 가지며, 요리용이라는 사회적 규정을 갖고 있다. 여기서 '박탈당한다'는 것은 포정이 합목적적으로 붙박이처럼 넣어진 칼의 특색 ― 자르고 썰기 위해 날카로워야 한다는 것 ― 을 이용하지 않으며, 그것의 (날카로운 것으로서의) 잠재력을 완전히 실현하기 위해 새로운 용도를 부여한다는 것을 의미한다. 포정은 한 번도 칼질을 실수해 살이나 뼈를 다친 적이 없으며 대신 뼈 사이의 커다란 틈새와 빈 곳에 칼을 놀리고 움직이며 소의 몸이 생긴 그대로 따라간다. 그렇게 하는 가운데 칼은 자기를 위험하게, 즉 무뎌져 대체되어야만 하지 않고도 소를 잡는 일을 수행하고 칼로서의 자기를 완전히 실현한다.

그리하여 삶의 지식은 두 부분으로 구성된다. 삶의 일반 원리를 이해하는 것과 기능적 규정에서 자유로워지는 것이 그것이다. 이것은 중국적 기술 사유의 지고의 원리 중의 하나로 간주될 수 있을 것이다. 하지만 우리는 또한 도는 **존재의 원리**일 뿐만 아니라 **존재할 자유**라는 것에도 주목해야 한다. 따라서 도에 대한 이러한 특별한 이해 방식에서 도는 기술을 그것의 완벽화로 이끌지 않을 수도 있다. 실제로 도는 기술에 의해 전복되거나 심지어 왜곡될 수도 있다. 우리는 그러한 우려를 『장자』의 '천지天地' 편의 한 이야기에서 발견할 수 있는데, 거기서 자공子貢(그는 공문십철孔門十哲 중의 하나로 이재가理財家로 알려진 자와 이 이름을 공유하고 있다)이라는 인물이 땅에 굴을 뚫고 우물에 들어가 물동이를 안아 내다가는 채소밭에 물을 주고 있는 한 노인을 만난다. "애를 써서 수고는 많은데 결과는 아주 적은" 모습을 목격한 자공이 끼어든다.

> 자공이 말했다. "여기에 기계가 있으면 하루에 백 고랑도 물을 줄 수가 있습니다. 조금만 수고해도 효과가 큽니다. 댁께선 그렇게 해보실 생각이 없습니까?"
>
> 밭일을 하던 노인은 고개를 들고 그를 보자 이렇게 말했다. "어떻게 하는 거요?"
>
> 자공이 대답했다.
>
> "나무에 구멍을 뚫어 기계를 만들고 뒤쪽은 무겁게 앞쪽은 가볍게 합니다. [그러면] 흐르듯이 물을 떠내는데 콸콸 넘치도록 **빠릅니다**. 이 기계 이름을 두레박이라고 하죠."
>
> 밭일을 하던 노인은 불끈 낯빛을 붉혔다가 곧 웃으면서 말했.
>
> "나는 내 스승에게서 들었소만, 기계[따위]를 갖는다면 기계에 의한 일이 반드시 생겨나고, 그런 일이 생기면 반드시 기계에 사로잡히는 마음이 생겨나오. 그런 마음이 가슴속에 있게 되면 곧 순진 결백한 것이 없어지게 되고

그것이 없어지면 정신이나 본성의 작용이 안정되지 않게 되오. 정신이나 본성이 안정되지 않는 자에게는 도가 깃들지 않소. 내가 [두레박]을 모르는 게 아니오. [도에 대해] 부끄러워 쓰지 않을 뿐이오."

자공은 부끄러워 어쩔 줄 모르며 고개를 숙인 채 잠자코 있었다.

얼마 후에 밭일 하던 노인이 물었다.

"댁은 무엇 하는 사람이오?"

자공이 대답했다.

"공구孔丘의 제자입니다."[99]

이것이 공자 제자와 장자 제자 간의 극적 조우임을 고려한다면 이것을 정치 행위로 바빴던 공자에 대한 조롱으로 읽을 수 있을 것이다. 그것은 공자 본인이 '순진 결백한 것이 없어진' 사람으로 간주되었을 수도 있음을 의미한다. 여기서 기계는 편법으로 간주되고 있다. 즉 순진 결백한 것을 번잡한 것으로 일탈시켜 필연적으로 삶의 형식을 오염시키는 연장이라는 것이다. 기계는 도가 순수한 형태로부터 벗어나도록 만드는 추론 형식을 요구하며, 그것은 다시 근심을 낳는다. 따라서 앞의 영역에서처럼 '기심機心[기계에 사로잡히는 마음]'을 'machine heart'보다는 오히려 '계산적 정신'으로 번역하는 편이 정확할 것이다. 노인은 자기도 이 기계의 존재를 알고, 스승도 알지만 부끄러워 쓰지 않는다고 단언한다. 이 이야기에서 장자가 말하고자 하는 바는 그러한 추론을 발전시키는 것을 피해야 하며, 그렇지 않으면 도를 잃고, 그와 함께 자유를 잃으리라는 것이다. 항상 기계의 관점에서 생각하면 기계적 형식의 추론을 발

---

[99] 앞의 책, 327~328페이지.

전시키리라는 것이다.

이 편의 결론을 내리면서 『파이드로스』에 『장자』의 이 두 이야기와 매우 닮았지만 또한 중요한 차이를 보여주는 두 단락이 들어 있음을 간파해야 한다. 플라톤은 포정의 소 잡는 솜씨와 유사한 것처럼 보이기도 하는 예술을 환기시킨다. "사랑하는 사람보다 사랑하지 않는 사람에게 호의를 베풀어야 한다"[100]고 말하는 뤼시아스의 주장을 반박하는 연설을 두 차례 한 후 소크라테스는 수사학의 예술[수사술]에 대해 논평한다. 그는 파이드로스에게 '기술적으로 설득하는 법'에는 두 가지 형태가 있다고 설명한다.

> 여러 곳에 흩어져 있는 것들을 함께 바라본다면 그것들을 하나의 이데아로 모으는 일이며 …… [다른 하나는] 다시 형상들에 따라 나누는 능력을 갖추는 일인데, 본성적으로 갖추어진 마디를 따라 나누어야지 미숙한 푸주한이 그렇게 하듯 부분을 쪼개려 해서는 절대 안 되네.[101]

여기서 소크라테스는 사물의 본성을 알 필요를 강조하고 있다. 마치 의사가 신체의 본성을 알고, 수사학자가 영혼의 본성을 알아야 하는 것처럼 말이다. 수사학자는 영혼을 앎으로써 영혼의 다양한 유형에 따라 다양한 언어를 선택함으로써 영혼을 인도할 수 있다. 플라톤에게 수사학과 의학 같은 '[방]법^{ars}'은 사물의 본성을 알아야 하며, 그렇지 않으면 단지 "숙련이나 경험"[102]이 될 위험에 빠지게 된다. 다른 한편 장자 이

---

100 플라톤, 『파이드로스』, 227c.
101 앞의 책, 266d~e.
102 앞의 책, 270b.

야기는 양생養生과 보다 더 크게 관련되어 있다. 양생은 예컨대 유한한 삶에서 무한한 지식을 추구하는 불가능한 과제를 받아들임으로써 '거친' 것과 '극단적인' 것과 맞서는 것이 아니라 도를 따름으로써 어떻게 살 것인가를 배우는 것이다. 그것은 장자가 분명하게 주장하듯이 소 잡는 사람에게서는 단지 해부학을 아는 문제가 아니다.

플라톤의 두 번째 일화는 소크라테스가 수와 계산법, 기하학, 천문학, 문자까지 맨 처음 발명한 이집트의 신 테우트에 관해 들려주는 유명한 이야기이다. 테우트는 이집트 왕 타무스에게 가서 자기의 기술들을 보여준다. 문자와 관련해 왕은 테우트의 생각에 반대하며, 문자는 실제로는 테우트가 그것에 부여하는 것과는 정반대 효과를 갖고 있다고 항의한다. 즉 문자는 기억을 돕기보다는 실제로는 망각을 낳는다는 것이다. 타무스는 테우트에게 이렇게 말한다.

> 그대가 그대의 제자들에게 주는 것은 지혜의 겉모습이지 진상이 아니라오. 왜냐하면 그들은 그대 덕분에 가르침을 받는 일 없이 많은 것을 듣게 되고, 자기들이 많이 안다고 생각하겠지만 실제로 대부분 뭐하고 상대하는 데도 어려움이 있을 것이니 그들은 진정으로 지혜로운 자가 아니라 겉보기에 지혜로운 자인 까닭이오.[103]

그것은 물론 파르마콘-논리[104] — 이에 따르면 기술은 독毒인 동시에 약藥이다 — 에 대한 데리다의 유명한 논쟁에 영감을 불어넣었으며, 더

---

[103] 앞의 책, 275a~b.
[104] J. Derrida, "Plato's Pharmacy", in *Dissemination*, tr. B. Johnson(Chicago: University of Chicago Press, 1981). pp. 63~171.

나아가 스티글러에 의해 정치적 프로그램을 위한 토대로 받아들여진다.105 여기서 타무스의 기술 비판과 장자의 경고 간의 뉘앙스 차이를 강조하도록 하자. 플라톤이 말하고자 하는 바는 이렇다. 즉 어떤 것을 계속 읽어나가다 보면 많은 것을 알 수도 있지만 반드시 진리를 파악할 수 있는 것은 아니라는 것이다. 예를 들어 수영에 관한 책을 읽거나 비디오를 볼 수 있지만 그것이 수영을 할 수 있도록 해주는 것이 아니다. 그것은 진리의 조건으로서의 '상기'에 관한 주장이다. 쓰기 또는 문자는 단지 이 상기 과정을 단락시킬 뿐이다. 다른 한편 장자의 주장은 도를 벗어난 어떤 타산도 즉각 거부하고 있다. 그러한 거부를 통해 장자는 현실이나 진리를 단언하려고 하는 것이 아니라 오히려 자유를 재천명하려하고 있다.

§ 10. 2. 유교에서의 가-도: 예의 복원

이처럼 도교에서 도-기의 합일은 포정과 그의 칼로 예시되었다. 기술적 도구의 완벽성은 또한 삶과 존재의 완벽성이기도 한데, 왜냐하면 그것은 도에 의해 인도되기 때문이다. 그러나 비록 유교와 도교 모두 우주와 삶의 형식에 대해 동일한 관심을 공유하고 있음에도 불구하고 유교에서 우리는 도교에서와는 다른 것처럼 보이는 기에 대한 또 다른 이해를 발견한다. 유교에서 기는 종종 의례 또는 예(禮)에서 사용되는 도구

---

105 B. Stiegler, *Ce qui fait que la vie vout la peine d'être vécue, De la pharmacologie*(Paris: Flammaarion, 2010)와 또한 *Pharmacologie du Front National*(Paris: Flammarion, 2013)을 보라.

를 가리킨다. 실제로 어원학자 단옥재段玉裁(1735~1815년)에 따르면 예라는 글자의 우변, 즉 풍豊은 기豆이다. 게다가 또 다른 어원학자 왕국유王國維(1877~1927년)에 따르면 풍豊의 상단은 옥으로 만든 도구의 상형문자로부터 나온 것이다.106 도덕이 부패하고 파괴되던 시기 동안 공자의 과제는 예를 회복하는 것이었다. 20세기 초의 — 정신적인 것과 물질적인 것의 단순한 대립에 기초한다는 의미에서 — 조야한 유물론적 독법에 따르면 그것은 봉건주의의 복고에 해당되는 것이었다. 정확히 그러한 이유로 문화대혁명 동안 중국의 마르크스주의자들은 유교를 역사의 퇴행이자 공산주의로의 이행의 장애물로 공격했다.

예('자비'인 인과 함께)는 공자의 가르침의 핵심 개념의 하나이다. 예 개념은 두 요소로 구성되어 있다. 우선 형식적 의미가 있는데, 여기서 예는 인공적 대상인 예기禮器에 의해 가리켜지는 강력한 위계질서뿐만 아니라 의례 동안 바쳐지는 제물의 숫자를 모두 규정한다. 주 왕조 동안 예기는 다른 기능을 가진 기를 가리켰다. 즉 요리하는 그릇, 옥으로 만든 물건, 악기, 술잔, 물잔 등을 말이다. 옥과 청동으로 만들어진 기는 왕과 귀족계급을 포함해 사회적 위계질서에서의 정체성과 등급을 나타내는 것이었다.107 하지만 예기는 또한 그러한 형식적 측면과 분리될 수 없는 정신 또는 '내용'도 가리켰다. 공자에게서 그러한 내용은 도덕적 감수성을 육성하는 일종의 함양과 실천이었다. 『예기』 「곡례曲禮」 장에서 공자는 이렇게 말한다.

---

106 劉昕嵐, "論「禮」的起源", 止善 8(June 2010), pp. 141~11, pp. 143~144.
107 吳十洲, 兩周禮器制度研究(臺北: 伍南圖書, 2003), p. 417~449. 오십주는 고고학적 발견에 따라 주 이후 예기가 장례물품으로서 사용되다가 명기明器로 바뀌었음을 보여주는데, 그것은 옥과 청동으로 만들어진 물품이 자기로 된 대용품으로 대체되었음을 의미한다. 그것은 또한 주례의 쇠퇴를 시사한다.

도, 덕, 인, 의는 예가 아니면 성취할 수가 없다. 가르치고 풍속을 정화하는 것도 예가 아니면 갖추어지지 않는다道德仁義, 非禮不成, 教訓正俗, 非禮不備.108

이로부터 도덕 — 즉 하늘과 맺고 있는 관계 — 은 예의 실천을 통해서만 유지될 수 있음을 이해할 수 있다.

『예기』에는 「예기禮器」 편이 있는데, 거기 이런 말이 들어 있다.

> 예라는 것은 천시에 합치해야 하며, 땅에서 생산되는 재화를 자료로 해 베풀어지며, 귀신에게 순종하고, 사람의 마음에 합당하게 해, 만물을 다스려 나가는 것이다禮也者, 合於天時, 設於地財, 順於鬼神, 合於人心, 理萬物者也. [앞의 책, 52페이지].

따라서 유교에서 기는 의례를 통해 도덕적 우주론을 안정시키고 복원하는 기능을 한다고 할 수 있을 것이다. — 그것은 「예운禮運」('예의 운명') 편의 다음 사례에서 일별해볼 수 있다.

> 그러므로 제례祭禮에서 현주玄酒는 실내에 놓고, 예잔禮醆은 방문 밖에 놓고, 자제粢醍는 마루에 놓고, 징주澄酒는 마루 아래에 놓는다.
> 그리고 희생을 진설하고, 여러 제기를 갖추고, 거문고, 비파, 관악기, 경, 종, 북 등 각종 악기를 벌려 놓고 축하祝嘏를 연주하며 천상의 신과 선조의 영혼이 강신하게 한다.
> 이로써 군신의 도리를 바르게 하고, 부자의 정을 돈독하게 하며, 형제 사이를

---

108 『예기』, 지재희 해역解譯, 상, 28페이지, 자유문고.

회목하게 하고, 상하의 차례를 가지런히 하고, 남편과 아내의 사이를 구별하는 것이다. 이것을 일러 하늘이 복을 내려준다고 한다 故玄酒在室, 醴酸在戶, 粢醍在堂, 澄酒在下. 陳其犧牲, 備其鼎俎, 列其琴瑟管磬鐘鼓, 修其祝嘏, 以降上神與其先祖, 以正君臣, 以篤父子, 以睦兄弟, 以齊上下, 夫婦有所. 是謂承天之祜.109

다른 누구보다 철학자 이택후李澤厚(1930~)가 주장한 대로 이 의례를 하, 상, 주 왕조(기원전 2070~771년)로까지 거슬러 올라가 이 왕조들과 결부된 샤먼 의식으로 추적하는 것 또한 가능하다. 주 왕조 동안 황제는 샤먼적 의례를 예로 형식화했으며, 그리하여 이 의례는 주례周禮로 알려지게 되었다. 공자는 주례를 정치적·사회적 부패에 대한 저항으로 복원하려고 했다.110 그리하여 이택후는 주례는 공자에 의해 "정신적 의미가 부여된" 후 송대와 명대의 신유교에 의해 "철학화되었지만" 이 긴 과정에서도 의례의 정신 — 즉 하늘과 인간 존재의 합일 — 은 보존되었다는 입장을 제시한다.

제사를 지내는데 먼저 신령에 대한 축호를 짓고, 현주로써 제사지내며, 희생의 피와 털을 천신하며, 제기에 희생의 날고기를 담아서 올리고, 뼈가 붙은 고기는 끓는 물에 데쳐서 바친다. 부들자리를 깔아 거친 베로 술통을 덮는다.

비단으로 지은 제복을 입고 예잔을 올리며, 구운 고기를 천신하는데, 주인과 부인이 교대로 잔을 올려 죽은 이의 혼백을 즐겁게 한다. 이것을 합막이라고 한다.

---

109 『예기』, 앞의 책, 중, 25페이지.
110 李澤厚, 歷史本體論(北京: 三聯出版, 2002), p. 51.

그러한 뒤에야 데치기만 한 뼈가 붙은 고기는 물려서 남겨 두었던 것과 함께 삶아 익힌다. 삶아 익힌 개, 돼지, 소, 양 등의 고기를 등급에 따라 구분해 보궤와 변두와 형갱 같은 그릇에 채워 효라는 말로써 신에게 고하고 자라는 말로써 축하의 말을 한다. 이것을 일러 크게 선한 일이라고 한다. 이것이 상고에서 시작되어 현대에 이르러 제례가 크게 이루어진 것이다作其祝號.
玄酒以祭, 薦其血毛, 腥其俎, 孰其殽, 與其越席, 疏布以冪, 衣其澣帛, 醴醆以貢獻, 薦其燔炙 君以夫人交獻 以嘉魂魄, 是謂合莫. 然後退而合亨, 體其犬豕牛羊, 實其簠簋籩豆鉶羹. 祝以孝告, 嘏以慈告, 是謂大祥.111

하지만 비록 이택후가 예와 샤머니즘 간의 그러한 연관성을 지적한 것은 정확하지만 중국에서 같은 시기에 출현한 도교와 묵가 또한 유교와 함께 샤머니즘과의 단절을 표시하는 합리화를 가리킨다는 점을 명심할 필요가 있다.112 예의 형식적 측면이 내용을 지배하는 것이 가능한데, 공자도 이 문제를 인식하고 있었다. 형식이 그렇게 내용을 침해하는 것을 피하기 위해 그는 예란 개인적 성찰부터 시작해 도의 인도에 따라 가족과 국가 같은 외부 영역으로 확대되어 가는 근본적으로 도덕적인 실천임을 강조하고 있다. 이것이 '내성외왕內聖外王'(안으로는 성인의 격을 갖추고 밖으로는 왕의 격을 갖춘다)이라는 유명한 교리이다. 그것은 유교 경전 『대학』에 제시되어 있는 대로 일직선적 궤도를 따른다. '격물格物

---

111 『예기』,「예운禮運」, 앞의 책, 중, 26페이지(강조는 나의 것이다).
112 YuYing-Shih. "Between the Heavenly and the Human", in Tu Weiming and M. E. Tucker(eds). *Confucian Spirituality*(New York: Herder, 2003), pp. 62~80을 보라. 중국의 역사가들은 종종 독일철학자 야스퍼스가 『역사의 기원과 목표』에서 기축시대Achsenzeit라고 부르는 것을 언급한다. 야스퍼스는 기원전 8~3세기 동안 페르시아, 인도, 중국 그리고 그리스-로마 세계의 종교와 철학에서 새로운 사유 방식이 나타났다고 주장한다. 도교, 유교, 묵가 그리고 지식과 지식의 생산에서 '역사적 파열'에 속하는 다른 학파들이 그들이다.

[사물의 이치를 끝까지 파고든다]', '치지致知[앎에 이른다]', '성의誠意', '정심正心', '수신修身', '제가齊家', '치국治國' 그리고 '평천하平天下.' 『논어』 12편 「안연」에서 다음과 같은 내용을 읽을 수 있다.

> 안연이 인에 관해 여쭈어 보았다. 선생님께서 말씀하시기를
> "자기를 극복하고 예로 돌아가는 것이 인이다. 어느 날이건 자기를 극복하고 예로 돌아가게 되면 온 천하가 인에 따르게 될 것이다. 인을 실천하는 것은 자기로부터 시작되지 남으로부터 시작되기야 하겠느냐?"라고 하셨다.
> 안연이 말씀드리기를
> "그 세목을 말씀해 주셨으면 좋겠습니다"라고 하였다.
> 선생님께서 말씀하시기를
> "예가 아니면 보지 말고, 예가 아니면 듣지 말고, 예가 아니면 말하지 말고, 예가 아니면 움직이지 마라"고 하셨다.113

따라서 예는 사물의 질서를 보장하는 일련의 삼감인 동시에 실천이며, 그리하여 개인의 의지의 완성은 국가의 완성으로 이어질 것이다. 도는 내재적이지만 자기 성찰을 통해서만 그리고 예의 실천을 통해서만 알 수 있다(『논어』에서 위령공과 대화를 나누던 중 위령공이 전진戰陣에 관한 일을 묻자 공자는 자기는 예를 다루는 일은 들은 일이 있지만 군대에 관한 일은 배우지 못했다고 대답하고 이튿날 떠난다). 하지만 예가 보장하려고 하는 이 질서는 무엇일까? 극히 단순화해서 읽자면 그것은 사회적으로 지배 계급에 유리하게 건설된 질서라고 주장할 수 있을 것이다. 이 말이 완전

---

113 『논어』, 앞의 책, 243페이지.

히 틀렸다고는 할 수 없는데, 왜냐하면 공자는 질서가 유지되려면 기와 명名('이름')이 제대로 자리 잡아야 한다고 강조하기 때문이다. 『춘추』(기원전 400년)에 따르면 신축 사람 장군 우해干奚가 전쟁에서 적에게 잡혀갈 뻔한 위나라 왕 손환자孫桓子를 구해주었다. 얼마 후 왕이 우해에게 고마움의 표시로 읍을 상으로 내리자 우해는 사양하면서 "곡현曲縣[제후를 맞이하기 위한 음악의 악기 편성법]과 번영繁纓[말의 장식으로 제후의 복식을 상징한다]으로 조회할 것을 청했다."114 공자는 그러한 요구를 허락한 것에 대해 통탄하면서 "애석하도다! 그에게 읍을 많이 줌만 못하다. 기물器物과 명호名號는 남에게 빌려줄 수 없으니, 임금이 관할하는 것이기 때문"115이라고 말했다. 공자가 설명한 대로 그것은 단순히 형식상의 문제가 아니다. 그의 추론에 따르면 기물과 명호는 그것들을 소관하는 사람의 적절한 처신을 보장해주는 것이다.

> 명호로 위신威信을 나타내고, 위신으로 기물을 지키며, 기물로 예를 갈무리하고, 예로써 의를 행하며, 의로써 이익을 내고, 이익을 갖고 백성을 다스리는 것이 정치의 대강이다.116

요약하자면 유교에서 기는 형식을 배경으로 사용되는 것이지만 도덕, 즉 하늘의 질서를 보존하고 위대한 인격을 함양하기 위한 목적에서만 사용된다. 반면 도교에서 기는 그러한 도구적 역할을 전혀 하지 않는데,

---

114 『춘추좌전』, 장세후 역, 을유문화사, 중, 630페이지(成公二年).
115 앞의 책, 631페이지. "年惜也, 不如多與之邑, 唯器與名, 不可以假人, 君之所司也."
116 앞의 책, 632페이지. "名以出信, 信以守器, 器以藏禮, 禮以行義, 義以生利, 利以平民, 政之大節也."

왜냐하면 자연적 존재 또는 자연에 의해 도에 이르는 것이 가능하기 때문이다. 도는 무형이기 때문에 형이상학적이다. 그리고 그러한 의미에서 형이상학적인 것은 비기술적인 것이며, 비기하학적인 것이다. 비록 유교에 형식화된 질서가 존재하지만 그것은 이처럼 우월한 무형식의(또는 '형形 위에' 있는) 도를 유지하기 위한 목적을 위해 존재한다. 무형인 것은 천天과 자연이며, 그것은 지고한 수준의 자유를 가진 무형의 것이다. 유교와 도교는 도를 추구하는 방법이 다르고, 그리하여 상호 모순적이지 않으며 오히려 상보적이라고 말할 수 있을 것이다. 모종삼은 도교를 '실천적 존재론'으로, 유교를 '도덕형이상학'으로 특징지을 것을 제안하는데[117], 유교는 '무엇'을 묻는(무엇이 성聖, 지혜智, 인仁, 의義인가?) 반면 도교는 그것을 어떻게 달성하는가를 묻는다는 의미에서 말이다.[118] 도교에서 기계적 추론을 거부하는 것은 내적 정신의 자유 안에 머물기 위해 계산적 형태의 사유를 거부하는 것이다. 열림을 준비하기 위해 모든 효율성을 거부한다고 할 수 있을 것이다. — 이런 『장자』 독해는 후기 하이데거가 초연한 내맡김Gelassenheit이라고 부르는 것과 피상적으로는 공명하는데, 그것이 하이데거가 초연한 내맡김을 근대 테크놀로지로부터의 가능한 탈출구라고 주장한 이래 그의 테크놀로지 비판이 중국의 학자들 사이에서 그렇게 큰 공명을 찾을 수 있던 것을 설명해 줄 수 있을 것이다.

그런데 이것이 도의 양면성이다. 즉 한편으로 그것은 자연의 이름으로 이루어지는 기술의 완성을 상징한다. 다른 한편으로는 또한 항상 도

---

117 모종삼, 『중국철학 19강』, p. 74.
118 앞의 책, 106페이지. 쥘리앙 또한 예를 들어 '무위'는 도가의 원리일 뿐만 아니라 지적 전통에서 공유되었다고 지적한다. Jullien, *Procès ou Création*, p. 41을 보라.

를 오염시킬 잠재력을 가진 기술에 맞선 정신의 저항으로 이해된다. 여기서 알-레테이아 또는 탈은폐성 Unverborgenheit으로서의 진리를 통해 열리는 것에 접근한다는 하이데거의 개념은 도와 매우 근접한 것처럼 보인다. 하지만 아래서 살펴보겠지만 그것들은 근본적으로 다르다. 그리고 실제로 그러한 근본적 차이가, 다양한 기술의 역사를 상상하는 것이 필요한 이유 중의 하나이다.

§ 10. 3. 스토아학파적 코스모테크닉스와 도교적 코스모테크닉스에 대한 논평

지금까지 중국적 사유에서 코스모테크닉스를 추적해보려고 해왔다. 우리는 그것을, 부분적으로는 하이데거의 저작을 통해 그리스의 테크네 개념과 비교해보았다. 하이데거가 본질적으로 코스모테크닉스를 탐구하고 있었다고 말하는 것은 너무 도발적이겠지만 퓌시스와 존재-물음이 인간과 우주의 심오한 관계와 관련되어 있음을 부인하기는 불가능할 것이다. 내가 위에서 유교와 도교 전통 속에서 스케치한 코스모테크닉스는 일부 독자에게는 아리스토텔레스 이후의 헬레니즘철학과 유사해보일 수도 있을 것이다. 자연과의 조화 속에서 살라는 그리스-로마의 스토아학파의 가르침은 자연에 대한 도교적 열망과 분명한 친화성을 갖고 있다(위에서 지적한 대로 하이데거는 스토아학파에 대해 침묵을 유지했다. 비록 스토아학파의 우주론은 아리스토텔레스적 우주론보다는 이오니아학파적 우주론에 더 가까운 것처럼 보임에도 불구하고 말이다).119 확실히 차이들이 존재하며, 우리는 여기서 그것들을 간략히 해명해보려고 할 것이다. 하지만 차이들의 목록을 단순히 나열하기보다는 「서문」에서 전개한 코스모테크닉스 개념을 다시 진술할 생각인데, 이 개념은 전적으로 기술에 의해 매개되는 것으로서의 우주와 도덕 간의 관계를 중심으로 하고 있다. 그리고 어떻게 스토아학파에서 그러한 코스모테크닉스를 발견할 수 있는지를 보여주고 싶다.

스토아학파를 보다 꼼꼼하게 읽어보면 그들의 사유에서 **합리성**이 어떤 역할을 했는지를 볼 수 있는데, 이 합리성은 도교에서는 매우 크게 평가절하되었다. 스토아학파의 코스모테크닉스와 도교의 코스모테크닉스는 모두 '자연' — 각각 퓌시스와 자연 — 과의 조화 속에서 살 것을 제안하며, 기술적 대상은 보다 우월한 목적, 즉 스토아학파에게는 에우다이모니아 Eudaimonia[행복], 도가에서는 소요逍遙[자유롭게 이리저리 슬슬 거닐며 돌아다님], 유가에서는 탄탕坦蕩('마음이 넓음') 등으로 가는 수단일 뿐이라고 주장한다. 「소요유」라는 제목의 『장자』의 첫 편에서 장자는 도가 철학자 열자가 보여준 실례의 도움으로 자기가 말하는 자유가 어떤 의미인지를 이렇게 묘사하고 있다.

> 천지 본연의 모습을 따르고 자연의 변화에 순응해 무한의 세계에 노니는 자가 되면 대체 무엇을 의존할 게 있으랴. 그래서 '지인至人에게는 사심이 없고, 신인神人에게는 공적이 없으며, 성인聖人에게는 명예가 없다'고 한다 若夫乘天地之正, 而御六氣之辯, 以遊無窮者, 彼且惡乎待哉! 故曰. 至人無己, 神人無功, 聖人無名.120

---

119 Kahn, *Anaximander and the Origin of Greek Cosmology*, p. 203. 칸은 더 나아가 (p. 210) 4세기 후반에 아리스토텔레스는 과학적 설명 원리로서의 우주생성론의 타당성을 거부했다고 지적한다.
120 『장자』, 「소요유逍遙游」(앞의 책, 34페이지).

점점 더 의존하게 될 어떤 것에 매달리기보다는 오직 자연을 따름으로써만 자유로울 수 있다. 『논어』(7편 「술이」 36)에서 공자는 이렇게 말한다.

> 군자는 마음이 평탄하게 넓지만坦蕩蕩 소인은 노상 근심에 차 있다.[121]

군자가 되는 것은 천명을 아는 것이라고 공자는 말한다(2편 「위정」 4).

> 나는 15세가 되어서 학문에 뜻을 두었고, 30세가 되어서 [학문의 기초를] 확립했고, 40세가 되어서는 판단에 혼란을 일으키지 않았고, 50세가 되어서는 천명을 알았고, 60세가 되어서 귀로 들으면 뜻을 알았고, 70세가 되어서는 마음이 하고자 하는 대로 따라하여도 법도에서 벗어나지 않았다.[122]

천명을 알 수 있기 전에 배워야 하고, 배움에 전념한 후에야 깨치고 자유로워진다.

『삶의 기술』에서 셀라즈는 아리스토텔레스와 스토아학파가 소크라테스를 각각 어떻게 전유했는가를 대조해서 보여주고 있다. 셀라즈에 따르면 아리스토텔레스는 플라톤 해석에서 철학과 로고스 간의 관계를 강조하려고 시도하고 있다. 『형이상학』 1권에서 아리스토텔레스는 소크라테스를 자연으로부터 윤리(학) — 그것은 보편자들 및 규정들과 관련된다 — 로 넘어간 인물로 제시한다.[123] 셀라즈는, 아리스토텔레스는

---

121 『논어』, 앞의 책, 167페이지.
122 앞의 책, 55페이지.
123 J. Sellars, *The Art of Living. The Stoics on the Nature and Function of Philo-*

그렇게 하는 가운데 소크라테스의 삶과 가르침에서 아스케시스 _askesis_ 로서의 철학의 역할 — 그것은 스토아학파의 제논에게 영감을 준 바 있다 — 을 소극적으로 다루게 된다고 주장한다. 셀라즈 지적대로 아리스토텔레스 본인은 로고스에 더 철학적 관심이 많았기 때문이다.124 하지만 실제로 『고르기아스』에서 '자기를 다스리는 것[절제]'의 의미에 관한 칼리클레스의 질문에 대답하면서125 소크라테스는 그것은 절제 있으며 _sophron_ 자기가 자기의 주인이 되어 enkrate heauto 자기 속의 쾌락과 욕구를 다스린다는 의미라고 말한다.126 『알키비아데스 1』에서 소크라테스는 자아에의 배려의 첫 단계는 델포이 신전에 새겨져 있는 유명한 문장 즉 '너 자신을 알라 _gnothi sauton_'를 따르는 것이며127, 자기에의 배려는 마치 체조가 몸을 돌보는 것과 똑같은 방식으로 자기를 돌보는 것이라고 말한다. 『변명』에서 소크라테스는 자기에 대한 고소에 맞서 자기를 변호하면서 이렇게 대답한다.

> 위대하고 강력하고 현명한 아테네 시민인 그대, 나의 벗이여, 그대는 최대한의 돈과 명예와 명성을 쌓아올리면서 지혜와 진리와 영혼의 최대한의 향상은 거의 돌보지 않고 그러한 일은 전혀 고려하지도 주의하지도 않는 것을 부끄러워하지 않는가?128

---

sophy(Bristol: Bristol Classical Press, 2003), p. 34.
124 앞의 책.
125 플라톤, 『고르기아스』, 491d11.
126 A. A. Long, _From Epicurus to Epictetus_(Oxford: Oxford University Press, 2006), p. 25.
127 Sellars, _The Art of Living_, p. 38.
128 플라톤, 『변명』, 29e[황문수 역, 문예출판사, 34페이지]. Foucault, "Technologies of the Self", p. 20에서 재인용.

만약 유사-기법*ars*들이 즐거움을 겨냥한다면 진정한 기법들은 영혼에게 가장 좋은 것을 겨냥한다.129 —『향연』에 묘사된 한 정경보다 더 잘 이것을 보여줄 수 있는 것도 없을 텐데, 거기서 소크라테스는 아무런 성적 흥분의 표시도 없이 젊고 아름다운 알키비아데스에게 팔을 두르고 잠이 든다.130

로고스와 명상에 대한 아리스토텔레스의 관심은 에우다이모니아에 대해 스토아학파와는 다른 규정을 제시한다.『수사학』에서 아리스토텔레스는 행복을 "미덕과 함께하는 번영"으로 규정하는데, 그것은 내적 선(영혼과 신체의 좋음)과 외적 선(좋은 태생, 친구들, 돈 그리고 명예)으로 구성된다.131 아리스토텔레스는『니코마코스 윤리학』(1권 3장)에서 에우다이모니아를 정치학의 텔로스*telos*로 묘사한다. 같은 단락에서 에우다이모니아 — 그것은 관습적으로 '행복'으로 번역된다 — 는 "잘 사는 것이나 잘 나가는 것"과 동일시된다.132 아리스토텔레스에게 행복은 미덕과 관련되어 있지만 미덕에 의해 보장되는 것은 아니다. 그는 1권 7장에서 그가 말하는 미덕이 무슨 의미인지를 설명한다. 즉 미덕은 행위 자체의 내적인 최종 목적에 의해 규정된다. — 예를 들어 의학에서 그것은 건강이며, 전략에서는 승리, 건축에서는 집이다. 아리스토텔레스는 "따라서 우리가 행하는 모든 것에 하나의 목적이 있다면 그것이 실현되어야 할 좋음이고 목적이 여럿이면 그것들이 실현되어야 할 좋음들일

---

129 Sellars, *The Art of Living*, p. 41.
130 Long, *From Epicurus to Epictetus*, p. 26.
131 아리스토텔레스,『수사학』, 136b26~28.
132 아리스토텔레스,『니코마코스 윤리학』, 천병희 역, 1095a19.

것"133이라고 결론을 내린다. 미덕은 행복의 보증자가 아닌데, 왜냐하면 인간은 식물이나 동물과 달리 합리적 원리를 부여받았기 때문이다. 합리성은 단순한 기능성을 넘어서 있는 것이며, 가장 바람직한 선을 겨냥한다. 인간적인 좋음은 "결국 미덕에 걸맞은 혼의 활동이며, 미덕이 하나가 아니라 여럿이라면 가장 훌륭하고 가장 완전한 미덕에 걸맞은 혼의 활동"134이라고 아리스토텔레스는 말한다. 네이겔은 그러한 수手는 지각, 운동, 욕망 같은 다른 기능 ― 이것들이 이성을 지탱하는 반면 이성은 그것들에 종속되지 않는다 ― 보다 이성이 우위에 있음을 주장하는 것이라고 지적한다.135

아리스토텔레스와 스토아학파의 관계는 여전히 논쟁거리이다. 롱은 에우다이모니아에 대한 아리스토텔레스의 이해 방식이 스토아학파에 직접적 영향을 미쳤음을 보여주었으며, 함David E. Hahm은 스토아학파의 우주론은 플라톤의 『티마이오스』보다는 아리스토텔레스에 의해 더 많은 영향을 받았음을 입증했다. 하지만 고전학자들 사이에서 합의된 핵심적인 차이는 에우다이모니아가 실현되는 과정에서 외적 선이 일정한 역할을 하는 아리스토텔레스에게서와 달리 스토아학파에게서 에우다이모니아는 전적으로 윤리적 미덕들로 구성된다는 점이다. 선 또는 악, 즐거움 또는 그것의 부재 등은 아무런 상관도 없는 문제들이다.136 그리고 여기에 스토아학파의 가장 중요한 공리가 놓여 있다. 즉 제논에 의해 규

---

133 앞의 책, 1097a23~25.
134 앞의 책, 1098a16~18.
135 T. Nagel, "Aristotle on Eudaimonia", in A. Rorty(ed.), *Essay on Aritotle's Ethics*(California: University of California Press, 1980), p. 11.
136 A. A. Long, "Stoic Eudaimonism", in *Stoic Studies*(California: University of California Press, 2001), p. 182.

정된 대로 그것은 '조화를 이루어 사는 삶'으로 이루어진다. 그것을 클레안테스는 "자연과 조화를 이루어 사는 삶"으로 수정하며, 크리시포스는 "자연에 의해 생기는 것의 경험과 조화를 이루어 사는 삶"으로 수정한다.137 애너스는 이 자연을 "우주적 자연"138이라고 부른다. 다시 한번 미덕은 우주의 조직(화)에서 완벽한 모델을 갖게 되며, 인간 존재는 우주적 자연의 일부이며, 그리하여 우주는 도에 대한 중국적 사유와 비슷해 보이는 방식으로 미덕의 완벽한 모델이 된다. 그런데 스토아학파는 퓌시스로부터 도덕으로 어떻게 이행할까? 스토아학파의 우주는 무한한 공_空에 의해 둘러싸인 유한한 구체이다. 일반적 독해에 따르면 그들은 헤라클레이토스적 모델의 우주를 따르고 있는데, 이 모델은 우주를 물질이 불과, 즉 우주의 숨이자 생명 유지에 필요한 체온인 불과 섞여 생겨나는 것으로 본다. 우주는 동일한 주기 속에서 반복되는데, 거기서 불은 다른 원소들로 변형되고, 그런 다음 자신으로 되돌아온다. 우주 속에서는 이성에 의해 생산되는 논리를 발견할 수 있는데, 이성이 "생산하는 것은 어느 것이 더 좋다거나 나쁘다고 할 수 없다."139 키케로의 『신들의

---

137 J. Annas, *The Morality of Happiness*(Oxford: Oxford University Press, 1955), p. 169. Arius Didymus, in *Stobaeus, Eclogae(Selections)* Book II. 85. pp. 12~18에서 재인용. 디오게네스와 아르케데모스Archedemus로부터의 인용이 계속 이어진다. "자연에 따라 사물을 선택하고 역선택하는 데서 합리적인 것." 아르케데모스. "모든 적절한 행동을 완성하기 위해 사는 것." 그리고 안티파테르. "자연에 따라 사물을 선택하는 것과 변함없이 자연에 반해 사물을 역선택하면서 사는 것." 그는 또한 이렇게 덧붙인다. "자연에 따라 선호되는 사물을 얻기 위해 변함없이 그리고 영구불변으로 할 수 있는 모든 것을 하는 것."
138 Annas, *The Morality of Happiness*, p. 159.
139 P. Hardot, *What is Ancient Philosophy?* tr. M. Chase(Cambridge, MA. Harvard University Press, 2004), p. 130. 하지만 또한 스토아학파적 우주론에 대한 그러한 헤라클레이토스적 독법에 대해 함 같은 일부 저자가 이의를 제기하고 있음을 지적해야겠다. 그는 그것은 플라톤, 심지어 아리스토텔레스의 영향을 훨씬 더 많이 받았다고 주장하는데, 왜냐하

본성에 관하여』에서 우리는 물질적인 것에서 도덕적인 것으로의 이행에 대한 정확한 묘사를 발견하는데, 이 이행에서 이성은 신성하게 된다.

> 별들을 보면서 인간은 신에 대한 지식으로 나아갔습니다. 거기서 경건함이 생기고, 거기에 정의와 다른 덕들과 결합되었습니다. 한데 이것들로부터 신들과 비슷하고 동등한 행복한 삶이 생겨나지요. 이 삶은 불멸 이외의 다른 어떤 것에서도 천상적 존재들에 뒤지지 않는데, 이 불멸은 행복한 삶과는 관련이 없습니다.140

이 두 영역을 매개하는 것은 스토아학파가 오이케이오시스 *oikeiosis*[제 것으로 삼기]라고 부르는 핵심 이념으로 구성된다. 스토아학파의 도덕(성)은 비록 자기-성찰[자성]과 자기-절제[자제]를 포함하고 있음에도 불구하고 정언적인 도덕적 의무가 아니다. 자연과 조화를 이루어 사는 삶은 명상과 해석 모두를 요구한다. 해석이란 먼저 명상을 통해 자기를 존재자들과의 관계 속에 놓는 것을 의미하며, 두 번째로 존재자들에게 가치를 부여하는 것이다. 이 가치들은 브레이에르의 지적대로 임의적인 것이 아니다. "가치는 재는 것이 아니며, 재어지는 것이다. 재는 것은 존재 자체이다. …… 다시 말해 가치론은 존재론을 가정하지만 대체하

면 스토아학파는 『천구에 관하여』에서의 아리스토텔레스의 5요소 — 불, 공기, 물, 땅 그리고 에테르(하늘의 요소) — 로의 분류를 받아들여 우주는 생명체라는 생물학적 모델 속으로 통합하기 때문이다. Hahm, *The Origins of Stoic Cosmology*, pp. 96~103을 보라. 제논에게서 코스모스를 구성하는 요소는 불이며, 클레안테스에게서는 열 그리고 크리시포스에게서는 프네우마 *pneuma*[정신, 숨]이기도 하다. J. Sellars, "The Point of View of the Cosmos. Deleuze, Romanticism, Stoicism", *Pli* 8(1990), pp. 1~24와 p. 15의 주 70을 보라.
140 키케로, 『신들의 본성에 관하여 *De Natura Deorum*』, 강대진 역, 나남, 188페이지. Goldschmidt, *Le système stoïcien et l'idée de temps*, p. 67에서 재인용.

지는 않는다."141

베테그는 스토아학파, 특히 크리시포스는 우주적 자연을 윤리적 이론의 토대로 설득력 있게 통합했다는 입장을 제시해왔다. 베테그의 입장은 『행복의 도덕』에서의 애너스의 주장, 즉 스토아학파의 윤리 이론은 그들의 물리학적, 신학적 교리에 '앞서' 그리고 그것과 '독립적으로' 발전되었다는 주장과는 대립된다. 따라서 만약 그것이 사실이라면 물리학은 윤리학에 대한 이해를 깊게 해주는 단순한 보조적인 것이 될 것이기 때문에 스토아학파 윤리학의 본질을 이해하기 위해 우주적 자연으로부터 출발한다면 오류를 범하게 될 것이다.142 우리는 이미 동중서의 우주 중심론에 대한 모종삼의 비판을 논하는 가운데 그와 비슷한 주장과 마주친 바 있다. 하지만 우리가 지적한 대로 도덕(성)은 외적 환경을 고려하지 않고는 가능하지 않은데, 왜냐하면 도덕(성)은 세계-내-존재로 그것이 윤리적 사유의 조건이기 때문이다.

베테그는 플라톤의 『티마이오스』가 크리시포스의 텔로스 이론에 중요한 영향을 미쳤음을 보여주었다. 베테그가 자기 명제를 전개하면서 의존하는 『티마이오스』의 긴 단락은 아래와 같다.

따라서 누가 욕구와 야망에 전념하며 그런 것들에 노력을 쏟는다면 그의 모

---

141 E. Bréhier, "Sur une théorie de la valeur dans la philosophie antique", *Actes du III Congrès des Sociétés de Philosophie de langue française*(Louvain: Editions E. Vauwelarets, 1947). Goldschmidt, *Le système stoïcien et l'idée de temps*, p. 70에서 재인용.

142 G. Begegh, "Cosmological Ethics in the *Timaeus* and early Stoicism", *Oxford Studies in Ancient Philosophy* 24(2003), pp. 273~302. p. 275. Annas, *The Morality of Happiness*, p. 166.

든 의견은 필연적으로 사멸하는 것이 될 것이며, 인간으로서 가능한 범위 내에서 그는 철저히 사멸하는 존재가 될 수밖에 없어요. 그가 키운 것은 그의 사멸하는 부분이니까요. 그러나 누가 배우기를 좋아하고 참된 지혜에 정성을 들이며 특히 그러한 부분을 훈련시켰다면 그가 진리를 파악할 수 있는 경우 그의 생각들은 필연적으로 불멸하고 신적일 것이며, 그는 인간으로서 가능한 범위 내에서 불사에 관여할 수밖에 없어요. 그는 또한 자신의 신적인 부분을 늘 돌보며 자신과 동거하는 수호신을 훌륭한 상태로 유지한 까닭에 *en kekosmēmenon ton daimona* 남달리 행복할 수밖에 없어요 *eudaimona*. 무엇을 돌보는 데는 한 가지 방법밖에 없는데, 다름 아니라 그것에 알맞은 영양분과 운동을 제공하는 것입니다. 그리고 우리 안의 신적인 부분과 동족관계에 있는 운동은 우주의 사고들과 회전들입니다. 따라서 우리는 저마다 이 운동들에 유의하면서 우주의 조화와 회전들을 철저히 배움으로써 우리가 태어날 때 궤도에서 이탈한 우리 머릿속의 회전들을 수정해야 하며 우리의 이해력이 타고난 본성에 따라 이해의 대상과 다시 일치하게끔 만들어야 해요. 그렇게 하면 우리는 현재에도 미래에도 최선의 삶이라는, 신들이 인간에게 정해놓은 목표를 달성하게 될 것입니다.[143]

인간과 하늘의 관계에 대한 중국적 사유의 명백한 메아리가 울리고 있는 여기서 우리는 개인적 영혼과 세계적 영혼의 구조와 조직화 간의 유사성을 발견한다.[144] — 일종의 '유비'를 말이다. 그러나 플라톤에서 이 관계는 진정으로 유비적이지 않은데, 왜냐하면 인간 존재 또한 자연 안

---

143 플라톤, 『티마이오스』, 90b-d, 천병희 역, 숲. Betegh, "Cosmological Ethics", p. 279에서 재인용.
144 Betegh, "Cosmological Ethics", p. 279.

에 있고 전체의 일부이기 때문이다. 영혼이 우주적 조화를 내면화할 때 영혼의 이성적인 부분을 질서와 조화 속으로 가져오는 것이 가능하다. 이 과정은 오이케이오시스에 의해 주도되는데, 그것은 보통 '전유[제 것으로 삼기]'로 번역된다. 키케로의 『최고선악론*De Finibus Bonorum et Malorun*』, 루킬리우스에게 보내는 세네카의 편지 그리고 디오게네스 라에르티오스의 보고에 기초해 재구성해보면 전체적 그림을 얻을 수 있을 것이다.145 즉 스토아학파는 사람과 동물 모두에게 아래와 같은 능력이 주어졌다고 믿었다. 다시 말해 자기를 구성해*sustasis* 보존하는 데 적절한 것*oikeion*을 적합하지 않거나 낯선*allotrion* 것으로부터 구별할 수 있는 능력이 말이다. 디오게네스 라에르티오스에 따르면 크리시포스는 만약 동물을 창조해놓고도 자연이 자기보존 수단을 주지 않는 것은 합리적일 수 없다고 언급했다고 한다. 하지만 두 번째 단계는 필연적인데, 여기서 그러한 오이케이오시스는 행동이 이성에 의해 인도될 수 있도록 해주는 통찰을 요구한다. 이성의 완벽함은 자연과 동일시되는데, 왜냐하면 자연은 덕이 있는 행위를 처방하기 때문이다.

스토아학파의 '삶의 기술ars'은 '기술'이라는 단어가 시사하는 대로 테크네이다. 애너스는 이렇게 주장한다. 즉 "스토아학파는 미덕을 일종의 기술(테크네)로 간주했는데, 기술은 지적으로 파악하는 것으로서 시행착오를 통해 보다 확고해지면서, 점점 축적된다. 그들 말에 따르면 미덕은 행복을 생산하는 삶과 관련된 기술이다."146 여기서 행복은 "삶이

---

145 아래의 묘사는 G. Striker, "The Role of *Oikeiōsis* in Stoic Ethics", in *Essays on Hellenistic Epistemology and Ethics*(Cambridge: University of Cambridge, 1996), pp. 282~297, pp. 286~287에서 찾아볼 수 있다.
146 Annas, *Morality of Happiness*, p. 169.

잘 흘러가는 것"147이라는 제논의 공식적인 규정을 볼 수 있을 것이다. 그리고 테크네를 "삶에서 유용한 어떤 목적을 위해 실천에 의해 통합되는 근심의 체계"148로 공식적으로 규정하는 것을 볼 수 있을지도 모른다. 이 규정들은 물론 간단한 것이 아니다. 하지만 미덕을 목적으로 하는 테크네는 분노, 자비, 복수 등을 다루는 것을 포함해 삶이 잘 흘러가는 것을 촉진한다149고 암시하는 것은 분명하다. 마르쿠스 아우렐리우스는 예를 들어 우리에게 대상을 명상하라고, 즉 그것이 분해되고, 변형되고, 썩어가고, 쇠약해지고 있는 중임을 상상하라고 제안한다. 아르도는 제행무상을 상상하는 그러한 연습은 죽음에 대한 명상과 관련되어 있다고 지적한다. 그리하여 "철학자가 우주에 내재하는 이성의 의지에 의해 생겨난 사건에 애정을 갖고 동의하도록 이끈다."150

이 모든 점을 염두에 두면서 '자연과 조화를 이루어 사는 삶'의 측면에서 도교와 스토아학파 간의 차이를 이렇게 열거할 수 있을 것이다

우주론: 스토아학파는 유기체로서의 우주를 모델로 삼았다(여기서 우주생

---

147 Long, "Stoic Eudaimonism", p. 189.
148 Sellars, *The Art of Living*, p. 69. 스파샷이 지적하는 대로 또한 '시스테마*systema*'라는 용어에도 주목해야 한다. 즉 스토아학파에게서 그것은 필연적으로 현실'로부터' 나오는 어떤 것이기 때문이다(이러한 의미에서 플라톤의 이데아 개념과 같지 않다). 스토아학파에게서 테크네는 파악하는*ek katalepseon* 것으로부터 구성되는 시스템이다. F. E. Sparshott, "Zeno on Art: Anatomy of a Definition", in J. M. Rist(ed.), *The Stoics*(Berkeley, CA: University of California Press, 1978), pp. 273~290을 보라.
149 셀라즈는 여기서 세 가지 유형의 기술을 제안한다. 1) 생산적 기술. 그것은 최종 생산물을 갖고 있다. 2) 수행적 기술. 이것의 생산물은 행동 자체보다 덜 중요하다. 3) 확률적 기술. 그것은 최고를 목표로 하지만 반드시 보장되는 것은 아니다. 예를 들어 의학이 그렇다. *The Art of Living*, pp. 69~70을 보라.
150 Hardot, *What is Ancient Philosophy?*, p. 136.

물학 또는 우주생리학에 대해 말할 수 있을 것이다).151 그것은 도교에서는 분명하지 않은데, 도교에는 우주의 유기적 조직이 존재하지만 동물로 제시되지는 않으며 대신 자연을 모델로 한 도에 의해 인도된다.152

신격화: 스토아학파에서 우주는 입법자로서의 신성과 관련되어 있는 반면 입법자나 창조자라는 이 역할은 고대 중국의 사유에서는 발견되지 않는다.

에우다이모니아: 스토아학파는 합리성을 높이 평가하는데, 왜냐하면 그것이 에우다이모니아로 이어지기 때문이다. 그리고 인간은 합리성 덕분에 우주에서 특수한 역할을 한다. 도교 사상가들은 전자는 인정할 수 있지만 후자는 거부할 텐데, 왜냐하면 도는 만물 속에 존재하고, 자유는 오직 무위를 통해서만 성취될 수 있기 때문이다.

합리성: 스토아학파에게서 자연과 함께 사는 것은 합리성을 발전시키는 것이다. 도교 사상가들에게는 오히려 본래의 자발적 소질의 회복이 중요하다.153

위의 언급은 스토아학파와 도교에서 우주와 도덕의 관계는 상이한 기술 — 다시 그것은 내가 코스모테크닉스라고 부르는 것에 속한다 — 에 의해 매개되고 있음을 보여주는 데 목적이 있다. 그러한 관계는 상이한 방식으로 맺어졌으며, 실제로 상이한 삶의 양식을 규정하고 있다. 푸코는 「자아의 테크놀로지」에서 스토아학파의 실천의 다양한 사례를 제공한

---

151 Hahm, *The Origins of Stoic Cosmology*, 5장. "Cosmobiology", pp. 136~184를 보라.
152 전신조錢新祖는 비록 스토아학파가 말하는 영혼의 중추부 *hēgemonikon* 또는 플라톤의 세계영혼이 등위적 논리에 기초한 것처럼 보일지라도 실제로는 여전히 하위적 논리라고 주장한 바 있다. 錢新祖, 中國思想史講義, p. 220.
153 뒤의 세 가지 점은 Yu Jiyuan, "Living with Nature. Stoicism and Daoism", *History of Philosophy Quarterly* 25. 1(2008), pp. 1~19로부터 유래된 것이다.

다. 친구에게 편지를 보내고 자기를 드러내는 것(마르쿠스 아우렐리우스, 세네카 등), 자아와 양심을 시험하는 것, 진리를 (발견하는 것이 아니라) 기억하는 아스케시스 askēsis 등이 그것들이다.154 그리스인들은 기술을 두 가지 주요한 형태로 분류했다. 멜레테 meletē와 김나지아 gymnasia가 그것이다. 멜레테는 명상을 의미하는데, 상황에 대처하는 데 도움이 되도록 상상력을 사용하는 것이 그것이다. 예를 들어 최악의 시나리오를 상상하고 바람직하지 않은 일이 이미 발생하고 있는 것을 지각하고 고통(예를 들어 병)을 관습적으로 자각하는 것을 거부하는 것을 꼽을 수 있다. 반면 김나지아는 힘이 많이 드는 스포츠 행위 같은 신체적 훈련으로 이루어진다.155 이렇게 묻고 싶을 것이다. 즉 우주적 자연에 의해 드러나는 미덕을 이해하는 데서 그러한 훈련은 어떤 근거를 갖고 있는가? 그것이 푸코의 관심사는 아니지만 — 그는 자기의-드러냄의 역사에 관심을 갖고 있다 — 코스모테크닉스에 대한 우리 탐구에서 다루어져야 할 필요가 있는 물음이 바로 그것이다.

스토아학파의 훈련이 초기 기독교의 교리로 통합된 것은 푸코의 지적대로 심오한 변형을 초래했다. 만약 '너 자신을 알라'가 스토아학파의 '자아에의 배려'의 결과였다면 기독교 교리에서 그것은 죄인과 회개자로 자기를 드러내는 것과 직접적으로 연결되었다.156 푸코는 두 가지 주요한 기술을 열거했다. 엑소몰로게시스 exomologesis, 그것은 부끄러움과 겸손함을 보여주고 정숙함을 드러냄으로써 작동하는데, 세네카에게서처럼 사적 훈련이 아니라 푸블리카티오 수이 publicatio sui[자기의 드러냄.

---

154 Foucault, "Technologies of the Self", p. 34.
155 앞의 책, 36~37페이지.
156 앞의 책, 41페이지.

공개]를 통해 이루어졌다. 그리고 엑소고레우시스*exogoreusis*가 있었는데, 그것은 복종과 명상이라는 두 원리에 기반하며, 그리하여 자기-시험은 하느님에 대한 인식으로 이어지게 되었다. 도교적 실천을 통해 이루어지는 변형 또한 도가道家가 도교道敎로 채택되었을 때 관찰되었다. 명상, 무술, 방중술, 연금술 등이 그것이다. 하지만 헬레니즘적 가르침이 기독교 교리 속으로 선별되어 변형되어 들어갈 때 일어난 일과 달리 도교에서 노자와 장자 사상의 본질은 여전히 하나도 손상되지 않고 온전하게 남아 있다. 그리고 도교 또한 '천일합일'이라는 유교적 이해를 자기의 가르침 속으로 효과적으로 흡수했다.

앞서의 논의가 코스모테크닉스 개념을 포괄적으로 이해하고, 기술과 기술의 역사라는 개념을 새롭게 열 필요가 있음을 이해하는 데 조금이라도 기여할 수 있으면 좋겠다. 1부의 나머지에서 나는 중국에서의 도-기 관계의 변형을 스케치한 다음 2부에서는 근대(성)과 근대화를 이해하는 데서 그것이 가진 의미를 평가해볼 생각이다.

§ 11. 저항으로서의 기-도: 당대의 고문 운동

지금까지 우리는 기-도의 역동적 관계를 분석함으로써 중국철학을 체계적으로 이해할 수 있다고 제안해왔다. 그리고 기-도 합일을 재확인하려는 시도가 모든 역사적 시기마다 나타났으며, 특히 위기의 순간에 그러했다. 역사학자 김관도와 유청봉에 따르면 위진남북조(220~420년) 시대는 중국 사상사 연구에서 가장 흥미로운 두 시기 중의 하나인데, 왜냐하면 이 시기에 불교가 중국에 전래되어 내적 변형을 촉발시켰기 때문이다. 그것은 마침내 유교, 도교, 불교의 통합으로 이어졌고, 그리하여 19세기 중엽까지 중국철학의 지배적 전통으로 남게 된 모습을 형성하게 되었다고 말할 수 있을 것이다. 다른 한 역사적 시기는 1840년대 이후의 시기였는데, 그것은 중국의 근대화 시기를 의미한다. 이에 대해서는 아래서 상론할 것이다. 우리는 이 두 시기 모두에서 기-도 합일이 외적 위협(즉 불교와 서양 문화)에 맞선 저항으로 재천명되었지만 상이한 역사적 맥락이 기-도 간의 상이한 역동성을 낳았음을 보게 될 것이다. 우리는 또한 이 두 시기에 앞선 또 하나의 시기를 추가해야 한다. 주 왕조(기원전 1046~256년)의 쇠퇴가 그것이다. 모종삼의 주장대로 유가와 도가의 출현은 문왕(기원전 1152~1056년)이 정해놓은 예와 악 체계의 부패 — 그것은 도덕의 부패로 이어졌다 — 에 대한 대응이었다.157 기-도 관계의 그러한 변형은 중국에서의 기술-물음에 대한 이해에서 결정적이다.

당 초기(618~709년)에 불교가 중국의 지배적 종교, 정부의 공식 종교 또는 신앙이 되었다. 당 중기에 유교 부흥 운동이 불교에 대한 저항으로 재개되었는데, 한유韓愈(768~824년)나 유종원柳宗元(773~819년) 같은 지식인 눈에 불교는 그저 미신일 뿐이었다. 당은 중국사에서 가장 번영한 시기, 또한 가장 개방적인 시기 중 하나로 이 기간 동안 중국과 이웃 국가 간에 황실의 결혼을 포함한 여러 교류가 허용되었다. 반불교 운동은 두 부분으로 이루어졌다. 즉 먼저 종교로서의 불교와 도교에 의해 도입된 미신에 맞선 저항, 그리고 문장의 기능과 과제를 재주장함으로써 유교의 가치를 재천명하려는 노력 — 기-도 합일 — 이 그것

---

157 劉述先(1934~2016년), 當代中國哲學論 vol. 1(香港: 世界科技出版公司, 1996), p. 192를 보라.

이었다. 그것은 고문운동古文運動으로 알려져 있는데, '고'는 고대를 의미하며, '문'은 문장을 의미했다. 문은 양식과 형식에 주안점을 두기보다는 도를 밝히는 것이었다. 위진남북조 기간 변려문騈儷文(말 그대로 '대구 형식의 문장')은 어휘의 현란함과 문장의 병렬적 형식에 의해 특징지어졌는데, 그것이 지배적인 문장 양식이었다. 고문운동을 이끈 한유와 유종원에 따르면 변려문은 피상적인 미학적 기획이 되었다는 의미에서 도를 벗어난 것이었다. 고문운동은 문장의 고대적 양식을 재건하려는 의도였지만 또한 고대 유교의 가르침을 재건하려는 시도이기도 했다. 그것은 '문장으로 도를 밝힌다文以明道'를 구호를 택했다. ― 그것은 문장이 기-도 사이의 합일을 재건할 수 있는 능력을 갖춘 특수한 형식의 기 역할을 맡는다는 것을 의미한다.

회고해보자면, 이 운동의 취지는 유교를 중국 문화의 중심으로 재건하려는 시도로 보일 수 있다. 하지만 중심 또는 중中은 여기서 무엇을 의미할까? 중은 이중적 의미를 갖고 있으며, 이 이중적 의미는 한유와 유종원을 구분하는 데 도움을 준다. 보다 중요하게, 이 이중적 의미는 도는 고정적이고 영원한 존재가 아니며, 불교에 의해서도 영향을 받았기 때문에 '순수한', '본래의' 유교적 가르침은 회복될 수 없음을 보여준다. 한편으로 유교 경전『중용』이 있는데, 그것은 '중'의 가치를 강조한다. 그것은 어떤 극단에 기대지 않고, 적절하게 처신한다는 것을 의미한다. 다른 한편으로 나가르주나에 의해 개발된 개념인 중관中觀도 있는데, 그것은 공空을 존재의 영원한 진정한 형태로 간주하며, 다른 현상은 그저 환상, 단순한 현상으로 본다.[158] 한유는 중의 첫 번째 의미에 좀 더

---

[158] 중이 또한 중이 아닌 8가지 형태에서 유래한 공인 이유를 이해할 수 있을 것이다. "생겨나지도 않고 소명하지도 않으며, 항상적이지도 않고 단절된 것도 아니다. 동일하지도 않고

기대고, 류중원은 불교에 좀 더 동정적이었기 때문에 두 번째 의미에 기댄다. 한유는 「원도原道」('도의 진수' 또는 좀 더 문자 그대로 하자면 '도의 근원을 논함')라는 글에서 도 개념을 이렇게 설명한다.

> 선왕先王의 가르침이란 무엇인가? 널리 사랑함을 인이라 하고 행하여 이치에 합당함을 의라 하며, 그것을 통해 나아감을 도라 하고 자신에게 충족시켜 외부에 의존함이 없음을 덕이라 한다. 그것의 글로는 『시경』, 『서경』, 『주역』, 『춘추』가 있고 법도로는 예의, 음악, 형법, 정령이 있다. 백성은 선비, 농민, 장인, 상인으로 나뉘고, 위계로는 군신, 부자, 사우師友, 빈주賓主, 형제, 부부의 관계가 있다. 의복은 베옷과 명주가 있으며, 거처는 각종 집이다. 음식은 곡식과 채소와 과일과 물고기와 육류가 있다. 그것의 도리는 이해하기 쉬우며, 가르침은 실행하기 쉽다.[159]

한유의 도 해석은 청(1644~1911년)말의 개혁가들에 의해 보수적이고 퇴행적인 것으로 간주되었는데, 왜냐하면 봉건주의의 복귀를 바랬기 때문이다.[160] — 같은 이유로 공자가 후일 문화대혁명 동안 공산주의자들의 비판을 받게 된다. 그와 반대로 중관의 불교는 유종원이 통합된 우주론적 사고를 발전시키는 동안 지도 원리로 남아 있었는데, 그것은 한대

다르지도 않으며, 오는 것도 아니고 나가는 것도 아니다不生亦不滅, 不常亦不斷, 不一亦不異, 不來亦不出"[용수, 『중론』, 김성철 역주, 경서원, 25페이지(1장 인연에 대한 관찰)]. 金觀濤와 劉青峰, 十講, p. 190을 보라.
159 Chen Joshui, *Liu Tsung-yuan and Intellectual Change in T'ang China 773~819*(Cambridge: Cambridge University Press, 1992). p. 121에서 재인용[『한유산문선』, 오수형 역, 서울대학교출판문화원, 477페이지].
160 吳文治, 柳宗元評傳(北京: 中華書局, 1962), pp. 188~189.

에 발달된 관점, 즉 하늘과 인간을 합일된 것으로 바라보던 관점에 맞서 그것들을 초자연인 것과 자연적인 것, 미신적인 것과 정신적인 것으로 분리시키게 되었다.161 세계의 형성은 세계 자체에서 찾을 수 있으며, 초월성 또는 제일원인은 찾을 필요가 없다. 여기서 우리는 송대의 신유교와 매우 근접한 — 실제로 선구자까지는 아니더라도 말이다 — 사유를 보게 된다.162 유종원이 원기元氣라고 부른, 세계를 구성하는 기본 요소는 물질적인 동시에 정신적인 존재이다. — 송대 신유교의 기론氣論에 대한 이해 방식으로부터 그리 멀리 떨어져 있지 않다.

하지만 한유와 유종원 간의 그러한 차이에도 불구하고 이 운동의 전반적 중요성은 기-도 합일을 재구성하려고 한 데서 찾을 수 있다. 고문 운동에서 문文-도 관계로 분명하게 표현된 기-도 합일은 자연에 대한 도교의 열망뿐만 아니라 우주론적 도덕질서를 재천명했는데, 그것은 유종원의 많은 산문에서 명백하게 드러나고 있다. 당 왕조 동안 이루어진 그와 유사한 발달이 일상생활에서의 기-도 합일에 대한 그러한 재천명과 관련해 무엇인가를 추가할 수 있을 것이다. — 즉 역사가 김관도와 유청봉이 '상식적 이성常識理性'이라고 부르는 것이 그것이다. 두 사람에 따르면 위진남북조 이래 세련된 철학 개념을 마치 상식인 것처럼 일상생활의 실천으로 흡수하려는 경향이 존재했다. 그것이 중국 문화에서

---

161 유종원은 하늘의 뜻을 믿지 않으며, 겨울과 형벌 간의 관계에 대한 고대의 해석을 단순한 미신으로 일축한다. 그에 따르면 천둥이 돌을 깨고, 겨울이 오면 나무와 풀이 죽을 수도 있지만 그것을 형벌로 간주할 수는 없는데, 돌과 나무는 죄인이 아니기 때문이다. 駱正軍, 柳宗元思想新探(長沙: 湖南大學出版, 2007), p. 95를 보라.

162 하지만 이 점은 논쟁의 여지가 있다. 이 주제에 관심 있는 독자들은 이 주제에 관한 역사가 진약수의 저작을 참고하라. 陳弱水, 柳宗元與唐代思想變遷(Cambridge: Cambridge University Press, 1992).

불교가 급격히 전파(비록 완전한 통합은 체계 간의 양립 불가능성 때문에 1천 년의 기간이 소요되긴 했지만 말이다)되고 유교와 도교가 유사-종교 형식으로 발전한 것을 설명해준다. 그것들이 제공하는 강력한 사례 중의 하나가 선종인데, 왜냐하면 선종에서는 고대의 문헌을 읽고 해석하는 것이 필수적인 것이 아니었기 때문이다(실제로 많은 위대한 선사는 심지어 글을 읽지 못했다). 하지만 그것은 또한 중국 불교와 인도 불교 간의 차이를 특징짓는데, 왜냐하면 전자에서 도는 일상생활에 있고 그리하여 누구나 부처가 될 수 있는 반면 후자에서는 반드시 그러한 것이 아니기 때문이다. 다시 말해 도는 일상생활 이외의 다른 어떤 곳에서 찾아서는 안 된다는 것을 함축하는 특정한 사유 노선이 존재한다. 이 '상식적 이성'이 송명대에 신유교로 한층 더 발전하게 된다.

§ 12. 초기 신유교에서의 유물론적 기氣 이론

지금까지 우리는 기器의 사용에 대해서만 논했지 기의 생산에 대해서는 논하지 않았다. 도덕적 우주론 또는 도덕적 우주생성론에서 기의 역할은 무엇일까? 도덕적 우주론은 송과 명대 유교에서 새로운 높이를 획득했지만[163] '유물론적 사유' 또한 이 맥락에서 출현했는데, 거기서 우주생성론을 정교화하기 위해 또 다른 요소, 즉 기氣가 재도입되었다. 유물론적 기 이론은 신유교의 기초를 세운 장재張載(1020~1077년)에 의해 발전되었으며, 명대인 1637년에 발간된 『천공개물天工開物』의 저자

---

[163] Mou Zongsan, *Questions and Development of Sung and Ming Confucianism*을 보라.

송응성宋應星(1587~1666년)의 저작 속으로 통합되었다.

정확히 이 기氣 — 태극太極과 중의학에 대해 어느 정도 지식을 가진 독자들에게는 익숙할지 모른다 — 는 무엇일까? 그것은 단순히 물질적 또는 에너지적인 것이 아니라 근본적으로 도덕적인 것이다. 우리는 송대와 명대의 신유교는 불교와 미신적 도교에 맞선 저항의 연속이었음을 인식해야 한다. 그것은 도덕적인 것과 양립 가능한 우주생성론을 발전시키려고 노력한 형이상학적 탐구에 중점을 두었는데, 그것은 두 고전, 즉 『중용』과 『역전』(『주역』에 대한 일곱 편의 주석)의 독해로부터 나왔다. 후자는 다시 『논어』와 『맹자』 해석으로부터 나왔다.164 모종삼은 송대와 명대의 신유교가 기여한 것은 "도덕의 필요를 최고의 명확함과 완전함을 얻을 정도로 극단까지 관철시킨 것"165으로 이해할 수 있다고 주장한다. 그것은 인仁('자비')의 실천 그리고 성性('내적 가능성' 또는 '인간의 본성')의 완전한 발전을 통한 '존재론적 우주론'과 도덕(성)의 합일에 있었다.166

하지만 송명대의 신유교 사상을 완전히 상세하게 기록하는 것이 우리 의도는 아니며, 오히려 중국철학의 이 특수한 시기 동안의 기-도 관계를 이해하는 것이 우리 의도이다. 실제로 3권으로 된 모종삼의 『심체와 성체心體與性體』(1968~1969년)가 이 주제에 대한 매우 체계적이고 역

---

164 앞의 책, 99페이지.
165 모종삼, 『심체와 성체』 1, 김기주 역, 소명출판, 218~219페이지. "도덕성의 당위를 최고로 발휘해 구체적이고 정성스럽고 측은히 여기는 원만하고 신묘한 경지에 이르렀다把道德性之當然滲透至充其極而達致具體清澈精誠惻怛之圓而神之境"(이 문장은 거의 번역 불가능하다).
166 앞의 책, 219페이지. "형이상학(본체우주론)적인 측면과 도덕적 측면 모두가 '인을 실천하는 본성을 온전히 실현하는 것'에 근거해 있음을 알 수 있다在形而上(本體宇宙論)方面與道德方面都是根據踐仁盡性的."

사적인 해명을 제공해주는데, 미래의 어느 저작도 그것을 쉽게 능가할 수 없을 것이다. 여기서 우리는 단지 우리 자신의 해석을 위해 중요한 몇 가지 기본 이념을 독자들이 이해할 수 있도록 마련하는 것만 해보려고 한다. 신유교에서 도덕적 우주생성론의 최초의 사상가는 주돈이周敦頤(1017~1073년)인 것으로 간주되는데, 그는 태극太極도설에 기초한 모델을 발전시켰다. 거기서 무극無極('극 또는 혼돈이 없는 상태')이 생겨나고, 태극이 운동을 일으키는데, 그것이 양이다. 양은 한계에서 정靜止이 되며, 이 정이 음을 생산한다. 음이 극에 이를 때 동動이 다시 나타난다. 음과 양이 오행五行('다섯 가지 상' 또는 '다섯 가지 운동')을 낳으며, 오행의 운동이 만물을 낳는다. 주돈이는 성인聖人이 음과 양, 부드러움과 딱딱함에 상응해 인仁과 의義를 발전시켰으며, 따라서 성인의 도덕적 입장은 천지와 일치한다고 주장한다.167

장재는 기氣 개념을 보다 발전시킴으로써 우주생성론과 도덕의 관계를 이런 식으로 추적하는 작업을 계속했다. 앞서 살펴본 대로 기는 우주를 구성하는 기본 요소로, 만물은 그것의 내적 움직임 — 그것은 신神('정신')이라고 불린다 — 에 따라 기를 실현한다. 이 거대한 조화를 감싸 안는 역동적 과정이 도다.168 장재는 이 개체화 과정을 기의 변화氣化라고 부른다. 우리는 여기서 화化라는 단어에 주의해야 하는데, 그것은

---

167 앞의 책, 376페이지. 주돈이는 앞서 §7에서 인용한 『주역』의 「설괘전說卦傳」에서 아래 문장을 인용하고 있다. "'[인성과 천명의 이치에 순종하고자 했기 때문에] 하늘의 도를 설정하고 그것을 음과 양이라고 했으며, 땅의 도를 설정하고 그것을 강건剛과 유순柔이라고 했으며 사람의 도를 설정해 그것을 인과 의라고 했다.' 또 말하기를 '사물의 처음始을 생각하고 사물의 마지막終을 헤아리기 때문에 삶과 죽음의 문제를 알게 된다' 했다故曰. 立天之道曰陰與陽, 立地之道曰柔與剛, 立人之道曰仁與義. 又曰. 原始反終, 故知死生之說"[뒤의 인용문은 「계사상전」 4에 나온다].
168 陳來, 宋明理學(瀋陽: 遼寧教育出版, 1995), pp. 61~62.

변變이라고 부를 수 있는 양자비약 같은 갑작스러운 운동을 나타내지 않으며, 오히려 하늘의 구름 모양이 바뀌는 것에 비유될 수 있는 느린 운동이다.169 간단히 말하면, 이 기 이론의 기저를 이루는 것은 우주론과 도덕 간의 일관성을 위한 토대를 제공하는 일원론이다. 기의 이러한 일원론으로 장재는 하늘과 땅, 태양과 달, 다른 인간 존재들과 만물이 모두 나와 연결된다고 주장할 수 있었다.170 따라서 우리는 만물에 대해 **도덕적 의무**를 가지며, 역으로 만물은 '나'의 일부이다民吾同胞, 物吾與也, 모든 백성은 나의 동포이고, 만물은 나와 같다.171 다시 한 번 우리는 유교적 기획의 핵심, 즉 도덕적 우주론으로 되돌아간다.

기와 기학파와 병행해 송대의 신유교에는 다른 두 학파, 이理학파와 심心학파가 존재했다.172 그러나 이 학파들은 기술을 고려하지 않는 것처럼 보이며, 형이상학과 관련된 기술 이해는 단지 송응성의 사상에서만 보다 가시화된다.173 실제로 이理와 도에 초점을 맞추는 것이 어떻게 기器와 도를 분리하려는 경향으로 이어지는지를 지적하기는 어렵지 않다. 예를 들어 주돈이는 '문장으로 도를 밝힌다文以明道'는 신조를 '글이란 도를 담는 도구이다文以載道'로 변형시킨다. 물론 '담는 것'은 두 가지가 분리될 수 있음을 암시하는데, 이 경우 글이라는 기는 단지 탈 것, 다시 말해, 단지 기능적인 것이기 때문이다. 심학파는 우주의 모든 변화

---

169 변變은 또한 양으로 간주되기도 하며, 화化는 음으로 간주된다.
170 앞의 책, 74페이지. "천하의 사물은 모두 내가 아닌 것이 없다視天下無一物非我."
171 正蒙, 王夫之註(上海: 上海古籍出版, 2000), p. 231.
172 또한 '수학파數學派'라고 불린 또 다른 학파가 있었음에 주목하라. 이 학파의 대표적 학자로는 송대 초기의 신유교 소옹邵雍(1011~1077년)이 있지만 여기서 그를 위해 지면을 할애하기는 힘들 것이다.
173 또한 『장자』에서 기가 이미 중요한 역할을 하는 것이 사실이다. 하지만 도道, 기器 그리고 기氣 간의 관계는 명확하지 않다.

를 무한한 심속에서 이해될 수 있는 것으로 보는 경향이 있는데, 그것은 이 학파가 심을 절대적이고 궁극적인 가능성으로 간주하며, 따라서 기술에는 거의 아무런 적절한 역할도 부여하지 않는다는 것을 의미한다.

§ 13. 명대의 송응성의 기술백과사전에서의 기-도

송응성의 업적은 매우 중요한데, 아마 그것이 기술적·물질적 존재자들의 개체화 과정에서의 기의 역할을 형이상학 수준으로 끌어올린 최초의 이론이기 때문일 것이다. 그의 작업에서 기는 적절한 역할을 찾고 있다. 성리학자들이 발전시킨 도덕적 우주생성론을 보충하는 가운데 송응성은 본인을 신유교 내부에 위치시킴으로써 코스모테크닉스의 역할을 분명하게 만들었다. 송응성의 작업이 가진 중요성의 진가를 알아보기 위해 당대 이후 무슨 일이 있었는지를 간략히 묘사해보자.

송대(960~1279년)는 위대한 기술적 발전이 이루어진 역사적 시기로, 예컨대 항해용 나침반의 개발, 화약과 그것의 군사적 응용의 발달 그리고 활판 인쇄의 발명 — 1620년에 베이컨의 『대혁신*Instauratio magna*』에서 '세 가지 위대한 발명'으로 명명된다 — 등을 가져왔다. 뒤를 이은 원 왕조(1271~1368년) 또는 몽골 제국은 말, 전사와 함께 유럽에 도달해 동서 교류를 가속화했다. — 오늘날 잘 알려져 있듯이 마르코 폴로가 이 시기에 중국에 왔다. 송응성의 시대, 즉 명대(1368~1644년)는 미학뿐만 아니라 과학과 기술의 발달이 새로운 높이에 오른 역사적 시대였다. 최초로 망원경이 만들어졌으며, 정화 원정대가 아프리카를 항해했으며, 유클리드 기하학이 중국어로 번역되었다.

그런데 그의 저서는 갑자기 튀어나온 것이 아니며, 그의 시대정신을 구현한 것이었다. 그의 백과전서 『천공개물天工開物』(1636년)은 농업, 야금학 그리고 병기 제조 등을 포함해 다양한 기술을 상술하고 있는 18편으로 구성되어 있다. 주석이 붙여져 있는 세목은 저자의 여행 동안의 관찰 그리고 그 밖의 다른 연구에서 얻은 것이었다. 천天은 존재자의 모든 변화와 출현을 주재하는 우주론적 원리들과 동의어이다. 『천공개물』은 그러한 원리들을 이해하려는 시도이며, 일상의 생산에 대한 인간의 개입이 하늘의 원리와 양립 가능한 방법을 묘사하려는 시도이다.

송응성의 백과전서는 프랑스의 달랑베르나 디드로의 백과전서 그리고 영국의 체임버스 형제W. & R. Chambers의 백과사전보다 100년 앞서 나왔다. 물론 역사적 맥락은 매우 다르다. 유럽에서의 계몽주의와 백과전서파는 지식의 체계화와 전파에서 역사적으로 새로운 형태를 보여주었는데, 그것은 『천공개물』과 달리 자신을 '자연'과 분리시키고 있다. 그룰은 그처럼 특별한 순간에 역사는 왕의 삶으로부터 떨어져 나왔으며, 철학은 신학으로부터 떨어져 나왔다고 지적한 바 있다.[174] 그렇게 해방되어 지배적인 힘을 갖게 된 철학은 다양한 학문에 참여하면서 관계rapports의 철학을 생산하게 되었다.[175] 이 맥락에서 철학의 자유는 계몽주의적 가치에 근본적인 것이 되었는데, 예를 들어 칸트의 『학부들의 논쟁』에서 옹호되고 있다. 거기서 칸트는 신학, 법학 그리고 의학이라는 세 가지의 '보다 높은 학부들'에 비해 독일 학제에서 보다 낮은 학부인

---

[174] M. Groult, "L'encyclopédisme dans les mots et les choses, différence entre la cyclopaedia et l'encylopédie", in *L'encyclopédisme au XVIIIe siècle, actes du colloque*, Liège(30~31 octobre 2006), p. 170.
[175] 앞의 책.

철학이 가장 높은 자유를 가져야 함을 보여주고 있다. 중국에서의 맥락은 이와 완전히 달랐다. 즉 『천공개물』의 저자는 철학자로 알려져 있지 않았다. — 그는 단지 몇 차례 실패 끝에 과거시험에 합격해 관원이 되었지만 이때 그는 이미 나이가 꽤 들었다. 후일 매우 낮은 직급의 관직을 받았으며 가난 속에서 살면서 이 백과사전을 작성했다. 하지만 이 두 경우 유사한 점은 테크놀로지의 체계화에서 철학이 결정적 역할을 했다는 것이다. 그리고 두 경우 모두에서 — 철학이 모든 분과학문을 넘어선 일종의 '메타적meta' 사유일 뿐만 아니라 — 서로 다른 다양한 지식을 하나로 수렴시키는 기능을 하고 있는 것은 철학 사상이었다.

『하늘에 대해談天』, 『기에 대해論氣』 같은 몇몇 저작을 포함해 송응성의 저작이 재발굴된 것은 1970년대 이후의 일이었다. 이 문헌들에서 기술과 (당시) 지배적인 형이상학(즉 신유교) 간의 연결은 명백해진다. 송응성의 형이상학은 위에서 간략히 언급한 장재의 저작에 중점을 두고 있다. 장재는 우주의 기원과 도덕적 우주론을 모두 설명하는 기氣 일원론을 제안하고 있다. 사후 저작인 『정몽正蒙』에서 장재는 "태화太和라는 것을 일러 도라 한다太和之謂道"라고 쓰고 있다. 장재는 도는 기의 운동 과정이라고 제안하며, 따라서 "기의 변화로부터氣化 도라는 이름이 있게 된다由氣化, 有道之名"고 주장한다. 그는 "모습으로 드러날 수 있는 것은 모두 존재하는 것이며, 존재하는 것은 모두 형태를 지닌다. 형태를 지니는 것은 모두 기凡可狀皆有也, 凡有皆象也, 凡象皆氣也"이며, 더 나아가 "공空이 곧 기임을 안다면 있음과 없음, 숨음과 드러남, 신神('정신')[176]과 변화, 본

---

[176] 신神을 '정신sprit'으로 번역하는 것은 아주 정확하지는 않은데, 왜냐하면 장재에 따르면 그것은 기氣의 미묘한 움직임을 의미하기 때문이다. 張岱年, "Zhangzai the 11th Century Materialist", in 張岱年, 全集 3(河北: 河北人民出版), pp. 248~249를 보라.

성과 천명이 하나로 통해 둘이 아니게 된다知虛空卽氣, 則有無, 隱顯, 神化, 生命, 通一無二"고 주장한다. 그리하여 장재는 심지어 공이라는 것도 기로 구성되어 있음을, 후자는 반드시 단지 현상과만 관련되는 것이 아니라 또한 보이지 않을 수도 있음을 증명하려고 한다.177 장재의 기 이론은 기의 자율성을 둘러싼 논쟁의 초점이 되었다. 기는 자체가 이미 운동의 원리를 지니고 있는가 아니면 자체의 움직임을 조절하기 위한 외적 원리와 동기를 필요로 하는가?

그의 동시대인들은 도는 형체와 나타남을 넘어서 있기 때문에 기氣와 도를 분리해야 한다고 주장했다. 따라서 도를 기와 동일시하기보다는 이理('이성'이나 '원리')와 동일시해야 한다는 것이다. 정호와 정이 형제178는 그와 반대로 제안했는데, 그에 따르면 "형체를 가진 것은 모두 기이고, 형체가 없는 것은 다만 도일 뿐이다有形總是氣, 無形只是道." 장재의 기와 정호와 정이 형제의 이는 모두 주희朱熹(1130~1200년)의 이론에 의해 채택되지만 여기서 기는 기器와 동일한 것이며 이는 형이상적인 것이다. ― 이와 관련해 주희는 이렇게 말한다. "하늘과 땅 사이에 이와 기가 있는데, 이라고 하는 것은 형이상의 도로 만물을 낳는 근본이며 기氣라고 하는 것은 형이하의 그릇器으로 만물을 낳은 도구이다天地之間, 有理有氣. 理也者, 形而上之道也, 生物之本也. 氣也者, 形而下之器也, 生物之具也."179 여기서 우리는 기氣와 기器가 말 그대로 동일시되고 있는 것을 매우 분명하게 볼 수 있다. 하지만 기器가 말 그대로 '자연적 대상'으로 간주되어 오지 않

---

177 공空을 기氣와 동일시한 것은 또한 불교와 도교의 공 개념에 맞선 공격이기도 했다.
178 정호程顥(1032~1085년)와 정이程頤(1033~1107년)는 '이理' 또는 보다 정확하게는 '천리天理'에 기초한 이론을 발전시켰는데, 그것은 주희朱熹(1130~1200년)에 의해 한층 더 발전되었다.
179 朱熹, 朱子文集 卷58, 答黃道夫(臺北: Wu Foundation, 2000), p. 2799.

았다면 어떻게 기氣가 기器와 동일한 것이 될 수 있을까?180

　　기氣의 지위에 대한 논쟁은 모종삼(1909~1995년) 시대에 이르기까지도 해결되지 않았다. 그는 장재에게서 태화太和는 두 가지를 의미한다고 주장한다. 기氣 그리고 신神('정신')인 태허太虛가 그것이다. 모종삼은 이理만으로는 기氣를 운동하도록 하기에 충분치 않다고 주장하는데, 왜냐하면 둘은 단지 원리일 뿐으로, 따라서 '원동자'를 필요로 하기 때문이다. 이 원동자는 심心, 신神 그리고 정情('정서')에 들어 있다.181 기氣, 이理, 심心은 계속 서로 경쟁하면서 신유교의 가장 근본적인 형이상학적 원리가 되어 왔는데, 철학자들은 이 세 가지 것을 통합하려고 시도하거나 아니면 어떤 것이 다른 것보다 더 우월하다고 주장해왔다. 모종삼에게서는 심이 가장 강력한 후보자로 두드러진다. 하지만 그러한 주관적 힘이 어떻게 존재자를 운동으로 추동할까? 모종삼은 칸트적 태도를 취하는 것 외에 달리 그것을 설명할 방법이 없었으며, 여기서 삼위일체(기, 이, 심)는 현상을 경험할 수 있는 가능성의 조건이며 존재와 경험은 상호 연관되어 있다. 또 다른 주요 철학자 장대년張岱年(1909~2004년)은 그와 다른 견해를 견지했는데, 장재를 11세기의 유물론자로 급진적으로 해석했다. ― 장재 본인이 "태허는 기太虛卽氣"라고, 힘은 기에 외적인 것이 아니라 기 안에 존재한다고 말하는 만큼 불합리한 제안은 아니다.182 이 논쟁은 우리가 여기서 제안할 수 있는 것보다 한층 더 자세히

---

180 장대년은 장재가 기화氣化를 도로, 정이와 정호 형제가 이를 도로 이해해 도-기器 문제가 이-기氣 문제로 변형되었음을 확인해준다. ― 그것은 기器 문제가 모호해졌음을 의미한다. "中國哲學中理氣事理問題辯析", 中國文化研究 1(2000), pp. 19~22, p. 20.
181 牟宗三, 周易哲學演講錄(上海: 華東師範大學出版, 2004), p. 59.
182 그는 장재를 기 일원론자로 간주해서는 안 된다고 주장한다. 모종삼, 『심체와 성체』 2, 이기훈 역, 소명출판, 332~333페이지를 보라. 모종삼은 정호와 정이 형제의 저작과 후일

연구해볼 만한 가치가 있다. 그러나 장대년의 유물론적 주장이든 모종삼의 '원동자' 주장이든 모두 받아들이기 어려운데, 왜냐하면 둘 다 기氣의 역할을 완전히 설명하는 데는 부적절해 보이기 때문이다. 그들은 원동자를 물질 또는 정신에서 찾는다.[183] 비록 우리는 송응성의 사상을 일종의 유물론으로 묘사하기를 원하지만 그의 기氣 개념은 실체론적 유물론이 아니라 오히려 관계적 유물론이라고 말해야 한다. 송응성에서 기의 일원론은 5요소로 발전된다. 금金, 목木, 수水, 화火, 토土가 그것이다. 그것들 각각은 기가 독특한 방식으로 구성되어 만들어진다. 그것은 소크라테스 이전 사상가들과 공명하지만 근본적으로 다르다. 이 5요소

주희에게서 보이는 그러한 오독이 장재가 기의 일원론을 제안했다는 부정확한 결론으로 귀결되었으며, 그러한 해석은 교정되어야 한다고 말한다. "장재는「태화편」첫 번째 단락에서 '흩어져서 형상이 있는 것은 기이고, 맑게 통해서 형상이 없는 것은 신'이라고 했다. 또 두 번째 단락에서는 다시 '태허는 형체가 없는 것으로 기의 본체이다'고 말하면서 다시 '허공이 곧 기라는 것은 안다면 유무, 은현隱現, 신화神化, 성명性命이 하나로 통해 둘이 없게 된다'고 했고, '태허가 곧 기라는 사실을 안다면 무란 없다'라고도 했다. 무릇 이것은 모두 '허'가 기를 떠나지 않고 기를 통해 신神을 드러냄을 밝힌 것이다. 이것은 원래 체용불이의 논의로 이미 초월적이면서 내재적인 원융의 이론이다. 그러나 원융의 이치는 높고도 깊어 사람들로 하여금 자주 오해를 하게 한다. 그리고 장재가 선택한 용어들도 사람들이 오해하게 할 수 있다. 당시 이정의 오해가 있었고, 조금 후 주희 역시 오해를 했으며, 근래의 사람들도 또한 '유기론'이라고 오해하기도 한다. 그러나 그것의 의미를 세세하게 이해하고, 아울러 '천도'와 '성명'을 논한 당시 유학자들의 엄밀한 논의를 함께 잘 따져보면 장재의 이론을 유기론이라고 오해하지 않을 것이고, 또 장재가 형이하자를 형이상자로 삼았다는 오해도 하지 않을 것이다. 오해는 오해일 따름이므로 잘 이해해 뜻을 확정하면 될 것이다《太和篇》一則云.「散殊而可象爲氣, 淸通而不可象爲神.」再則云.「太虛無形, 氣之本體.」復云.「知虛空卽氣, 則有無, 隱顯, 神化, 性命通一無二.」又云.「知太虛卽氣, 則無無.」凡此皆明虛不雜氣, 卽氣見神. 此本是體用不二之論, 旣超越亦內在之圓融之論. 然圓融之極, 常不能令人元滯窒之誤解, 而橫渠之措辭亦常不能令人生誤解之滯辭. 當時有二程之誤解, 稍後有朱子之起誤解, 而近人誤解爲唯氣論. 然細會其意, 並諸儒家天道性命之至論, 橫渠決非唯氣論, 亦非誤以形而下爲形而上者. 誤解自是誤解, 故須善會以定之也."

[183] 장대년은 종종 교조적 마르크스주의의 태도를 취하며 장재가 충분한 유물론자가 아니라고 주장한다. 장대년, 『전집』 3, p. 251을 보라.

는 오행이라고 불린다. — 말 그대로 '운동'이다. 그것들은 **실체적** 요소들이 아니며 **관계적** 운동들이다. 송응성은 장재의 기를 받아들이며, 『기에 대해』에서 "천지를 가득 채우는 것은 기盈天地皆氣也"184라고 제안한다. 그는 이렇게 계속한다.

> 하늘과 땅 사이에 형形 또는 기氣가 있다. …… 기는 형으로 바뀌며, 형은 기로 되돌아오지만 우리는 그것을 알지 못한다. …… 신[정신]이 형으로 들어갈 때 우리는 그것을 본다.185

여기서 존재들의 개체화는 기氣의 변형, 무형에서 구체적 형체로의 변형이다. — 그것은 또한 기器일 수 있다. 송응성은 오행을 재정식화해 새롭게 구성하는데, 거기서는 오직 토, 금, 목만 형체와 관련되어 있다. 화와 수가 두 개의 가장 기본적인 힘으로, 형체와 기氣 사이에 놓여 있다.186 우주 속에서 개체화된 모든 존재는 기가 오행 형태로 변하는 현상이다. 이 변형들은 또한 운동의 순환을 따른다. 예를 들어 나무는 타면 흙으로 돌아간다. 송응성은 그의 분석에서 장재와 다르지 않게187 오

---

184 "天地間非形即氣 …… 由氣而化形, 形復返於氣, 百姓日習而不知也, 初由氣化形人見之, 卒由形化氣人不見者, 草木與生人′禽獸′蟲魚之類是也." 潘吉星, 宋應星評傳(南京: 南京大學出版, 1990), p. 338.
185 앞의 책, 339페이지.
186 앞의 책, 340페이지. "雜於形與氣之間者水火是也."
187 張載, 張錫琛點校:《張載集》(北京: 中華書局, 1978), p. 13. 장재는 강도에 기초해 오행의 새로운 역동성을 묘사한다. 「木曰曲直」. 能旣曲而反申也. 「金曰从革」, 一从革而不能自反也. 水火, 气也, 故炎上潤下與陰阳昇降, 土不得而制焉. 木金者, 土之華實也, 其性有水火之繁, 故木之爲物, 水漬则生, 火然而不離也, 盖得土之浮華 于水火之交也. 金之爲物, 得火之精于土之燥, 得水之精于土之濡, 故水火相待而不相害, 鑠之反流而不耗, 盖得土之精實于水火之际也. 土者, 物之所以成始而成終也, 地之质也, 化之终也, 水火之所以昇降, 物兼體而不遺者也."

행을 고대 철학에서처럼 대립적인 힘(예를 들어 물은 불과 맞서고, 금은 목과 맞선다)이라는 측면이 아니라 상이한 구성을 생산하기 위해 결합될 수 있는 강도強度라는 측면에서 생각한다. 거기에는 아무런 대립도 없으며 단지 비율 또는 관계만이 다를 뿐이라고 할 수 있다. 그러나 그러한 결합이 가능하려면 인간의 개입이 필요하며 그리고 거기서 기器가 끼어든다. 기器 또는 기술이란 자체로는 자발적으로 일어날 수 없는 형체 속으로 기氣를 가져오는 것을 말한다. 신유학자들과 신유교 학자들이 심心을 현상의 인과성의 유일한 '원동자'로 보면서 무시한 기氣의 차원이 그것이다. 송응성은 『기에 대해』에서 이 점을 매우 명확히 한다. 그의 주장은 두 가지 점으로 요약될 수 있을 것이다. 먼저 기氣는 물과 불 같은 형체를 취할 수 있으며, 비록 서로 대립적일지라도 이 요소들은 실제로 서로를 끌어당기는 공통의 것을 공유한다. 그는 그것들은 부부, 모자처럼 서로를 보고 있지 않을 때도 서로를 그리워한다는 은유를 사용한다. 하지만 그것들은 인간의 개입을 통해 — 좀 더 정확하게 말하면 기술적 행위를 통해 — '서로를 볼' 수 있다. 둘째, 한 잔의 물과 나무로 만들어진 마차를 생각해본다고 할 때 나무에 불이 붙었을 때 한 잔의 물은 어떤 효과도 낳을 수 없으며 불에 의해 증발될 것이다. 하지만 만약 거대한 물그릇이 있다면 불은 쉽게 꺼질 것이다. 따라서 실체 문제보다 **강도** 문제가 기술적 사유에 본질적이다.[188] 회고해보면 이러한 생각들은 송응성의 『천공개물』의 기술적 묘사에서 찾아볼 수 있을 것이다. 예를 들어 「도자기 만들기」 편에서 송응성은 "물과 불이 서로 적절히 작용하면 진흙이 굳게 결합되어 도자기를 만든다水火卽濟而土和"[189]라고 쓰고 있다.

---

188 潘吉星, 宋應星評傳, p. 353.
189 『천공개물』, 「도연陶埏」, 최병규 역, 범우사, 248페이지.

그리고 「쇠의 단련」 편의 쇠의 단련冶鑄에서 불과 물은 모두 철을 위해 필요한 조건들이다.

> 숙철熟鐵이나 강철은 빨갛게 달구어 두들긴 다음에는 물과 불의 효험이 아직 배합되지 않았기 때문에 재질이 아직은 그리 단단하지 못하다. 따라서 불에서 꺼내 이내 맑은 물에 넣어 담금질한 것을 건강健剛, 건철이라고 부른다凡熟鐵, 鋼鐵已經爐錘, 水火未濟, 其質未堅, 乘其出火之日, 立清水淬之, 名曰健鋼, 健鐵.»190

따라서 도의 원리에 따르면 기氣는 상이한 요소의 운동 속에서 실현된다. 그리고 인간의 개입을 통해 개체화된 존재자를 낳도록 재실현된다. 예를 들어 단조 과정에서, 좀 더 일반적으로는 기器의 생산과 재생산 과정에서 말이다. 그리하여 기器는 순환 속에 들어가 요소적 형체들의 결합 가능성을 확대한다. 지배적인 자연철학은 인공적인 것이 항상 오늘날이라면 물리학이라고 부를 운동의 원리뿐만 아니라 유기적 결합 모델 아래, 즉 개체화된 다양한 존재자 간의 관계를 매개하는 것 아래 포괄되도록 하는 방식으로 기술적 사유를 인도했다고 말할 수 있을 것이다. 여기서 또한 유종원과 마찬가지로 송응성은 하늘과 인간의 상호 관계 이론에 대해 회의적이었으며, 그것을 미신적인 것으로 간주했음을 덧붙여야 한다. 『하늘에 관해』에서 그는 고대인들이 — 위(§ 9)에서 논한 『시경』과 『춘추』의 묘사 그리고 성리학자이자 『시경』의 주석가 주희(1130~1200년)를 포함해 — 하늘을 이해하지 못했다고 조롱하는데191, 왜냐하면 만약 일식이 황제의 도덕적 행위와 상관관계에 있다면

---

190 앞의 책, 341페이지.
191 송응성, 『하늘에 대해』, http://ctext.org/wiki.pl?if=gb&chapter=527608. "朱注以王

그러한 상관 관계적 규칙에 예외적인 어떤 것도 설명 불가능하게 남을 것이기 때문이다. 송응성에게서 황제의 덕은 자연 현상에 의해 나타나는 것이 아니라 제때 행동하기 위해 '과학적 원리'에 따라 하늘을 이해할 수 있는 능력에 의해 나타난다.192 즉 비록 공명 이론을 의문시했지만193 송응성은 그럼에도 불구하고 우주와 도덕의 합일을 인정했다.194

요약하자면, 앞서 코스모테크닉스라고 특징지은 것의 관점에서 우리는 유교에서 우주론적 질서와 도덕질서를 공고히 하기 위해 『예기』를 사용한 것을 보았다. 장자의 경우 삶의 기술을 얻기 위해 도와 매개해주는 도구를 '사용하거나' '사용하지 않는 것'(그것의 기술적·사회적 규정에 따르면 사용이 아니다)이 그것이다. 반면 송응성의 저작에서 우리는 창조하는 것과 사용하는 것 모두에서 도의 역할을 보며, 거기서 기-도라는 도덕적 관계는 일상의 생산으로 확대된다. 그러한 유기적 형태는 오늘날 우리가 반복해서 되풀이되는 재귀적 과정으로 이해하고 있는 것이

者政修, 月常避日, 日當食而不食, 其視月也太儇.《左傳》以魯君, 衛卿之死應日食之交, 其視日也太細.《春秋》日有食之, 太旨爲明時治歷之源.《小雅》亦孔之醜, 詩人之拘泥於天官也, 儒者言事應以日食爲天變之大者, 君子徹君, 無己之愛也."

192 앞의 책. "而大君征誅揖讓之所爲, 時至則行, 時窮則止. 與時汚陵, 乾坤乃理. 此日月之情, 天地之道也."

193 반길성은 『송응성평전』(pp. 363~368)에서 송응성이 공명 이론에 반대했다고 주장한다. 하지만 송응성은 그의 문헌에서 '공명'이라는 단어를 언급조차 하지 않으며, 오히려 일식과 악을 피상적으로 상호 연관시키는 것에 반대했다.

194 김영식은 천天이 '만물의 창조자'로 간주되기 때문에 송응성의 저작에는 '자연신학'이 존재한다고 주장한다. 그러나 그러한 주장은 유지될 수 없는데, 왜냐하면 송응성과 신유교 사이의 밀접한 관계를 무시하기 때문이다. Y. S. Kim, "Natural Theology of Industry in Seventeenth-Century China? Ideas about the Role of Heaven in Production Techniques in Song Yingxing's *Heaven's Work in Opening Things*(*Tiangong kaiu*)", in J. Z. Buchwald(ed), *A Master of Science. History Essays in Honor of Charles Coulston Gillispie*(Dordrecht: Springer, 2012), pp. 197~214.

아니라 도속에서 지고의 원리를 발견하는 것을 말한다. 인간을 우주와 결합하는 코스모테크닉스가 그것이다.

§ 14. 장학성과 도의 역사화

청 왕조 동안 도-기 관계는 또 다른 방식으로 재정식화되었는데, 그것은 아편전쟁에 뒤이어 일어난 파열을 예견하는 것이었다. 하지만 이 시기 사상가들이 기-도 합일을 고의로 깨뜨리려고 했다는 인상을 가져서는 안 된다. 반대로 그들은 그것을 재확인하려고 했다. 하지만 역사가 위기에 처한 시기를 살아가면서 그들은 서구 사상과 테크놀로지를, 이 둘과 전적으로 양립할 수 있도록 만들 수 없는 단일한 철학 체계 속으로 통합시키지 않을 수 없었다. '일관된' 방법으로 통합시키기 위해 그들은 그러한 양립 불가능성을 최소화하기 위해 이 둘의 의미를 모두 비틀기만 할 수 있을 뿐이었다.

청 중기에서 말기 동안 육경, 즉 『시경』, 『상서』, 『예기』, 『주역』, 『춘추』, 사라진 『악경』 등을 연구하려는 목적 또한 도전받게 되었음을 주목해야 한다. 만약 과거에 경서의 연구가 도 — 이것에는 인간이 선천적으로 부여받은 선한 덕성을 존숭하고 보존한다遵德性는 의미가 주어졌다 — 를 이해하기 위해[195] 고전 문헌을 철학적으로 분석하고, 문헌을 분석하고 연구하는訓詁學 데 초점이 맞추어졌다면 청 왕조 동안에는 그러한 도 이해道問學의 **역사화**를 향해 나가려고 노력하는 모습을 볼 수 있

---

[195] D. S. Nivison, *The Life and Thought of Chang Hsüeh-ch'eng* (CA. Stanford University Press, 1966), p. 152.

다. 그것은 중국 사상사에서 중요한 변화였다. 왜냐하면 도를 이렇게 이해하는 방식에, 즉 도는 이미 표명되었으며 이후 고대 경전들 속에 잠재되어 있었다는 이해 방식에 도전하고 대신 도인 것으로 간주되고 있는 것은 역사적인 것이라고, 즉 도는 시간이 흐르면서 변한다고 제안했기 때문이다. 18세기 중국의 푸코 같은 인물이라고 할 수 있는 장학성章學誠(1738~1801년)은 시간과 공간의 맥락에 따라 다르게 나타나는 의미를 중심으로 도를 연구해야 함을 시종일관해 보여주었다. 장학성은 대표작 『문사통의』를 이러한 진술로 연다.

> 육경은 모두 사史다. 고대인들은 책을 저술하지 않았고, 사실事을 떠나 이치理를 말한 적이 없다. 육경은 고대 왕들先王이 정치를 하면서 마련한 법전政典이다六經皆史也. 古人不著書. 古人未嘗離事而言理. 六經皆先王之政典也.196

장학성의 진술은 동시대인으로 문헌학 연구로 잘 알려진 저명한 유학자 대진戴震(1724~1777년)과 그를 구별시키고 있다. 대진은 성리학, 특히 이理 해석에 매우 비판적이었다. 그는 주희와 다른 후기 유학자들을 마치 잔인한 관리들이 남을 죽이기 위한 목적으로 법을 사용하듯이 '이理로써 사람을 죽였다以理殺人'고 비난한 것으로 유명하다. 장학성이 보기에 대진은 여전히 육경이 시간을 초월할 수 없음을 깨닫지 못한 채 그리고 만약 그것이 가능하다면 그것은 도는 영원한 것이 되리라는 것을 의미한다는 것 — 이것은 그 자체로 모순이다 — 을 깨닫지 못한 채 여전히 도를 고대 경전에서 찾으려는 전통의 덫에 걸려 있다.197 장학성이

---

196 장학성, 『문사통의文史通義』, 임형석 역, 책세상, 15페이지. 余英時, 論戴震與章學誠: 淸代中期學術思想史硏究(北京: 三聯書店, 2000), p. 57에서 재인용.

보기에 육경은 그저 당대의 도에 대해서만 말해줄 뿐이다. 우리 자신의 시대의 도를 탐구하기 위해서는 사회 발전에 따라 그리고 그러한 발전이 초래한 복잡한 상황에 따라 역사화하는 것이 필요하다. 그러한 역사화는 또한 철학화이기도 하며, 그것은 '본래 의미'에 대한 끝없는 해독을 두고 미적거리며 시간을 끄는 대신 역사철학으로 도약하는 것이다. 그리하여 장학성은 어원학에 대한 상세한 분석에서 벗어나 보다 일반적인 방식으로, 그의 전기작가 니비슨이 헤겔의 역사 분석과 양립 가능하다고 보는 접근법[198]으로 역사에 대한 철학화를 제안한다. 그리하여 육경은 고대의 도의 기器가 된다. 「원도중原道 中」(원도는 '원래의 도'라는 뜻이다)이라는 장에서 장학성은 이렇게 진술하고 있다.

> 『주역』은 이렇게 말한다. '형체를 이루기 전을 도라고 하며 형체를 이룬 뒤를 기器라고 한다.' 도는 기와 분리되지 않는데, 이것은 마치 그림자가 형체를 떠나지 않는 것과 같다. 공자의 가르침에 감복한 나중 세상 사람은 육경에서 감동을 받은 것이다. 그들은 육경이 도를 싣고 있는 책이라고 말하면서도 육경이 전부 도를 담은 그릇이라는 점을 모른다. …… 공자가 육경을 서술해 나중 세상을 가르친 것도, 나중 세상이 앞 시대의 위대한 성인과 고대의 위대한 왕의 도를 직접 볼 수는 없지만 육경이 바로 성인의 도를 담은 그릇으로서 이를 볼 수 있게 해주기 때문이다. …… 유가 학파는 유가가 전유한 육경을 지키면서 육경만이 도를 싣고 있는 문헌이라고 말한다. 천하에 어찌 기와 분리된 도가 있으며 형태를 떠난 그림자가 있을 수 있는가? 《易》
> 曰.「形而上者謂之道, 形而下者謂之器.」道不離器, 猶影不離形, 後世服夫子之教者自六經, 以謂六經載道

---

197 陳來, 宋明理學, p. 6.
198 Nivison, *The Life and Thought of Chang Hsüeh-ch'eng*, p. 158.

之書也, 以不知六經皆器也. …… 夫子述六經以訓後世, 亦謂先聖先王之道不可見, 六經卽其器之可見者. …… 而儒家者流, 守其六籍, 以爲是特載道之書. 夫天下豈有離器言道, 離形存影者哉?199

어떤 의미에서 장학성이 여기서 제안하고 있는 것은 오늘날 탈구축이라고 부르는 것과 가깝다. 즉 여기서 도의 존재는 또한 그것의 **대리보충** — 데리다라면 화폭subjectile이라고 말할 테지만 말이다 — 에 의존하며, 그렇지 않으면 보이지 않게 될 것이다. 쓰기, 특히 여기서는 역사쓰기는 지속적으로 변하고 볼 수 있는 형태를 넘어 움직이는 도를 볼 수 있도록 해준다는 점에서 중요하다. 장학성이 도-기의 합일을 인정하고 있는 것은 분명하다. 하지만 역설적으로 그렇게 하면서 그는 또한 기-도 관계를 상대화해 그것을 역사적 현상으로 만든다. 도-기에 대한 장학성의 이해 방식은 중국의 근대화 초기의 중요한 인물인 공자진龔自珍(1792~1841년), 위원魏源(1795~1856년) 같은 학자에게 큰 영향을 미치게 된다. — 이에 대해서는 후술할 것이다.200 장학성의 신유교 비판은 또한 초점을 인식과 도덕(성)의 상호관계로부터 인식과 객관적 지식으로 이동시켰다. — 이 점은 비록 직접 표현되지는 않았지만 신유학의 프로그램을 위해 중요하게 된다.201

---

199 앞의 책, 62~63페이지. 余英時, 論戴震與章學誠, p. 53에서 재인용.
200 余英時, 人文與理性的中國(臺北: 聯經出版, 1998), p. 395.
201 余英時, 論戴震與章學誠, pp. 89~90. 여영시는 장학성과 왕양명 — 그의 양지 개념은 모종삼의 철학 프로그램에 근본적이다 — 의 세 가지 주요한 차이를 지적하는데, 이에 대해서는 §18에서 논할 것이다. 이 주요한 차이는 왕양명이 덕의 양지(선을 아는 것 또는 마음心)이라고 부른 것으로부터 지식의 양지로의 이동으로 해석될 수 있을 것이다.

§ 15. 아편전쟁 후의 가-도의 파열

신유교는 청말에 역사와 현실로부터 동떨어진 공허한 형이상학적 담론으로 간주되어 격렬한 비판을 받으면서 쇠퇴해갔으며, 결국 서양의 과학이라는 새로운 분과학문에 무너졌다. 그것은 위진남북조 시기에 있은 불교의 확산보다 설명하기 훨씬 더 어려운 사태의 전개였다. 불교는 새로운 형태의 사유와 새로운 가치를 불러일으켰다. 하지만 서양의 과학 속에 내장되어 있는 기왕의 가치와 강력한 물질적 매체는 서양 과학이 즉각 수용되는 것을 불가능하게 만들었을 것이다. 대신 기술적 조건에 대한 적응을 강요했다. 그러한 적응은 중국 문명이 경험한 가장 큰 도전과 위기 중의 하나를 대변하며, 실제로 '본래의', '진정한' 기원으로 돌아가는 것을 모두 불가능하게 만든 것처럼 보인다.

서양의 테크놀로지는 중국에서 과대광고 되었다. 하지만 보다 근본적으로, 두려움을 낳았다. 영국 회사인 자딘-매디슨에 의해 1876~1877년에 건설되어 상하이-오송吳淞 구간을 운행한 중국 최초의 철도를 예로 들어보자. 이 철도는 (안전과 잠재적 사고라는 측면에서) 너무나 큰 분노를 유발해 청조가 285,000양은을 지불해 구매한 다음 파괴해버려야 했다.[202] 여기서 문제가 된 문화적 변형은 ― 일부 아시아 학자들은 이것을 모호하게 '상이한 모더니티'라고 부르는 경향이 있다 ― 실제로는 현저하게 '데카르트적'이라는 의미에서 매우 근대적이었다. 왜냐하면 중국 사상의 '기본 원리'는 간직한 채 과학과 기술의 발전을 도입하려는 시도는 정신(코기토 ― 또는 여기서는 철학적 사유)이 기술을 매개로 자기

---

[202] 孫慶德, 晚淸傳統與西化的爭論(臺北: 臺灣商務印書館, 1995), p. 29.

는 영향을 받거나 변형되지 않고도 물리적 세계를 숙고하고 명령할 수 있음을 암시하기 때문이다.

19세기 중반에 있은 두 차례의 아편전쟁은 중국 문명의 자기-신뢰를 파괴했으며, 그것을 혼돈과 의심의 소용돌이 속으로 던져버렸다. 아편전쟁(1839~1842년, 1856~1860년) 후 중국은 '서양의' 테크놀로지를 개발하지 않고는 어떤 전쟁에서도 이기는 것이 불가능함을 깨달았다. 중국이 당한 심각한 패배는 중국을 자강운동自强運動(1861~1895년)으로 나가도록 이끌어 군대를 광범위하게 근대화하고, 생산을 산업화하고 교육 체계를 개혁하도록 만들었다. 이 운동의 두 구호가 시대정신을 정확히 포착하고 있었다. 하나는 '오랑캐의 장점을 배워 그것으로 오랑캐를 제압하자師夷長技以制夷'이며, 다른 하나는 좀 더 문화적이고 민족주의적인 정신을 보여주는 것이었다. '중국의 학문을 본체로 하고 서구의 학술을 도구로 응용한다中學爲體, 西學爲用'는 구호가 그것이었다. 이삼호는 중국과 서양 문화의 충돌에서 일련의 '번역'이 이루어졌는데, 거기서 도와 기는 점차 각각 서양의 (사회, 정치 그리고 과학) 이론과 테크놀로지와 동일화되어 갔다고 지적하고 있다.[203] 이삼호는 한대 이후 도가 기에 우선하는 것으로 이해되었다면 명말과 청 왕조부터 그러한 질서가 역전되어 기가 도에 우선하는 것으로 간주되었다는 해석을 제안한다.[204]

첫 번째 번역은 기器를 서양의 테크놀로지로 대체하는 것이었는데, 그것을 이용해 중국의 도를 실현하려고 했다. 아편전쟁에서의 패배 후에 이어진 개혁운동 동안 '오랑캐의 장점을 배워 그것으로 오랑캐를 제압하자'는 구호를 제안한 지식인 위원魏源은 테크놀로지를 고전에 대한

---

203 이삼호, 『전통의 재천명』, 111페이지.
204 앞의 책, 67페이지.

전통적 연구 속으로 통합하려는 희망에서 그것을 기와 동일시했다. 위원은 신유교 학자들이 형이상학에 대해 사변이나 늘어놓고, 사회적·정치적 문제를 해결하기 위해 제대로 도를 사용하고 있지 않다고 심하게 비판했다. 그는 중국 문화를 내부로부터 개혁하는 데 도움이 될 수도 있을 것으로 생각되는 몇몇 원리를 중국철학으로부터 되찾으려고 했다. 그에 따라 육경을 통치론으로 읽었다.205 그리하여 무의식적으로 도-기에 대한 전체론적 관점을 일종의 데카르트적 이원론으로 뒤바꾸어버리게 되었다. 위원에게 영향을 끼친 장학성과 비교할 때 위원은 기 개념을 역사 저작들로부터 인공물artefacts로 확대하면서 훨씬 더 급진적인 유물론적 입장을 택하고 있다. 고문운동은 문장을 통해 도를 재천명하려는 시도라고 할 수 있었는데 그럼에도 불구하고 여전히 도-기의 합일을 찾을 수 있다는 생각이 유지되고 있었다. 위원은 기 개념을 서양의 테크놀로지로 확대하는 가운데 결정적으로 도덕적 우주론과 단절한다. 즉 기는 도에 의해 통제되고 제어되는 단순한 것이 되었다. 도는 정신이고, 기는 그것의 도구이다. 그러한 이해 방식에서 기는 순수한 도구가 되었다. 헉슬리Thomas Huxley와 다윈 번역자 엄복嚴復(1854~1921년)은 중국의 도와 서양의 기를 그렇게 '짝 짓는 것'을 조롱했다.

> 체體와 용用은 통일되어 있다. 소의 몸體은 짐을 옮기는 데 사용된다. 말의 몸은 여행하는 데 사용된다. 나는 소의 몸이 말과 같이 사용될 수 있다고는 결코 들어본 적이 없다. 동양과 서양 간의 차이는 두 가지 다른 얼굴 간의 차이와 같다. 우리는 이 점을 무시하고 둘이 닮았다고 주장할 수는 없다. 따라서

---

205 陳其泰와 劉蘭肖, 魏源評傳(南京: 南京大學出版, 2005), p. 159.

중국 사상은 나름의 용처가 있으며, 서양 사상도 마찬가지다. 그것들은 나란히 놓여야 하며, 통합되면 둘 모두 사라질 것이다. 이 둘을 하나로 결합하기를 원하면서도 그것을 일부는 몸으로, 일부는 도구로 분리하는 사람들은 이미 논리적 오류를 범하고 있다. 어떻게 그것이 작동하기를 기대할 수 있을까? 體用者, 卽一物而言之也. 有牛之體, 則有負重之用; 有馬之體, 則有致遠之用. 未聞以牛爲體, 以馬爲用者也. 中西學之爲異也, 如其種人之面目然, 不可强爲似也. 故中學有中學之體用, 西學有西學之體用, 分之則並列, 合之則兩亡. 議者必欲合之而以爲一物, 且一體而一用之, 斯其文義鱟舛, 固已名之不可言矣, 烏望言之而可行乎? 206

이삼호에 따르면 두 번째 번역은 도와 기 모두를 서양의 이론과 서양의 테크놀로지로 대체하는 것으로 이루어졌다. 자강운동(양무운동洋務運動, 1861~1895년)에 이어 백일개혁(무술유신戊戌維新, 1898년 6월 11~9월 21일)이 따랐는데, 그것은 제1차청일전쟁(1894~1895년)에서 중국이 일본에 충격적으로 패한 데 대한 지식인들의 반응이었다. 회고해보면, 이 사건이 트라우마로 기록된 이유를 쉽게 상상할 수 있다. 서양 국가에게 패한 것은 문명의 상대적 우위에 의해 설명 가능한 반면 일본에 패한 것은 일본이 중국의 작은 '속국'이었음을 고려할 때 설명 불가능한 것처럼 보였을 것이 틀림없다. 아편전쟁 이후 자강운동은 중국에서 군사력 강화에 첫 번째 목적이 있었으며, 전함과 무기를 보다 질 좋은 것으로 개발했다. 두 번째 목적은 서양 과학과 테크놀로지를 산업화, 교육 및 번역 등을 통해 중국으로 통합시키는 데 있었다. 하지만 청일전쟁에서의 패배로 이 모든 계획은 유예되었다.

---

206 嚴復集 第三冊, 1986年. pp. 558~559. 이삼호, 『전통의 재천명』, p. 109에서 재인용.

당시 유럽에서는 유물론 사상이 오히려 유행이었는데, 유럽 사상에 전보다 더 친숙해진 중국 지식인들이 그것을 전유하기 시작한 것을 주목해야 한다. 가장 유명한 개혁 지식인 중 하나인 담사동譚嗣同(1865~1898년)을 예로 들어보자. 거의 모든 유학자와 마찬가지로 담사동 또한 도-기의 합일을 강조했다. 하지만 이삼호의 지적대로 그는 비록 중국철학의 범주들로 정식화하기는 했지만 기는 과학 및 테크놀로지와, 도는 서양의 과학 지식과 동일시했다. 그의 유물론적 사유에 따르면 기는 도의 버팀목이며, 기 없이 도는 더 이상 존재할 수 없다. 따라서 도는 서양의 '기器'와 양립할 수 있도록 바뀌어야 한다. 그 결과 담사동은 '기는 도를 위해 쓰인다器爲道用'는 위원의 생각을 '도는 기를 위해 쓰인다道爲器用'로 실제로는 뒤집어버리게 되었다.

이 시기의 '유물론자들'은 중국철학을 서양 과학과 매우 창조적으로, 때로는 일견 터무니없는 방식으로 결합했다. 1896년에 담사동은 상하이에서 영국의 예수회 선교사 프라이어John Freyer, 傅蘭雅(1839~1928년)를 만났는데, 그가 에테르 개념을 중국에 소개했다.[207] 담사동은 에테르를 유물론적으로 읽어내 『주역』과 성리학 문헌을 포함한 중국 경전에 대한 그의 초기 독법 속으로 번역했다. 그는 공자의 인仁을 에테르의 '사용' 또는 '표현'으로 이해할 것을 제안했다.

> 다르마의 세계, 영적 세계, 지각 있는 존재들 중에 모든 것을 굳게 지키고, 모든 것을 통합하며, 모든 것과 통하고 모든 것을 채우는 지고 존재가 있다. 그것은 볼 수도 들을 수도 냄새 맡을 수도 이름 붙일 수도 없으며, 우리는

---

[207] 앞의 책, 113페이지.

그것을 에테르라고 부른다. 그것이 물질세계, 정신 그리고 지각 있는 존재들을 낳았다.

인은 에테르의 사용이며, 우주 속의 모든 존재는 거기서 오며, 그것을 통해 소통한다徧法界, 虛空界, 衆生界, 有至大之精微, 無所不膠粘, 不貫洽, 不筦絡, 而充滿之一物焉, 目不得而色, 耳不得而聲, 口鼻不得而臭味, 無以名之, 名之曰「以太」. …… 法界由是生, 空虛由是立, 衆生由是出. 夫仁, 以太之用, 而天地萬物由之以生, 由之以通.

인은 에테르의 영적 부분이기 때문에 에테르는 기氣와 기器 모두이며, 인은 그것의 도임에 주의하라. 회고해보면, 담사동은 실제로 에테르를 성리학의 기氣를 대신하는 것으로 발견했으며, 따라서 에테르에 대한 연구를 통해 도를 실현하기를 원했다고 추정해볼 수 있을 것이다. 당시 담사동은 또한 프라이어가 번역한 우드Henry Wood의 『정신적 사진촬영술을 통한 이상적 제안Ideal Suggestion Through Mental Photography』(프라이어에 의해 중국어로 『치심면병법治心免病法』으로 번역되었는데, 그것은 다시 '심리적 병을 제거하는 방법'으로 번역될 수 있을 것이다)를 읽고 있었는데, 이 책에서 저자는 잔물결의 움직임과 심리적 힘이 유사하다고 주장하고 있다.[208] 이 이미지는 에테르와 인의 관계에 대한 담사동의 사변과 완전히 어울리며, 그는 그것을 그가 '마음의 힘 이론' 또는 '심리적 힘'이라고 부른 것心力說으로 발전시켜 나갔다.

그의 동료로 또 다른 유명한 개혁 지식인인 강유위康有爲(1858~1927년)도 그와 유사한 해석을 제시하면서 "인이라고 하는 것은 열熱의 힘이며, 의義라고 하는 것은 중력의 힘으로, 우주를 구성하는 세 번째 것

---

[208] 白峥勇, 從「以太」,「仁」與「心力」論譚嗣同思想之旨趣, 文與哲 12(2008), pp. 631~632.

은 없다"209고 진술한다. 처음부터 우리는 그것들이 (당시 나온 유사한 이론 중) 기-도를 합일시키려는 시도임을 이해할 수 있다. 하지만 범주와 범주의 의미의 억지 조합은 결국 실패로 끝나지 않을 수 없는 양립 불가능한 잡탕을 낳고 말았다.

그러나 정치적·사회적 평등의 실현이라는 대중적 희망을 북돋기 위해 중국 지식인들이 중국의 도덕철학을 위한 새로운 근거로 19세기의 물리학을 이런 식으로 흡수한 것은 서양의 과학과 테크놀로지로 중국 사상에 새로운 활력을 불어넣기 위해 그들이 추구하던 유형의 전유를 특히 가슴 찡하게 보여주는 사례였다. 강유위는 미국과 유럽에서 망명 생활을 한 지 8년 후인 1905년에 『물질구국론物質救國論』이라는 제목의 책을 썼는데, 거기서 그는 중국의 약점은 도덕(성)과 철학 문제가 아니라 오히려 물질 문제이며, 따라서 중국을 구하는 유일한 길은 '물질학物質學'210을 발전시키는 것이라고 진술하고 있다. 강유위가 '물질'이라는 말로 의미했던 것은 실제로는 테크놀로지였다.211 이 독법은 '도'를 실현하기 위해 '기'를 사용한다는 것으로 이해되는 근대화 운동과 완전히 양립 가능하다. '용' 또는 '사용'에 대한 그러한 도구주의적 강조는 코스모테크닉스의 도-기를 정반대로 뒤집고, 이삼호에 따르면 중국의 전체론holism을 서양의 기계론mechnicism으로 대체하고 있다.212

---

209 이삼호, 『전통의 재천명』, p. 112, "仁者, 熱力也. 義者, 重力也. 天下不能出此兩者"(《康子內外篇 人我篇》).
210 羅志田, 裂變中的傳繼 — 20世紀前期的中國文化與學術(北京: 中華書局, 2009), p. 328.
211 앞의 책, 331페이지. 그러나 같은 책, 219페이지에서 나지전羅志田은 그것은 과학을 가리키는 것이었다고 말한다. 과학과 테크놀로지라는 두 개념이 중국의 학자들 사이에서 제대로 구분되고 있지 않았던 것을 볼 수 있는데, 지금도 여전히 그러하다.
212 앞의 책. 이삼호가 보여준 주목할 만한 사례는 리옹의 프랑스-중국연구소 설립자인 무정부주의자 오치휘吳稚暉(1865~1953년)로, 그는 기계 중심주의mechanism를 유토피아로 장려했다.

§ 16. 가-도의 붕괴

민주주의뿐만 아니라 과학과 테크놀로지에 대한 두 번째의 주요한 성찰의 시기는 신해혁명(1911년)과 함께 도래했는데, 이때 어릴 때 해외로 파견된 사람 중 일부가 공적 지식인이 되어 돌아왔다. 지금은 5·4 운동으로 알려진 가장 중요한 지식인 운동 중 하나가 1919년에 일어났는데, 이 운동은 이전에 독일이 조차한 산동성 일부 지역을 일본이 차지하는 것을 허용한 베르사유조약에 대한 항의로 시작되었다. 보다 중요하게, 그것은 또한 과학과 테크놀로지뿐만 아니라 문화와 가치에도 민감한 청년운동으로 이어졌다. 한편으로 이 운동은 전통의 권위에 저항했다. 다른 한편으로는 민주주의와 과학(대중적으로 '덕선생德先生'['덕'은 democracy의 중국어 음역인 '덕모극납서德謨克拉西'의 첫 글자이다]과 '새선생賽先生'['새'는 science의 중국어 음역인 '새은사賽恩斯'의 첫 글자이다]으로 알려졌다)을 중시했다. 이어 1920~1930년대 동안 서양철학이 중국에서 번창하기 시작했다.

세 명의 이름이 당시 중국 지식의 역사와 밀접하게 관련되어 있었다. 제임스William James, 베르그송, 러셀이 그들이었다.213 당시 지식인들의 논쟁은 중국이 완전히 서양화되어야 하는지 그리고 서양의 과학, 테크놀로지, 민주주의를 받아들여야 할지의 여부와 관련되어 있었다. — (듀이 제자인) 호적 같은 지식인에 의해서는 지지되었으며, 반대 측의 장군매(1887~1968년. 오이켄의 제자), (1920년대에 베르그송을 중국

---

213 논쟁의 여지가 있지만 『창조적 진화』에서의 베르그송을 제외하고는 이 철학자 중 누구도 기술 전문가는 아니었음은 지적할 만하다.

어로 번역한) 장동손張東蓀 등에 의해서는 비판되었다. 하지만 이 논쟁은 미해결된 물음과 타협 불가능한 제안으로 이어졌다. 이 시기에 제기된 물음은 신유학의 도래를 예견하는 것으로, 진정 중국적인 근대화를 발전시키는 것이 어떻게 가능한가에 관한 것이었다. 아래에서는 당시 지식인들이 이 물음을 어떻게 이해했는지, 과학 및 테크놀로지와 관련해 중국의 발전에 대해 어떻게 생각했는지를 보여주는 몇 가지 역사적 일화를 상술하겠다.

§ 16. 1. 장군매: 과학 그리고 삶의 문제

첫 번째 일화는 1923년의 것인데, 신유교 전문가이자 오이켄의 제자이자 협력자였던 철학자 장군매가 베이징의 청화대학교에서 강연한 후 내용을 나중에 「인생관人生觀」이라는 제목으로 출판한 것이 그것이었다. 이 제목은 번역하기 어렵다. 즉 글자 그대로 하면 '삶 또는 인생에 대한 직관'이라는 의미이며, 아마 오이켄이 사용하는 레벤스안샤웅 *Lebensanschauung*이라는 독일어 단어를 떠올리도록 할 의도에서 그렇게 제목을 붙인 것이라고 추정해볼 수 있을 것이다. 1921년에 예나에서 그를 만난 장군매는 그의 지도 아래 공부하기로 결정했으며, 후에 그와 공동으로『중국과 유럽에서의 삶의 문제』(1922년)라는 제목의 책을 썼는데, 그것은 중국어로(영어로도) 번역된 적이 없다.[214] 이 책은 2부로 나뉜다. 1부는 유럽에 관한 것으로 오이켄이 썼으며, 2부는 중국에 관한 것

---

214 R. Eucken und C. Chang, *Das Lebensproblem in China und in Europa*(Leipzig: Quelle und Meyer, 1922).

으로 장군매가 썼고, 맺는 글은 오이켄이 썼다. 이 책 자체는 이 주제에 관한 특별히 심오한 탐구를 담고 있지는 않으며, 고대부터 현재까지 다양한 인생관('생활관' 또는 '삶에 대한 견해')을 간략히 스케치한 내용으로 구성되어 있다. 오이켄은 맺는 글에서 중국의 생활방식 그리고 그것이 유교의 도덕철학과 맺는 관계에 대해 이렇게 언급한다.

> 우리가 거기서 독특한 것으로 발견한 것은 인간과 인간의 자기-인식에 대한 강력한 관심이다. 그러한 생활방식의 위대함은 단순함과 진실함에 있다. 기이하게도 그렇게 사회적·역사적으로 함께-하는 것을 높이 평가하는 것이 합리적 계몽과 결합되어 있다.215

분명히 오이켄과의 공동 작업으로 장군매는 도덕철학을 삶의 문제와 결합시킬 수 있었다. 이와 관련해 장군매는 본인을 '실재론적 관념론자'라고 불렀는데, 그것은 자기는 '아我'로 시작하지만 이 '아'가 절대적인 것으로 정립되지는 않는다는 의미였다. 아가 현실세계의 경험에 노출되기 때문이다. 관념론적 출발점이 그의 인생관을 특징짓는데, 그것이 객관적 과학을 철학과 구분해준다. 「인생관」에서 장군매는 '아'는 개인적인 것, 사회적인 것, 소유를 포함해 그것을 벗어나는 것, 즉 내적인 정신적 자아로부터 외적인 물질세계, 세계의 희망들, 심지어 창조자에까지 이르는 것을 이해할 수 있도록 해주는 관점을 제공해야 한다고 주장한다.

---

215 앞의 책, 199페이지. "Als eigentümlich fanden wir dabei namentlich di Konzentration des Strebens auf den Menschen und auf seine Selbsterkenntnis. die Größe dieser Lebensgestaltung liegt in ihrer Schlichtheit und ihrer Wahrhaftigkeit. In mekwürdiger Weise verband sich hier mit vernünftiger Aufklärung eine große Hochschätzung des gesellschaftlichen und geschichtlichen Zusammenseins."

장군매에게서 객관성에서 시작해 그것으로 끝나는 학문인 과학은 직관적이고 주체적인 '아'에 기초해야 한다. 장군매는 과학과 '인생관' 사이의 차이를 5가지 점으로 특징짓는다.

과학(근거)	인생관(근거)
객관적	주관적
이성	직관
분석적 방법	종합적 방법
인과관계	자유의지
공통성	특이성[단독성]

그러한 도식적 구분은 즉각 지질학자 정문강丁文江(1887~1936년)의 공격을 받았다. 그는 장군매가 과학에서 형이상학으로 후퇴했다고 비판하면서 그의 철학에 현학玄學이라는 별명을 붙였는데, 그것은 위진남북조 시대에 등장한 철학을 묘사하기 위해 사용되었던 용어였다. 이 철학은 도교와 불교에 의해 큰 영향을 받았으며(위의 §9를 보라), 일반적으로 경전 해석과 미신의 잡탕으로 간주되었다.

이 일화에서 가장 중요한 것은 과학이 중국 사회에서 전통적인 지식 이론보다 더 높이 평가되고 있는 것에 대한 장군매의 우려인데, 그것은 인생관을 포함한 모든 형태의 가치와 믿음의 재구성을 암시하는 것이었다. 그가 경고하는 대로 그리고 정문강의 비판이 확증해주는 것처럼 보이는 대로 이 시기의 중국에서 과학은 모든 형태의 지식의 궁극적 척도가 될 위험에 그리고 그렇게 하는 가운데 과학적으로 불충분한 것으로 간주되는 것은 모두 걸러낼 위험에 빠져 있었다. 무해하며 단지 장식적인 것으로 간주되는 요소들을 제외하고 말이다.

§ 16. 2. 중국 본위의 문화 건설 선언과 그에 대한 비판자들

1935년에 벌어진 또 다른 일화가 두 번째 시점 그리고 그것을 둘러싼 논쟁을 특징지으며, 당시 쟁점이 된 주요 이념을 이해할 수 있도록 해준다. 1935년 1월 10일에 10명의 저명한 중국 교수가「중국 본위의 문화 건설 선언中國本位的文化建設宣言」216을 발표했는데, 거기서 그들은 '중체서용'이라는 제안은 피상적이라고 비판하며, 보다 심도 있는 개혁을 요구했다. 그들은 또한 영국과 미국의 모방이든 아니면 소련 또는 이탈리아, 독일의 모방이든 전면 서구화라는 제안도 비판했다. 이 선언문은 지식인 내부에서 혼란스러운 내분이 벌어져 중국적 원천과 당대의 현실 모두를 망각하는 사태로 이어지지 않을까 하는 두려움을 표현하며 중국적 뿌리를 잃지 않고 테크놀로지와 과학을 효과적으로 통합할 수 있는 새로운 중국을 그려본 것이었다. 3월 31일에 호적은 이 선언문에 조롱투로 응답하면서 중국은 항상 중국일 터이므로 '중국 본위의 문화'에 관해 걱정할 필요가 없다고 주장했다. 호적에 따르면 문화 일반에는 일종의 타성이 존재하며, 따라서 중국 문화는 완전히 서양화되려고 할 때마다 그러한 타성 덕분에 항상 무언가 다른 것을 창조하리라는 것이었다. "비록 중국인들이 기독교를 받아들이더라도 시간이 지나면서 유럽의 기독교와는 다르게 될 것이며, 중국적 기독교가 될 것이다." 그는 계속해서 당시 중국공산당을 이끌던 지도자 진독수陳獨秀(1879~1942년) ― 후에 그는 당에서 축출된 후 트로츠키주의자가 된다 ― 를 조롱한다.

---

216 王新命 외, "中國本位的文化建設宣言", 從西化到現代化(中冊)(合肥: 黃山書社, 2008).

"진독수는 공산주의를 받아들였지만 나는 그가 모스크바 공산주의자들과는 다른 중국적 공산주의자라고 믿는다."217

그러한 실용주의적 태도가 중국에서 지배적인 견해가 되었는데, 아마 그것이 그러한 실험과 문제제기 시기에 가장 잘 어울리는 사유였기 때문일 것이다. 하지만 그것은 또한 독특한 종류의 실용주의였는데, 왜냐하면 서양화를 인정하는 반면 자기 문화와 전통의 폐쇄적인 힘으로부터 기원하는 차이화를 예견하고 있었기 때문이다. 이 관점에서 보자면 중국 문화는 르루아-구랑적 의미에서 순전히 '기능적 미학'이 되는데, 그것은 중국 문화는 단지 과학과 테크놀로지, 민주주의와 입헌주의 등 이후 서양적인 것이 될 발전의 주요한 동력에 미적 차원을 더하는 데만 소용될 뿐이라는 의미였다. 1935년의 이 논쟁 동안 장동손張東蓀(1886~1973년. 베르그송 번역자이다)은 다른 지식인들에 의해 채택되지는 않았지만 지금도 여전히 유효하고 중요하게 남아 있는 물음을 제기했다. 즉 그는 우리가 물어야 할 것은 **서양화의 좋고 나쁨이 아니라 오히려 중국이 서양 문명을 완전히 흡수할 역량이 있는지의 여부**라고 주장했다. ― 이 물음은 여전히 오늘날에도 이 나라가 겪고 있는 사회적, 경제적, 기술적 참사 한가운데서 울려오고 있다. 호적이 전형적으로 대변하는 것과 같은 종류의 실용주의는 달라지는 것이라곤 자연적 산물뿐이라고 믿는 순진함을 갖고 있으며, 정치투쟁을 결여하고 있다. 그러한 실용주의적 견해는 공산당 통치가 시작되면서 마르크스주의적 교리로 대체되었지만 중국에서 등소평의 경제 개혁이 이어지면서 20세기 말경에 부활했다.218 하지만 이 과정의 모든 단계에 공통적인 것은 고대의 코스모테크

---

217 호적, 『독립평론獨立評論』 142(1935년 3월 호).
218 이택후와 유재복, 『고별 혁명. 20세기 중국 회고』, 김태성 역, 북로드. 철학자 이택후는

닉스 정신이 사라지고 있으며, 근대적인 것과 양립 불가능한 것으로 입증되는 것은 '전통'이라는 무해한 범주로 방치되어 발전의 힘들로부터 떼 내어지고 있는 것이다.

이처럼 1921과 1935년의 두 장면에서 볼 수 있는 대로 기술-물음은 그 자체로는 거의 언급되지 않았다. 두 논쟁 모두에서 중심적이던 것은 오히려 과학과 민주주의(혹은 보다 정확히 말하면 이데올로기)였다. 테크놀로지를 과학 아래 포함시킨 것 또는 적어도 그것을 응용과학으로 간주한 것은 직관적인 것처럼 보인다. 기술-물음을 이처럼 무시했던 것은 지식인들 사이의 논쟁이 이데올로기 수준에 머무는 경향을 보였음을 의미했다. 따라서 학자 왕후이汪暉가 2008년도 저작『근대 중국 사상의 흥기 The Rise of Modern Chinese Thought』 — 수천 페이지에 걸쳐 꼼꼼하게 하나하나 전거를 제시하며 주제에 대해 논하고 있다 — 에서 기술-물음에 대해 거의 아무런 주목도 하고 있지 않은 것을 발견하는 것은 놀라운 일이 아니다.219 테크놀로지는 과학-물음과 융합되어 보이지 않게 된다. 왕후이 세대의 학자들은 여전히 과학과 민주주의 담론에 논의를 국한하고 있다. 그들에게는 테크놀로지를 고려한 보다 심오한 철학적 분석 능력이 없다. 대신 '사상' 문제를 놓고 그것이 관념론인지 유물론인지 논쟁하는 데 시간을 허비하고 있다.

'고별 혁명'을 제안하며 이념 논쟁과 결별할 것을 요구했다. 그는 중국은 내적 역동성과 국제 관계를 관리할 수 있는 새로운 이론적 도구, 즉 실용적 이성을 필요로 한다고 주장한다.
219 汪暉, 現代中國思想的興起(北京: 三聯出版, 4 vols, 2008).

§ 17. 니덤의 질문

중국에서 근대과학이 발전하지 못한 이유에 대한 물음은 20세기 내내 역사가들과 철학자들에게 지속적인 관심사였다. 과학은 근본적으로 기술과 구별되어야 한다는 것을 다시 한 번 명심한다면 이 물음은 여전히 기술-물음을 한층 더 앞으로 밀고 나가는 데 적절한 것이다. 왜냐하면 근대과학이 중국에서 발전하지 못한 이유는 근대화에 직면해 기-도가 붕괴한 것을 설명하는 것이기도 하기 때문이다. 1923년에 컬럼비아 대학교에서 박사학위를 마친 철학자 풍우란은 『국제윤리학저널 International Journal of Ethics』에 「왜 중국에는 과학이 없는가 — 중국철학의 역사와 결과들의 해석 Why China has no Science — An Interpretation of the History and Consequences of Chinese Philosophy」이라는 제목의 기고문을 발표했다. 이 기고문을 발표했을 때 그는 약관 27세였지만 이 젊은 철학자는 중국에 과학이 없는 이유는 과학이 **필요하지 않기** 때문이라고 확신 있게 단언했다. 풍우란은 과학이 철학과 밀접하게 관련되어 있는 것으로 이해하고 있다. 또는 보다 정확하게는, 과학이 특정한 철학적 사유양식에 의해 결정되는 것으로 이해하고 있다. 따라서 풍우란이 보기에 중국에서 과학의 부재는 중국철학이 과학적 정신의 출현을 막았기 때문이다. 풍우란의 분석은 비록 실제로 과학의 결여를 설명하기보다는 과학과 테크놀로지 간의 관계, 중국에서 테크놀로지의 역할 등에 관해 몇 가지 중요한 물음을 제기하고 있지만 매우 흥미롭다.

나는 여기서 풍우란의 주장을 다소 단순화된 형태로 요약할 것이다. 그는 고대 중국(그리스의 이오니아철학과 아테네철학 시기 동안)에는 9개 학파, 즉 유가, 도가, 묵가, 음양가, 법가, 명가名家, 종횡가縱橫家, 농가農家

그리고 잡가雜家 등이 있었음을 보여준다. 하지만 단지 앞의 세 학파 ― 즉 유가, 도가, 묵가 ― 만 영향력을 발휘했으며, 서로 경쟁하며 지배적인 유파가 되었다. 풍우란은 묵가가 과학에 가장 근접한 학파라고 믿었는데, 왜냐하면 그것은 기술art(건축술과 전쟁술)과 공리주의를 장려했기 때문이다. 유가는 특히 맹자(기원전 372~289년)의 저술을 통해 묵가와 도가를 가혹하게 폄하했다. 묵가는 겸애兼愛를 가르쳤으며, 그 결과 유가에서 중심 가치로 간주하는 가족의 위계질서를 무시했기 때문에 유가에서 반대했다. 그리고 도가에 대해서는 자연의 질서를 내세운다는 이유로 반대했는데, 도가에서 자연은 근본적으로 이해될 수 없는 것이었다.

풍우란은 또한 도덕 원리를 찾기 위해 자아로 돌아갈 것을 호소한다는 점에서 유가와 도가 사이에는 모종의 친화성이 존재한다고 주장한다. 하지만 도가에서 제안하는 자연은 과학적·도덕적 원리가 아니며, 이미 『도덕경』 첫 문장에서 선언하듯이 오히려 이름 붙일 수도 또 설명될 수도 없는 도道이다. 풍우란에게서 유가의 지배는 도가와 묵가의 전멸을, 따라서 또한 중국에서 모든 과학적 정신이 전멸했음을 표시하는 것이었다. 심지어 비록 '격물格物'(지식을 얻기 위해 자연 현상을 고구하는 것)이 유교 교리에 근본적이지만 그것이 찾는 '지식'은 문제의 물物에 대한 지식이 아니라 현상을 넘어선 '천리天理'이다.

풍우란의 분석은 문화를 몇몇 교리와 교리의 천명으로 환원시킨다는 의미에서 매우 환원주의적인 접근이다. 하지만 그것은 또한 중국철학은 보다 지고한 원리 ― 세속 세계에서의 그것의 구현이 도덕적·정치적 가치를 규정하게 된다 ― 을 찾는 경향이 있음도 확인해준다. 더 나아가 풍우란은 근본적으로 과학과 테크놀로지를 혼동했는데, 왜냐하면 묵가가 제안한 것은 과학적 정신이 아니라 오히려 집의 건축과 전쟁 기계의 발명의 예에서 찾아볼 수 있는 장인 정신이기 때문이다. 따라서 비록 풍우란의 설명이 고대 중국에서 왜 기술이 이론적 주제가 아니었으며, 근대 테크놀로지로 진화하지 않았는지를 설명해줄 수 있더라도 그것이 반드시 유교의 지배 전에 **과학적** 정신이 존재했음을 증명해주는 것은 아니다. 과학은 반드시 테크놀로지로부터 나타난다고 간주하지 않는다면 말이다. 오늘날 우리는 모두 기술이 16세기까지 중국에서 계속 진보했고, 이 시점에 이르러 유럽에 의해 추월당했음을 알고 있다. 다시 말해 비록 묵가가 결코 지배적인 원리가 되지는 않았지만 기술은 전멸되지 않았다. 반대로 오늘날 우리가 유럽적 근대(성)이라고 부르는 것이 도래할 때까지 번성했다.

풍우란에 의해 제기된 물음은 또한 위대한 역사가 니덤의 질문이기도 한데, 그는 일생을 중국에서 근대과학과 테크놀로지가 나타나지 않은 이유를 분석하는 데 헌신했다. 여러 권으로 된 그의 『중국의 과학과 문명 Science and Civilisation in China』은 중국에서 테크놀로지 철학의 모든 미래의 발전을 위해 매우 귀중한 저작으로 남아 있다. 니덤은 풍우란을 비난하면서 이 위대한 철학자의 "젊은이 특유의 비관주의"는 "정당화될 수 없다"[220]고 쓴다. 니덤은 중국에는 장인적 기술 문화가 존재했으며, 여러 측면에서 동시대의 유럽과 비교해보아도 앞서 있었음을 매우 잘 보여준다고 말한다. 니덤이 제공한 풍부한 자료, 그가 하고 있는 상세한 비교를 통해 우리는 풍우란의 결론을 무시하고 대신 고대 중국에는 실제로 기술 정신이 존재했음을 인정하는 것이 정당하다는 느낌을 갖게 된다.[221] 하지만 니덤에게서 그것은 오히려 복잡한 물음으로, 그는

---

220 J. Needham, "Science and China's Influence on the World", in *The Grand Titration. Science and Society in East and West*(London: Routledge, 2013), p. 116.

기술자의 역할, 봉건-관료 체계 그리고 철학적, 신학적, 언어적 요소에 대한 상세한 분석을 통해 이 질문에 접근하려고 한다. 니덤은, 중국 문화는 실천을 강조해 이론을 무시했다는 명제에 맞서 자기 주장을 옹호했다. 그러한 명제는 중국의 신유교는 중세 유럽만큼 위대한 사변적인 형이상학적 높이에 이르렀음을 고려한다면 분명히 부정확하다.222 그는 또한 상형문자는 중국에서 과학의 진보를 방해했다는 논지에 반대해 자기 입장을 옹호하기도 했다. 그와 반대로 그는 중국의 표기법은 알파벳 표기법보다 훨씬 더 효율적이고 표현력이 높음을, 즉 훨씬 더 간결하게 동일한 것을 표현할 수 있음을 보여주었다.223

§ 17. 1. 유기적 사유양식과 자연의 법칙들

니덤의 주장은 사회적 요인과 철학적 요인 모두에 중점을 두고 있다. 주요한 사회적 요인은 중국의 사회경제 체계가 기술 문화가 근대적 형태로 발전하는 것을 막았던 것인데, 개인들에게서 성공의 표시는 관계에 나가 나라의 '관리'가 되는 것이었기 때문이다. 경전 암기 시험과 작문에 기반한 그와 같은 과거제도(605년에 시작되어 1905년 폐지되었다)는 공부 주제(주로 경전), 공부 방법, 가족의 기대 그리고 사회적 신분 상승 등의 결과를 통해 중국에 엄청난 영향을 끼쳤다. 니덤의 분석은

---

221 앞의 책, 55~122페이지.
222 Needham, "Poverties and Triumphs of the Chinese Scientific Tradition", in *The Grand Titration*, p. 23.
223 앞의 책, 38페이지.

모범적이며 여기서 그것을 반복하지는 않을 것이다. 나는 철학적 설명에 더 관심이 있는데, 그것에 대해 나는 니덤과 견해를 같이한다. 그는 기계론적 세계관이 고대 중국에 결여되어 있었으며, 대신 중국 사상을 지배한 것은 — 이미 위에서 논한 대로 — 유기적이고 전체론적인 관점이었다고 주장한다.

> 중국의 필로조피아 페레니스 *philosophia perennis*[영원한 철학]는 유기적 유물론이었다. 그것은 모든 역사적 시기의 철학자와 과학 사상가의 선언으로부터 예증될 수 있다. 기계론적 세계관은 중국 사상에서는 전혀 발전하지 않았으며, 모든 현상은 위계적 질서에 따라 다른 모든 현상과 연결되어 있다는 유기적 관점이 중국 사상가들 사이에서 보편적이었다.[224]

나는 이것이 중국과 유럽에서 기술적 발전의 상이한 리듬이 나타난 **코스모테크닉스적으로** 결정적인 중요한 차이라고 믿는다. 자연과 유기적 형태를 효과적으로 동화시킬 수 있는 기계론적 프로그램이 중국에는 존재하지 않았는데, 중국에서는 유기적인 것이 항상 사유의 신조 그리고 삶과 존재의 원리로 남아 있었다. 니덤은 중국에서 그러한 유기적 형태의 자연은 소크라테스 이전 사상가들부터 유럽의 르네상스에 이르기까지 서양에서 제기된 것 같은 자연-물음과는 엄격하게 구분되어야 한다고 주장한다. 유럽에서 — 법률적 의미에서의 자연법과 자연의 법칙 모두의 의미에서의 — 법[칙]은 동일한 뿌리에서, 즉 '입-법' 모델에서 유래한다. 앞의 경우에는 '지상의 제국의 입법자', 두 번째 경우에는 '하늘

---

224 앞의 책, 21페이지.

의 그리고 최고의 창조자인 하느님'이 그것이다. 그것이 바빌론적 태양신 마르두크건, 기독교적 하느님이건 아니면 플라톤의 데미우르고스건 말이다. 로마인들은 실정법, 즉 특정한 민족 또는 국가의 (시)민법*ex legale*과 자연법*ius natural*과 동등한 만민법*ius gentium*을 모두 인정했다.225 만민법은 시민법*ius civile*은 직접 적용될 수 없는 비-시민들*peregrine*을 다루기 위해 발전되었다. 비록 니덤은 만민법과 자연법 간의 상호 연관을 설명하지 않지만 우리는 다른 전거들로부터 그러한 상호 연관을 이해할 수 있다. 예를 들어 키케로는 스토아학파의 자연법을 사회적 행위로까지 확대했다. "보편자는 신을 따르며, 바다와 땅은 우주를 따르고, 인간의 삶은 **최고법의 법령에 종속된다**."226 그것들은 상이한 함의를 갖지만 동일한 외연을 갖고 있다.227 니덤은 비록 만민법*ius gentium*이 중국에서 거의 발견되지 않지만 이미 앞서 살펴본 대로 인간과 비인간 모두를 다스리는 하늘의 도덕 원리인 일종의 '자연법'이 존재했다고 믿었다. 법학자 율리아누스Salvius Julianus(110~170년)가 정의한 **자연법**에서 볼 수 있듯이 초기 기독교의 자연법 또한 인간과 비인간 모두를 통치했다.

> **자연법**은 자연이 모든 동물에게 가르쳐온 것이다. 그러한 종류의 법은 인간에게 고유한 것이 아니며, 모든 동물에게 공통적인 것이다. …… 그리하여 우리가 결혼이라고 부르는 남녀의 결합이 이루어지며, 따라서 아이의 출산과 양육이 이루어진다.228

---

225 앞의 책, 300페이지.
226 키케로, 『국가론』, 김창성 역, 한길사, 페이지.
227 J. Bryce, *Studies in History and Jurisprudence*(New York: Oxford University Press, 1901), vol. 2, 583~586을 보라.
228 앞의 책, 588페이지 주 1.

니덤이 제시한 대로 신학자 수아레즈Francisco Suárez(1548~1617년)에 의해 철저한 분리가 이루어졌다.229 수아레즈는 도덕 세계와 비인간 세계의 분리를 제안했다. 법은 오직 전자에게만 적용될 수 있는데, 이성이 결여된 사물들은 법뿐만 아니라 복종 능력도 없기 때문이다.230 자연법은 입법자와 직접 관련되어 있다는 그러한 개념은 법률 영역뿐만 아니라 자연과학에서도, 예를 들어 베이컨과 뉴턴에서도 존재한다. 니덤은 이어 만민법ius gentium 또는 유럽에서의 자연과학이라는 의미에서의 자연법은 바로 아래와 같은 이유에서 중국에는 존재하지 않는다고 주장한다. 1) 역사적 경험 때문에 성문화된 추상적 법률에 대한 혐오감이 존재했다. 2) 예禮가 다른 어떤 형태의 관료주의보다 더 적절함이 입증되었다. 그리고 3) 보다 중요하게 지고존재는 비록 중국에서 짧은 기간 동안 존재했지만 비인격화되었으며, 따라서 자연과 비자연 모두에게 법을 부여하는 하늘의 지고의 창조자는 결코 실제로 존재하지 않았다. 따라서

> 만물의 조화로운 협력은 만물에 외적인 지고의 권위의 질서들로부터 생긴 것이 아니었다. 그것은 만물은 모두 우주적인 유기적 패턴들을 형성하는 만물의 위계의 일부이고, 만물이 따른 것은 만물 자체의 본성의 내적 명령이었던 사실로부터 생겼다.231

---

229 하이데거와 질송 모두 수아레즈가 존재론의 역사에서 존재와 본질의 관계를 재정의하는 데서 중요한 역할을 했다고 지적하는 것은 아마 우연의 일치가 아닐 것이다. 하이데거, 『현상학의 근본 문제들』, 이기상 역, 문예출판사, 143~150페이지를 보라. 또 E. Gilson, *L'être et l'essence*(Paris: Vrin, 1972), p. 5장, "Aux origins de l'ontologie"를 보라.
230 Needham, *The Grant Titration*, p. 308.
231 앞의 책, 36페이지.

기계론적 인과관의 그러한 결여는 법[칙]에 따라 질서정연하게 정돈된 체계라는 관념이 등장하지 않았음을 의미한다. 따라서 중국에는 존재들을 효율적으로 이해하고 기계론적 인과성에 따라 조작하려는 어떤 프로그램도 결여되었다. 그러한 기계론적 패러다임은 유기적인 것의 완전한 동화를 위해 필수적인 예비 단계라고 할 수 있을 것이다. — 즉 유기적 조작들의 모방이나 모의실험이 그것이다. 단순한 자동장치automata부터 합성 생물학synthetic biology 또는 복잡계로 이어지는 기술적 계통에서 그러한 예를 찾아볼 수 있다. 그리하여 니덤은 이러한 유추를 제안한다.

> 우주의 상대성, 미묘함, 광대함에는 공감하면서도 그들은 아인슈타인적 세계상을 찾아 헤매고 있었다. 뉴턴적 세계상은 정초하지도 않은 채 말이다. 그러한 길에 의해 과학이 발전할 수는 없을 것이다.[232]

'유기적 유물론'이라는 니덤의 개념은 의심해볼 여지가 있는데, 그가 여기서 말하는 것이 과연 유물론인지 논란이 있을 수 있기 때문이다. 아마 중국은 또한 천리이기도 했던 도덕 법칙에 의해 통치되었다고 말하는 것이 보다 정확할 것이다. 그리고 니덤에 따를 경우 이 법칙은 "신유교 학파에 의해 화이트헤드적인 유기론적 의미"[233]로 이해되었다. — 우리가 바로 여기서 중국의 코스모테크닉스로 묘사하고 있는 것으로 말이다.

---

[232] 앞의 책, 311페이지.
[233] 앞의 책, 325페이지.

§ 18. 모종삼의 응답

20세기 초에 등장한 신유학파234에게 과학과 기술-물음은 민주주의-물음과 함께 불가피한 것이었다. '데카르트적' 패러다임, 즉 중국의 '정신'은 온전히 보존하면서 서양의 발전은 흡수하려고 시도한 패러다임은 환상에 지나지 않는다는 것을 인식한 신유학은 서양 문화를 중국 문화 속에 통합해 그것을 중국의 전통적 철학 체계와 양립 가능하도록 만들려는 과제를 자임했다. 보다 직설적으로 말하자면, 신유학파 철학자들은 문화적 관점, 특히 철학적 관점에서 중국 사상이 과학과 테크놀로지를 생산하는 것이 가능함을 보여주려고 했다. 이 시도는 위대한 철학자 모종삼의 작업에서, 특히 칸트 독해를 가장한 가운데 정점에 이르렀다.

§ 18. 1. 칸트의 지적 직관에 대한 모종삼의 전유

모종삼은 『주역』부터 신유교와 불교에 이르는 중국철학뿐만 아니라 서양철학을 훈련받았는데, 무엇보다도 칸트, 화이트헤드와 러셀은 어느 정도 전문가라고 할 수 있다. 또한 그는 칸트의 3대 비판서(기존의 영어 번역본)을 중국어로 번역했다. 칸트 철학은 모종삼의 체계에서 서

---

234 유술선劉述先(1934~)의 분류에 따르면 웅십력熊十力(1885~1968년)은 1세대의 첫 번째 그룹에 속하며, 풍우란(1895~1990년)은 1세대의 두 번째 그룹에 속한다. 모종삼(1909~1995년)은 2세대에 속한다. 유술선 본인, 여영시(1930~), 두유명杜維明(1940~)은 3세대에 속한다. 劉述先, 理一分殊與全球地域化(北京: 北京大學出版, 2015), p. 2를 보라.

양 사상과 중국 사상의 다리를 놓는 데서 결정적 역할을 하고 있다. 실제로 모종삼의 가장 두드러진 철학적 묘책 중의 하나는 서양철학과 동양철학의 구분을 칸트가 현상과 본체라고 부른 관점에서 사유하는 것이다. 그의 가장 유명한 저서 중 하나인 『현상과 물자체現象與物自身』에서 그는 이렇게 쓰고 있다.

> 칸트에 따르면 지적 직각直覺은 오직 신에게만 속하지 인간에게는 속하지 않는다. 나는 그것은 정말 믿기 힘들다고 생각한다. 나는 중국철학을 숙고해 보는데, 만약 칸트 생각을 따른다면 유교, 불교, 도교 모두 인간이 지적 직각을 갖고 있음을 확인하고 있다고 생각한다. 그렇지 않다면 성인, 부처, 진인眞人 등이 되는 것은 불가능할 것이다.235

모종삼의 분석에서 근본적인 이 신비로운 지적 직각은 정확히 무엇일까? 『순수이성비판』에서 칸트는 현상과 본체를 구분한다. 현상은 시간과 공간의 순수 직관을 통해 전달되는 감각적 자료가 오성의 개념 아래 포괄될 때 나타난다. 그러나 감각적 직관을 통해 인식되지 않는 대상이 여전히 오성의 대상이 될 수 있는 경우도 있다. 『비판』의 A판에서 우리는 그에 대한 명확한 정의를 발견한다.

> 현상은 그것이 범주의 통일에 따라 대상이라고 생각되는 한에서 현상체라고 한다. 그러나 내가 단지 오성의 대상이면서도 감성적 직관이 아니라 그것과는 다른 일종의 직관에 주어질 수 있는 대상(지적 직관 앞에 있는 것

---

235 모종삼, 『전집』 21, 『현상과 물자체』, 5페이지.

coram intuit intellectuali)을 상정한다면 그러한 사물은 본체*intelligibilia*라고 할 수 있다.236

이 본체 — 칸트는 이것을 A판에서 종종 물자체라고 부른다 — 는 또 다른, 비감각적 유형의 직관을 요구한다. 따라서 개념으로서의 본체는 감각적인 것을 제한하는 한 부정적이다. 그러나 만약 우리가 "직관을 근저에 둘 수 있다면"237 — 즉 만약 본체를 위한 직관의 형식을 발견할 수 있다면 잠재적으로 긍정적 의미를 가질 수 있다. 그러나 그러한 직관은 감각적인 것일 수 없기 때문에 인간 존재들이 소유하지 않는 어떤 것이다.

> 그와 같은 직관, 즉 지적 직관은 우리의 인식 능력 바깥에 있기 때문에 범주의 사용은 경험의 대상에 제한되는 한계를 넘어갈 수가 없다.238

칸트가 지적 직관을 인간 존재에게 접근할 수 없는 것으로 거부하는 것은 모종삼이 서양철학과 중국철학의 차이를 해석하는 데서 결정적인 역할을 한다. 후일의 보다 성숙된 『현상과 물자체』의 선구자격인 『지적 직각과 중국철학』에서 모종삼은 지적 직각이 유교, 도교, 불교에 똑같이 근본적임을 보여주려고 했다. 모종삼에게서 지적 직각은 창조(예를 들어 우주생성론) 그리고 도덕형이상학(주체의 인식 능력에 기반한 칸트의 도덕의 형이상학과 대립된다)과 결부되어 있다. 모종삼은 그러한 견해의

---

236 칸트, 『순수이성비판』, 최재희 역, 박영사, A249, 312[238페이지].
237 앞의 책, 318[238페이지].
238 앞의 책.

이론적 지원을 장재張載의 저작에서 발견하는데, 특히 아래 구절이 그렇다.

> 하늘의 밝음은 태양보다 밝지 않은데, 누군가 그것을 볼 때 그것이 우리에게서 얼마나 멀리 떨어져 있는지 모른다. 하늘의 소리는 천둥보다 크지 않은데, 누군가 들을 때 그것이 우리에게서 얼마나 멀리 떨어져 있는지 모른다. 하늘의 무한은 태허太虛보다 크지 않으며, 따라서 마음心은 하늘의 경계를 탐험하지 않고도 경계를 안다天之明莫大於日, 故有目接之, 不知其幾萬里之高也, 天之聲莫大於雷霆, 故有耳屬之, 莫知其幾萬里之遠也, 天之不禦莫大於太虛, 故心知廓之, 莫究其極也.[239]

모종삼은 첫 두 문장은 감각적 직관과 이해[오성]를 통한 인식 가능성을 언급하는 것이라고 지적한다. 하지만 마지막 문장은 심心은 현상에 묶여 있지 않은 사물을 이해할 수 있음을 암시하고 있다. 그는 마지막 문장의 생소함에 대해 언급하는데, 엄격히 말하자면 논리적으로 유의미하지 않다. 왜냐하면 무한성을 비교하는 것은 의미가 있을 수 없기 때문이다. 모종삼에게서는 '하늘의 경계를 알' 수 있는 '심心'의 능력이 바로 지적 직각이다. 그것은 감각적 직관과 이해[오성]를 통해 규정되는 것과 같은 종류의 인식을 가리키는 것이 아니며, 오히려 보편적이며, 어디에나 존재하며 무한한 도덕적 심心의 성명誠明으로부터 비롯되는 완전한 깨달음이다遍, 常, 一而無限的道德本心之誠明所發的圓照之知.[240] 그러한 완전한 깨달음에서 존재는 대상이 아니라 물-자체로 나타난다.[241]

---

[239] 牟宗三, 智的直覺與中國哲學, p. 184. 태허를 'great void'으로 번역한 것은 빌리우에게서 차용했다. S. Billioud, *Thinking through Confucian Modernity. A Study of Mou Zong-san's Moral Metaphysics*(Leiden: Brill, 2011), p. 78을 보라.
[240] 모종삼, 앞의 책, 186페이지.
[241] 앞의 책, 187페이지.

성명 — 글자 그대로 '지성스럽고 명철함' — 은 유교 경전『중용』
에 나온다.242 장재에 따르면 "성명의 인식은 하늘의 도덕이라는 양지良
知에 이르는 것으로, 듣고 보는 것을 통해 인식하는 것과 완전히 다른
것이다誠明所知乃天德良知, 非聞見小知而已."243 이처럼 지적 직각에 기초한 인
식이 중국철학과 도덕형이상학을 특징짓는다. 모종삼은 종종 자기 철학
이 도덕형이상학이지 도덕의 형이상학이 아니라고 거듭 말하는데, 왜냐
하면 후자는 단지 도덕에 대한 형이상학적 설명일 뿐인 반면 전자의 형
이상학은 오직 도덕과 함께 시작할 때만 가능하기 때문이다. 그리하여
그는 기-도 합일이 그러한 형식성과 도구성을 넘어서는 심心의 그러한
능력에 어떻게 의존하는지를 입증한다. 모종삼은 또한 지적 직각이 도
교와 불교 모두에 존재함을 입증한다. 여기서 그의 길고 상세한 증명을
반복하는 것은 우리 목적이 아니지만 간단하게 말하면 도교에서 지적
직각은 인간의 삶은 유한한 반면 인식은 무한한 사실과 관련되어 있다.
— 따라서 유한한 삶을 사는 우리가 무한한 것을 쫓는 것은 헛된 일이
다. 우리는 그것을 앞서 인용한 포정 이야기의 첫 두 문장에서 이해할
수 있다.

우리 삶에는 끝이 있지만 앎에는 끝이 없다. 끝이 있는 것으로써 끝이 없는
것을 좇으면 위태로울 뿐이다. 그런데도 알려고 한다면 더욱 위태로울 뿐이

---

242 『중용』에는 이렇게 쓰여 있다. "성실함은 하늘의 도요, 성실해지려는 것은 사람의 도이
다. …… 성실함을 바탕으로 해서 밝음의 덕이 있음을 '성性대로 했다'고 이르고, 밝음의 덕을
바탕으로 해서 성실해짐을 '가르침대로 했다'고 이른다. 성실하면 밝음의 덕이 있게 될 것이
요, 밝음의 덕이 있으면 성실해질 것이다誠者天之道也, 誠之者, 人之道也. 自誠明, 謂之性. 自明
誠, 謂之敎. 誠則明矣, 明則誠矣."
243 牟宗三, 智的直覺, p. 188.

다.[244]

그것은 언뜻 지적 직관을 금지하는 칸트 입장의 올바름을 확인해주는 것처럼 보일 수도 있다. 하지만 포정은 인식의 또 다른 방식을 제시하는데, 즉 도는 모든 지식을 넘어서는 것이지만 심心에 의해 파악될 수 있다는 것이다. 공 또는 무 개념에서 입증되고 있는 대로 불교에서도 그것은 마찬가지다. 공과 현상은 공존하지만 공을 알기 위해서는 현상과 물질적 인과성을 넘어서야 한다.

지적 직각에 대한 모종삼의 주장을 보다 깊게 살펴보기를 원하는 영어권 독자들을 위해서는 빌리우의 저작이 좋은 입문서 역할을 해줄 것이다. 비록 빌리우 또한 모종삼이 칸트의 『판단력비판』 그리고 칸트 이후 철학, 특히 피히테와 셸링의 저작에서 이루어지고 있는 지적 직관에 대한 재해석에 대해 침묵하고 있다고 비판하고 있지만 말이다. — 충분히 합리적인 비판인데, 왜냐하면 비록 몇 차례 언급하지만 모종삼은 피히테 사상을 결코 심도 있게 다루지 않기 때문이다. 빌리우는 프랑스의 위대한 셸링 전문가 틸리에트Xavier Tilliette의 저작을 통해 모종삼과 셸링을 비교하려고 시도한다.[245] 하지만 그러한 비교에 조심해야 한다. '지적 직관' 개념은 오히려 이미 혼탁하게 되었으며, 독일 관념론에서의 그것의 유산은 훨씬 더 그렇다. 1981년의 한 영향력 있는 논문에서 그람Moltke Gram은 지적 직관에 관해 그가 '연속성 테제'라고 부르는 것, 즉 칸트부터 피히테와 셸링으로 이행한다는 테제에 대해 반론을 펼친 바 있다. '연속성 테제'는 그람이 요약하고 있는 아래의 세 주장을 포함하

---

[244] 『장자』, 앞의 책, 91페이지.
[245] Billioud, *Thinking through Confucian Modernity*, pp. 81~89.

고 있다. 1) 칸트에게서 지적 직관은 단일한 문제이다. 2) 지적 직관의 대상은 직관에 주어지는 것이 아니라 오히려 그것에 의해 창조된다(신성에게서와 마찬가지로 말이다). 3) 피히테와 셸링은 인간 존재는 지적 직관을 갖지 않는다는 칸트의 주장을 부인하고 그것을 두 사람의 체계의 핵심으로 긍정한다.246 그람은 칸트에게서 지적 직관은 적어도 세 가지 다른 의미를 갖는다는 것을 보여준다. 즉 1) 긍정적 의미에서 본체에 대한 직관. 2) 원형적 지성의 창조적 직관. 그리고 3) 자연의 총체성에 대한 직관. 그는 더 나아가 피히테와 셸링의 지적 직관 개념은 기본적으로 앞의 세 가지 의미 어느 것과도 상응하지 않는다고 주장한다.247

실제로 만약 두 사람이 사용하는 지적 직관 개념을 면밀하게 살펴본다면 그것이 모종삼의 것과 거의 대립적임을 볼 수 있다. 피히테와 셸링에게서 칸트의 '나는 생각한다'는 여전히 사태*Tatsache*로 남아 있으며, 따라서 인식의 근거를 제공할 수 없다. 왜냐하면 인식의 근거는 다른 어떤 것에 의해서도 조건 지어지지 않는다는 의미에서 절대적이기 때문이다. 피히테에게서 '나는 생각한다'를 넘어서 이 '나는 생각한다'를 즉각 의식하는 것이 있어야 하는데, 그것이 지적 직관이라는 지위를 갖는 이 의식이다. 『전지식학의 기초*Grundlage der gesamten Wissenschaftslehre*』에

---

246 M. S. Gram, "Intellectual Intuition. The Continuity Thesis", *Journal of the History of Ideas* 42. 2(Ap-Jun 1981), pp. 287~304.
247 에스테는 그람의 논문에 답하면서 칸트에게서 지적 직관의 의미는 실제로 다섯 가지가 있다고 주장한다. 그녀는 위에서 언급된 세 가지 외에 4) 자아의 자기-행동성에 대한 통각과 도덕 법칙과 자유가 결합된 직관을 추가한다. ― 그리고 이 가지 의미는 피히테와 셸링에 의해 인정되고 있음을 보여준다. Y. Estes, "Intellectual Intuition. Reconsidering Continuity in Kant, Fichte and Schelling", in D. Breazeale and T. Rockmo re(eds), *Fichte, German Idealism, and Early Romanticism*(Amsterdam. Rodopi, 20 10), pp. 165~178을 보라.

서 피히테는 "만약 지적 직관 자체가 그것이 있기 **때문에** 있고, 그것이 있는 **것 그대로 존재하는** 것이라면 그것은 이 직관이 절대 자기 충족적이며 독립적으로 **자기를 정립하는** 한에서"라고 주장한다.[248] 따라서 피히테는 지적 직관을 사행Tathandlung으로, 즉 자기를 정립하는 행위로 생각할 것을 제안한다. 동일한 방식으로 초기 셸링은 1795년에 「철학 원리로서의 아에 대해Of the I as the Principle of Philosophy」에서 정교화하는 대로 지적 직관을 인식의 근거로 이해했다. 하지만 피히테와 셸링 모두 비록 무한으로부터 유한으로의 이행이라는 동일한 물음에 직면했지만 이후의 발전 과정에서는 상이한 길을 갔다. 피히테에서 절대적 아는 부정 또는 저지Anstoß로서의 비-아를 요구한다. 절대적 아 바깥에 있는 것은 단지 그러한 부정적 결과의 산물일 뿐이다. 반면 셸링의『자연철학 Naturphilosophie』은 아로부터 자연으로 나아가며, 아와 자연은 "자연은 볼 수 있게 된 정신이 되어야 하며 정신은 볼 수 있게 된 자연이 되어야 한다"[249]는 그의 주장 속에 표현되어 있는 대로 동일한 원리를 갖고 있는 것으로 간주된다. 셸링에게서 절대자는 더 이상 주체라는 극이 아니며, 오히려 주체-객체의 절대적 통일성이며, 그것은 부단한 순환 운동 속에 있게 된다. 그것은 피히테에게서는 '추상적 물질성'[250]이 되고 셸링에게서는 '자연의 생산성'[251]이 된다. 간단히 말해 피히테와 셸링의

---

248 D. E. Snow, *Schelling and the End of Idealism*(New York: SUNY Press, 1996), p. 45에서 재인용.
249 F. W. J. Schelling, *Ideas for a Philosophy of Nature*, tr. E. E. Harris and P. Health(Cambridge: Cambridge University Press, 1989), p. 43.
250 '추상적 물질성'은 그랜트가 아와 자연 모두를 설명하는 피히테 모델의 무한한 반복 혹은 순환을 묘사하기 위해 사용하는 용어이다. Lain Hamilton Grant, *Philosophy of Nature after Schelling*(London: Continuum, 2008), p. 92를 보라.
251 셸링의 초기 자연철학에서 나타나는 개체화 개념에 대한 상세한 분석에 관해서는 Y.

지적 직관 개념은 인식의 절대적 정초에 대한 추구에 기반해 있으며, 이어 그런 다음 [주체와 객체 사이를] 순환하는 모델로 바뀐다. 피히테와 셸링 사이의 이 구별은 나중에 헤겔의 『피히테와 셸링의 철학 체계의 차이』에서 이렇게 묘사된다. 피히테는 '주관적인 주체-객체'를 목적으로 하는 반면 셸링은 '객관적인 주체-객체'를 추구하는데, 그것은 셸링에게서 자연이 자립적인 것selbstständig으로 간주된다는 것을 의미한다.252 어쨌든 두 사람 모두의 기획에서 지적 직관이 하는 역할은, 그것을 중국 전통과 연결시키려는 의도에서 이용하려고 하는 모종삼에게서와는 매우 다르다.

하지만 그러한 차이에도 불구하고 모종삼의 탐구는 분명히 무한성과 유한성 간의 역동성에 관한 한 독일 관념론과 어떤 것을 공유하고 있다. 우리는 관념론자들에게는 무한에서 유한으로의 이행이 존재하며 그것이 존재를 설명한다는 것을 보아 왔다. 하지만 모종삼에게는 이 이행이 유한에서 무한으로 나가는데, 그는 자연철학이 아니라 도덕형이상학을 목표로 하기 때문이다. 하이데거의 『칸트와 형이상학의 문제』에 대한 모종삼의 비판은 정확히 이 점에 기초하고 있다. 하이데거는 현존재가 유한하지만 또한 무한할 수 있음을 보여주는 데 실패했다는 것이다. 궁극적 차이는 이렇다. 즉 모종삼은 무한이 유한 속에 새겨지기 위한 객관적 형태를 찾을 의사가 없으며 오히려 그것을 무형의 존재, 지적 직관과 감성적 직각 모두의 궁극적 가능성으로서의 심心속에 정초하려

Hui, "The Parallax of Individuation. Simondon and Schelling", *Angelaki* 21. 4(Winter 2016), pp. 77~89를 보라.

252 B.-O. Küppers, *Natur als Organismus. Schellings frühe Naturphilosophie und ihre Bedeutung für die moderne Biologie*(Frankfurt am Main: Vittorio Klostermann, 1992), p. 35.

고 한다. 그리고 물-자체가 무한한 것이 될 수 있는 것 또한 무한한 심 속에서이다.

모종삼은 이어 중국에는 왜 근대과학과 테크놀로지가 존재하지 않는지를 설명하기 위해 본체와 현상 간의 그러한 구분을 이용하려고 시도한다. 1962년의 『역사철학』 — 지배적인 사유양식에 따라 역사를 연대기적으로 읽고 있는 책이다 — 에서 모종삼은 중국철학은 본체 세계에 대해 사변해왔으며 부차적인 것으로 간주된 현상에 대해서는 거의 관심을 갖지 않았다고 지적하고 있다. — 그것은 중국 문화의 다양한 측면에서 표현되는 경향이다. 서양 문화는 이와 반대의 길을 택해 본체에 대한 사변을 삼가고 현상에 전념했다. 모종삼은 전자를 '이성을 이해하는 종합적 정신綜合的盡理之精神'으로, 후자를 '이성을 이해하는 분석적 정신分析的盡理之精神'으로 부른다. 모종삼의 해석에서 지적 직각은 모든 분석적 연역이나 종합적 귀납을 훨씬 넘어서는 직각 능력을 의미하며, 이 직각은 오성에 봉사하는 감성적 직각이 아니다.253 다시 말해 칸트 생각에 따르면 오직 신에게만 가능한 지적 직관이 도교, 유교, 불교의 틀에서는 인간 존재에게도 가능하다. 모종삼에 따르면 여기서 중요한 점은 지적 직각이 사유를 지배할 때 인식의 또 다른 형식 — 그는 이것을 지성知性('인지적 정신')이라고 부른다 — 이 간접적으로 억압된다는 것이다. — 그리고 그의 독법에 따르면 그것이 논리, 수학, 과학이 중국에서 제대로 발전하지 못한 이유다.

모종삼의 분류의 정확성은 논쟁의 여지가 있지만 일단 우리가 칸트적인 배경을 이해하고 모종삼이 이 논의를 기저에 깔면서 자임했던 사

---

253 牟宗三, 全集 9券, 歷史哲學(台北: 學生書局), p. 205.

§ 18. 1. 칸트의 지적 직관에 대한 모종삼의 전유

명을 평가한다면 일리가 있는 것처럼 보일 수도 있다. 모종삼은 중국의 전통 철학에서 양지良知 ― 양심 또는 선에 대한 인식이라는 의미이며, 모종의 '자기-부정'을 포함한다 ― 로 불러온 것으로부터 '지성'을 발전시키는 것이 가능함을 보여주고 싶어 했다. 그는 이처럼 양지에 초점을 맞추는 것은 중국의 전통 내에서 철학이 모든 현상을 훌쩍 넘어선 우주론적 질서를 경험하는 것을 목표로 해온 덕분이라고 믿었다. 양지는 맹자에서 유래하며, 위대한 심학자 왕양명王陽明(1472~1529년)에 의해 한층 더 발전되었다. 왕양명의 논구에서는 맹자의 것 ― 양지의 도덕적 함의에 논의를 국한하고 있다 ― 보다 훨씬 더 풍부한 형이상학이 발견된다. 왕양명에게서 양지는 '알려고 하는 것이 없으면서도 알지 못하는 것이 없으며無知而無不知', 더 나아가 인간 존재에 국한되는 것이 아니라 초목과 돌 같은 세계의 다른 존재에게도 적용된다草木瓦石也有良知, [인간의 양지는] 곧 초목, 기왓장, 돌의 양지이다. 양지가 모든 곳에 존재한다는 말이 아니라 양지를 만물에 투사할 수 있다는 말이다.

> 내가 말하는 치지격물致知格物[원리를 알기 위해 자연 현상을 탐구하는 것]은 내 마음의 양지를 각종 사물에 결부시켜 추리하는 것입니다. 내 마음의 양지는 바로 이른바 천리天理이며, 내 마음속의 양지의 천리를 모든 사물에 결부시켜 추리하면 만물도 이치를 얻게 됩니다. 내 마음의 양지를 근거로 추리하는 것을 바로 치지致知[인식]라고 하며, 모든 사물의 이를 다 얻는 것을 가리켜 격물格物[사물을 심사숙고하는 것]이라고 합니다.
> 이것은 마음과 이를 하나로 합치는 것입니다若鄙人所謂致知格物者, 致吾心之良知於事事物物也. 吾心之良知, 卽所謂天理也. 致吾心良知之天理於事事物物, 卽事事物物皆得其理矣. 致吾心之良知者, 致知也. 事事物物皆得其理者, 格物也. 是合心與理而爲一者也.254

인식의 최고 경지는 의식적으로 양지로 돌아가는 것과 사물을 깊이 연구하는 데格物 있다. 양지를 이렇게 해석하면 우주적 정신이 되는데, 그것은 인仁에 대한 공자의 가르침에서 유래한다. 우주적 정신은 무한한 정신이다. 여기서 모종삼은 불교를 왕양명 사상과 결합시키며, 사상의 확실한 일관성 또는 통統(체계적 의미에서의 통합)이라고 부르는 것을 달성한다. 그런 다음 아래의 물음이 따른다. 즉 양지에 전념하는 것이 인식 주체라기보다는 도덕적 주체라면 그리고 양지에서는 객관적 인식이 아무런 위치도 차지하지 못한다면 그것이 중국에 근대과학과 테크놀로지가 존재하지 않는 이유를 설명해주는가? 그리하여 만약 중국이 고전적 유교의 가르침에 계속 의존한다면 어떤 과학이나 테크놀로지도 개발하는 것이 결코 가능하지 않다는 결론을 내리는 것이 허용될까? 이것이 신유학의 딜레마이다. 즉 어떻게 유교의 가르침을 인정하는 동시에 근대화의 진전을 허용할 수 있을까? 이 둘을 분리된 통統으로 제시하지 않으면서 말이다. 우리가 여기서 검토할 대답은 모종삼 사상의 가장 정교한 부분을 받아들이되 그것이 그럼에도 불구하고 일정한 약점을 품고 있으며, 따라서 그의 근대화 기획을 손상시킨다는 점을 받아들이는 것이다.

§ 18. 2. 모종삼에서 양지의 자기-부정

그는 『주역』과 왕양명의 신유교에서 발견되는 양지의 자아감함良知

---

254 왕양명, 「고동교에게 답하는 글」, 『전습록』, 김동휘 평역, 신원문화사, p. 243.

的自我坎陷, 즉 양지의 자기 부정 또는 자기 제한이라는 개념을 한층 더 발전시켰다. 여기서 우리는 '감함坎陷'을, 비록 매우 정확하지는 않지만 '자기-부정'으로 번역하는 클로워 입장을 따른다.255 '감함'은 또한 하이데거의 퇴락Verfallen처럼 떨어지는 것이기도 하다. 하지만 그는 여기서 이를 적극적으로 이용해 일종의 자아自我를 제안한다. 이 자아는 단순히 주어지는 것이 아니다. 오히려 그것은 '의식적 감함'을 요구한다. 따라서 이 감함은 결함이라기보다는 양지의 가능성을 실현하는 것이다. 아마 여기서 일종의 헤겔의 변증법을 간파할 수도 있지만 그러한 사유의 운동은 또한 발견술적이라는 의미에서 칸트의 미학적 판단이라는 측면에서도 읽을 수 있다. — 하지만 그것은 모종삼 본인의 저작에서는 그렇게 명확하지는 않다. 그는 이 행동을 집執이라는 용어로, 즉 불교에서 어떤 것을 내버려두지 않고 잡고 있으려는 의지 또는 단순한 애착을 묘사하기 위해 종종 사용하는 용어로 부른다. 이 측면에서 그것은 헤겔적 의미의 부정보다는 자발적 집執과 더 관계가 있다. 칸트의 언어를 고수하자면, 모종삼에게서 양지와 이 양지 밖으로 감함되는 것 사이의 관계는 구성적인 것이 아니라 규율적인 것이다. 양지는 필수적 우회를 통해 목적지에 도달하기 위해 끊임없이 자기를 부정하고 제한한다.

따라서 자기-부정은 인지의 주체가 되기 위한 도덕적 주체의 의식적 결정이어야 한다. 그러한 우회는 필연적인데, 왜냐하면 우회해야만 목표에 도달할 수 있기 때문이다. 따라서 우리는 그것을 '곡달曲達'이라고 부른다. 이 필연성은 변증법의 필연성이다. 이 우회는 변증법의 우회이지 지적 직각이나

---

255 Mou Jongsan, *Late Works of Mou Zongsan, Selected Essays on Chines Philosophy*, tr. J. Clower(San Diego: CA. California State University Press, 2014).

갑작스러운 깨어남의 단순한 선형적 궤도가 아니다.故其自我坎陷以成認知的主體(知性)乃其道德心願之所自覺地要求的. 這一步曲折是必要的. 經過這一曲, 它始能達, 此之謂「曲達」, 這種必要是辨證的必要, 這種曲達是辨證的曲達, 而不只是明覺感應之直線的或頓悟的達, 圓而神的達.256

'달성' 또는 '실현達'이라는 개념은 양지와 지식 간에 선형적·직접적 관계가 있다는 신유교 사상과 결합되어 있다. 하지만 양지가 우리가 과학이라고 부르는 형태의 지식을 낳지 않았다는 것 또한 분명하다. 양지의 자기-부정이라는 이 개념으로 모종삼은 인식 주체는 단지 양지의 가능성 중 하나일 뿐이며, 따라서 동시에 두 가지 정신을 갖는 것이 가능하다고 선언할 수 있었다. 여기서 모종삼은 하나의 마음이 두 개의 문을 열거나 하나의 마음이 두 개의 측면을 연다一心開兩門257는 불교적 표현을 사용하는데, 그것은 우주적 정신은 인지적 정신이 되기 위해 자기를 부정할 수 있다는 의미이다. 그러한 부정 행위가 과학과 테크놀로지를 발전시킬 수 있도록 해줄 것이다. 현상은 인식하는 정신에 속하며, 본체는 우주적 정신에 속하는데, 그것은 또한 칸트가 지적 직관이라고 부르는 것의 원천이기도 하다. 그리고 아직

> 그것은 실제로 자기를 잡거나 지속될 수 없다. 왜냐하면 잡고 있을 때는 더 이상 자기가 아니며, 지적 직각의 빛은 방해를 받아 벗어나며, 따라서 그것은 자기의 그림자이지 자기가 아니기 때문이다. — 즉 그것은 '인지의 주체'가 된다. 따라서 인지의 주체는 빛이 방해 받을 때 나타나는 것으로, 다양한 방식으로 투사하며, 그 결과 직관의 빛은 다른 분석적인 인지 행동이 된다.

---

256 모종삼, 『전집』21, 127페이지.
257 이 관용구는 불교 경전 『대승기신론大乘起信論』에 나온다.

감수성과 인지는 단지 인식 주체의 두 양식일 뿐이다. 인지적 인식 주체는 지적 직각의 주체의 자기-부정이다[但它並不能眞執持其自己. 它一執持, 即不是它自己, 乃是它的明覺之光之凝滯而偏限於一邊. 因此, 乃是它自身之影子, 而不是它自己, 也就是說, 它轉成「認知主體」. 故認知主體就是它自己之光經由一停滯, 而投央過來而成者. 它的明覺之光轉成爲認知的了別活動, 即思解活動. 感性與知性只是一認知心之兩態, 而認知心則是由知體明覺之自覺地自我坎陷而成者, 此則等於知性.258

모종삼은 자기-부정이라는 이 개념으로 칸트적 의미에서의 서양철학, 즉 지식 이론을 중국의 본체적 존재론 속으로 체계적으로 통합시키는 것이 가능하다고 믿고 있다. 그렇게 함으로써 서양철학자들에게는 이상하게 보일 수도 있을 몇 가지 더 나아간 '번역'을 제안한다. 먼저 그는 하이데거적 의미(모종삼은 하이데거의 『칸트와 형이상학의 문제』[1929년]를 읽었으며, 따라서 하이데거의 어휘를 자기의 체계 구분 속으로 통합시킨다)에서의 본체를 존재론적인 것과, 현상을 존재적인 것과 동일시한다. 두 번째로 칸트 철학에서의 신학적 초월성을 고전적 유교의 천天과 동일시한다. 그렇게 함으로써 동양과 서양의 체계 간의 매우 분명한 구분을 발전시키는 동시에 서양을 동양의 가능성들 속으로 통합시킨다.

양지에 대한 모종삼의 분석에서 또한 중요한 것은 유교의 정치철학, 즉 내성외왕內聖外王('안으로는 성인의 격을 갖추고 밖으로는 왕의 격을 갖춘다')으로 되돌아가는 것이다. 유교의 이 도식은 앞서 만난 일직선적 궤도를 따른다. 격물, 치지, 성의, 정심, 수신, 제가, 치국, 평천하. 그러나 신유학은 그런 식으로 내적인 것으로부터 외적인 것으로 직접 투사하는 것에는 문제가 있는 것으로 이해하고 있다. 만약 과거에 황제가 덕을 쌓

---

258 모종삼, 『전집』 21, 127~128페이지.

고 덕치를 하면 바로 평천하가 이루어지리라고 믿었다면 이제 그것은 더 이상 가능하지 않다. 대신 그러한 투사는 외부를 통한 우회를 요구한다. 다시 말해 전통적 방식의 투사는 더 이상 전진이 아니라 오히려 후퇴이다. 따라서 다른 궤도가 필요하며, 그것은 양지가 취해야 하는 우회와 공명한다. 그것은 모종삼의 정치철학 저작 『정도와 치도政道與治道』(1974년)에서 매우 분명하게 나타나는데, 그는 이렇게 쓰고 있다.

> 외적인 왕의 격은 내적인 성인의 격의 외부로의 운동이며, 그것은 옳다. 하지만 그것을 얻는 두 가지 방법이 있으니, 직접적이거나 아니면 우회를 거치는 것이 그것이다. 직접적 접근은 우리가 보다 오래 전의 시기에 말했던 것이고, 간접적 접근(우회)은 과학과 민주주의와 관련해 우리가 지금 말하고 있는 것이다. 우리는 간접적 접근이 외적인 왕의 격이 가장 풍부하게 표현되도록 해준다고 생각한다. 하지만 직접적 접근의 경우 그것은 뒷걸음치는 것이 된다. 따라서 내적인 성인의 격에서 외적인 왕의 격으로 가는 것은 간접적으로 성취될 때 근본적 변형이 이루어지며, 그것은 직접적 추론으로부터는 나오지 않는다 外王是由內聖通出去, 這不錯. 但通有直通與曲通. 直通是以前的講法. 曲通是我們現在關聯著科學與民主政治的講法. 我們以爲曲通能盡外王之極致. 如只是直通, 則只成外王之退縮. 如是, 從內聖到外王, 在曲通之下, 其中有一種轉折上的突變, 而不是直接推理. 這是表示, 從理性之運用表現直接推不出架構來表現.[259]

여기서 모종삼이 제안하는 것은 고대의 도식은 더 이상 기능할 수 없으

---

[259] 모종삼, 『전집』 9(政道與治道)(臺北: 學生書局, 1991), 56페이지. 鄭家棟, 牟宗三(臺北: 東大圖書, 1978). p. 81에서 재인용.

며, 따라서 고대의 경전과 개인적 수양(비록 그것들은 여전히 중요하지만 말이다)과 함께 다시 시작할 것을 추구하는 어떤 기획도 더 이상 충분하지 않다는 것이다. 정치와 도덕의 관계에 대한 전통적인 이해 방식과 비교하는 가운데 그는 이 구절을 재사유하면서 과학과 테크놀로지에 보다 높은 우선성을 부여해야 함을 깨닫는다. ― 다시 말해 그는 암묵적으로 '우회'는 실재로 기를 통해 이루어져야 한다고 제안하고 있는 셈이다.

기술-물음과 관련된 그의 철학적 과제는 여기서 끝난다. 다른 사람과 달리 그는 그것을 전통적 중국철학뿐만 아니라 칸트적 도식과도 양립 가능한 형이상학이라는 항목 속으로 끌어들인다. 하지만 더 이상 나가지는 않는데, 왜냐하면 근본적으로 그의 사유는 관념론적 몸짓이기 때문이다. 모종삼은 칸트 철학은 결코 초월론적 관념론이 아니라 오히려 경험적 실재론이라고 주장한다. 그리고 신유교 학자들과 마찬가지로 정신과 물은 분리될 수 없다고 주장한다. 그러나 모종삼의 저작에서 정신은 현상과 본체 모두를 인식할 수 있는 궁극적 가능성이 된다. 무엇이 정신이 그러한 순수한 출발점이 되도록 조건을 만들어줄까? 피히테와 셸링과 마찬가지로 모종삼도 양지를 절대적인 것으로 파악하지만 양지가 인지적 아ich가 아니라 오히려 우주적 아라는 점에서 근본적 차이가 있다. 만약 양지가 자기-부정을 통해 인식 주체가 될 수 있다면 양지라는 의식적 행동으로부터 생겨난 인식 주체는 양지와의 일관성 있는 관계 속에 머물게 된다. 따라서 이런 식으로 발전할 때 과학과 민주주의는 선험적으로 **윤리적으로** 될 것이다. 이를 다른 방식으로 말해보자. 기-도 담론과 관련해 기는 도의 **가능성**이라고 말할 수 있을 것이다. 따라서 기-도 관계는 '용用' 중의 하나가 아니며 대신 포함 관계이다. 또한 그것이 내가 모종삼의 접근을 관념론적이라고 부르는 이유이기도 하다.

따라서 근대화 기획을 재고하는 데서 모종삼의 전략은 얼마나 유용할까? 모종삼의 전기작가 정가동鄭家棟은 이렇게 지적한다.

> 수백 년 동안 국가의 현 상태를 유지하는 동시에 서양 지식을 흡수할 수 있는 것 — 물고기 요리와 곰발바닥 요리를 모두 먹는 것 — 은 중국인들이 꿈꿔온 것이었다. '양지의 부정'은 이 꿈의 가장 세련된 철학적 표현이다. 하지만 이 꿈이 실현될지는 또 다른 물음이다.260

그리고 실제로 그러한 형이상학적·문화적 변형을 위한 모종삼의 '관념론적' 제안은 그가 엄중하게 비판한 중국 대륙의 유물론 운동에 의해 철저히 무시되었다. 모종삼의 철학적 기획이 더 이상 받아들여지고 있지 않은 것은 통탄할 일이다. 중국 대륙에서 모종삼의 저작은 제대로 수용되지 않았는데, 공산주의에 비판적이었기 때문이다. 그에게서 공산주의는 중국 전통과 거의 관계가 없으며 실제로는 그와 반대로 전통을 파괴하는 데나 성공했을 뿐이다. 대신 대륙 철학은 '자연 변증법'이라는 이름으로 다른 길을 따랐는데, 그것은 내가 형이상학形而上學('메타피직스'라는 영어 단어를 번역하기 위해 사용된 고대의 표현)의 종언이라고 부르는 것 그리고 과학기술연구라는 새로운 분과학문의 출현으로 이어지고 있다.

---

260 정가동, 『모종삼』, p. 89.

§ 19. '자연 변증법'과 형이상학의 종언

하이데거는 다양한 기회에 형이상학의 종언을 선언했다. 그는 니체를 마지막 형이상학자로 간주했다. 1969년의 논문 「철학의 종언과 사유의 과제」에서는 사이버네틱스의 시작은 철학의 종언을 알리는 징조라고 선언했다. 하지만 이 '종언'은 보편적이지 않다. 비록 앞으로 살펴보겠지만 그것이 근대 테크놀로지가 초래하고 있는 일반적 경향이긴 하지만 말이다. — 나는 이 종언을 '방향-상실'이라고 특징지을 것이다. '형이상학의 종언'은 서양과 동양에서 동시에 일어나지 않았다. 먼저 '메타피직스'는 그것의 일반적 중국어 번역어인 '형이상학'과 동일한 것이 아니기 때문이다. — 위에서 분명히 살펴본 대로 [중국의] '형이상학'의 발전은 근대과학과 테크놀로지를 생산할 수 없었다. 두 번째로 동양에서는 '형이상학'의 종언이 다른 형태를, 기로부터 도의 분리라는 형태를 띠었기 때문이다. 중국에서 이 종언은 마치 차연되었기라도 하듯이 20세기에 대한 일종의 여진으로서만 현재화되었을 뿐이며, 새로운 운명 — 근대화 그리고 후에는 세계화 — 이 강요되고 나서야 비로소 도래했다. 이 과정에서 중국철학은 더 이상 아무런 중요한 역할도 하지 못하거나 또는 여행업과 문화산업의 증진에서나 역할을 하고 있을 뿐이다.

'니덤의 질문'은 20세기 내내 중국 학자들의 뇌리를 떠나지 않았다. 니덤과 풍우란의 논리를 따른다면 20세기 전에는 중국에서 테크놀로지 철학이 결코 존재하지 않았다고 말할 수 있다. 앞서 살펴본 대로 한 가지 의미에서 중국은 도덕철학과 함께 오직 자연철학만 갖고 있으며, 그것이 기술적 지식의 습득과 적용 방법을 규제했을 것이다. 유럽에서 테크놀로지 철학은 19세기 말에나 개시될 수 있었을 뿐이며, 처음에는 캅,

하이데거, 데자우어, 슈뢰더Manfred Schröder 등의 저작을 통해 독일 아카데미 철학에 자리 잡았다고 주장할 수도 있을 것이다. 그러나 앞서 살펴본 대로 기술-물음은 서양철학에서 항상 존재했으며, 실제로 코스모테크닉스적으로 서양의 사유를 구성하고 있었다고 말할 수도 있을 것이다. 비록 아래 2부에서 상술할 스티글러의 주장에 따를 경우 어떤 의미에서는 억압되긴 했지만 말이다.

중국은 그와는 상이한 궤적을 따랐는데, 주로 다음과 같은 사실 때문이었다. 즉 1949년부터 마르크스주의가 신공화국의 모든 측면을 지배했던 것이다. 엥겔스의 『자연 변증법』이 『반뒤링론』과 함께 널리 연구되고, 사회주의과학의 발전을 위한 기초 이론으로 제시되었다. 1935년에 중국어로 번역된 때부터 중국에서 『자연 변증법』은 서양의 과학기술연구와 동등한 '학문'[261]이 되었다. 이 두 저작에서 엥겔스는 유물변증법이 자연과학의 주요 방법이 되어야 함을 입증하려고 했다. 『반뒤링론』 또한 관념론적·형이상학적 자연 해석이 지배적이게 된 '베를린의 헤겔주의의 퇴보'에 대한 응답이었다. 『반뒤링론』 2판 「서문」에서 엥겔스는 이렇게 쓰고 있다.

> 마르크스와 나는 아마 독일의 관념론 철학에서 의식적인 변증법을 구출해 유물론적인 역사관과 자연관에 도입한 유일한 사람일 것이다. 그러나 변증법적이며 동시에 유물론적인 자연관을 위해서는 수학과 자연과학의 지식이 필요하다.[262]

---

[261] 林德宏, 科技哲學十伍講(北京: 北京大學出版, 2014).
[262] 엥겔스, 『반뒤링론』, 한철 역, 이성과 현실, 20페이지.

엥겔스의 유물변증법은 경험적 사실들부터 시작되며, 자연을 지속적인 진화 과정으로 바라본다. 그것을 두 개의 요점으로 단순화할 수 있을 것이다. 먼저 엥겔스는 모든 자연 존재는 식물에서 동물, 성운에 이르기까지 역사를 갖고 있다고 주장하고 싶어 한다. 엥겔스는 칸트의 『보편적 자연사와 천체 이론』(1755년)을 칭찬했는데, 거기서 칸트는 이미 지구와 태양계의 형성은 진화 과정이었다고 제안하고 있다. 만약 그렇다면 칸트의 우주론에 따르면 지구와 우주의 모든 존재 또한 시간 속에서 존재해야 한다. 엥겔스가 쓴 대로 "칸트의 발견 속에는 이후의 모든 진보로의 도약점이 녹아 있었기 때문이다."263 두 번째로 마르크스의 정신 속에서 엥겔스는 '인간화된 자연', 즉 인간 존재가 노동을 통해 지각하는 자연이 존재한다는 것을 증명하기를 원했다. 두 번째 점이 중국에 중대한 영향을 끼쳤는데, 아마 「유인원으로부터 인간으로 진화하는 데서 노동이 한 역할」 장 — 그것은 다윈의 진화론에 대해 상술하고 있다 — 이 별도로 번역되어 전체 원고가 중국어로 출판되기 전에 나왔기 때문일 것이다. 이 장에서 엥겔스는 동물은 도구를 갖고 있지 않으며, 따라서 단지 **자연**만 이용할 수 있는 반면 인간은 손이 해방된 후 도구를 이용할 수 있으며, 따라서 자연을 **지배**할 수 있다고 강조한다. 마르크스주의 철학자이며 경제학자인 우광원於光遠(1915~2013년) — 등소평의 경제개혁에 가장 심오한 영향을 끼친 인물로 두루 알려져 있다 — 이 『자연 변증법』 번역을 주도했으며, 또한 자기 저작에서 이 '인간화된 자연'을 두 번째 자연으로 또 새로운 '학문'으로서의 '사회적 자연'이라는 보다 구체적인 개념으로 확장시켰다.264

---

263 엥겔스, 『자연변증법』, 한승완, 이재영, 윤형식 역, 새길 아카데미, 21페이지.
264 우광원은 個哲學學派正在中國興起(南昌: 江西科學技術出版社, 1996)라는 제목의 주목할

내전(1927~1937년, 1945~1950년) 동안 그리고 후에는 중화인민공화국과 소련 간의 관계 악화로 인해 중국은 당시 갖고 있던 파편적이고 불충분한 지식을 갖고 과학기술을 발전시킬 수밖에 없었다. 1956년에 우광원은 일부 자연과학자들과 함께 '『자연 변증법』 12년(1956~1967년) 연구 계획(수학과 자연과학의 철학적 문제들)' 초안을 작성했고, 같은 해 정간물을 창간했다. 엥겔스의 『자연 변증법』은 1958년에 모택동에 의해 제안된 전국적 운동의 지침이 되었다. "자연을 향해 불을 지르고, 기술 혁신과 기술 혁명을 밀고 나가라向自然界開火. 進行技術革新和技 術革命." 그리하여 이 시점에 『자연 변증법』은 '헤겔주의의 퇴보'와 독일에서의 '과학의 남용'에 대한 비판뿐만 아니라 자연을 이해하고 따라서 '지배할' 방법이 되었다.

    문화대혁명(1966~1976년)은 한편으로는 마르크스의 역사 진보 이론(원시 공산주의-노예제-봉건제-자본주의-사회주의-공산주의)에 따라 정권에 의해 '퇴보'로 간주된 전통을 한층 더 철저하게 파괴했다. 다른 한편으로는 『자연 변증법』을 중국에서 자연과 테크놀로지의 토대로 만들었다. 1981년에 등소평의 비준 아래 〈중국자연변증법협회CSDN〉가 설립되었다. 그리하여 『자연 변증법』의 영향은 과학을 넘어 테크놀로지까지 확대되었으며, 모든 영역에서 생산성 개선을 위한 '무기'가 되었다. 철학자 진창서陳昌曙(1932~2011년)가 중국에서 과학기술철학이라는 학문을 정식으로 공식 창립한 책임자였다고 할 수 있을 것이다. 그는 1990년에 〈국무원학위위원회ADCSC〉에 자연 변증법 대신 이 이름을 이 분과학문을 가리키는 용어로 채택할 것을 제안했다.265 진창서 본인의

만한 책을 출간했다.
265 Xia Li, "Philosophy of Science and STS in China. From Coexistence to Se-

『기술철학도론』(1999년)은 이 분야의 가치 있는 문헌이다.266 하지만 비록 이렇게 새롭게 공식화된 학문이 새로운 이름을 부여받았음에도 불구하고 『자연 변증법』은 여전히 그것의 역사적 초석이었다. 진화론에 관한 장을 별도로 하면 엥겔스의 이 저작은 테크놀로지에 관해 아무것도 담고 있지 않음에도 불구하고 말이다.

따라서 과학기술철학은 중국에서 다소 새로운 것이었지만 주제가 가진 중요성에 대한 인식 때문에 뒤에 강력한 동력을 갖고 있었다. 예를 들어 다른 누구보다도 철학자 교서금喬瑞金의 『마르크스주의 기술철학강요馬克思技術哲學綱要』(2002년)는 중국에서 테크놀로지에 대한 마르크스주의적 비판의 전유를 체계적으로 탐구한다. 그리고 임덕굉의 『인간과 기계: 하이테크의 본질과 인문정신의 르네상스』는 테크놀로지를 고려하는 새로운 휴머니티의 가능성을 탐구하고 있다.267 비록 나도 그러한 노력들에 공감하지만 거기에는 중국 그리고 중국이 기술과 맺고 있는 관계를 사유함에서 연속성이나 심지어 일관성이 결여되어 있다는 생각이 든다. 다시 말해 이삼호의 최근 저작을 별도로 하면 그러한 테크놀로지 철학은 단지 기술철학Technikphilosophie 또는 테크놀로지 철학을 중국에 도입하려는 시도였을 뿐이다. 테크놀로지에 대한 마르크스주의적 비판과 병행해 그것을 전유하기 위해서 말이다. 위에서 인용한 사람들 그리고 미첨Carl Mitcham, 마르쿠제, 핀버그Andrew Feenberg, 보르크만Albert Borgmann, 드레퓌스Hubert Dreyfus 같은 다른 동시대인들의 경우가 그러

---

265 Xia Li, "Philosophy of Science and STS in China. From Coexistence to Separation", *East Asian Science, Technology and Society. An International Journal* 5(2011), pp. 57~66.
266 陳昌曙, 技術哲學導論(北京: 中國科學繁志社, 1999).
267 林德宏, 人與機器 — 高科技的本質與人文精神的復興(南京: 江蘇教育出版社, 1999).

하다. — 마치 중국과 유럽이 기술을 동일하게 이해하고 있듯이 말이다. 따라서 서양철학의 보편화는 비록 보다 폭넓은 대화로 이어질 수도 있지만 또한 서양철학의 지배는 보다 심오한 대화로 가는 모든 길을 폐쇄할 수 있다는 의미에서 **파르마콘논리적**이다.

따라서 우리는 그것을 '형이상학'으로서의 메타피직스의 종언이라고 부를 수 있을 것이다. 즉 중국 사상에서 인간-우주론 체계의 일관성을 유지하고 있는 메타피직스적 사유가 더 이상 준안정성을 회복할 수 없는 방식으로 중단된 것이다. 나는 이 상황을 두 가지 의미에서 '방향-상실'이라고 부른다. 먼저 일반적 방향상실이 있다. 출발점도 목적지도 볼 수 없는 상황에서 대양 한가운데 있는 자기를 발견하는 것이 그것이다. — 니체가 『즐거운 학문』에서 묘사한 시나리오가 그것이다. 두 번째로 서양과 달리 동양은 동양이기를 그치는 방식으로 부정되고 있으며, 그 결과 서양 또한 더 이상 동양을 못보고 있다. 다시 말해 테크놀로지적 수렴과 동기화에 의해 동질성이 초래되고 있다. 중국에서 테크놀로지 철학은 지난 30년 동안 중국에서의 테크놀로지의 지구화와 경제 성장에 대한 적극적 대응이었지만 중국적 기술 개념을 서양의 그것과 동일시하려는 경향 또는 전자보다 후자를 우선시하는 것을 용인하는 경향은 지구화와 근대화의 한 **징후**로, 코스모테크닉스-물음을 망각하고 이 물음으로부터 멀어지려는 경향을 증폭시킨다. — 따라서 중국에서 자체에 고유한, 즉 하이데거에 의해 묘사된 것과 동일하지 않은 '망각'에 종속되어온 물음을 말이다.

테크놀로지적 이성은 모든 조건의 조건, 모든 원리의 원리가 될 정도로까지 확대되고 있다. 총체성은 엘륄이 1970년대에 예견한 대로 기술 체계를 통해 형성되는 과정 속에 있다.268 만약 이 테크놀로지적 이성에 저항할 수 있다면 그것은 오직 새로운 동력학과 새로운 질서를 구성하는 다른 형식의 추론을 낳는 것에 의해서만 이루어질 수 있을 뿐이다. 가속화주의는 보편주의에 호소하면서 자기를 문화의 모든 식민주의적 강요로부터 분리시키려고 한다. 하지만 동시에 그러한 보편주의를 테크놀로지에 대한 '프로메테우스적' 이해 방식으로부터 끌어내며, 그것을 옹호할 뿐 그것의 문화적 특수성은 결코 물음의 대상으로 삼지 않는다. 여기서 기술이라는 범주 자체가 소진되며 단 하나의 운명만 품게 된다. 그와 같은 가속적 보편화를 넘어 기술성의 다양성 그리고 이 다양성이 자연 — 뿐만 아니라 코스모스 — 과 맺는 다양한 관계가 재발견되고 재발명되어야 한다. 인신세에 중국이 문명의 완전한 파괴를 피할 수 있는 유일한 희망은 모종삼이 했던 대로 새로운 형태의 **사유와 발명**을 발명하는 것뿐이지만 이번에는 다른 방식으로 그렇게 해야 한다. 그것은 중국으로 하여금 전통적인 관념론적 접근으로부터는 거리를 두고 모종삼이 본체적 존재론과 현상적 존재론이라 불렀던 것 사이의 또 다른 접촉면을 찾을 것을 요구하고 있다. 그것을 달성하려면 **코스모테크닉스적으로** 사유하는 것이 그리고 기를 도와 우주론적 의식으로부터 분리하지 않고 한층 더 발전시키는 것을 허용하는 사유 형식을 발전시킬 것이 요구된다. 2부에서는 시간과 근대(성)에 대한 재해석을 통해 이 물음에 대해 살펴볼 것이다.

---

268 J. Ellul, *The Technological System*(London: Continuum, 1980). 이 책은 시몽동의 『기술적 대상들의 존재양식에 대하여』의 연장으로 읽을 수 있다. 보다 상세한 분석으로는 Y. Hui, "Technological System and the Problem of Desymbolization", in H. Jerónimo, J. L. Garchia, and C. Mitcham(eds), *Jacques Ellul and the Technological Society in the 21st Century*(Dordrecht: Springer, 2013), pp. 73~82를 보라.

근대(성)와 테크놀로지-의식 2

§ 20 기하학과 시간

1부에서 우리는 비록 서양 사상이 '기술철학'으로 인정할 만한 것이 중국 사상에는 낯선 것으로 남아 있었지만 그럼에도 불구하고 기-도 관계의 역사에 대한 논구는 중국철학에서의 '테크놀로지-사유'를 드러내 줄 수 있도록 해준다는 점을 입증한 바 있다. 중국의 그와 같은 테크놀로지-사유가 오랜 철학적 전통에 토대를 두고 있는 서구의 테크놀로지-사유에 직면했을 때 어떤 일이 일어났는지를 묻는 것이 2부에서의 우리 과제이다. 유럽에서 '근대(성)'라고 불리는 것은 중국에는 존재하지 않았으며, 근대화는 오직 이 두 가지 양식의 테크놀로지 사상이 충돌한 다음에야 일어났다. 여기서 그러한 충돌은 두 가지의 시간 구조 사이의 긴장으로 묘사될 것이다. 하지만 그것은 또한 근대(성)-물음 자체를 재사유하는 것을 포함할 것이다. 20세기를 거치는 가운데 '근대 초극'의 필요성을 선언하는 목소리들이 먼저 유럽에서, 그런 다음에는 — 비록 동기는 달랐지만 — 일본에서 울려 퍼졌으며, 환경 위기에 비추어볼 때 그리고 테크놀로지적 파국의 여파로 지금 거의 모든 곳에서 들려오고 있다. 하지만 이 목소리들이 결국 불러일으킨 것은 — 고대의 우주론과 토착적 존재론으로의 복귀를 제안하는 인류학자들은 이 사실을 잊어버린 것처럼 보인다 — 전쟁과 형이상학적 파시즘이었다. 나는 앞서 언급한 두 가지 양식의 사상을 대결시키는 것을 통해 근대(성)-물음을 재평가하는 것에 의해 '전통적 존재론'으로 돌아가는 것으로는 전혀 충분하지 않으며, 대신 우리 시대를 위한 코스모테크닉스를 재발명해야 함을 제안하려고 한다.

왜 중국에서는 근대과학과 기술이 등장하지 않았는가 하는 물음에 대해서는 이미 니덤이 대답하지 않았던가? 중국 지식인들은 20세기에 니덤의 질문에 만족할만한 방식으로 대답했는가? 니덤은 분명히 상이한 요소들에 대한 매우 체계적인 분석을 제시했으며, 그것은 단순한 사회적 구성주의보다 훨씬 더 높은 수준에 해당된다. 그의 분석은 과거제도, 철학적·신학적 요소, 사회경제적 요소를 포함하고 있는데, 그것들은 모두 특별한 문화의 형성에 중요한 영향을 미치고 있다. 이 요소들은 중국 역사를 구성하는 경향, 힘, 우연성을 표현하는 일종의 집합체를 형성한다. 하지만 나는 니덤의 분석은 근대과학과 기술의 결여를 설명하는 데는 충분치 않으며, 중국의 철학 체계에서는 보다 근본적인 어떤 것이 관건이 되고 있다는 생각을 갖고 있다. 그리고 이 점을 이해하기 위해 더 깊이 파고들어갈 것이다. 앞서 살펴본 대로 중국철학은 기계론적 양식의 사유보다는 유기적 양식의 사유에 기반하고 있다. — 니덤도 이 점을 지적하지만 더 이상 상술하지는 않는다. 이어 모종삼은 중국철학은 경험으로 하여금 무한을 향하도록 하려는 경향에서 볼 수 있듯이 본체적 존재론에 초점을 맞추는 것에 의해 특징지어진다고 주장한다. 중국의 철학적 정신 구조 속에서 우주는 오히려 서양에서와는 다른 구조와 성격을 갖고 있는 것처럼 보인다. 그리고 인간의 역할과 인간의 사고

방식 또한 우주에 발맞추어 상이한 방식으로 규정되는 것처럼 보인다.

아래서 살펴볼 테지만 중국학자들의 관찰에 따르면 고대 중국인들은 체계적 기하학 — 공간에 대한 지식[1] — 을 발전시키지 않았으며, 시간이라는 주제를 정교화하지도 않았다. 아래서 우리는 중국의 사유는 기하학의 공리체계가 부재하고 시간에 대한 정교화가 발달하지 않은 것에 의해 특징지어진다는 명제의 함의를 탐구해볼 생각이다.

§ 20. 1 고대 중국에서의 기하학의 부재

니덤은 중국에는 기하학이 존재하지 않으며, 단지 대수학만 존재한다고 지적하고 있다.[2] 물론 그렇다고 해서 그의 말이 기하학적 지식이 중국에 전혀 존재하지 않았다는 이야기는 아니다. — 실제로 존재했는데, 중국 역사는 또한 지속적 범람과 간헐적 기근에 취약한 두 강(양자강과 황하)을 다스려온 역사이기도 하기 때문이다. 이 두 강을 관리하려면 반드시 기하학적 지식과 측량, 계산이 요구되었을 것이다. 오히려 니덤이 하려고 했던 말은 기하학에 대한 체계적 지식이 다소 늦게, 아마 17세기 말경 예수회선교사에 의해 유클리드의 『기하학 원론』이 번역될 때야 등장했다는 말일 것이다. 일부 역사가는 『구장산술九章算術』(기원전 10~2세기) 그리고 그에 대한 수학자 류휘劉徽(3세기)의 주해가 이미 선진적인 기하학적 사유를 입증하고 있다고 주장하고 있다.[3] 하지만 『구장산

---

1 B. Stiegler and E. During, *Philosopher par accident*(Paris: Galiilée, 2004), p. 52.
2 J. Needham, "Poverties and Triumphs of the Chinese Scientific Tradition", p. 21.
3 Mei Rongzhao, "Liu Hui's Theories of Mathematics", in Fan Dainian and R. S.

술』은 공리, 정리, 증명이라는 형식적 연역 체계를 확립하고 있지 않다는 의미에서 그리스 기하학과 근본적으로 다르다. 그리고 실제로 "기하학을 강조하는 고대 그리스 수학과 달리 고대 중국 수학의 성취는 주로 산술에 있었다."4 다른 역사가들은 고대 중국의 수학에서 결여되어 있는 것이 "완전한 구조적 이론 체계"임을 보여준 바 있다.5 예를 들어 장형張衡(78~139년)은 태양, 달, 행성이 구위의 경로를 따라 이동한다고 상정한 사람으로 알려져 있지만 그에게는 어떠한 공리체계도 결여되어 있었기 때문에 그와 같은 발견은 더 이상 자세히 발전되지 못했다. 기하학과 논리체계는 겨우 마테오 리치와 서광계徐光啓에 의해 유클리드 기하학(『기하원본幾何原本』)이 번역되면서 17세기에 중국에서 출현하기 시작했다. 서광계는 "논리학이 다른 학문들의 선구자이며, 다양한 다른 분과학문의 이해의 선행조건"임을 간파했으며, 그리하여 기하학과 논리학을 신학문의 초석으로 만들려고 애썼다.6

물론 기하학은 고대 그리스에서 중요한 분과학문이었으며, 이오니아학파 철학자들에 의해 이루어진 철학의 합리화는 기하학의 발명과 긴밀하게 관련되어 있었다. 최초로 알려진 이오니아학파 철학자이자 기하

Cohen(eds), *Chinese Studies in the History and Philosophy of Science and Technology*(Dordrecht: Springer, 1996), pp. 243~254, p. 248.

4 앞의 책, 244페이지.

5 Jin Guantao, Fan Hongye, and Liu Qingfeng, "The Structure of Science and Technology in History: On the Factors Delaying the Development of Science and Technology in China in Comparison with the West since the 17th Century(Part One)", in Fan Dainian and R. S. Cohen(eds), *Chinese Studies in the History and Philosophy of Science and Technology*(Dordrecht: Springer, 1996), pp. 137~164, p. 156.

6 Jin Guantao, Fan Hingyi, and Liu Qingfeng, *Historical Changes in the Structure of Science and Technology*(Part Two, A Commentary), pp. 165~184.

학의 선구자인 탈레스는 피라미드의 높이를 계산하고 태양과 달의 지름을 정하기 위해 삼각형의 기하학적 속성에 대한 지식을 이용했다. 세계는 동질적 원소로 구성되어 있으리라는 탈레스의 가정은 차수, 측정 그리고 비율에 대한 기하학적 탐구에 반드시 선행되어야 하는 생각이었다.7 그리고 적어도 히폴리투스에 따르면 피타고라스가 천문학, 음악, 기하학을 하나로 만들었음을 잊지 말아야 한다.8 그러한 합리화는 또한 플라톤의 『티마에오스』의 우주생성론에도 핵심적인데, 거기서 조물주는 상이한 기하학적 비율에 따라 코라를 손보는 기술자가 된다. 그리스 기하학의 위대한 업적들로 이어진 것이 그러한 정신이었다. 그와 같은 합리화는 알렉산드리아의 유클리드가 확정한 체계 속에서 정점에 달했는데, 거기서 수학이라는 분과학문은 공리들의 집합으로 묘사되며, 그것에서 도출되는 정리들은 완벽하고 일관된 체계를 구성하는 것으로 확인될 수 있다.

기하학에서의 진전들에도 불구하고 고대 그리스인들은 대수학에서는 그리 강하지 않았다는 것이 종종 지적되어 왔다. 이를 가장 잘 보여주는 사례 중의 하나가 아르키메데스의 『소용돌이선渦線에 대해』인데, 거기서 이 수학자는 어떤 기호나 방정식도 사용하지 않고 어떻게 소용돌이선을 그릴지를 기계적으로 묘사하고 있다. 수학자인 타박은 이렇게 지적하고 있다. "그리스인들은 대수학에는 거의 관심이 없었다. 새로운 곡선을 그릴 수 있는 능력은 대부분 대수학 능력 덕분인데도 말이다."

---

7 P. Clavier, "Univers", in D. Kambouchner(ed), *Notions de philosophie* I(Paris: Gallimard, 1995), p. 95.
8 C. Riedweg, *Pythagoras, His Life, Teaching, and Influence*(Ithaca and London: Cornell University Press, 2002), p. 25.

고대 그리스의 위대한 기하학자 중 마지막 사람인 알렉산드리아의 파푸스 때쯤 해서 고대 그리스인들은 이미 선, 평면, 입체도형에 대해 상당히 포괄적인 이해에 이르렀지만 "그리스인들에게 어떤 것이든 곡선을 그리는 것은 투쟁이었다."9 중세 동안 기하학 연구는 신학과 융합되면서 둔화되었다. 비록 기하학은 여전히 7기예 중의 하나로 간주되었지만 말이다. 이 시기 동안 중요했던 것은 먼저 1120년경에 배스의 아델라르드Adelard of Bath에 의해 아랍어로부터 라틴어로 그리고 나중에는 즉 15세기 말에 잠베르티Bartolomeo Zamberti(1473~1543년)에 의해 최초로 그리스어에서 유클리드의 『기하학 원론』이 번역된 것이 보여주듯이 신성로마제국의 유럽에 기하학이 재도입된 것이다.10 르네상스 동안 기하학은 부분적으로 예술의 창조에 의해, 특히 회화에 의해 주도되었다. 3차원적 대상을 2차원적 평면에 투사하기 위해 개발된 기법 그리고 원근법 이론은 오늘날 우리가 투영기하학으로 알고 있는 것으로 이어졌다. 16~17세기에 유럽에서 케플러, 갈릴레이, 뉴턴의 작업에 예시되어 있는 바와 같은 근대과학이 등장한 것은 기하학화 정신으로 특징지어질 수 있을 것이다. 종종 인용되곤 하는 ― 니덤도 그런 많은 다른 사람 중의 하나이다 ― 1953년의 한 언급에서 아인슈타인은 이렇게 지적하고 있다.

> 서양 과학의 발달은 두 개의 위대한 성취에 기반하고 있다. (유클리드 기하학에서) 그리스 철학자들이 형식적 논리 체계를 창안한 것과 (르네상스에

---

9 J. Tabak, *Geometry: The Language of Space and Form*(New York: Facts on File, 2004), p. 36.
10 C. Scriba and P. Christoph, *5,000 Years of Geometry: Mathematics in History and Culture*, tr. J. Screibner(Basel: Springer, 2015), p. 231, p. 236.

서) 체계적 실험에 의해 인과적 관계를 찾아낼 수 있는 가능성을 발견한 것이 그것이다. 내 의견으로는 그리스 현인들이 그러한 발걸음을 내딛지 않았다고 해서 놀라거나 해서는 안 된다. 놀라운 것은 어쨌든 그것들이 발견된 것이다.[11]

기하학을 '형식적 논리체계'로 특징짓는 아이슈타인의 입장은 1부에서의 중국 사상의 발전에 대한 우리 논의를 상기시킬지도 모르겠다. 앞서 살펴본 대로 논리학과 기술을 주창한 묵가는 도덕적 우주론에 기반한 견해를 선호한 맹자 같은 유학자들에 의해 억압당했다. 아인슈타인에 따르면 서양의 두 번째 성취는 실험화를 통한 인과관계의 발견이었다. 인과적 규칙성과 '자연의 법칙'에 대한 탐구는 자연을 철학적 탐구 대상으로 삼는 아주 특수한 형태로, 구체적 경험으로부터 추상적 모델로 나아갔다. 중국 사상과 관련해 니덤은 여기서 매우 적절한 질문을 제기한다. 즉 16~17세기의 유럽에서 자연의 법칙이라는 개념이 출현한 것은 특히 과학과 기술의 발달 탓으로 돌릴 수 있을까?[12] 이 시기 동안 이루어진 세 가지 핵심적인 과학적 발달을 지적함으로써 슈발레는 이에 대해 긍정적으로 대답한다. 1) 시선vision의 기하학화(케플러). 2) 운동의 기하학화(갈릴레이). 3) 실험 조건의 성문화(보일, 뉴턴). 이 사례 각각에

---

[11] A. Einstein, "Letter to J. S. Switzer(April 23, 1953)", in A. C. Crombie(9ed), *Scientific Change: Historical Studies in the Intellectual, Social and Technical Conditions for Scientific Discovery and Technical Invention, from Antiquity to the Present* (London: Heinemann. 1963), p. 142.

[12] J. Needham, "Human Laws and Laws of Nature in China and the West(I)", *Journal of the History of Ideas* 12: 1(January 1951), pp. 3~30. "Human Laws and Laws of Nature in China and the West(II): Chinese Civilization and the Laws of Nature", *Journal of the History of Ideas* 12: 1(January 1951), pp. 194~230.

서는 과학적 지식이 일상적 경험으로부터 분리되는 것을 허용할 정도로 기하학이 핵심적 역할을 했다. 첫 번째 사례에서 케플러는 빛에 대한 실체론적 규정에 맞서 빛은 유출이라는 플로티누스적 이해를 동원했으며, 망막에 상이 맺히는 것은 기하학 법칙들(즉 회절, 뒤집힌 상의 기하학적 왜상화)을 따르는 복잡한 과정을 포함함을 보여주었다. 이와 비슷하게 갈릴레이에 의한 운동 법칙의 기하학화 — 이것이 실체의 변화와 우연 (생성 또는 변질)으로서의 전질변화全質變化, metabolé라는 아리스토텔레스적 개념을 대체했다 — 는 질량이 더 큰 물질이 더 빠른 속도로 떨어지리라는 직관적 믿음에 맞서 진공이라는, 서로 다른 질량의 물체들이 낙하해도 동일한 속도를 갖게 되는 관념적 환경을 검토하는 것에 의해 이루어졌다.13 기하학의 필증적 성격은 직관의 오류 가능성에 맞선다. — 갈릴레이의 『대화: 천동설과 지동설, 두 체계에 관하여』에 들어 있는 한 구절은 인간의 오류와 판단에 의해 영향을 받지 않는 방법론적 확신을 추구하는 모습을 드러내 보여준다.

> 만약 우리가 법률이나 인간성에 대해서 토론하고 있다면, 정답이 없을 수도 있네. 그런 경우에는 글 쓰는 사람이 얼마나 경험이 많고 말을 잘하며 감정이 예민한지에 따라 자기의 주장을 더 그럴듯하게 펴서 자기의 주장이 가장 옳다고 남들이 인정하게 될지도 모르지.
> 하지만 자연과학은 달라. 옳은 것은 옳고, 틀린 것은 틀려. 이건 사람의 생각과 아무런 상관이 없어.14

---

13 C. Chevalley, "Nature et loi dans la philosophie moderne", in *Notions de philosophie* I, pp. 127~230.
14 C. Bambach, *Heidegger, Dilthey, and the Crisis of Historicism*(Ithaca and Lon-

따라서 유럽에서의 기하학의 발달에 대한 아인슈타인의 평가는 부당하다고 할 수 없다. 실제로 신화적 기원부터 프톨레마이오스, 코페르니쿠스, 브라헤, 케플러 그리고 뉴턴을 거쳐 현대 천문학에 이르는 우주론의 역사를 살펴보면 매 단계마다 그것은 근본적으로 기하학 문제였음을 알 수 있다.15 심지어 중력을 4차원적 시간-공간의 곡률과 동일시하는 아인슈타인의 일반상대성이론조차 기본적으로는 (비록 더 이상 유클리드적 기하학은 아니지만) 기하학 이론이다.

§ 20. 2. 기하학화와 시간화

하지만 수학적 주제로서의 기하학에 논의를 제한하기보다는 기하학을 시간-물음과 연결시킴으로써 이 문제를 좀 더 밀고 나가보자. 내게는 시간과 기하학/공간 사이의 관계가 서구의 기술 개념 그리고 더 나아가 기술이 효율적인 기억보조장치 체계로 발전해나가는 데서 근본적인 것처럼 보인다. 이런 식으로 물음을 제기하는 가운데 우리는 추상화로부터 이상화idealisation로 이동하게 될 것이다. — 즉 정신적 추상화로부터 외부화된 기하학적 형태들 속에서의 이상화로 말이다. 이상화는

---

don: Cornell University Press), p. 50에서 재인용[갈릴레오 갈릴레이, 이무현 역, 『대화: 천동설과 지동설, 두 체계에 관하여』, 사이언스 북스, 105페이지].
15 H. Kragh, *Conceptions of Cosmos: From Myths to the Accelerating Universe: A History of Cosmology*(Oxford: Oxford University Press, 2013)를 보라. 여기서 크래그는 유클리드 기하학으로부터 비유클리드 기하학, 예를 들어 리만 기하학으로의 이행에 따라 우주의 역사를 정식화하고 있다.

이념화 작용ideation[엄밀 학을 추구하는 후설은 경험적 사실들에 맞선 본질들과 그것들의 연관들에 대한 순수한 기술記述을 현상학의 근본 과제로 간주했는데, 이념화 작용은 이 학의 성립을 가능하게 하는 본질 직관이라는 방법과 관련된 개념이다]와 구분되어야 하는데, 후자는 여전히 사유 속에서의 이론적 추상화와 관련되어 있기 때문이다. ― 예를 들어 우리는 삼각형을 생각할 수 있지만(이념화 작용) 삼각형의 필증적 성격은 그것이 외부화될(그려질) 때는 모두에게 공통적인 것이 된다.16 따라서 이 의미에서 이상화는 쓰기를 통해서든 아니면 그리기를 통해서든 외부화를 포함하고 있다. 기하학, 시간, 기술의 관계에 대한 나의 추론은 이렇게 요약될 수 있다. 1) 기하학은 시간의 공간화를 요구하고 허용하는데, 다시 이 공간화는 2) 기술적 수단을 통한 외부화와 이상화를 포함한다. 3) 기하학적 필증성은 인과관계의 메커니즘화뿐만 아니라 논리적 추론을 허용한다. 그리고 4) 그와 같은 메커니즘화에 기반해 가능해지는 기술적 대상과 기술 체계는 이번에는 경험, 역사, 역사성 등 시간성의 구성에 참여한다.

　기하학화는 다양한 의미에서 시간의 공간화이다. 먼저, 그것은 시각적으로 (직선 형태든 아니면 원뿔 부분에서든) 시간의 운동을 표현한다. 두 번째로 이상화된 형태로 미래에 기억해낼 수 있는 방식으로 시간을 공간화하는 동시에 외부화한다(우리는 나중에 스티글러의 생각을 논할 때 이 점으로 다시 돌아올 것이다). 나의 가설은 ― 비록 미묘하고 추측에 근거한 것이기는 하지만 ― 간단히 이렇다. 즉 기하학은 중국에서 발전되지 않았을 뿐만 아니라 그에 덧붙여 시간-물음은 서양에서와 동일한 방식

---

16 그러한 생각은 오랫동안 이루어진 스티글러와의 많은 토론에서 나온 것으로 이념화ideation 작용과 이상화idealisation의 구분은 그에게서 차용한 것이다.

으로 다루어지지 않았다. 이 두 가지 사실을 함께 고려할 때 중국에서 상이한 기술 개념이 등장하거나 실로 어떤 테크놀로지-사유도 도대체 부재하는 것을 이해할 수 있을 것이다. 이 주장은 얼핏 다소 당혹스럽게 보일 수도 있을 것이다. 이를 설명하기 위해 나는 먼저 중국에서의 시간-물음의 개요를 제시할 것이며, 그런 다음 기술과 관련해 시간과 기하학 사이의 종합에 도달하기 전에 이 둘의 관계에 대한 논의로 옮겨갈 것이다.

그라네[17]와 쥘리앵 같은 중국학자는 중국 사상에서의 시간-물음 문제를 다루어왔는데, 둘 모두 중국에는 직선적 시간 개념이 존재하지 않으며 오직 '때'와 '순간'을 의미하는 시時만 존재한다고 주장한다. 중국인들은 전통적으로 4계절을 의미하는 '사시四時'에 따라 삶을 꾸려왔다.[18] 쥘리앵 또한 시간에 대한 그러한 이해 방식은 (앞의 1부에서 논한)

---

17 M. Granet, *La Pensée chinoise*(Paris: Albin Michel, 1968), pp. 55~71.
18 하지만 그것은 논란의 여지가 있다. 중국의 역사가 류문영劉文英에 따르면 4계절로 나누는 것은 겨우 서주시대(기원전 1046~771년) 말에야 이루어졌다. 그전에 1년은 봄과 가을로 나뉘어졌다. 劉文英, 中國古代時空觀念的産生和發展(上海, 上海人民出版, 1980), p. 8을 보라. 게다가 이 주장 또한 한층 더 상세한 논증을 요하는데, 상 왕조(기원전 1600~1046년)부터 '천간지지天干地支'로 알려진 기록 체계가, 즉 육갑六甲에 따라 기능하는 날과 해의 기록 체계가 존재했다고 주장할 수 있기 때문이다. 게다가 이 기록 체계는 점복을 위해 『주역』과 통합되었는데, 그것 또한 계산을 요구했다. 하지만 중국에서는 시간 개념이 정교화되지 않았다는 그라네와 쥘리앵의 주장은 비록 날과 해를 기록할 수 있는 많은 방식을 찾을 수 있지만 시간에 대한 지각과 이해가 추상적 시간보다는 구체적 사건과 긴밀히 결부되어 있음을 의미한다. 마찬가지로 중국인들은 시계 제작에서 선구자들이었다. 장형張衡(78~139년)은 물을 이용해 혼천의를 회전시키는 데 성공했으며, 박학한 학자 소송蘇頌(1020~1101년)은 세계 최초의 시계 중의 하나인 '수운의상대水運儀象臺'(1088년)를 설치했다. 따라서 이미 한대에 시간의 기계화와 계산화(월력학)가 존재했을 뿐만 아니라 매우 선진적이었다(J. Needham, Ling Wang, D. J. De Solla Price, *Heavenly Clockwork: The Great Astronomical Clocks of Medieval China*[Cambridge: Cambridge University Press, 2008], p. 7을 보라. 소송의 시계는 [새로운 왕조의 등장과 함께] 천도 기간에 운송의 어려움 때문에 1214년에 방치되었

『회남자』 그리고 이 책이 정치적·사회적 행위와 절기의 변화 사이의 관계를 도식적으로 규정하고 있는 것과 긴밀하게 관련되어 있다고 지적하고 있다. 그의 지적에 따르면 절기의 변화가 제일원리로 간주되는 중국 문화에서의 시간 이해는 아리스토텔레스적 시간 이해와는 근본적으로 다른데, 그것은 시간을 양과 거리를 포함해 한 점에서 다른 점으로의 이동 또는 한 형태에서 다른 형태로의 이동으로 받아들이는 것에 기반하고 있다.19 고대부터 시간은 순간적인 것-사이에 있는 것으로 간주되어 왔다. ― 즉 한 점에서 다른 점으로의 운동이라는 관점에서 사유되었다(아래에서 논할 쓰기 속에서의 제2차 공간화와 대조적으로 그것을 최초의 공간화라고 부르고 싶을지도 모르겠다). 고대인들에게서 시간은 '사이*met-aux*'였다. 스토아학파에게는 '간*diastama*'이었다. 그리고 아우구스티누스에게는 "시간과 시간 사이를 지각하는 것*sentimus intervallo temporum*"이었다.20 하지만 쥘리앵이 보여주듯이 '시간은 간'이라는 그러한 개념은

으며, 그가 그것을 재조립하기 위해 작성한 문서들은 아무도 이해할 수 없었다). 실제로 중국이 16세기 이전에 많은 기술 영역에서 주도적인 위치를 갖고 있었음을 부인하는 것은 불가능하다. 하지만 우리가 여기서 성찰해야 하는 물음은 달력을 중심으로 시간을 파악하는 방식이 실제로 존재했던 것이 시간에 대한 개념적 '정교화'를 함축하는가 아니면 그렇지 않은가 이다. 그것이 존재했다고 해서 반드시 그렇다고 할 수는 없다.

19 아리스토텔레스의 『자연학』에서 시간은 전과 후에 의해 규정되는 '운동 양'으로 간주된다. 220b5-12에서 시간에 대한 명확한 규정을 발견할 수 있는데, 거기서 시간이 1) 운동, 2) 수, 3) 사이로 간주되고 있는 것을 보라. "시간은 모든 장소에서 동시에 동일하지만 전과 후에 시간은 동일하지 않다. 어떤 운동의 현재[상태]는 단 하나뿐인 반면 과거와 미래[단계]는 [서로] 다르기 때문이다. 그리고 시간은 수이다. 우리가 수를 셀 때 이용하는 수가 아니라 헤아려지는 것으로서의 수라고 할 수 있다. 그리고 그것은 전이나 후와는 항상 다르다. 지금이 다르기 때문이다. [마찬가지로] 100두의 말과 100명의 사람에서 수는 동일하지만 그것이 수로 헤아리고 있는 것 ― 말과 사람 ― 은 다르다." D. Bostock, *Space, Time, Matter, and Form: Essays on Aristotle's Physics*(Oxford: Oxford University Press, 2006), p. 141에서 재인용.

시간을 '시간'으로 번역한 일본의 번역어 jikan를 받아들이는 19세기에나 겨우 중국에 도달한다.[21]

코스모스 또는 우주宇宙(여기서 '우'는 공간이고 '주'는 시간이다)[22]에 대한 중국적 이해에서 대안적인, 보다 포괄적인 시간 개념이 발견된다. '주'는 어원적으로 마차 바퀴와 관련되어 있는데, 이 바퀴의 원환적 운동으로부터 시간이라는 형상을 은유로 택한 것이다.[23] 사시도 마찬가지로 순환적이다. 그리고 계절의 변화로 나타나는 24절기로 나뉜다. 예를 들어 3월 5~6일경의 시기는 경칩이라고 불리는데, 말 그대로 '개구리가 겨울잠에서 깨어난다'는 의미로 동면이 끝나는 것을 가리킨다. 『주역』에서 '시'는 또한 '때'라는 관점에서도 언급된다. 예를 들어 찰시察時[때를 살펴보기], 명시明時[때를 이해하기], 대시待時[때를 기다리기] 등에 대해 말할 수 있을 것이다.[24] 시는 또한 '세勢'와도 관련되어 있다. 쥴리앵은 그것을 형세 propension로 번역하는데, 다소 단순화하자면, 상황적 사유로 그것을 이해할 수 있을 것이다[25](드티앙과 베르낭의 작업을 따라 쥴리앵 또한 고대 그리스에서도 그와 비슷한 사유를 확인할 수 있다고 지적하는데, 그것은 메티스 mētis라는 이름을 갖고 있다. 드티앙과 베르낭은 그것을 '사려思慮'[26]라고 주해하고 있다. 비록 소피스트들이 이 메티스라는 개념을 탐구했

---

20 Jullien, *Du Temps*, p. 74.
21 앞의 책, 73페이지.
22 'cosmos'와 'universe' 모두 중국어로는 '우주'로 번역된다.
23 劉文英, 21~22페이지.
24 黃俊傑, 儒家思想與中國歷史思惟, 臺北大學出版, 2014, p. 3
25 F. Jullien, *Traité de l'efficacité*(Paris: Éditions de Grasset, 1996). 그라네는 또한 이 점을 강조하면서 중국에서의 공간 개념을 "율동적이며 기하학적인 것"으로 묘사한다. 하지만 우리는 또한 그가 실제로 공간이 아니라 오히려 풍수에 대해 이야기하고 있음을 염두에 두어야 한다.

지만 그러한 사유양식은 '헬레니즘적 과학'으로부터 억압당하고 배제되었다). 쥘리앵이 보기에 '시'와 '세'라는 두 개념의 결합은 또한 주체 또는 나로부터 사유하려는 이상론적 경향을 약화시키며, 그가 외부 세계와의 **초개인적** 관계라고 부르는 것 쪽으로 향하는 경향을 띠도록 만든다. 주체를 구성하는 것은 이해하려는 의지나 욕망이 아니라 오히려 주체 외부에 있으며 주체를 가로지르는 것이게 되는 것이다.27

따라서 우리는 중국적 사유에서는 진리가 진정한 철학적 물음을 구성하지 않는 데 반해 그리스 사상가들 사이에서의 필증성 추구는 기하학이 코스모스(시간과 공간)를 재현하는 기본 양식일 수 있는 것을 허용하고, 그리하여 기술을 수단으로 한 경험의 시간화의 재구성을 허용했던 것은 아닌지 궁금해 할 수 있을 것이다. 스티글러는 서양에서의 기하학과 시간 사이의 관계는 미덕과 관련한 메논의 질문에 대한 소크라테스의 대답 속에서 드러나고 있다고 주장하는데, 거기서 그는 기하학은 본질적으로 쓰기와 도식화를 요구한다는 의미에서 기계적이고 시간적임을 보여준다. 스티글러는 능숙하게 기하학에 대한 물음을 시간-물음 또는 — 이렇게 말할 수 있을 것이다 — 재시간화-물음으로 재구성하고 있다. 『메논』에서 소크라테스가 메논에게서 아래와 같은 역설을 풀 것을 요구받는 것을 기억하라. 즉 만약 미덕이 무엇인지를 이미 안다면 그것을 찾을 필요가 없으리라는 것이다. 하지만 만약 모른다면 심지어 마주치더라도 알아보지 못할 것이다. 따라서 미덕이 무엇인지를 결코 알 수 없다는 결론이 나온다는 것이다. 소크라테스는 그러한 도전에 계

---

26 Marcel Detienne, J.-P. Vernant, *Cunning Intelligence in Greek Culture and Society*, tr. J. Lloyd(Chicago: University of Chicago Press, 1991).
27 Jullien, *Du Temps*, p. 84.

략으로 응수한다. 그는 이렇게 말한다. 즉 한때 미덕이 무엇인지를 알았지만 잊어버렸으며, 따라서 기억하려면 도움이 필요하다는 것이다. 소크라테스는 교육받은 적이 없는 노예에게 모래 위에 그림으로써 기하학 문제를 해결하라고 요청함으로써 그러한 상기 과정을 보여준다. 스티글러에게서 그러한 조작은 기억의 기계적 외부화를 예시하는 것이다. 노예가 문제의 선들을 그리는 것을, 그리고 잊어버린 진리를 '상기하는 것'을 허용해주는 것은 오직 모래 위의 표시들 — 테크네의 한 형태 — 뿐이다. 스티글러가 지적하는 대로 만약 존재라는 말을 시간과 공간 속에 존재한다는 측면에서 이해한다면 점이나 선 같은 기하학의 요소들은 실제로는 존재하지 않는다. 우리가 모래 위에 점이나 선을 그릴 때 그것은 더 이상 점이나 선이 아니다. 그것은 이미 평면이기 때문이다. 기하학의 이상성은 쓰기로서의 외부화에 의한 도식화를 요구한다.28

> 기하학은 공간에 대한 지식이며, 공간은 직관의 한 형태이다. 공간을 그와 같은 선험적 형태로 사유하는 것은 도형이 대변하는 투사 능력을 전제한다. 하지만 여기서는 그러한 투사가 직관을 위한 투사를 허용한다는 의미에서뿐만 아니라 파지적 공간을, 즉 상기의 매체support를 구성한다는 의미에서도 외부화라는 점에 주목하는 것이 핵심적이다. 그것이 사유하는 이성인 **시간적 흐름의 추론을 한 걸음, 한 걸음 지지하기** 때문이다.29

따라서 스티글러의 탈구축deconstruction에 따르면, 진리는 상기라는 플

---

28 B. Stiegler and E. During, *Philosopher par accident*(Paris: Galiilée, 2004), 2장을 보라.
29 앞의 책, 52페이지.

라톤의 개념은 반드시, 하지만 플라톤은 주제화하지 않은 기술적 차원에 의해 보충되어야 한다. 스티글러는 이처럼 '모래 위에 선을 그리는 것', 이 외부화된 상기를 제3차 파지라고 부른다. — 그는 이 용어를 후설의 『내적 시간 의식의 현상학에 대해』에서 설명되고 있는 제1차 파지와 제2차 파지에 추가한다.30 선율을 들을 때 기억 속에 즉각 파지되는 것이 제1차 파지이다. 만약 내일 내가 이 선율을 기억한다면 그것은 제2차 파지를 증언해준다. 따라서 스티글러가 제3차 파지라고 부르는 것은 예를 들어 악보, 축음기 또는 안정적이고 지속적인 형태로 본래적 의미의 의식 외부에서 앞의 선율을 외부화하는 다른 모든 녹음 장치가 될 것이다.

여기서 스티글러는 『후설의 '기하학의 기원' 소개』에서 데리다가 끌어낸 실마리를 잇고 있는데, 거기서 데리다는 기하학의 기원을 구성하는 것은 후설 본인 주장대로 세대에서 세대로의 전달임을 확인해준다. 하지만 그것은 오직 쓰기를 통해서만 가능하다고 덧붙이는데, 쓰기가 "대상의, 대상의 절대적 객관성의 절대적 전통화"를 보증한다. 기하학은 전달(그려진 도형들)에 의해 구성될 뿐만 아니라 자체가 전달의 구성요소(올바르게-쓰기正書法, ortho-graphs)이다. 그것이 없다면 기하학의 '자명성' 또는 필증성은 파지될 수 없을 것이다.31 스티글러는 이 명제

---

30 E. Husserl, *On the Phenomenology of the Consciousness of Internal Time*(1893~1917), tr. J. B. Brough(Dordrecht: Kluwer, 1991).
31 "작도作圖와 쓰기는 외부성의 두 차원으로 기하학의 필수적인 *sine qua non* 조건이다. 기하학은 요소들(점, 선, 면, 각도, 빗변 등)이 이 요소들에 대해 이상성인 체하는 언어에 의해 규정되는 도형이 있을 때만 존재할 수 있다. 하지만 이 언어는 오직 정서법적으로 기록될 수 있어 사유의 작업으로 하여금 한 발 한 발 그리고 '문자'로 나가는 것을 허용해준다는 조건하에서만 의미론적 실체를 하나도 잃지 않고 규정인 체할 수 있다. B. Stiegler et E. During, *Philosopher par accident*, p. 54.

를 한층 더 멀리까지 밀고 나가 외부화라는 르루아-구랑의 개념(「서론」을 보라)과 통합시킨다. 기술적 대상은 후성성 계통발생적 기억을, "내가 결코 살지 않았지만 그럼에도 불구하고 나의 과거로 그것 없이는 결코 나 자신의 과거를 가질 수 없을 과거"[32]를 구성한다. 후성성 계통발생적 기억은 유전적genetic 기억 그리고 개체발생적ontogenetic 기억(중추신경계의 기억) 모두와 구분된다. 스티글러 말로 하자면 그것은 "테크노-로지컬한 기억"[33]으로, 언어들, 연장의 사용, 재화의 소비, 의례의 실천 속에 들어 있다. 따라서 기하학적 사유의 이상화로서의 기술은 시간을 기입하는 동시에 시간의 새로운 차원을 작동시킨다고 말할 수 있을 것이다. ― 스티글러가 보여주는 대로 이 차원은 하이데거의 『존재와 시간』에서는 충분히 정교화되지 못한 채 남아 있었다.

§ 20. 3. 기하학과 우주론적 특수성

만약 스티글러가 플라톤 독해와 하이데거에 대한 탈구축으로부터 서양철학에서 기술로서의 시간이라는 개념을 회수할 수 있었다면 고대 중국철학에서 그와 비슷한 기획이 불가능할 것처럼 보이지는 않는다. 우리는 테크놀로지는 시간을 기입한다고 말하는 것은 **존재론적이고 보편적인 주장을 하는 것임**을 받아들여야 한다. 르루아-구랑의 테크놀로지의 인류학은 기술은 기관들의 해방으로뿐만 아니라 기억의 외부화의 한 형태로 이해되어야 하며, 따라서 기술적 장치의 발명과 사용은 또한

---

[32] Stiegler, *Technics and Time* 1, p. 140.
[33] 앞의 책, 177페이지.

인간[세계]화 과정이기도 함을 이미 보여준 바 있다. 도구-사용과 손의 해방 그리고 쓰기의 발명과 뇌의 해방은 인간을 종으로 변형시키고 규정하는 활동에 상응한다. 다시 말해 르루아-구랑은 기술적 대상의 발명과 사용이라는 관점에서 인간 진화 이론을 제시하고 있다. 하지만 기술의 경험은 우주론과 관련되어 있으며 부분적으로 우주론에 의해 조건 지어진다. ─ 그리고 우리가 **코스모테크닉스**의 중요성을 강조하는 것은 바로 이 맥락에서이다. 기술적 장치는 기관의 연장으로 신체적으로 기능한다. ─ 그리고 보철 장치로서는 **신체적으로** 그리고 **기능적으로** 보편적이지만 반드시 **우주론적으로** 보편적인 것은 아니다. 즉 우주론적 사유에 의해 추동될 뿐만 아니라 그것에 의해 제약되는 한 기술은 신체적 기능성을 넘어 상이한 의미를 얻게 된다. 예를 들어 상이한 문화도 유사한 달력(예를 들어 1년은 365일)을 가질 수 있지만 그렇다고 해서 그것이 이 문화들이 동일한 시간 개념이나 경험을 갖고 있다는 의미는 아니다.

그런데 「서론」에서 간단하게 언급한 대로 르루아-구랑은 본인이 **기술적 경향과 기술적 사실**[34]이라는 두 개의 일반 개념에 따라 기술적 발명의 수렴과 발산에 대한 포괄적 이론을 제시하고 있다. **기술적 경향**은 기술의 진화 과정에서 나타나는 보편적 과정으로, 예를 들어 부싯돌의 사용이나 바퀴의 발명이 그것이다. 반면 **기술적 사실**은 특수한 사회적·지리적 환경의 제약 속에서 이 경향이 특수하게 표현되는 것과 관련되어 있다. 예를 들어 특수한 지리적 환경에 맞는 도구의 발명이나 특정 기호의 사용을 수용하는 것이 그것이다.

하지만 비록 기억의 외부화를 일반적인 기술적 경향으로 보는 데서

---

34 A. Leroi-Gourhan, *Milieu et techniques*(Paris: Albin Michel, 1973), pp. 424~434.

는 르루아-구랑의 입장에 동의하면서도 그렇다고 해서 그것이 각각의 문화가 왜 그리고 어떻게 상이한 속도와 방향으로 기술을 외부화하는지에 대한 설명을 허용해주는 것은 아니다. 즉 그것이 외부화가 어떻게 특정한, 즉 생물학적·지리적일 뿐만 아니라 사회적·문화적 그리고 형이상학적인 조건에 의해 제약되는지를 설명해주는 것은 아니다. 「서론」에서 지적한 대로 르루아-구랑은 기술적 사실들 사이의 차이를 환경의 특수성 그리고 다른 부족 및 문화와의 교환이라는 관점에서 분석하려고 시도했다. 하지만 그의 초점은 기술적 대상들 자체에 대한 묘사에 맞추어지고 있는 것처럼 보인다. 실제로 그것이 르루아-구랑의 독특한 연구방법의 큰 힘을 구성한다. 하지만 그러한 식으로 나가는 가운데 그는 우주론 문제를 충분히 고려하지 못하고 만다.[35] 르루아-구랑이 보기에 기술적 대상들의 분화에서는 **생물학적** 조건이 일차적인데, 그것이 생존 문제에 핵심적이기 때문이다. 예를 들어 그릇 같은 용구는 매번 물이 있는 곳으로 갈 필요가 없도록 하기 위해 발명된 것이다. **지리학적** 조건의 중요성은 명백한데, 왜냐하면 특정 지역에 특수한 지리적 조건은 다른 발명보다는 특정한 발명에 유리하기 때문이다. 하이데거의 『존재와 시간』에 대한 응답이라고 할 수 있는 『풍토風土』에서 일본 철학자 와쓰지 데츠로和辻哲郎는 심지어 환경 또한 특정 인구의 개인적 성격과 미학적 판단을 규정한다고 주장하기까지 한다.[36] 풍토라는 일본어는 '풍'과 '토'라는 두 한자로 이루어져 있다. 와쓰지는 풍토를 세 가지 유형으로 분류한다. 즉 몬순형, 사막형, 목장형이 그것이다. 와쓰지의 견해를 간

---

[35] 『몸짓과 말』에는 도시 발달과 우주 진화론 사이의 관계에 대한 구절이 들어 있다. — 하지만 여기서 르루아-구랑은 후자를 상징 형식으로 이해하고 있다.
[36] 와쓰지 데츠로, 『풍토와 인간』, 박건주 역, 장승, 1993.

단하게 설명할 수 있는 예를 들자면, 아시아는 몬순의 영향을 강하게 받으며 그 결과 상대적으로 계절의 변화가 거의 없기 때문에 느긋한 성격이 나타나게 된다. 특히 동남아시아에서는 기온이 항상 따뜻하기 때문에 자연이 풍부한 먹을거리를 제공해주며, 따라서 살아남기 위해 너무 많이 노동하거나 하루하루 입에 풀칠할 수 있을까를 걱정할 필요가 없다. 이와 비슷하게 그는 중동의 사막에서 자연 자원의 부족은 민족 간의 연대를 창조하고, 그리하여 유대 민족은 비록 이산 상태로 살지만 단결한 상태에 있다고 주장한다. 반면 유럽의 목장에서는 분명하고 규칙적인 계절의 변화가 자연의 법칙의 항상성을 보여주며, 따라서 과학으로 자연을 지배할 가능성을 암시한다. 와쓰지는 그리스의 풍토 그리고 그리스 예술과 기술에 표현되어 있는 그리스의 기하학과 이 기하학의 논리의 발달 사이의 관계에 대해 흥미로운 지적을 하고 있다. 그는 조각가이자 화가인 피디아스(기원전 480~430년)보다 훨씬 이전에 그리스 조각은 이미 피타고라스 기하학과 긴밀한 관계를 맺고 있었다고 지적하고 있다. 기하학의 탄생 이전에 그리스 예술은 이미 '기하학적' 방식의 봄 또는 테오리아를 갖고 있었는데, 그것은 '명랑하고' '아무것도 감추지 않는' 풍토에 의해 조건 지어져 있었다.

그리하여 그리스적 풍토가 아무런 제한도 받지 않는 바라봄觀을 발전시킬 수 있는 기회를 제공해주었다. 그리스인은 저 생생하고 밝은 자연을 바라본다. 거기에서는 모든 사물의 '모습'이 비할 바 없을 정도로 선명하게 비추어진다. 게다가 그러한 바라봄은 서로 경쟁하는 데서 무한히 발전한다. ……때문에 명랑한 자연을 바라보는 입장은 바로 명랑한 주체적 존재를 발전시킨다. 그리고 그것은 명랑한 '모습'으로 조각, 건축, 이데아 사상 속에서 표

현된다.37

와쓰지는 그러한 '순수한 바라봄觀'을 우시아로서의 에이도스라는 아리스토텔레스의 개념과 연관시킨다. 우리는 또한 그것을 질료형상론 그리고 플라톤의 형상 — 현실 속에서의 이데아의 구현 — 이론과도 연관시킬 수 있을 것이다. 고대 그리스 문화를 특징지은 예술과 기술의 발달에서는 이 기하학적 이성이 결정적이다. 로마인들은 비록 그리스인들의 유산을 받아들일 수 없었지만 그리스인들의 기하학적 이성은 보존했으며, 따라서 — 와쓰지 주장에 따르면 — "그리스의 합리성은 로마인을 통해 유럽의 운명을 지배했다."38 이와 반대로 중국과 일본의 풍토에서는 그리스의 밝음은 좀체 만날 수 없다. 대신 이 두 곳의 풍토는 안개와 기후의 부단한 변화에 의해 특징지어지는데, 그것은 존재자가 모호해지며 헬레니즘적 형태와 동일한 방식으로 드러나지 않는다는 것을 의미한다. 따라서 와쓰지에 따르면 이 두 풍토에서는 비논리적이고 예견 불가능한 '정신의 통일'이 발달하게 된다.

> 때문에 예술가는 그리스에서와 같이 작품의 통일을 규칙적인 형태나 비례에서 구할 수 없다. 그것을 대신한 것이 말하자면 '정신'의 통일이다. 그것은 예측을 용납하지 않는 비합리적인, 즉 '운'에 의해 지배된 통일이며 따라서 그것으로부터 법칙을 발견하는 것은 곤란하다. 정신에 의한 기술이 학문에서 발전하지 않았던 까닭이 거기 있다.39

---

37 앞의 책, 102페이지.
38 앞의 책, 107페이지. 와쓰지는 아마 하이데거가 그리스-로마 유산에 대해 그와 정반대 입장이었음을 알지 못했을 것이다.

여기서 와쓰지가 이미 풍토는 영원한 것이 아니라고 지적했다는 점은 언급할 만한 가치가 있을 것이다. 그는 중국의 장사꾼들이 동남아시아에 들어가면 지역 상황이 크게 변할 것이라고 예견한 바 있다. 그것은 교역을 통해 중국인들이 가져온 테크놀로지, 실천, 사회적 가치가 지역의 엄청난 변형을 가져오리라는 것을 의미한다. 기술에 대한 이해 방식과 기술의 발달이 우주론에 의해 포섭되는 것은 오직 인종 집단 간의 교환이 제한되는 한에서이다. 우주론은 문화, 사회 구조, 도덕적 가치에 그리고 와쓰지에게서는 분명히 풍토에 기반하고 있기 때문이다.

따라서 중국 문화가 시간과 기하학을 정교화하지 못한 사실은 중국의 기술 발전의 문화적·우주론적 조건으로 작용해 르루아-구랑의 용어를 빌리자면 보편적인 기술적 경향 내부에서 상이한 기술적 사실을 낳았을 수 있다. 그러한 조건이 두 가지 기술적 측면에 따라 중국과 서양에서 발달하는 상이한 방식을 관찰할 수 있을 것이다. 먼저 기술적 존재의 생산에서 시간이 하는 역할에 대한 해석에서. 그것은 시간이 일직선적이든 아니면 순환적이든 기하학적으로 다루어질 수 있으며, 따라서 새로운 시간화를 허용한다는 의미로 이해해야 한다. 그리고 두 번째로 기술성과 관련해 진보와 역사성에 대한 이해에서. 이 차이들은 자연(코스모스)과 운행progress(시간)에 대한 상이한 이해에서 유래한다. 쥘리앵은 신유교 사상가 왕부지王夫之(1619~1692년)론인 『과정인가 창조인가』에서 왕부지는 자연을 역사에 대립시키지 않는 한 역사의 진보에 대해 거의 말할 수 없으리라고 지적한다. 쥘리앵은 이렇게 결론을 내린다. "왕부지가 자기 사유를 써넣은 전통은 역사에 대한 현현적 독법에 의해

---

39 앞의 책, 106페이지.

서는 결코 영향을 받지 않았다."40 하지만 또한 중국에는 역사가 존재하지만 역사성에 대한 담론이 부재하는 이유를 설명해주는 **정치적** 이유 또한 존재한다. 놀랍게도 우리는 『도덕경』의 저자 노자가 주왕실의 사관이었음 또는 보다 정확하게는 왕실의 장서고를 기록하는 수장실사守藏室史였음을 지적할 수 있을 것이다.41 당시 사관이라는 것은 어떤 의미였을까? 그리고 어떻게 사관이 역사와 시간 모두에 무관심한 『도덕경』을 남길 수 있었을까? 이 책의 첫 문장에서 이미 우리는 "도가 말해질 수 있으면 진정한 도가 아니고, 이름이 개념화될 수 있으면 진정한 이름이 아니다道可道, 非常道. 名可名, 非常名"는 문장을 읽을 수 있다. 그것을 역사를 쓰는 것에 대한 거부로 읽어야 할까? 만약 노자가 말하는 역사라는 것이 항상 모든 규정을 빠져나가고 지속적으로 변하는 어떤 것을 의미한다면 말이다. 실제로 노자 시대에 사관의 역할은 통치에 관해 조언하기 위해 고대 문헌을 상세히 뒤지는 것이었다. 역사를 경經에 대한 해석으로 정치적으로 이용하는 것이 역사의식의 어떤 발달보다 우선되었던 것이다. 이미 1부에서 살펴본 대로 대진戴震, 특히 장학성章學誠 시대까지도 여전히 그러했는데, 장학성은 18세기에 경의 '감옥'에서 '도'를 탈출시키려고 시도했다.

이 두 번째 점이 우리의 주요 관심사가 될 것인데, 그것은 시간(자연과 역사)에 대한 이해 방식과 기술 발달 사이의 관계를 명확히 하는 것이 우리 관심사가 될 것임을 의미한다. 이와 병행해 중국과 동아시아의 시간 개념을 명확히 하기 위한 노력은 일반적으로 근대(성)-물음과 긴밀하게 관련되어 있지만 기술에 대해 매우 모호한 태도를 취하고 있음

---

40 Jullien, *Procès ou Création*, p. 72.
41 사마천, 『사기』, 노자 편을 보라.

을 볼 수 있을 것이다. 그것은 현대 중국에 여러 결과를 가져오고 있는데, 오늘날 우리는 중국에서 일종의 역설을 목격하고 있다. 즉 한편으로는 과학 연구, 사회인프라건설프로젝트, (아프리카개발 프로젝트를 포함한) 건축이라는 측면에서 걷잡을 수 없는 기술 발전이 이루어지고 있다. 다른 한편으로 중국은 중국이기를 그치고 대신 '중국 특색의 자본주의'가 되었다는 강한 상실감 또는 방향상실감이 존재한다. ― 호적이 예견한 것과 크게 다르지 않은 상황이다(§ 16. 2를 보라). '중국 문화'의 잔재는 그렇지 않았으면 의기양양했을 서구화를 굴절시키는 데나 사용될 뿐이다. 유럽에서의 근대(성)의 종언 ― 그것은 테크놀로지적 의식을 획득하는 과정이 시작되었음을 의미한다 ― 은 그러한 모순을 증폭시켰을 뿐이다. 지구화의 시간적·공간적 압축이 어떤 협상의 여지도 남겨놓지 않은 채 그저 점점 더 강력한 동화 압력만 불어넣고 있기 때문이다.

그것은 미묘한 가설이며, 아래 논의에서 진행해볼 나의 논증 또한 마찬가지이다. 여기서 나의 목표는 중국을 유럽이라는 시간적 축 내부에 위치시킴으로써 기술-물음을 재검토하는 것이다. 그리고 코스모테크닉스라는 새로운 프로그램의 여지를 마련하는 것이 그것이다. 하지만 우리는 먼저 다양한 '근대 초극' 시도를 검토하고, 그들의 실패로부터 배워야 할 것이다. 이 역사적 교훈들은 근대(성)라는 깊은 문제 틀 그리고 앞의 실패들을 넘어 나가려는 우리 앞에 놓여 있을지도 모르는 덫을 해명하는 데 필수 불가결하다.

§ 21 근대(성)와 테크놀로지-의식

만약 1부에서 살펴본 대로 중국의 전체론적인 우주관이 근대화에 의해 난폭하게 해체당했다면 그것은 그것이 유럽과 미국 문화의 기술적 현실에 저항하거나 맞설 수 없었기 때문이다. 도덕적·우주론적 구조로서의 기-도는 기술의 물질적·이념적 구조에 의해 변형되고 재구조화되었다. 태양, 달, 행성들은 이전과 동일한 방식으로 운행하지만 더 이상 동일한 의미, 동일한 구조 또는 동일한 리듬을 가진 것으로 지각되지 않는다. 근대화란 기본적으로 다례부터 서예까지, 손재주부터 건축까지 중국의 모든 형태의 예술 속에서 표현되고 있는 도덕적 우주론이 파괴까지는 아니더라도 변형된다는 것을 의미한다.

노예 소년의 상기anamnesis와 관련된 공간적 대리보충물을 플라톤이 억누른 사례 이후 기입inscription으로서의, 따라서 시간을 지탱하는 것으로서의 기술은 근대적 무의식이 되었다. 즉 기술은 근대(성) 내부에서 결코 주제화되어본 적이 없지만 근대(성)에 대한 이해 방식과 그것에 대한 지각 자체를 구성할 정도로 엄청난 영향을 미치고 있다. 그런데 무의식은 오직 의식과 관련해서만 존재한다. 심지어 이 무의식을 의식의 부정이라고까지 부를 수 있을 것이다. 의식은 무의식적인 어떤 것을 인식할 때 비록 그것이 무엇인지를 정확히 몰라도 그것을 통합해 그것을 기능적인 것으로 만들려고 시도할 것이다. 테크놀로지적 무의식이 가장 비가시적인, 하지만 가장 가시적인 존재이다. 하이데거 말대로 우리는 우리에게 가장 가까운 것을 보지 못하는 것이다. 그리고 코기토에게 세계를 착취할 수 있는 의지와 자기 확신을 부여한 것이 이 테크놀로지적 무의식이었다. 이 착취의 한계를 인식하지 못한 채 말이다. 유럽의 식민지 프로젝트를 부채질하고 그것을 정당화한 후일의 진보와 발전 담론 또한 동일한 논리에 따라 산업의 파국, 종의 멸종, 생물종다양성의 위태화 등 위기가 임박할 때까지 계속되었다.

라투르는 그것을 다른 방식으로 정식화한다. 즉 그것을 두 음역 사이의 내적 모순으로 바라본다. 한편으로는 그가 '정화'라고 부르는 것, 즉 자연 대 문화, 주체 대 객체 그리고 다른 한편으로는 '매개' 또는 '번역'이라고 부르는 것이 그것이다. 후자는 '준-대상' 또는 순전히 자연적이지도 또 문화적이지도 않은 대상(예를 들어 오존층의 구멍)의 생산을 의미한다. 잡종화로 제시되는 후자는 라투르에 따르면 실제로는 정화의 증폭에 다름 아니다. 근대(성)의 구성에서는 그러한 모순이 존재하기 때문에 라투르는 '근대적'이란 자연과 문화를 철저하게 분리시키고 지배와 해방 사이의 모순을 구현하고 있다는 의미에서 '우리는 결코 근대적이었던 적이 없었다'고 주장한다. 비록 라투르는 근대적인 것을 테크놀로지적 무의식이라는 관점에서 특징짓지는 않지만 근대적인 것은 준-대상을 개념화는 것을 거부한다는 것을 인식하고 있다. 준-대상이란 단지 대상도 또 주체도 아니며, 오히려 이 둘 사이의 기술적 매개인 어떤 것이다. — 예를 들어 (세르가 드는 예에 따르면) 축구 시합에서의 축구공이 그러한데, 두 팀이 시합할 때 공은 대상이기를 그치며, 그와 같은 주체-대상이라는 분할을 초월한다. 준-대상을 개념화하기를 거부한다는 것은 자연과 문화, 주체와 객체를 분리시키기 위해 기능하는 기술이라는 개념이 실험실의 경우에서와 마찬가지로 완전히 개념화되지 않거나 무의식적인 것으로 남는다는 것을 의미한다.

이 단 한 가지 특징에 의해 근대인은 전근대인과 다르다. 즉 근대인은 준-

대상을 그 자체로 개념화하기를 거부한다. 근대인들이 보기에 하이브리드란 끊임없이, 미친 듯이 정화시켜 어떤 대가를 치르더라도 피해야 할 공포를 나타낸다. …… 그렇게 거부하는 것은 특정한 종류의 존재가 제어 불가능하게 증식하는 것으로 이어진다. 사회적 세계로부터 추방된 채 사회적인 것을 구성하는 대상이 그것이다. [그리하여 그것은] 초월적이지만 신성하지는 않은 세계로 이어진다. ― 그와 반대로 법과 도덕(성)의 부유浮游하는 담지자를 낳는 세계로 말이다.42

따라서 기술은 무의식적인 것으로 남지만 이 무의식은 유럽 역사의 특정한 시점, 즉 근대라는 역사적 시점에 중요한 결과를 정신의 삶 속에 생산하기 시작하며 이 무의식은 산업혁명 동안 정점에 달했다. 이 무의식의 의식으로의 변형이 우리 시대의 기술적 조건을 특징짓고 있다. 그것은 **전회**로, 거기서 사람들은 기술을 무의식의 일부로 만들려고 하지 의식 자체의 일부로 만들려고 하지는 않는다(그것을 도구적 합리성으로 이해할 수 있는 것은 이 때문이다). 이처럼 새로운 조건은 이 문제에 대한 어떤 선택도 없이 지구 전체에 의해 공유되고 있다. 마치 중국인들이 근대화 동안 전통적 가치들을 지키려고 시도했듯이 심지어 아마존 밀림에 조차 자기 자신의 문화를 고수해야 하는 운동 ― 예를 들어 비인간들에도 권리를 부여하고, 전통적인 문화 실천을 보존하는 운동 등 ― 이 존재할 정도이다. 완전한 사회적·경제적 자율성을 주장할 수 없을 가능성에 직면한 그들은 현대의 기술적 조건과 대결해야 하며, 원주민들의 그와 같은 실천의 운명은 오늘날 불확실한 채 남아 있다.

---

42 B. 라투르, 『우리는 결코 근대인이었던 적이 없다』, 홍철기 역, 갈무리, 280페이지[번역을 완전히 바꾸었다].

20세기 말로 거슬러 올라가는 포스트모던은 근대(성)의 종언을 가리킨다는 통상적 이해와 반대로 나는 오히려 근대(성)는 리오타르가 포스트모던의 등장을 선언한 지 거의 40여년이 지난 21세기의 이 시점에서 종언을 맞이하고 있다고 주장하고 싶다. 왜냐하면 오직 이 단계에서만 우리의 테크놀로지적 의식을 평가하게 된 것처럼 보이기 때문이다. 실제로 라투르와 리오타르뿐만 아니라 엘륄이나 시몽동처럼 테크놀로지에 대해 쓴 다른 많은 사람도 테크놀로지에 대한 인식의 결여와 오해 문제를 제기한 바 있다. 예를 들어『기술적 대상들의 존재양식에 대하여』에서 시몽동은 테크놀로지를 기술에 대한 무지와 오해로 특징지으면서, 기술적 대상을 가시적인 것으로 만들거나 그것에 대해 각성시키려고 시도했다.43 이어 엘륄이 기술적 대상과 기술적 앙상블에 대한 시몽동의 분석을 이어받아 총체화하는 힘이 되고 있는 과정 중에 있는 전지구적인 기술 체계에까지 그것을 연장시켰다. 우리가 의식하고 있지 못하지만 우리의 일상생활 대부분을 구성하고 있는 것을 의식하도록 만들기 위한 그러한 노력이 실제로 '근대(성)의 종언'을 구성하고 있다.

하지만 한발 물러서 이렇게 질문해보자. '종언'이라는 말은 무슨 의미인가? 그것은 근대가 갑자기 멈춘다는 의미가 아니라 오히려 하나의 기획으로서 자기 한계에 직면하고, 그러는 가운데 변형되리라는 의미이다. 따라서 '근대(성)의 종언'이라는 말은 근대(성)가 우리에게 영향을 미치는 것을 그친다는 것이 아니라 오히려 그것이 종언을 맞이하고 있는 것을 우리가 보고 안다는 의미라는 것을 분명히 할 필요가 있다. 그럼에도 불구하고 그것을 극복하는 것은, 그것이 우리에게 그리고 우리

---

43 시몽동,『기술적 대상들의 존재양식에 대하여』, 11페이지.

안에 만들어온 결과를 극복하는 것은 여전히 우리 과제로 남아 있다. ― 그리고 하이데거가 형이상학의 종언이라는 말이 형이상학이 더 이상 존재하지 않고 우리에게 영향을 미치는 것을 중단한다는 것이 아니라 오히려 우리가 형이상학의 완성을 목격하고 있으며 존재에 대한 새로운 사유든 아니면 심지어 훨씬 더 사변적인 형이상학이든 다른 어떤 것이 그것을 대신하기를 기다리고 있음을 의미한다고 말하고 있듯이 그러한 과제를 해결하는 데는 의문의 여지 없이 우리가 상상하는 것보다 훨씬 더 많은 시간이 걸릴 것이다. 더 나아가 형이상학의 종언과 마찬가지로 근대(성)의 종언은 아시아에서는 유럽과는 다른 속도로 진행될 것이다. 정확히 먼저 양쪽의 철학 체계가 완벽하게 서로 일치하지 않는 한에서 그리고 두 번째로 한 체계로부터 다른 체계로의 개념의 전파는 항상 차연과 변형을 포함하는 한에서 말이다.

포스트모던은 20세기의 예언자인 리오타르에게서 너무 일찍 도착했다. 너무 많은 희망과 불안 그리고 흥분과 함께 말이다. 포스트모던에 대한 리오타르의 담론은 미학적인 것을 우선시하고 있다. 그는 테크놀로지의 힘에 의해 추동되는 세계의 변형에 의해 생겨나는 미학적 변화에 민감했으며, 그러한 힘을 근대적인 것을 부정할 수 있는 힘으로 변형시키려고 했다. 포스트모던은 그와 같은 새로운 미학에 대한 하나의 반응이었으며 또한 테크놀로지의 전유를 통한 새로운 방식의 사유로도 이용되었다. 따라서 리오타르가 1985년에 파리의 퐁피두센터에서 큐레이션한 전시회 〈비물질적인 것〉에서 감수성 문제가 전면에 나선 것을 볼 수 있던 것은 놀랄 것도 말 것도 없는 일이었다. 거기서는 새로운 기술적·산업적 대상이 클라인Yves Klein과 뒤샹Marcel Duchamp 및 그 밖의 다른 사람들의 예술작품과 병치되어 있었다. 〈비물질적인 것〉이 촉진시키려고 한 감수성과 '근심'은 우주의 불확실성, 지식의 미덥지 못함, 인류의 미래에 대한 인식에 해당되는 것이었다. 이처럼 새로운 감수성과 함께 인간 존재는 제 손안에 든 것, 지금까지 발전시켜온 기술적 수단 그리고 자기 자신의 의미와 존재가 그와 같은 장치에 의존하게 된 사실 — 인간 존재는 그러한 장치는 자기가 창조한 것이라고 믿지만 말이다 — 을, 실로 인간 자체가 기계의 새로운 '비물질적' 언어에 의해 다시 쓰여지고 있는 과정 속에 있음을 보다 잘 인식할 수 있게 될 것이다. 리오타르는 이런 식으로 테크놀로지와 관련해 상기 문제를 제기했다. 그는 산업에 의한 기억의 착취가 전기통신기술의 발달과 함께 증폭되리라는 것을 아주 명확하게 간파했다. 따라서 그는 그에 대한 물음을 새로운 높이로 밀어붙임으로써(그리고 이 문제를 새로운 판plane 위에 놓음으로써) 기억에 대한 산업의 헤게모니를 극복하려고 했다. 비록 이 물음은 여전히 아주 사변적이고, 따라서 거의 불투명한 채로 남아 있지만 말이다. 내가 이해하는 방식대로 보자면, 근대(성)의 종언으로 이해되는 이 과정은 근대(성)는 테크놀로지적 무의식에 의해 대응되며, 그것의 종언은 그에 대한 의식화 — 현존재는 기술을 발명하지만 또한 그것에 의해 제약되는 기술적 존재라는 깨달음 — 에 의해 암시된다는 가설을 중심으로 하고 있다.

하이데거의 『존재와 시간』, 특히 데카르트적 존재론에 대한 비판 그리고 후기 작업에서의 존재의 역사를 탈구축하기 위한 노력 — **재개**라는 새로운 물음을 제기함으로써 근대(성)를 종결시키려는 것으로 이해될 수 있는 과제 — 은 존재 망각에 대한 의식에서 생겨난 것이다. 존재론적 차이는 하나의 **개방성**인데, 존재-물음을 존재자*Seiendes* 그리고 존재와 관련된 두 가지의 상이한 등급에 따라 재정식화하기 때문이다. 존재-물음의 망각은 과학과 기술의 역사에 의해 구성되는 존재자들에 대한 존재적 탐구의 무의식으로 기능한다. 결국 프로이트가 무의식 그리고 억압 이론을 발전시킨 것은 초자아에 의해 깊숙이 감추어지고, 오래전에 망각되어 억압된 것을 되찾기 위해서였다. 비록 완전히 다른 이론과 분과학문에 속하지만 프로이트와 하이데거의 과제가 20세기에 근대(성)에 대한 두 가지의 주요한 담론을 그리고 근대(성)를 중단시키기 위한 두 가지 시도를 특징지었다. 앞으로 살펴보겠지만 중국에서의 기술-물음과 대결할 때 무의식, 억압 그리고 철저하게 작업하기*Durch-arbeiten*라는 프로이트의 개념은 핵심적 역할을 할 것이다. 실제로 하이데거는 기술 그리고 존재-물음 사이의 적대적 관계에 내재하는 일종의 억압에 대해 암시한 바 있다. 하이데거에게서 서구 형이상학의 완성으로서의 기술은 존재에 대한 본원적 물음을 가리는 것이다. 실제로 존재 망각은 기술-물음이다. 따라서 기술 그리고 비유럽 문화에서 기술 속에서 관건이 되는 것을 이해하기 위해 우리는 하이데거 그리고 형이상학의 완성으로서의 기술이라는 개념을 경유해 나가야 하지만 서양의 철학 체계와 동양의 철학 체계를 등치시켜서는, 그리하여 기술의 보편적 기원을 프로메테우스에게 돌려서는 안 된다. 오히려 우리는 그것을 **전유하고** 그것을 종언으로 **차연시키며**, 그렇게 차연시키는 중에 닦달*Gestell*, 즉 현대 기술을 재-전유할 수 있는 기회를 포착해야 한다.44

이 물음이 **투명해진** 것은 리오타르가 아니라 스티글러와 함께였다.

---

44 그것은 스티글러가 데리다를 따라 '파르마콘-논리'라고 부르는 것에서 유래한다. 그것은 기술은 '약'인 동시에 '독'이라는 의미이다. 우리는 뒤에서 우리가 말하는 저항은 결코 현대의 모든 기술에 대한 맹목적 저항 — 그것은 불가능하지는 않겠지만 현명하지 못할 것이다 — 이 아니라 오히려 세계사라는 물음을 재-시간화하고 다시 열어젖히는 것을 목표로 하는 저항임을 볼 수 있을 것이다.

스티글러의 작업은 근대(성)의 종언을 선언했다.[45] 그는 서양철학이 기술-물음을 오래 전부터 **망각해오고** 있음을 보여준다. 만약 하이데거에게 존재 망각이 존재한다면 스티글러에게는 마찬가지로 기술 망각이 존재한다. 제3차 파지로서의 기술은 모든 조건의 조건인데, 그것은 심지어 본래적 시간을 되찾으려고 하는 **현존재**조차 그렇게 하려면 제3차 파지에 의존해야 함을 의미한다. 그리고 이 제3차 파지가 기재旣存인 동시에 현존재의 세계-내-존재의 조건임을 말이다. 따라서 스티글러에게 기술은 「기술에 대한 물음」에서 하이데거에 의해 묘사되는 테크놀로지 시대에서의 파괴적 본성에도 불구하고 존재 망각보다 더 근본적인 것이 된다. 서양의 형이상학의 역사 속에 위치 지어지는 존재의 역사는 (에피메테우스의 실수fault로서뿐만 아니라) 본원적 디폴트default로서의 기술이라는 개념에 따라 다시 쓰여지게 될 것이다.

따라서 우리는 앞서 제시한 대로 그러한 망각은 기억 — 기술적 대상이 가져온 보조기억수단hypomnesis — 의 결여라기보다는 일단 정신의 삶에 미치는 결과가 의미를 갖게 되어야 비로소 겨우 아주 느리게 인식되는 **무의식적** 내용에 대한 물음은 아닐까 하고 질문할 수 있을 것이다. 3권으로 된 『기술과 시간』에서의 하이데거와 후설의 시간 개념에 대한 탈구축은 이 경우 이 테크놀로지적 무의식에 대한 정신분석으로, 따라서 근대(성)의 상징인 코기토에 의한 억압으로부터 이 둘을 풀어놓기 위한 시도로 간주될 수 있을 것이다.

---

[45] 그렇다고 해서 우리가 리오타르가 이것에 기여하지 못했다고 주장하는 것은 아니다. 아래서 살펴보겠지만 리오타르는 스티글러와의 토론 중에 아주 사변적인 물음 — '명경'에 대한 물음 — 을 제기한 바 있다. 그것은 대타자와의 대화 속에서 새로운 방향을 근본적으로 열어젖히려고 시도하고 있다. 기술철학에서는 종종 이것이 부재한다.

§ 22 근대(성)의 기억

스티글러의 제3차 파지는 기본적으로 하이데거의 『존재와 시간』에서는 모호하게 남아 있는 일종의 시간-물음이다. 시계적 시간에 대한 하이데거의 비판은 본래적 시간 또는 본래성*Eigentilichkeit*의 상실이 잘 보여주듯이 존재 망각에 대한 그의 비판의 일부를 구성하고 있다. 『존재와 시간』 2부에서 하이데거는 역사와 역사성에 대한 물음을 포함할 수 있도록 이 비판을 확대한다. 역사성을 이해하려면 먼저 현존재를 역사적 존재로 위치시켜야 한다. 하이데거는 현존재의 생기*Geschehen*에서 유래하는 역사성*Geschichtlichkeit*과 역사학*Historie*을 구분한다. 역사성은 지나간 것에 대한 객관적 묘사라기보다는 생기의 총체성 속에 있는데, 그것은 과거와 현재 그리고 미래를 시간화한다는 것을 의미한다. 하이데거에서는 과거, 즉 기억이 딜타이 즉 『존재와 시간』을 쓰기 전과 쓰는 동안 모두 그에게 주요한 영향을 미친 딜타이의 경우와 마찬가지로 본원적이다. 딜타이에게서 삶은 세 가지 기본적인 방식으로 역사적이다. 먼저, 삶은 항상 내부화*Innenwerden*, 즉 지나간 것을 현재 속에 통합하는 과정이기 때문에 과거는 항상 현재 속에서 자기를 끈질기게 주장한다. 두 번째로 현재는 구조와 발달이라는 측면에서의 과거의 구축 *Aufbau*이다. 세 번째로 과거 또한 대상화된 과거로, 인공물, 행위의 연쇄적 결합, 사건 등의 형태로 존재한다.[46] 딜타이와 다르지 않게 하이데거는 이 시간화를 전체로서 포착하려고 한다. 현재는 그와 같은 역사화의

---

46 T. R. Schatzki, "Living Out of the Past: Dilthey and Heidegger on Life and History", *Inquiry* 46: 3(2003): pp. 301~323, p. 312.

중심축으로서 자기 자신의 역사성에 대한 현존재의 파악으로부터 등장한다.

『존재와 시간』 2부에서 하이데거는 결의성Entschlossenheit, 죽음을 향한 존재 그리고 '본래적 역사성'을 낳는 이 시간화를 묘사할 수 있도록 해주는 기본 구조로서의 세계-내-존재라는 물음에 이른다. 세계는 현존재의 결의성 속에서 개시되는데, 결의성 속에서 현존재는 자기에게 돌아가기 때문이다. 그리고 그처럼 자기에게 돌아가는 가운데 본래성을 발견할 수 있다. 그런데 하이데거가 말하는 결의성은 무슨 의미일까? 하이데거는 그것은 이렇게 규정된다고 쓰고 있다.

> 결의성은 [현존재의] 독자적 책임 존재를 향해 말없이 불안을 준비하는 자기투기로 규정된다. 결의성이 획득하는 본래성은 선구적-결의성이다Die Entschlossenheit wurde bestimmt als das verschwiegene, angstbereite Sichentwerfen auf das eigene Schuldigsein. Ihre Eigentlichkeit gewinnt sie als vorlaufende Entschlossenheit.47

데리다는 여기서 책임 존재Schuldigsein의 책임Schuld은 단지 잘못을 저지른coupable 것이나 책임이 아니라 오히려 비경험적 빚을 의미한다고 지적한다. 즉 "마치 내가 항상 이미 어떤 계약, 즉 내가 서명하지 않았지만 존재론적으로 나에게 강요하는 계약 — 이것이 역사성이다 — 속에 포함되기라도 한 듯 내가 그것에 대해 빚지고 있는 것을 말한다."48 이 '비경험적 빚'은 '유산'으로, 그것의 본래성은 오직 현존재가 먼저 "자기

---

47 하이데거, 『존재와 시간』, 소광희 역, 경문사, 543페이지.
48 J. Derrida, *Heidegger: la question de l'Être et l'Histoire. Cours de l'ENS-Ulm*(1964~1965)(Paris: Galilée, 2013), pp. 273~274.

자신인 이 존재자를 자기의 피투성 속에서 인수할"49 때만 획득할 수 있다. 이어 앞서 말한 결의성은 현존재의 유한성과 한계로서의 죽음을 향한 존재에 대한 인식을 통해 초래된다. 다시 말해 죽음을 향한 존재는 '본래적 의미'에서의 모든 자유의 필수 조건이다. 현존재는 오직 죽음에 대해 자유로울 때만 자기의 유한한 자유를 이해하는데, 이 자유는 현존재에게 우연적 상황 중 어떤 것을 선택하고 결정할 수 있도록 해준다. 그리하여 현존재는 자기 자신에게 자기 운명을 전승할 수 있게 된다. 결의성의 이 자기에게 전승하기 *Sichüberliefern*는 본래성 속에서의 현존재의 목적지로서의 어떤 장소의 드러남, 즉 현존재 *Dasein*의 *da*, 즉 '현'으로 귀결되어야 한다. 그러면 자기에게 전승하기는 어떤 것으로 이루어질까?

> 결의성 속에서 현존재는 자기 자신으로 돌아온다. 이 결의성은 본래적 실존의 그때그때의 현실적 가능성들을 **유산으로부터** 개시한다. 유산은 결의성이 피투적 결의성으로 **넘겨받은 것이다**. 결의해서 피투성으로부터 돌아오는 것은, 넘겨받은 가능성들을, 설사 반드시 넘겨받은 가능성으로 의식하지는 않더라도 **자기에게 전승하는 일** *Sichüberliefern*을 자기 속에 간직하고 있다.50

자기에게 전승하기는 자연적으로 일어나지 않으며 그것은 선택인 동시에 반복이다. 데리다는 그것을 '자동-전달'과 '자동-전통'으로 번역하면서 하이데거가 『칸트와 형이상학의 문제』에서 묘사하고 있는 순수 시간의 '자기-촉발'의 또 다른 얼굴이라고 제안한다.51 '현'은 순식간에

---

49 하이데거, 앞의 책, 543페이지.
50 앞의 책, 544페이지.

Augenblick 드러나는데, 데리다는 '현'의 결의성과 타자들과의 '현'의 세계-내-존재 사이의 긴장을 그것 속에서 해소시킨다. '유산' 문제가 인식되기는 하지만 단지 '주어진 것'으로만 인식된다.

하지만 '이미 거기*schon da*'의 **분석학** 없이 역사적 존재가 가능할 수 있을까? 죽음은 상징들, 관계들, 쓰기들의 세계 내부에 위치 지어질 때만 의미를 얻게 된다. 그렇지 않으면 인간 존재의 죽음은 동물의 죽음과 다르지 않을 것이다. 동물에게 죽음은 기본적으로 생존 문제지만 하이데거에 따르면 인간 존재에게 그것은 또한 자유 문제이다. 스티글러가 『기술과 시간』에서 대답하려고 시도하는 것이 이 문제 ― 기술이라는 관점에서의 **현존재의 분석론**이라는 문제 ― 이다. 스티글러에게서 시간화는 제3차 파지에 의해 조건 지어져 있다. 모든 투기 속에는 항상 내가 살아온 과거에 제한되지 않은 기억의 재구조화가 존재하기 때문이다. 박물관에 보존되어 있는 고대 유물에 대해 말하면서 하이데거는 무엇이 '지나가 버렸는가?'라고 질문하고는 이렇게 대답한다.

> [사용 중이든 아니든] 사물은 세계 이외에 다른 것이 아니다. 이 세계 내부에서 사물은 한 도구 연관에 속해 있으면서 용재자로서 만나고 [그때] 배려하는 세계-내-존재인 현존재에 의해 사용되었던 것이다."52

지나가 버린 것[과거]은 더 이상 용재자로 표현되는 것이 아니라 오히려

---

51 J. Derrida, *Heidegger: la question de l'Être et l'Histoire. Cours de l'ENS-Ulm* (1964~1965)(Paris: Galilée, 2013), pp. 265~268. 불행히도 데리다는 이 논지를 완전히 발전시키지 않지만 자기에게 전승하기*la transmission de soi*는 본래적 종합이며 역사성에 대해 핵심적인 의미를 갖는다는 것은 분명하게 지적한다.
52 하이데거, 앞의 책, 539~540페이지.

주제화(이 경우에는 전제적으로 된다)에 의해서만 가시적인 것이 될 수 있는 관계들의 구조들로 이루어져 있다. 하지만 스티글러에 의해 도입된 제3차 파지와 함께 용재적이었던 것은 우리의 일상적 경험을 위한 조건으로 그리고 그것의 무의식적 부분으로 기능하게 된다. 즉 스티글러는 시간화의 새로운 동력학을 만들어내고 있다. 우리는 니시타니의 하이데거 해석을 논하면서 아래에서 다시 이 점으로 돌아올 것이다.

기억 문제는 기념비, 박물관, 문서고 등과 같은 제3차 파지와 실제로 관련되어 있다. 후자는 테크놀로지적 무의식의 증상들이 되고 있는데, 왜냐하면 한편으로 이 테크놀로지적 무의식이 전통적 삶의 파괴와 소멸에 박차를 가하고 있지만 다른 한편으로는 또한 사라지고 있는 것을 파지하고 싶은 욕망을 조장하고 있기 때문이다. 그것은 모순인데, 그러한 기억화는 그에 대한 책임이 있는 것은 기계적 무의식임을 깨닫지 못한 채 이 과정에 의해 생산되는 심오한 멜랑콜리아를 공고화하는 작용을 하기 때문이다. 자체의 의지에 의해 완전히 지배되는 근대(성)는 오직 목적지(발전, 교역 등)만 바라보며, 그와 같은 환상적인 목표를 향해 이 근대(성)를 무의식적으로 몰아가고 있는 것은 거의 보지 않는다. 따라서 근대(성)와 기억은 어떤 때는 상호 대립적인 것처럼, 다른 때는 상보적인 것처럼 보인다. 근대화의 힘은 장애물을 해체하고 더딘 사람들은 포기하는 힘이며, 근대화에 대한 비판은 종종 역사와 전통에 대한 근대의 무시에 초점을 맞추어왔다. 하지만 집단 기억 담론 또한 전적으로 근대적이다. — 파괴된 것에 대한 보상인 셈이다. 왜냐하면 파괴의 위협에 직면할 때만 오직 역사가들만 관심을 갖는 일상생활의 단순한 대상이 되기를 그치고 기억이 되기 때문이다.[53] 하이데거는 그러한 기억화를 비판적으로 바라본다. 역사성에 대한 현존재의 본래적 파악을 소외시키는 경향이 있는 방식으로 대상을 대상화시키기 때문이다. 대상화된 역사 또는 하이데거가 역사주의*Historismus*라고 부르는 것은 현존재가 아니라 오히려 세계사를 대상화하려는 시도에서 유래하는데, 그러면 거기서 현존재는 더 이상 역사적 존재가 아니라 다른 많은 대상 중의 하나가 되어 현존재에 외적인 사건들에 의해 규정되는 역사에 휩쓸려 나간다. 하이데거는 『블랙 노트북』에서 그러한 대립을 한층 더 명확하게 하고 있다.

> 역사학*Historie*: '역사*Geschichte*'의 테크놀로지*Technik*
> 테크놀로지*Technik*: '자연'의 역사학*Historie*[54]

우리는 '테크놀로지는 자연의 역사학'이라는 진술을 형이상학의 역사와 동일시되는 테크놀로지가 자연의 대상화 과정의 기저에 놓여 있다고 주장하는 것으로 읽을 수 있을 것이다. 이와 동일한 방식으로 역사학*Historie*은 형이상학적으로 되며, 역사*Geschichte*를 은폐한다. 이 대립은 하이데거가 이렇게 쓸 때 다시 한 번 『블랙 노트북』에서 논의된다.

> 아마 역사가는 '역사'를 '역사학'으로 이해할 것이다. 그렇다면 아마 실제로

---

53 그러한 이유에서 우리는 중국에서는 고속의 경제 발전이 도시를 파괴해왔지만 동일한 속도로 기념비나 박물관으로 그것을 대체하고 있는 것을 볼 수 있다. 그것은 그것이 순전히 경제에 의해서만 추동되는 과정이라기보다는 오히려 아래서 논하겠지만 거기에는 역사의식의 증상적 결여가 존재하는 것은 아닌가 하는 의심이 들게 만든다.
54 M. Heidegger, *Überlegungen* VII-XI(*Schwarze Hefte* 1938/1939)(Frankfurt am Main: Klostermann, 2014), p. 351.

그럴 것이다. 역사가가 가설적으로 말하듯이 말이다. 역사학은 단지 본질적 의미에서의 기술의 한 형태일 뿐이다. …… 역사학의 힘이 깨질 때만 역사는 다시 자기 공간을 갖게 될 것이다. 그러면 운명과 적절함Schickliche에 대한 개방성이 존재할 것이다.55

하지만 역사학Historie과 역사성Geschichtlichkeit 사이에 하이데거가 설정하는 이 긴장은 스티글러에게서처럼 후자는 전자 없이는 해나갈 수 없음을 인정할 때만 해소될 수 있을 것이다. 그것은 또한 **현존재**의 본래성은 항상 어떤 의미에서는 비본래적임을 함축한다. 즉 모든 절대성이나 확실성을 박탈당한 채 있다는 것이다. 기억 문제가 투명해질 때, 즉 테크놀로지적 무의식이 기억 — 우리는 기억의 중요성과 영향을 인식해야 한다 — 속으로 옮겨질 때 근대는 그저 종언을 고하고, 역사성(비록 하이데거의 역사성과는 다른 의미에서이지만)은 단지 성취될 뿐이다.

따라서 근대(성)의 종언은 인간 존재는 더 이상 세계의 주인이 아니라거나 세계가 우리를 벗어나고 있다는 인식에 의해서만 나타내지는 것이 아니다. 우리는 인류가 시작된 이래 그것을 알고 있다. 올림포스 산 위의 신들이건, 이집트의 신들이건, 시나이반도의 신들이건 신들이 인간 위에 있었던 것이다. 처음부터 인간이 세계의 주인이라는 개념은 단지 환상일 뿐이라는 것이 알려져 있었다. 하지만 이 환상이 테크놀로지적 무의식에 의해 부채질되는 순간 그것이 현실 자체를 구조화하기 시작했다. 근대(성)의 종언은 이 환상의 재-인식이다. **역사 속에서뿐만 아니라 역사성 속에서도 인간[세계]화를 조건 지은 것이 바로 기술이라는**

---

55 M. Heidegger, *GA* 97, p. 29.

인식이 그것이다. 따라서 근대(성)의 종언은 이 종언을 명확하게 선언하는 것뿐만 아니라 서구 형이상학의 역사를 재정식화는 데 있다. 『즐거운 학문』에서의 니체처럼 말이다. 거기서 광인은 시장을 달려가면서 큰 소리로 끊임없이 잃어버린 신을 미친 듯이 찾고 있다.56 신의 초월성은 내재성의 철학이나 또 다른 초월성 — 존재57와 현존재58의 초월성에 의해 대체되어야 할 것이다.

스티글러는 기술의 역사를 존재-인식론적 대상으로 재구성하기 위해 데리다의 방법을 받아들인다. 의심의 여지 없이 야심만만한 기획이다. 스티글러는 기술을 통해 철학의 역사를 다시 읽으려고 하며, 따라서 기술을 철학의 제일물음으로 만들려고 한다. 프로메테우스 신화를 그가

---

56 니체, 『즐거운 학문』, 199페이지[§ 125].
57 "존재는 단적으로 초월이다*Sein ist das transcendens* schlechthin." 하이데거, 『존재와 시간』, p. 56[§ 7](강조는 원저자 것이다). 모란은 하이데거가 「휴머니즘에 관한 편지」에서 이 점을 다시 한 번 논한다고 지적한다. "존재자들 자체의 개시로부터 존재자들의 존재의 본질을 이런 식으로 소급적으로 규정하는 것이 존재의 진리-물음을 향한 사유의 관점주의적 접근방식에서는 필수불가결한 것으로 남아 있다." D. Moran, "What Does Heidegger Mean by the Transcendence of Dasein", *International Journal of Philosophical Studies*, 22: 4(2014), pp. 491~514, p. 496을 보라.
58 『존재와 시간』의 같은 페이지(p. 56[§ 7)])에서 하이데거는 이렇게 쓰고 있다. "현존재의 존재 초월은 거기에 가장 근본적인 개별화 가능성과 필연성이 놓여 있는 한 탁월한 초월이다. 초월로서의 존재의 개시는 모두 초월론적 인식이다. 현상학적 진리(존재의 개시성)는 초월론적 진리이다." 후설의 현상학과 관련해 하이데거의 현존재의 초월 개념을 보다 포괄적으로 논하는 글로는 Moran, "What Does Heidegger Mean by the Transcendence of Dasein"을 보라. 여기서는 「형이상학이란 무엇인가」에서 하이데거가 이렇게 쓰고 있는 것을 언급하는 것으로 충분할 것이다. "**현-존재**[터-있음]란 곧 무속으로 들어가 [머물러] 있음이다. **현존재**[터-있음]는 무속으로 들어가 스스로 (머물러) 있으면서 언제나 이미 존재자를 넘어서 있다. 이와 같이 존재자를 넘어서 있는 것을 우리는 초월*Transzendenz*이라고 부른다*Dieses Hinaussein über das Seiende nennen wir Transzendenz.*" 『이정표 1』[신상희 역, 한길사, 164페이지. 터-있음은 **현-존재**에 대한 역자의 번역어이다](모란의 글, p. 508에서 재인용).

재정식화하는 방식에 따르면 불이 기술적 존재로서의 인간의 기원을 구성한다. 제우스가 프로메테우스에게 인간과 동물을 포함해 뭇 생명에게 제주를 나눠주라고 명령한 것을 상기해보라. 이 거인의 동생인 에피메테우스가 형의 일을 대신하겠다고 제안한다. 하지만 그리스어로 '늦게 앎'이라는 의미를 가진 이름의 이 신은 인간에게 어떤 재주도 나누어주는 것을 잊어버리며, 그리하여 프로메테우스는 불의 신 헤파이스토스에게서 불을 훔쳐야 했다. 그리하여 프로메테우스는 제우스에게서 절벽에 묶인 채 매일 낮에는 '코카서스의 독수리Aetos Kaukasios'에게 간을 쪼아 먹히고 밤에는 다시 자라도록 하는 벌을 받는다. 불이 없는 인간 ― 그것은 기술이 없는 인간을 의미한다 ― 은 특성 없는 짐승일 것이다. 그리하여 인간의 기원은 디폴트이다. 따라서 스티글러는 이 디폴트를 하나의 필연으로 생각할 것을 제안한다("défaut qu'il faut"). 스티글러의 재해석에서는 프로메테우스와 에피메테우스 신화가 그리스의 고전적 사유의 중심에 놓이며, 서양철학의 무의식을 구성하고 있다.

따라서 스티글러에게서 서양철학의 역사는 또한 기술의 역사라는 관점에서도 읽혀질 수 있는데, 거기서 존재-물음은 또한 기술-물음이기도 하다. 존재-물음은 오직 기술을 통해서만 우리에게 개시되기 때문이다. 하이데거에 대한 이와 비슷한 독법은 1960년에 뵘Rudolf Boehm에 의해 그의 논문 「사유와 기술: 하이데거적 문제 틀과 관련된 물음을 위한 예비적 노트들Pensée et technique: notes préliminaires pour une question touchant la problématique heideggerienne」에서 제안된 바 있는데, 1부에서 간단하게 살펴본 대로 이 논문은 1935년에 나온 하이데거의 저서 『형이상학 입문』에 대한 해석 문제를 다루고 있다. 뵘은 테크네는 하이데거의 사유 속에서뿐만 아니라 서양의 철학적 사유의 토대로서 항상 현존하고 있음을 보여준다. 실제로 이오니아학파 철학자들의 형이상학적 사명을 특징지었던 것도 기술이었다. 뵘은 『형이상학 입문』에서 하이데거는 이오니아학파 철학자들에서의 기술을 테크네(인간의 활동)와 디케(존재의 활동) 사이의 대결을 통해 존재의 근본적 개시를 생산하는 활동으로 해석하고 있음을 보여주었다. 우리는 하이데거의 『형이상학 입문』에 다루는 소크라테스 이전 철학에서 테크네 개념을 복구하려고 시도해 왔다. 그리고 하이데거가 디케를 정의*Gerecht*가 아니라 오히려 질서*Fug*로 번역한다는 것을 살펴보았다(§ 8). 전투*pōlemos* 또는 다툼*eris*에서 존재는 퓌시스, 로고스 그리고 디케로 모습을 드러낸다.[59]

하지만 하이데거가 보기에 이런 식으로 기술을 존재-물음을 개시하는 철학적·실천적 행위의 원천으로 읽는 것은 플라톤적이고 아리스토텔레스적인 아테네 철학에서는 쇠퇴*Abfall*와 전락*Abstrutz*으로서 배제된다.[60] — 존재-신학이 시작되는 것이다. 뵘의 독법에 따르면 하이데거는, 플라톤과 아리스토텔레스는 기술을 자연과 대립시켰으며, 따라서 기술을 이오니아학파 철학자들이 발전시킨 바의 기술의 본래적 의미로부터 배제시켰다(스티글러는 그렇게 빠뜨린 것을 바로잡으려고 한다)고 믿었다. 따라서 하이데거에게서 만약 근대(성)의 위험이 테크놀로지의 등장에 있다면 이 테크놀로지는 고대의 테크네와는 본질적으로 다르다. 테크놀로지의 발달은 그에 고유한 합리성을 동반하고, 지배욕에 의해 추동되는데, 세계로부터 그와는 다른 어떤 가능성도 박탈하고 세계를 거대한 상비군, 안배되지 않은 곳[부-적합]*Adikia*이나 부적합*Unfug*으로 전환시키는 과정에 있는 거대한 힘을 형성한다.[61] 테크놀로지는 서구

---

59 Backman, *Complicated Presence*, p. 33.
60 Boehm, "Pensée et technique", p. 202.

형이상학의 운명이며, "사이버네틱스는 형이상학의 '종언'의 완성이다"[62]는 하이데거의 주장을 상기할 때 실로 그것은 한층 더 분명해진다. 여기서 문제는 이 비판이 정당한지 아닌지를 판단하는 것이 아니라 오히려 그것을 근대(성)의 테크놀로지적 무의식으로부터 멀어지는 움직임에 기여하는 것으로 간주하는 것이다. 뵘은 앞서 말한 논문의 결론으로 향하면서 테크네와 디케 사이의 필연적인 대결에 대해 언급하면서 두 가지의 매우 흥미진진한 질문을 제기하고 있다.

> 철학은 존재를 잊을 수 없으며, 그저 자기 기술의 최고의 완벽함을 달성하는 데만 모든 노력을 집중할 수 있을까? 그렇지 않으면 궁극적으로 사유가 기술적 조건에 부속되어 있는 상태로부터 풀려날 어떤 가능성이라도 존재할까?[63]

우리는 뵘의 두 가지 질문을 오늘날 근대(성)에 맞서고 있는 두 가지 형태의 사유와 동일시할 수 있을 것이다. 하나는 스티글러의 경우에서처럼 테크놀로지에 대한 새로운 개념화를 통해 하이데거에 의해 분석된 바 있는 철학의 난국을 극복하려고 한다. 다른 하나는 화이트헤드적인 것이든 아니면 시몽동적인 것이든 '자연의 철학' 속으로 후퇴하려는, 테크네를 자연에 굴복시키려는, 즉 압도적인 것^{Überwältigend} 또는 가이아에 투항하려는 경향을 보인다. 우리는 이미 「서론」에서 이 두 번째 접근

---

61 1부에서의 우리 논의를 보라(§ 8).
62 M. Heidegger, "The End of Philosophy and the Task of Thinking", in *On Time and Being*, tr. J. Stambaugh(New York: Harper & Row, 1972), pp. 55~73.
63 Boehm, "Pensée et technique", p. 202.

§ 22 근대(성)의 기억

법이 가진 한계에 대해 간단하게 논한 바 있다. 모종삼과 같은 중국철학자들 그리고 니덤 같은 중국학자들은 이미 화이트헤드의 철학과 중국철학 사이의 친화성을 발견한 바 있다. 하지만 만약 화이트헤드적 자연 개념으로의 복귀가 근대(성)의 난국을 피하는 데 도움이 될 수 있다는 것을 받아들인다면 중국의 전통 철학으로의 복귀 또한 그와 같은 탈출로를 제공하게 될까? 아마 우리는 원주민의 존재론들에 대해서도 똑같이 질문해야 할 것이다. 즉 그렇다면 그것들은 테크놀로지적 근대(성)에 맞설 수 있을까? 그것으로는 충분하지 않음을 보여주는 것이 여기서 우리 과제이다. 중국의 경우 기-도 합일은 완전히 산산 조각나고 말았다. 비록 어마어마한 정치적 요소들이 작동하기 때문에 이 질문에 대해 절대적인 또는 부정적인 대답은 할 수 없다고 주장하고 싶을지도 모르지만 기-도 관계의 와해에 관한 1부에서의 우리의 철학적 분석 그리고 유럽과 비교해본 중국에서의 기하학-시간-기술 사이의 관계에 대한 위에서의 분석은 그것은 사회적·정치적 물음일 뿐만 아니라 근본적으로는 존재론적 물음임을 보여주는 것을 목표로 해왔다. 그저 자연이나 우주론으로의 복귀를 제안하고 마는 사람들은 20세기의 '근대 초극' 기획의 실패들을 우아하게 생략해버리는 것처럼 보인다. 이 실패들에 대해 진지하게 검토해보아야 한다. 아래 논의에서 명백해지겠지만 예를 들어 이 기획을 완수하려는 교토학파의 광적인 시도를 우리는 오늘날 어떤 대가를 치르더라도 피하지 않으면 안 되지만 시간-물음과 역사의식에 대한 그들의 분석은 테크놀로지와 세계사에 대한 물음을 새로 제기하는 데서 여전히 중요하게 남아 있다.

§ 23 니힐리즘과 근대

위에서 진술한 대로 유럽에서 '근대(성)'로 알려진 긴 과정은 중국이나 다른 아시아 국가들에서는 일어나지 않았다. 권력에의 의지로서의 세계 지배는 중국에서는 출현하지 않았으며[64] 그리고 그와 같이 무시해도 좋을 정도의 결과만 낳았기 때문에 테크놀로지-의식은 결코 극복해야 할 문제로 간주되지 않았다. 1부에서 살펴본 대로 테크놀로지는 두 차례의 아편전쟁 이후에나 문제가 되었다. 하지만 오늘날의 중국은 기술-물음을 받아들여 자신의 문화와 전통이라는 관점에서 충분히 성찰할 준비가 되어 있을까? 심지어 오늘날에도 만약 하이데거와 스티글러의 비판을 받아들인다면 우리는 테크놀로지의 보편사와 세계사 없는 코스모폴리타니즘을 받아들일 위험을 무릅쓰고 있기 때문이다.

이 위험은 글로벌한 것과 지역적인 것 사이의 대립에 대한 현재의 사유 속에 반영되어 있다. 그와 같은 대립 속에서 지역적인 것은 글로벌한 것에 대한 저항 형태로 간주되고 있다. 하지만 지역적인 것이라는 담론 자체가 지구화의 산물이다. 근본적으로 필요한 것은 기술과 시간 사이의 관계를 한층 더 상세히 탐구하는 것인데, 이 관계의 존재론적 토대를 해체하기 ─ 서양철학자들이 이미 발가벗긴 바 있다 ─ 위해서가 아니라 오히려 그와 같은 반영이 아직 일어나지 않은 문화들에서 그것이 어떤 함의를 갖는지를 이해하기 위해서 말이다. 그리고 더 나아가 글로벌한 것에의 저항으로서든 아니면 수동적 적응으로서든 지역적인 것, '오염되지 않은 것'으로의 후퇴로 이루어지지 않은 새로운 프로그램을

---

[64] 몽골족이 통치한 원은 예외로 간주해야 한다. 중국이 침략당하고 정복당했기 때문이다.

발전시키기 위해서 말이다. 실제로 우리는 여기서 또한 세계의 현재 모습에 대해 질문해야 하는데, 그것은 근대화와 탈근대화는 포함/배제 논의에 종속된 공간 문제임을 직관적으로 암시한다. 이 때문에 아래서 나는 대신 **시간**의 글로벌한 축이라는 관점으로부터 사유할 것을 제안할 것이다.

교토학파의 니시타니는 시간-물음과 관련해 심오한 철학적 비판을 정식화한 20세기의 소수의 아시아 철학자 중의 하나였다. 니시타니가 한때 프라이부르크에서 하이데거 제자였으며, 스승과 마찬가지로 그 또한 일본의 파시즘과 연루되어 있었으며, 따라서 제2차세계대전 이후 강의를 금지당한 것은 그리 놀라운 일이라고 하고 말 것도 없다. 그의 기술 이해 — 그리고 여기서 우리는 판결을 내리려고 하지는 않을 텐데, 아래에서 말하게 될 것을 통해 두 사람의 형이상학적 파시즘의 공통의 뿌리를 파악하는 것이 우리가 준비해야 할 것이기 때문이다 — 는 근대 테크놀로지에 대한 하이데거의 비판에 공명했지만 하이데거가 초기 그리스인들에게 기대를 건 반면 그는 동양으로부터의 그리고 동양을 위한 '해결책'을 제안하려고 시도했다.

초기 저작에서 니시타니는 서양철학과 달리 동양철학이 어떻게 허무를 극복할 수 있는지를 또는 보다 정확하게는 서양철학의 범주들을 전유함으로써 그러한 가능성을 입증할 수 있는지를 보여줄 과제를 자임한다. 니시타니에게는 두 사유 체계 사이의 일종의 분계선처럼 보이는 이 허무는 정확히 무엇일까?

허무란 인생의 의미를 무의미하게 만드는 것을 가리킨다. 그러므로 우리 자신 스스로가 우리에게 물음으로 바뀐다는 것, 즉 '우리는 무엇 때문에 존재하는가?'라고 묻는다는 것은 우리 존재의 근저에서 허무가 나타나 우리 자신의 존재 자체를 문제로 삼고 있다는 말이다.65

허무는 존재를 문제 삼는 모든 것에서 나타나는 악과 같다. 그것을 무시하는 것이 가능해지는 두 가지 경우가 있다. 먼저 세계를 영원히 객체화[대상화]하는 것이 있다. 여기서 주체성에 대한 물음은 물음이 아닌 것이 되며, 거대한 힘이 인간 존재를 허무의 심연을 향해 몰고 간다. 아니면 허무의 출현에 대한 처방을 제공하는 사유의 체계가 있다. 단지 허무에 저항하기 위해서뿐만 아니라 불교에서 '공'이라고 부르는 절대적 빔으로 허무를 만들기 위해서 말이다. 니시타니에 따르면 근대과학과 기술은 존재-물음이 위기로 나타나는 상황 속으로 인류를 몰고 가는 과정을 가속화하고 있다. 하이데거와 마찬가지로 과학과 기술 사이의 관계를 성찰하면서 니시타니는 자연의 법칙을 보편화하는 데 과학의 본령이 있다고 주장한다. 이 법칙이 절대적이고 가장 객관적인 규칙으로 간주되기 때문이다. 따라서 이 법칙은 전에는 설명 수단으로 무관하거나 부당한 것으로 간주되던 영역 속으로 들어갈 수 있다. 소위 자연의 이 보편적 법칙은 테크놀로지 속에서 구현되며, 따라서 이 법칙의 결과는 자연의 영역뿐만 아니라 사회 영역과 경제 영역 속에서도 증폭된다. 이로부터 두 가지 결과가 유래한다. 먼저 자연의 법칙이 모든 영역에 침투한다. 두 번째로, 자체의 영역 밖에서도 권력을 주장할 수 있는 방식으로 테크놀로지에 의해 이 법칙의 결과가 **증폭된다**.

---

65 니시타니 게이치, 정병조 역, 『종교란 무엇인가[종교와 무]』, 대원정사, 25페이지.

> [기계의 성립이란] 인간의 작용을 통해 …… 자연의 법칙이 가장 깊게 그리고 가장 현저하게 현성해왔음을 의미한다. 기계 속에서 인간의 작용은 인간의 작용까지도 초월하고, 자기가 객체화되며, 그리하여 자연의 법칙 자체의 직접적 작용이란 성격을 취하게 되었다고 말할 수 있다.[66]

니시타니에 따르면 자연의 법칙은 "자연계 어디에서도 발견되지 않는다"[67]는 의미에서 추상화지만 세계는 추상화에 따라 재구성되며, 그리하여 현실적인 것을 관념적인 것으로 바꾸어놓는다. 따라서 자연의 법칙을 구현하고 있는 근대 테크놀로지는 자연의 법칙을 자연 자체로부터 해방시킨다. 니시타니에 따르면 그러한 변증법적 운동은 추가로 두 가지 결과를 더 초래한다. 먼저 인간 쪽에서 그것은 "과학적 합리성을 요구하는 추상적 지성"을 산출한다. 두 번째로 "자연 이상으로 순수한" "'비자연화된' 자연"을 산출한다.[68] 그리하여 인간의 본성도 또 자연 자체도 따르지 않는 비진리에 따라 기계화된 세계가 구성된다. 이것이 허무의 토대를 연다. 왜냐하면 인간은 오직 자연의 법칙만 믿지만 이 법칙은 인간을 자연과 진리로부터 떼어놓기 때문이다. 그리하여 테크놀로지 속에서 실현되고 일상생활 속에 끼워 넣어져 있는 자연의 규칙은 진리로부터의 인간의 이차적 격리를 산출한다. 니시타니에게 하이데거에서 큰 영향을 받은 프랑스 실존주의는 이 상황을 해결하기에는 불충분해 보였다. 왜냐하면 "무자각적 허무주의에서 보이는 인간으로서의 전락으로부터 벗어나오려고 하며"[69], 따라서 허무주의의 뿌리를 어떻게

---

66 앞의 책, 134페이지.
67 앞의 책.
68 앞의 책, 136페이지.

할 수 없기 때문이다. ― 그것은 사르트르적 실존주의는 여전히 서구적 전통에, 특히 하이데거에게서 영감을 받은 전통에 뿌리를 두고 있으며, 따라서 허무주의에 대한 성찰은 문제의 뿌리에 가닿을 수 없음을 의미한다. 니시타니에 따르면 하이데거 그리고 니체가 논하는 존재의 역사는 "동양에는 존재하지 않는다." 하지만 그는 계속해서 "동양은 허무의 관점으로부터 공의 관점으로의 전환을 완수했으며", 그리하여 헤겔이 '악무한schlechte Unendlichkeit'70이라고 부르는 것을 극복했다고 주장한다.

> 진정한 초월, 즉 생사의 '세계'로부터의 이탈을 불교에서는 '열반'이라고 한다. 열반은 참다운 유한성에서 참다운 무한성으로의 본질적 전환이다. 즉 실존Existenz에서 악무한이라는 유한성으로부터 실존에서 무한성으로의 본질적 전환이다.71

이 진술 속에는 우리의 흥미를 끄는 두 가지 질문이 들어 있다. 1) 악무한으로부터 참무한으로의 그러한 '전환'은 어떻게 가능할까? 2) 역사성 그리고 세계 역사성과 관련해 그것은 무엇을 의미할까? 공에 대한 니시타니의 파악은 새로운 논리에, '배중항'을 무효화하는 논리에 기반해 있다. ― 그것은 그것이 긍정도 또 부정도 아님을 의미한다. 그것을 긍정(있음)과 부정(없음) 사이의 결성어privative적[un-이나 never 등 어떤 성질의 결여를 의미하는 접사나 단어가 붙어 있는] 논리(있지 않음非有)라고 부

---

69 앞의 책, 140페이지.
70 헤겔, 『철학강요』(§ 93), 서동익 역, 을유문화사, 137페이지. "어떤 것은 또 다른 어떤 것이 된다. 그러나 이 또 다른 것 자체가 어떤 것이다. 따라서 이 어떤 것도 마찬가지로 또 다른 것이 되며, 그리하여 어디까지나 한없이 나아간다."
71 니시타니, 앞의 책, 256페이지.

를 수 있을 것이다. 니시타니에게서 과학과 기술은 존재의 본질을 자기동일성으로 움켜쥐려고 하는 실체론적 사유에 기반하고 있다. 도겐道元의 가르침에 기반해 발달한 앞서와 같은 독법의 논리는 이러하다. 즉 자기동일성 없이 존재하기 위해 우리는 자기 자신에 대한 부정과 긍정을 모두 부정해야 한다. 이에 대해 도겐은 이렇게 말하고 있다. "'생사 즉 열반'임을 심득하고 …… '비로소 생사에서 벗어나느니.'"72 존재는 생사를 모두 부정해야 허무를 초월할 수 있는 높이까지 이를 수 있다.

니시타니가 말하는 '존재에 대한 비실체적 이해'가 무엇인지를 이해하기 위해 그가 제시하는 예를 살펴보자. 만약 '불이란 무엇인가?'라고 묻는다면 우리는 "불의 실체는 불의 '형상'을 통해 우리에게 나타난다"73는 조건 아래 불의 에이도스, 형상을 찾을 것이다. 실체는 로고스라는 측면에서 모습을 드러낸다. 즉 아리스토텔레스에게서처럼 범주를 통해 논리적·이론적 방식으로 설명되어야 할 어떤 것으로 말이다. 하지만 만약 우리가 a) '불은 불을 태우지 않는다'고 말한다면 b) 그것은 비-연소이며, 따라서 그것이 불이다.

> 연소하고 있는 사태(불의 에네르기아)에만 주목하고 거기서 현재 불이 타오르고 있다는 자기동일성을 인정하는 관점이 실체적 관점에서 본 자기 동일성이다. …… 반면 불은 불을 태우지 않는다는 불의 자체성은 그러한 자기동일성의 전적인 부정을 포함하고 있다.74

---

72 앞의 책, 258페이지.
73 앞의 책.
74 앞의 책, 178페이지.

이 역설을 해명하기 위해 그것을 이렇게 제시할 수 있을 것이다. 즉 실체론적 사유에 따라 만약 불이 타는 것으로 규정된다면 불은 불을 태우지 않는다는 사실은 실체로서의 불의 자성自性[자기 동일성]으로부터 벗어나 불의 에네르기아 자체로, 불 자체의 "자연적 본성"75인 또 다른 자성을 향해 나가기 위한 첫걸음이다. ─ 그렇게 하는 가운데 불은 타고 있는 것 ─ 실체론적 관점에서는 이것이 불의 본질이다 ─ 으로 간주되지 않기 때문에 불은 자기의 '진정한' 자성을 회복하고, 따라서 불이게 된다.76 '비-연소'는 '비-행위의 행위'라는 것은, 불의 행위는 실체론적 형태의 박탈 속에서 드러나며, 따라서 불은 또 다른 근거 속에서 자기에 대한 규정을 발견한다는 것을 의미한다. 그러한 지속적 부정은 어떤 특정한 지점에서 끝나는 것도 또 무한한 회귀가 되지도 않는다. 오히려 실체론적 사유에게는 전유가 금지된 상태 속에 머무르려고 시도한다.

> 실체 개념이 사물 자체를 자성으로(따라서 유有로) 포착하는 데 반해 불의 진정한 자체는 불의 무-자성이다. 불의 자체성은 비연소라는 성질에 있다. 물론 이 비연소는 연소와 떨어져 따로 있는 것이 아니다. 불은 연소이면서 비연소인 것이다. 이 비연소(스스로를 태우지 않는 것)를 떠나서 연소는 사실 생각할 수 없다.77

니시타니는 불의 '근본もと'을 찾기를 바라는데, 그것은 불로서의 불의 현행성에도 또 태울 수 있는 잠재성에 있는 것이 아니라 '비-연소', '자

---

75 앞의 책.
76 여기서 니시타니는 또한 하이데거의 알레테이아를 언급한다.
77 앞의 책, 178페이지.

기를 태우지 않는 것'에 의해 규정되는 자기 자신의 근본에 있다. 하지만 그것은 과학적 관찰이 아니라 불교적 의미에서의 공의 박탈로부터 온다. 여기서 우리는 니시타니가 모종삼이 시도한 것과 유사한 과제를 수행하려는 것을 볼 수 있다. 비록 모종삼은 칸트적 용어법을 사용하고 니시타니는 하이데거와 그의 언어의 영향을 크게 받았지만 말이다. 두 사람 모두 이론적 이성은 본체의 영역에 들어갈 수 없는 반면 '지적 직각'은 자기부정을 통해 이론적 이성에 이를 수 있다고 주장한다. 우리는 오직 다른 종류의 사유에 의해서만 실존*Existenz*을 규정하는 '참무한' 속에 들어갈 수 있다.

> 리얼리티로서의 무한은 이성의 파악을 초월한다. 그것을 이성적 차원에서 파악하려는 순간 곧바로 관념화된다.[78]

하지만 그러한 논리로 근대과학과 기술에 대한 동아시아적 사유를 발전시키기에 충분할까? 본체(비록 그러한 무한을 특징짓기 위해 모종삼만이 이 용어를 사용하며 니시타니는 사용하지 않지만 말이다) 영역에서 기술을 구성하는 것은 가능하지 않다. — 아마 플라톤의 『티마이오스』에서의 데미우르고스를 유일한 예외로 한다면 말이다. 그리스도의 재림에 대한 의지 — 그것은 정신의 역사적 진보로 기능한다 — 와 달리 니시타니가 묘사하는 동아시아 문화에서 비의지로서의 의지는 역사의 생기로부터는 떨어져 있다. 마찬가지로 모종삼이 특징짓고 있는 본체적 사유도 또 다른 종류의 역사의식인 것처럼 보인다. 왜냐하면 그것은 어떤 사건을 기

---

[78] 앞의 책, 256페이지.

다리기보다는 오히려 이미 역사에 앞서 있는 어떤 질서 아래 흡수되기 때문이다. ― 그것이 우주론적 의식이다.

§ 24 '근대 초극'

『종교와 무』 말미에서 니시타니는 비록 거의 평생에 걸쳐 시도해 보았지만 본인으로서는 대답할 수 없던 물음을 제기한다.

> 이후 역사의식은 서양에서 현저히 전개되었고, 특히 근대에는 인간의 삶 자체가 차차 역사적인 자기의식을 갖고 형성되게 되었다. 하지만 그와 같은 전개 속에는 무엇이 수반되었을까?[79]

니시타니는 서양과 동양의 차이를 서양은 역사의식이라는 강력한 개념을 발전시킨 사실과 동일시한다. 동양에서는 왜 그러한 역사의식이 발전하지 않았는지를 이해하는 것은 동양에서의 기술과 시간의 관계에서 핵심적이다. 실제로 이 질문은 이미 니시타니의 경력 초기에 그를 괴롭혔으며, 그의 정치철학에서 중요해진다. 이 점을 검토하는 것이 필요한데, 그것은 역사의식의 필요성과 함께 그것의 위험성을 드러내 줄 것이기 때문이다.

1940~1945년에 니시타니는 역사학자 스즈키 시게타카鈴木成高뿐만 아니라 교토학파의 동료 철학자 코사카 마사아키高坂正顯, 코야마 이와오

---

[79] 앞의 책, 291페이지.

高山岩男(이들은 모두 교토제국대학의 니시다西田幾多郎[1870~1945년]와 하지메田辺元[1885~1962년]의 제자였다)와 함께 '근대 초극' 기획에 깊숙이 연루되었다. 이 시기부터의 그의 생각은 1941~1942년에 문학잡지『중앙공론中央公論』에 연재한 논고(그중 첫 번째 것이 저 유명한 「세계사의 관점과 일본」이다), 단행본 형태의 논고『세계관과 국가관』(1941년), 논문인 「'근대 초극'에 대한 나의 견해」(1942년), 「세계사의 철학」(1944년)을 포함한 글 속에 기록된다. 이 논고와 텍스트의 여기저기에 끼워 넣어져 있는 민족주의와 제국주의 문제에 대해서는 이미 많은 학자와 역사가가 상세히 논해온 바 있다.[80] 따라서 여기서 나는 그것들의 논지를 반복하지는 않을 생각이며, 대신 세계사와 역사의식 문제에 초점을 맞출 생각이다.

니시타니의 근대 초극 기획은 일본 문화로 돌아가 16세기와 18세기에 있은 '흑선(서양의 배들)'의 도래 이후 일본 사회에 강요된 서구 문화와 테크놀로지를 초월하려는 바람에 기반하고 있었다. 니시타니에 따르면 서구 문화와 테크놀로지는 전통과 근대적 삶 사이에 엄청난 간극을 초래했으며, 한때 일본 사회의 근거를 이루고 있던 불교와 유교는 더 이상 정치적·문화적 삶을 효율적으로 해결할 수 없게 되었다. 니시타니의 그러한 고찰은 같은 시기의 중국 사상가들뿐만 아니라 니시타니의 동료들의 고찰과 분명히 공명하고 있었다. 예를 들어 신유학파들은 서구적 합리성을 중국의 가능성 중의 하나로 통합시킬 수 있도록 중국철학을 발전시킬 것을 제안했다. 우리는 1부에서 모종삼에게서 왕양명에 의해 정식화된 심 또는 양지 문제가 어떻게 본체적 경험으로부터 현상

---

[80] 예를 들어 N. 사카이, 『번역과 주체』, 후지이 다케시 역, 이산 그리고 C. S. Goto-Jones (ed), *Re-Politicising the Kyoto School as Philosophy*(London and New York: Routledge, 2008)를 보라.

지로 내려가기 위해 환기되는지를 살펴본 바 있다. 이 심은 의식을, 따라서 역사의식을 다시 명확히 하려는 니시타니에게서도 마찬가지로 중요하다. 하지만 니시타니에게서 그것은 또한 뭔가 다른 것을 향해 열린다. 절대 무가 그것이다. 실제로 중국의 사상가들과 일본의 사상가들은 비록 유사한 지적 궤적을 따랐지만 근대화에 대해 두 가지의 상이한 반응을 발전시켰다는 것이 즉각적으로 분명해진다.

여기서 니시타니의 스승인 니시다에 대해 몇 마디 해야 하는데, 절대 무라는 개념을 발견시킨 것은 니시다이기 때문이다. 그런데 니시다 또한 지행합일이라는 왕양명의 가르침을 활용해 윌리엄 제임스의 '순수 경험'이라는 개념뿐만 아니라 피히테의 사행*Tathandlung*이라는 개념을 왕양명과 겹쳐 읽는 작업을 수행하고 있었다.[81] 피히테는 다른 어떤 것에 의해서도 조건 지어지지 않은 자기 정립적인*selbst-setzend* 시작을 묘사하기 위해 사행이라는 개념을 사용하고 있다. 즉 무조건적인 것*Unbedingte*이 그것인데, 그것은 먼저 절대적인 것 또는 무조건적인 것을 의미하지만 또한 물*Ding*로 간주될 수 없는 것을 의미한다. 니시다는 마음은 현실을 이해하는 주체가 아니라고 주장한다. 오히려 그렇게 해서 경험되는 현실이 인식 주체를 구성한다는 것이다. 니시다는 순수 경험을 "있

---

[81] Kosaka Kanitsugu, "Nishida Kitarō und Wang Yangming — ein Prototypus der Anschauung der Wirklichkeit in Ostasien", in Hsaki Hashi(ed), *Oeankdisziplinen von Ost und West*(Nordhausen: Raugott Bautz Verlag, 2015), pp. 123~158. 펀버그는 이 '행위적 직관action-intuition'을 하이데거가 배시配視*Umsicht*[둘러봄]라고 부르는 것에 병합시키지만 그것은 오류인데, 아래에서 살펴보겠지만 그것은 실제로는 지적 직관과 관련되어 있기 때문이다. A. Feenberg, "The Problem of Modernity in the Philosophy of Nishida", in J. Heisig and J. Maraldo(eds.), *Rude Awakenings: Zen, the Kyoto School and the Question of Nationalism*(Honolulu: University of Hawaii Press, 1995), pp. 151~173을 보라.

는 그대로의 사실에 대한 직관"으로 규정한다. 여기서 '직관'은 독일어 Anschauung의 일본어역이다.82 여기서 주체는 절대자가 아니라 오히려 순수 경험인데, 그것은 피히테의 아의 고립주의를 극복하며 왕양명의 양지를 지적 직각으로 특징짓는 모종삼 입장과 공명한다. 니시다는 나중에 그러한 직각의 가능성의 조건을 한층 더 자세히 탐구하는 가운데 왕양명으로부터 무에 대한 선사 도겐과 신란^{新鸞}(1173~1262년)83의 가르침으로 옮겨간다. 니시다는 이렇게 진술하고 있다. 즉 만약 서양이 존재를 현실의 근거로 간주해왔다면 동양은 무를 현실의 근거로 받아들여 왔다는 것이다.84 ― "자체는 존재하지 않게 되거나 사라지는" 무는 존재의 세계와 대립되며, "세계 속의 어떤 현상, 개인, 사건 또는 관계에 의해서도 포함되지 않는다"는 의미에서 **절대적**이다.85 이 절대 무가 현실의 지고의 원리로 등장하는데, 니시다는 그것을 "보편성 중의 보편성"86이라고 부른다. 그것이 다른 모든 보편적 사상을 상대화하기 때문이다. 이 '무'는 이해하기가 쉽지 않다. 먼저 '무란 무엇인가?'라는 물음을 제기하는 것은 역설적이다. 그것이 즉각 무-물음을 존재-물음으로 바꾸어버리기 때문이다. 두 번째로, 그렇다고 해서 무가 실재적이지 않다고 말할 수는 없다. 실제로 니시다에 따르면 무는 존재와/또는 무가 드러나는 장소^{場所}, basho를 갖고 있다.87 비록 그것은 무가 존재한다는

---

82 J. W. Heisig, *Philosophers of Nothingness: An Essay on the Kyoto School*(Honolulu: University of Hawaii Press, 1995), p. 56. 본서 1부(§ 18. 1)를 보라. 거기서 우리는 모종삼의 지적 직각 개념을 피히테와 셸링의 지적 직관 개념과 구분한 바 있다.
83 F. Girard, "Le moi dans le Bddhisme japonais", *Ebisu* 6(1994), pp. 97~124, p. 98.
84 Heisig, *Philosophers of Nothingness*, p. 73.
85 앞의 책, 74페이지.
86 앞의 책, 75페이지.
87 니시다의 장소 개념은 두 가지 것이 관계를 맺고 있을 때 그러한 관계는 항상 하나의 장소

것을 암시하는 것이 되겠지만 말이다.88 펀버그는 이 무라는 개념을 "주체와 객체의 즉각적 통일의 장으로서의 경험으로" 요약하며, 그것이 "문화, 행위, 지식의 기저에 놓여 있으며, 이 셋을 사전적 통일의 객관화로서 가능하게 해준다"89고 말하고 있다. 니시다에게서 절대 무는 정확한 질서를 가져오기 위해 "서양의 유물론"에 추가될 필요가 있는 "정신의 본질"이다.90 절대 무라는 개념은 니시다의 동료인 타나베에 의해 하이데거의 논리에 따라 "역사에 통일적인 텔로스"91를 제공하는 정치적·역사적 개념으로 한층 더 발전되었다. 니시다의 작업은 이 접근법을 한층 더 멀리까지 끌고 나간다. 그에게서 절대 무는 더 이상 이론적이고 개인적이지 않다. 그는 이 절대 무가 개별 국가들에게 구체적으로

를 전제한다는 생각으로 이루어져 있다. 만약 A와 비-A가 관계가 있는 것으로 간주할 경우 그러한 관계가 일어날 수 있는 장소가 있어야 한다는 것이다. 니시다의 장소 개념에 대한 보다 상세한 분석에 대해서는 Augustin Berque, *Introduction à l'étude des milieux humains*(Paris: Belin, 2000), p. 53, p. 140을 보라.

88 무라는 물음은 잘 알려진 대로 하이데거에 의해 1927년의 마르부르크 대학 취임 강연인 「형이상학이란 무엇인가」(『이정표』)에서 다루어진 바 있다. 하이데거는 불안이 무가 드러나도록 만든다는 것을 보여주려고 한다. 왜냐하면 불안 속에서 존재자들은 깡그리 사라지기 때문이다. "존재자들이 불안에 의해 깡그리 사라져 버리고, 여백에는 무만 남는다." 하이데거가 여기서 박탈의 논리를 사용하고 있을 가능성이 매우 큰데, 이 관점에서 그의 사유는 선 사상가들의 사유와 흡사하다. "현-존재란 곧 무속으로 들어가 [머물러] 있음"이라는 하이데거의 말은 전체로서의 존재자들을 넘어 초월성을 향해 나간다는 의미이다. 이 강연은 카르납 Rudolf Carnap에 의해 「언어에 대한 논리적 분석을 통한 형이상학의 극복」이라는 제목의 논문에서 공격을 받았다. 하지만 비트겐슈타인은 노트들에 하이데거에게 동의하고 있음을 보여주는 구절을 남겨놓았다. 카르납과 비트겐슈타인의 텍스트 모두 M. Murray(ed), *Heidegger and Modern Philosophy: Critical Essays*(New Haven and London: Yale University Press, 1978)에서 찾아볼 수 있다.

89 Feenberg, "The Problem of Modernity in the Philosophy of Nishida", p. 126.
90 Heisig, *Philosophers of Nothingness*, p. 104.
91 앞의 책, 121페이지.

적용 가능하다고 믿었다. 절대 무는 이런 식으로 어떻게 이해될 수 있을까? 니힐리즘에 대한 저서에서 니시타니는 이렇게 진술하고 있다.

> 나는 니힐리즘 문제가 종교와 과학의 상호 혐오의 뿌리에 놓여 있다고 확신한다. 그리고 나의 철학적 개입에 출발점을 제공한 것이 그것이었는데, 그로부터 그것은 점점 더 커져 거의 모든 것을 둘러쌀 정도가 되었다. …… 나의 삶의 기본적인 문제는 항상, 간단하게 말해, 니힐리즘을 통한 니힐리즘의 초극이었다.[92]

니시타니는 "민족주의를 통한 민족주의의 초극"을 제안할 때 이와 동일한 유사-니체적 논리를 적용한다. 그는 근대의 민족-국가의 민족주의와는 다른 민족주의를, 실제로 전자를 부정하는 것으로 이루어지는 민족주의를 상상한다. 니시타니는 근대 국가를 공동의 통일의 토대를 발가벗기는 것을 겨냥한 뺄셈의 한 형태로 본다. 개인의 자유가 의식적으로 국가의 통제를 전유할 때, 그리하여 마침내 주관화할 때 그러한 부정이 일어난다.[93] 그것은 국가의 절대주의로도 또 개인을 국가로부터 분리시킬 자유주의로도 이어지지 않을 또 다른 형태의 민족주의이다. 니시타니에게서 근대의 민족-국가의 한계를 초월하기 위해서는 단지 일본의 전통적 가치로 돌아가는 것만으로는 결코 충분하지 않다. 세계사의 관점에서 일본이라는 국가를 구성해야 한다. 그렇게 하는 가운데 니시타니의 제안에 따르면 "민족적 자아의 주체성으로부터 민족적 비자아의 주체성으로의 도약"[94]을 생산할 수 있다. 이 국가는 이제 주체 형

---

92 앞의 책, 215페이지.
93 앞의 책, 197페이지.

태를 띠게 된다. 그리고 이 국가의 통일은 모든 자유로운 개인의 의지로 이루어진다.

교토학파의 기획은 19세기 관념론의 기획과 공명하고 있다. — 그것은 우연의 일치가 아닌데, 니시타니는 셸링 독자로서 학문적 이력을 시작했으며 셸링의 『인간의 자유의 본질에 대한 철학적 탐구*Philosophische Untersuchungen uber das Wesen der menschlichen Freiheit*』와 『철학과 종교*Philosophie und Religion*』를 일역했기 때문이다. 그리고 니시타니와 타나베는 헤겔에 큰 관심을 갖고 있었기 때문이다. 하지만 교토학파는 또한 니시타니의 「세계사의 철학」에 진술되어 있는 대로 관념론적 기획을 초월하는 과제를 설정하고 있었다.

> 오늘날의 세계는 세계사 연구와 세계사의 철학 사이의 새로운 관계를 랑케뿐만 아니라 헤겔의 세계사의 철학과는 다른 것으로 생각할 것을 요구하고 있다. 그리고 더 나아가 헤겔의 국가 및 합리적 관념론의 이성 그리고 랑케의 도덕적 에너지*moralische Energie*와 역사적 관념론을 — 심지어 그처럼 위대한 사람들의 관점을 뛰어넘어 — 훨씬 더 근본적인 방식으로 재검토할 것을 요구하고 있다.[95]

우리는 1880~1930년 동안 독일에서 벌어진 역사주의 논쟁의 두 진영

---

94 앞의 책, 198페이지.
95 Christian Uhl, "What was the 'Japanese Philosophy of History'? An Inquiry into the Dynamics of the 'World-Historical Standpoint' of Kyoto School", in 'C. S. Goto-Jones(ed), *Re-Politicising the Kyoto School as Philosophy*(London and New York: Routledge, 2008), pp. 112~134를 보라. 西谷啓治, 著作集 4(東京: 創文社, 1987/1988), p. 252.

에 대해 간략하게 되짚어봄으로써 여기서 니시타니가 말하는 '세계사 연구'와 '세계사의 철학'이 무슨 의미인지를 이해할 수 있을 것이다. 한편으로 빈델반트와 그의 제자인 리케르트 같은 신칸트학파를 지배하고 있던 학술 연구 모델이 있었다. 다른 한편 마이네케의 '활력론적' 견해나 딜타이의 세계관론 Weltanschuungslehre처럼 상대주의를 향하는 경향이 있다는 이유로 역사 개념을 공격당하던 사람들이 있었다.96 이 논쟁은 『존재와 시간』에서 하이데거에 의해 존재론이 탈구축Destruktion된 후 종결되었다. 교토학파는 역사는 정신의 실현이라는 헤겔의 합리적인 관념론적 역사관의 극복을 추구했다. — 헤겔이 "역사는 신이 역사하는 방식들에 대한 정당화"97라고 말하는 것으로 미루어볼 때 이 개념은 라이프니츠의 신정론으로부터 그리 멀리 떨어져 있지 않았다. 하지만 그들은 또한 역사를 '도덕적 에너지'에 의해 추동되는 일군의 독특하고 특이한 사건으로 묘사하는 랑케의 입장도 극복할 수 있기를 바랐다. 간단히 말해 교토학파 사상은 독일 철학에 의해 강한 영향을 받았으며, 의식적이건 무의식적이건 기독교적 목적 없는 세계사의 철학을 재정식화하기 위해 독일의 철학적 과제를 받아들였다. 마치 그것이 이제는 일본의 과제인 양 말이다. — 스즈키가 『중앙공론』의 좌담회 중 하이데거가 1933년의 프라이부르크대학교 총장취임연설에서 한 말과 공명하는 한 호소에서 공공연하게 이렇게 선언했듯이 말이다.

헤겔이 보았을 때 세계사의 사명을 짊어지는 민족은 로마 민족이거나 독일

---

96 Bambach, Bambach, *Heidegger, Dilthey, and the Crisis of Historicism*을 보라.
97 P. Chételat, "Hegel's Philosophy of World History as Theodicy: on Evil and Freedom, in W. Dudley(ed), *Hegel and History*(New York: SUNY Press), pp. 215~230.

민족이었지만 현재는 역시 우리 일본이 세계사적 사명을 자각하고 있지 않나요? …… 일본이 동아에서 지도성을 갖게 되는 근거는 세계사적 사명을 자각하는, 그와 같은 자각에 있다고 봅니다. 객체적으로 부여되는 것이 아니라 주체적으로 자각하는 것, 그것이 소위 도덕적 에너지 아닐까요. 일본의 역사적 윤리관이자 도의적 생명력 말이죠.98

이 과제는 민족-국가, 자본주의, 개인주의, 제국주의 같은 현재 형태로 실현되어 있는 유럽 문화의 한계들을, 다시 말해 유럽적 근대(성)의 난국을 극복하는 데 있다. 교토학파에 따르면 일본이라는 국가에 고유한 민족주의와 제국주의를 통해 새로운 세계사를 창조함으로써 이 유산을 극복하는 것은 일본이라는 국가에 달려 있다.99 ― 그리고 이 기획 전체를 실현할 수 있는 유일한 방법은 '총력전'(totaler Krieg라는 독일어의 번역어)이다.100 이 총력전은 정화로 제시된다. 즉 잃어버린 일본의 정신으로부터 새로운 주체성들이 등장해 많은 "특수한 세계사들이 조화롭고 서로를 관통하는 가운데" 존재할 수 있도록 해주는 "보편적 세계사"101의 근거로서의 절대 무가 실현될 정화 말이다. 따라서 이 '총력전'은 객체적 총체성으로서의 세계를 극복하기 위해 국가들과 개인들 간의 갈등들을 강화하는 것을 추구하는 전향적인 '가속화주의' 전략이

---

98 Uhl, "What was the 'Japanese Philosophy of History'?", p. 120. 「동아공영권의 윤리성과 역사성」, 『중앙공론』(1942년 4월), pp. 120~127. p. 127에서 재인용(『태평양전쟁의 사상』, 이경훈 외 역. 이매진, 236페이지).
99 T. Kimoto, *The Standpoint of World History and Imperial Japan*, PhD Thesis, Cornell University, 2010, pp. 153~155.
100 앞의 책, 148페이지.
101 앞의 책, 149페이지.

다. 교토학파 철학자들에게 전쟁은 역사, 따라서 세계사를 규정하는 힘이다.102 분쟁Streit이라는 관념론자들의 개념이 여기서는 전쟁이라는 개념 속에서 재생되고 있다고 말할 수 있을 것이다. 셸링, 횔덜린, 헤겔 같은 관념론자들 그리고 초기 낭만파는 그리스 비극에서 그와 같은 분쟁을 표현하고 있는 문학적 형태를 발견한 바 있다. 즉 비극은 운명의 필연성에 기반하고 있으며, 여기서 비극의 주인공은 고통의 필연성을 자유의 실현으로 긍정하고 있다.103 하지만 일본식 버전에서 비극은 "세계사는 인류 영혼의 연옥"104이라는 비전속에서 실현된다. 교토학파 눈에 중일전쟁은 제국주의와는 무관하며, 중국을 구하는 것이 일본의 도덕적 의무이기 때문에 일어났다.105 대동아공영권의 실현은 동아시아의 이익을 실현하기 위해 일본이 실현할 "의무가 있는" 새로운 역사의 일부이다. '정의의 전쟁'이라는 그러한 이해 방식이 잡지 『중앙공론』의 첫 번째 좌담회를 마무리 짓는 코사카의 발언에서 제시되고 있다.

> 인간은 분노할 때 전신으로 분노합니다. 심신이 함께 분노합니다. 전쟁도 그렇습니다. 천지와 함께 분노합니다. 그리고 인류의 영혼이 정화됩니다. 세계 역사의 중요한 전환점을 전쟁이 결정한 것은 이 때문입니다. 그러므로 세계사는 연옥인 것입니다.106

---

102 Uhl, "What was the 'Japanese Philosophy of History'?", p. 115.
103 D. J. Schmidt, *On Germans and Other Greeks: Tragedy and Ethical Life*(Indianapolis, IN: Indiana University Press, 2001)을 보라.
104 T. Kimoto, *The Standpoint of World History*, p. 145.
105 스즈키 또한 『중앙공론』의 좌담회 동안 "중국에는 모럴이라는 건 있었어도 도덕적 에너지라는 건 없었다는 말씀"이라고 주장한 것을 주목하라. Uhl, "What was the 'Japanese Philosophy of History'?", p. 123을 보라. 『중앙공론』(1942년 4월), p. 129에서 인용(『태평양전쟁의 사상』, 239페이지).

이 광신을 되돌아보면 니시타니 철학 속에서 일종의 인종주의와 민족주의에 대한 정당화를 발견할 수 있는데, 이 둘은 자기 자신의 부정을 위한 '수단'이라는 것이다. ─ 즉 절대 무 그리고 오직 서구적 근대(성)에 의해서만 규정되는 것과는 근본적으로 다른 세계사를 향해 나가는 부정 말이다.

이처럼 중국과 일본의 상이한 지적 환경은 근대(성)에 대한 상이한 해석을 낳았다. 일본의 지식인들이 시간과 역사 문제를 보다 깊은 차원에서 경험했으며, 그들이 극복하려 한 것은 역사로서의 시간 문제였다고 말할 수 있을 것이다. 다른 한편 모종삼 같은 중국의 지식인들은 중국에서는 왜 근대적인 과학과 기술이 등장하지 않았는가 하는 물음에 당황했으며, 그것은 아마 크게는 서양의 철학적 기질과는 근본적으로 다른 중국의 오랜 지적 역사 탓으로 돌려야 할 것이라고 결론 내렸다. 따라서 앞서 살펴본 대로 중국의 전통과 도덕적 가르침을 간직하면서도 그럼에도 불구하고 서구에서와 동일한 근대(성)를 생산하고 유럽의 위기를 피하는 것이 가능함을 보여주는 것이 모종삼의 전략이 되었다.107

---

106 T. Kimoto, *The Standpoint of World History*, p. 145에서 재인용. Kosaka 등, 「세계사적 입장과 일본」, p. 192(『태평양전쟁의 사상』, 221페이지). 키모토는 이 개념 또한 니시다에게서 온 것임을 지적한다.
107 교토학파 철학자들과 달리 모종삼은 근대(성)-물음에 대해 좀체 언급하지 않는다. 슈미트S. Schmidt 같은 일부 주석가는 모종삼의 가르침에는 모종의 의제가 감추어져 있다고, 예를 들어 "유교 제도로부터의 유교 철학의 정신적 독립 선언"이 들어 있다고 제안해오고 있다 (S. Schmidt, "Mou Zongsan, Hegel, and Kant: The Quest for Confucian Modernity", *Philosophy East and West* 6: 2[2011년 봄], pp. 260~302). 하지만 그러한 주장이 전적으로 설득력이 있는 것은 아니다. 모종삼은 지금은 홍콩중문대학의 일부가 된 新亞學院의 창립자 중의 하나였으며, 은퇴 후에도 여생을 여러 대학교 교수로 봉직했다.

다른 한편 니시타니(와 교토학파의 다른 성원들)는 근대(성)의 니힐리즘을 초극할 수 있는 유일한 방법은 절대 무에 기반해 세계사를 재구성하는 것뿐임을 보여주려고 했다.

니시타니와 마찬가지로 모종삼 또한 왕양명을, 나중에는 불교를 활용했지만 완전히 다른 독법에 이르렀다. 그의 후기작인 『원선론圓善論』(1985년)은 천태종에 대한 새로운 해석에 기반하고 있는데, 『중국철학 19강』(1983년)에서 본인도 인정하고 있듯이 『현상과 물 자체』에서는 이 종파를 놓고 씨름하지 않았다.108 『원선론』에서 그는 천태종의 "완벽한 가르침圓敎"109이 실천이성의 칸트적 이율배반뿐만 아니라 현상과 본체 사이의 '존재론적 차이'를 해결할 수 있도록 해준 '일심개양문一心開兩門'이라는 가르침보다 더 앞선 것임을 발견했다. 실제로 『지적 직각과 중국철학』(1971년)에서 불교에서의 지적 직각을 설명하면서 모종삼은 이미 다른 종파보다 천태종의 가르침이 우월함을 암시한 바 있었는데110, 다른 종파들에 대한 비판과 이 종파 자체의 명제들을 통해 그러한 우월성의 진가를 알아볼 수 있었다. 먼저 천태종은 진리의 순수성을 강조하면서緣理斷九 불계佛界인 1계와 나머지 9계(미물과 중생의 세계)는 분명하게 유리遊離되었다고 보며 방기한다며 화엄종을 비난한다.111 이 비판은 실제로는 왕양명의 불교 비판과 공명하는 것으로, 왕양명의 비

---

108 Tomomi Asakura, "On Buddhistic Ontology: A Comparative Study of Mou Zongsan and Kyoto School Philosophy", *Philosophy East and West* 61: 4(2011), pp. 647~648, p. 649.
109 모종삼에게 '원교'는 언어적 기술記述을 통해서는 얻을 수 없으며 반드시 언어를 넘어서야 하는 가르침을 의미한다. 牟宗三, 中國哲學十九講, p. 248.
110 牟宗三, 知的直觀與中國哲學, pp. 211~215.
111 앞의 책, 215페이지. Asakura, "On Buddhistic Ontology", p. 661.

판은 불교는 존재를 돌보지 않고 오직 극복하는 것만 목표로 한다고 주장한다. 그것은 사회사상과 정치사상 형태로는 유교가 불교보다는 우월하다는 의미였다. 천태종의 '원교'는 '범부가 일상생활에서 일으키는 미혹된 한 생각 속에 우주의 여러 사상事象이 원융圓融하게 다 갖추어져 있음一念三千'이라는 표현에 들어 있는데, 모종삼이 보기에는 그것이 '일심개양문'보다 더 지적 직각을 완전하게 표현하고 있다.

토모미朝倉友海가 날카롭게 지적한 대로 모종삼은 도덕적 관점에서 출발하는 반면 교토학파는 종교적 관점 — 타나베 철학에서는 "현실을 절대적 모순과 절대적 자기-분열로 보는 태도" — 에서 시작한다는 점을 검토함으로써 둘 사이의 차이를 이해할 수 있을 것이다.112 모종삼은 "어떤 것에도 얽매이지 않는無執的 존재론" 내부에서 "내재적 초월"을 추구한 반면 니시타니는 전쟁을 통해 공을 달성하는 것에 의해 가장 근본적인 형태를 취하는 초극을 추구했다. 하지만 이 두 기획 모두에서 관건이 되는 것은 시간 그리고 대체로 서양적 존재신학(그것은 근대 테크놀로지의 실현에서 완성된다)에 의해 규정되는 **시간의 축**에 의해 총체적으로 정복당해온 역사 문제이다. 만약 이 두 기획 모두의 실패 — 비록 이유는 다르겠지만 말이다(교토학파의 몰락은 대부분 제2차세계대전에서의 일본의 패배에서 기인한다) — 가 우리에게 말해줄 무엇인가가 있다면 그것은 근대(성)를 극복하려면 시간-물음으로 돌아가 새로운 세계사의 출현을 허용하지만 글로벌 자본주의나 민족주의에도 또 절대적인 형이상학적 근거에 종속되지 않는 복수성을 여는 것이 필요하다는 것이다. 이 새로운 세계-역사는 단지 근대(성)의 종언, 형이상학의 종언, '자연'

---

112 Asakura, "On Buddhistic Ontology", p. 666.

으로의 회귀 또는 — 거의 믿을 만한 것이 못되지만 — [네그리Antonio Negri와 하트Michael Hardt식의] 다중多衆의 도래를 주장하기보다는 형이상학적·역사적 기획을 수행하는 것에 의해서만 가능하다.

니시타니의 근대 초극 프로그램의 중심에 있는 역사의식에 대한 한층 더 상세한 분석은 동아시아 문화에서의 역사의식의 결여에 대한 질문에 대답할 수 있도록 해줄 것이다. 먼저 중국에서의 시간-물음에 대한 그라네와 쥘리앵의 고찰은 니시타니에게도 그에 못지않게 적용 가능함을 염두에 두어야 한다. 1970년대 동안 니시타니는 일본의 여러 절에서 근대화와 불교에 대해 논하는 담화를 여러 차례 가졌는데, 그것은 나중에 『불교에 대해佛敎について』라는 제목으로 출판되었다. 앞서 제시한 대로 우리는 니시타니가 역사의식 문제에 사로잡혀 있었다고 추정할 수 있을 것이다. 그리고 실제로 그는 일정한 시점에 동아시아 문화에는 역사적인 것이라는 개념이 존재하지 않는다고 주장한다. 그가 '역사적인 것'이라고 말하는 것은 자기를 역사적 존재로, 상기를 역사성Geschichtlichkeit의 재구성으로 위치시키는 의식을 의미한다. 적어도 이 담화들에서 그가 말한 것으로부터 회고해볼 때 그리고 하이데거와의 개인적 관계로 미루어볼 때 세계사라는 니시타니의 개념은 헤겔이나 랑케보다는 하이데거에게서 온 것처럼 보인다.

> 저는 불교는 그러한 역사의식이, 적어도 어느 정도는 미흡하다고 확신합니다. 일반적으로 말해 '역사적'이라고 불리는 어떤 것이 인도나 일본 못지않게 중국에도 존재하지 않습니다. 저는 이 나라들에는 말의 진정한 의미에서 세계를 역사로 보는 어떤 흔적도 존재하지 않는다는 인상을 받습니다. ……
> 그러한 사유방식은 역사적 사유방식, 적어도 근대 세계를 주도한 사유방식

과는 다소 다릅니다.113

아시아는 "말의 진정한 의미에서 세계를 역사로 볼 수" 없었다는 니시타니의 주장은 동양적 사유에는 과거와 현재 그리고 미래로의 시간화에 대한 정교화가 결여되어 있다는 의미였다. 니시타니는 기독교에서는 시간 개념이 내재적이라고 믿었다.114 기독교에서 원죄와 종말론은 시작과 끝뿐만 아니라 그리스도의 재림과 함께 새로운 시대의 시작을 기다리는 것의 한계를 표시한다. 기독교는 두 번째 의미에서도 역사적인데, 그것은 인간이 자신을 점차 하느님과 관련해 이해해나간다는 생각에 의해 표시된다. 니시타니가 보기에 그러한 역사의식은 르네상스 동안 진정으로 등장했으며, 종교개혁 동안 정점에 이르렀다. 르네상스에서 그것은 세계 질서는 전적으로 섭리에 의존하지 않으며, 하느님과 인간 사이의 개인적 관계를 자연과학들이 가로지르고 있다는 의식으로 표현되었다.115 그리고 종교개혁에서 역사는 단지 인간의 산물이라는 깨달음 속에서. 니시타니는 이와 반대로 불교에는 시간 속에서 초월되어야 하는 부정성이 존재한다고 지적한다. 그것은 절대적 공에 이르려면 일직선적 형태와 순환적 형태 모두에서 유한성이 극복되어야 함을 의미한다. 따라서 불교는 역사의식 문제를 열어젖힐 수 없으며, 모든 "찰나" 속에서 [어떤 것의] "출현"116 가능성을 보지 않는다. 니시타니는 이렇게 계속한다.

---

113 K. Nishitani, *On Buddihism*(New York: SUNY Press, 2006), p. 40.
114 앞의 책, 56페이지.
115 K. 니시타니, 『종교란 무엇인가』, 142페이지.
116 Nishitani, *On Buddihism*, p. 50.

다른 측면 — 즉 그것이 역사적이며 존재는 시간이라는 측면 — 이 상대적으로 경시되었다. 또는 오히려 만약 '경시되다'는 용어가 약간 과장된 것이라면 충분히 발전되지 않았다라고 말해야 하리라. 그것은 불교가 시간은 덧없는 것이고 이 세상은 고해의 바다라는 주장에 내재하는 부정성을 강조하는 탓으로 돌릴 수 있을 것이다. 불교는 시간의 세계는 새로운 것이 부단히 출현하는 장임을 파악하는 데 실패해온 것처럼 보인다.117

니시타니는 여기서 하이데거적 어휘를 차용해 '찰나'를 *Augenblick*으로 번역하는데, 하이데거에게서 그것은 시간의 흐름을 수직적으로 자르는 것으로 작용한다.118 하이데거는 파열 또는 도약으로 나타낼 수 있는 비-연대기적 시간을 나타내는 그리스어 카이로스를 번역하기 위해 이 용어를 사용한다. 분명히 선불교에는, 즉 '돈오頓悟'(단박에 깨달음)라고 불리는 것 속에 파열 또는 도약에 대한 의식이 존재한다. 불자는 돈오라는 한순간에 불성을 깨달을 수 있는데, 그것은 마른하늘에 날벼락 치듯 일어난다. — 예컨대 바쇼松尾 芭蕉(1644~1694년)의 하이쿠 "오래된 연못/개구리 뛰어드는/물소리"119에 묘사되어 있는 대로 개구리가 연못에 뛰어드는 것을 보는 순간 일어날 수 있다. 하지만 '돈오'는 모든 순간

---

117 앞의 책, 49~50페이지.
118 "역사와 초역사, 시간과 영원성은 서로 교차되고 가로지른다. 이 교차점이 '찰나', '여기' 또는 '접촉점'으로 불려왔다. 잘 알듯이 서양에 널리 퍼져 있는 용어법을 사용하자면 그것은 종종 '순간moment'(독일어로는 *Augenblick*, 즉 눈 깜빡할 사이)이라는 용어로 불리기도 한다. '찰나'는 시간 속에서 탈-존하면서 수직적 방식으로 시간을 자른다." 앞의 책, 49페이지.
119 Matsuo Bashō, *Bashō's Haiku*, tr. D. L. Barnhill(Albany: State University of New York, 2004), p. 54.

에 일어나는 것이 아니며 또 목표를 추구하는 오랜 과정을 요구하지도 않는다. 그것은 문득 일어나는데, 돈오는 새로운 경험의 영역과 새로운 사고방식을 열어주는 철저한 변형과 고양이기 때문이다. 그것은 시간을 초월하는데, 우리는 그것을 니시타니 본인의 언어로 '초역사'로 번역할 수 있을 것이다. 하이데거와 관련해 이 문제에 대한 니시타니의 태도는 모종삼의 태도와 다르다. 앞서 살펴본 대로 모종삼은 하이데거는 비록 현존재가 유한하지만 자체를 초극해 지적 직각을 통해 무한성 속으로 들어갈 수 있음을 이해하는 데 실패했다고 주장했다.

니시타니 또한 하이데거를 따라 역사*Geschichte*와 역사학*Historie*을 구분한다. 역사학*Historie*은 "스토리에 대해 이야기하거나 전설을 전승하는 것"을 의미하는 반면 역사 *Geschichte*는 "어떤 일이 일어난다는 것 또는 처음 있는 새로운 어떤 것이 생겼다는 것"을 가리킨다.[120] 하이데거와 마찬가지로 그는 역사*Geschichte*를 *geschehen*('일어나다', '생기다'라는 의미이다)이라는 동사와 연결시킨다. *Geschichte*로서의 역사는 역사의식에 의해 조건 지어져 있는 생생한 고유화*Ereignis*와 연결되어 있다. 그와 같은 의식 속에서 과거, 현재, 미래 자체는 서로 동시에 발생하는 것이 된다. 따라서 그것은 더 이상 과거를 일련의 역사적 사건으로 되돌아보는 주체가 아니라 자신을 역사의 해석학에 근거를 두고 있는 역사적 존재로 보는 주체를 포함한다.

여기서 니시타니의 불교 해석을 모종삼의 불교 해석과 일치시키는 것은 조심해서 피해야 한다. — 불교와 기독교 문화를 등치시키는 것을 피하는 것은 두말할 필요도 없이 말이다. 하지만 적어도 이 두 문화 모

---

120 Nishitani, *On Buddihism*, p. 74.

두에서 시간 개념은 충분히 발달되지 않았을 뿐만 아니라 초월된 것으로 간주되었다고 말하는 것은 정당화될 수 있을 것이다. 그와 같은 초월성은 지적 직각의 능력 내부에 있으며, 그러한 직관은 모종삼의 작업 속에서 주체가 도덕적 우주론, 자연, 공에 접근하는 것을 허용해준다.

이제 기술이 본원적 물음이라는 그의 명제로 돌아가 우리는 또한 다시 한 번 그러한 역사의식 또한 복사와 인쇄(종교개혁 동안의 성경 인쇄를 고려할 때 특히 그렇다) 같은 일련의 테크놀로지적 발명에 달려 있음을 인식해야 한다. — 그것은 기독교적 종말론 이외에도 '지금'이 수직적 절단, 생생한 고유화 *Ereignis*로 일어날 수 있도록 해준 것은 기술성임을 의미한다. 다름 아니라 이 점에 대한 그의 하이데거 비판에 기반해 니시타니와 그 사이의 대화를 설정해볼 수 있을 것이다. 그는 하이데거가 **현존재**의 구성을 위해 외부화가 왜 필요한지를 인식하지 못한 채 세계사를 오직 **현존재**의 가능성으로만 간주한다는 점을 보여준다. 그것은 『존재와 시간』에서 세계사의 개념이 초월론적 담론으로 남아 있음을 의미한다.[121] 하이데거가 세계-역사를 어떻게 규정하는지를 보자.

> **역사적 세계-내-존재의 실존과 함께 용재자와 전재자는 그때마다 이미 세계의 역사 속에 편입되어 있다. 도구와 작품, 예컨대 책들도 제 '숙명'을 갖고 있고, 건축물과 제도도 제 나름의 역사를 갖고 있다. …… 이런 세계 내부적 존재자는 그것으로서 역사적으로 존재하지만 이 세계 내부적 존재자의 역사는 '영혼'의 '내재적' 역사에 수반되기만 하는 '외적인 것'을 의미하지는 않는다. 우리는 이런 존재자를 세계-역사적인 것이라고 부른다.**[122]

---

121 Stiegler, *Technics and Time* 2: *Disorientation*(Stanford, CA: Stanford University Press, 2009), p. 5

세계-역사적인 것은 스티글러가 '제3차 파지'라고 부르는 것이다.123 물론 하이데거는 기술을 무시하지 않는다. 또한 현존재가 내던져지는 세계는 '기재'(그는 이를 '사실성'으로 제시한다)로 기능한다는 것을 성찰하는 데 실패하고 있지도 않다. 하지만 그는 현존재의 시간화를 기술이라는 관점에서 고려하지 않는데, 이 기술은 또한 그와 같은 시간화의 조건이기도 하다. 오히려 그는 죽음을 향한 존재를 실현하고 있는 현존재에게 궁극적 가능성을 부여한다. 스티글러의 비판에 따르면 세계-역사적인 것은 "단순히 기록 형태로 누구를 시간화하는 데 뒤진 결과"가 아니라 "고유한 시간성 속에서" 누구를 구성하는 것 자체이다.124 쓰기 또는 기술의 상기를 통해 이 역사성이 회수되어야 한다. 더 나아가 스티글러가 『기술과 시간』 3권에서 보여주듯이 쓰기는 "의식의 시간을 세계역사성 *Weltgechchtlichkeit*으로서 지나간 것 그리고 지나가고 있는 것으로 공간화하는 것"이다.125 기술적 대상은 시간을 간격으로 두 번째로 공간화하는 것이며, 역사성은 기억보조장치의 도움을 받은 상기를 통해서만 가능하다.

여기서 우리는 니시타니의 절대 무 그리고 기술 형태로 세계-역사의 필요성을 상정하는 스티글러의 입장 사이에서 일종의 모순을 볼 수 있다. 세계-역사는 기본적으로 특히 탁월한 상기인 반면 절대 무는 모

---

122 Stiegler, *Technics and Time* 1: *The Fault of Epimetheus*(Stanford, CA: Stanford University Press, 1998), p. 237에서 재인용. 원문은 하이데거, 『존재와 시간』, 550페이지에 들어 있다.
123 Stiegler, *Technics and Time* 3, p. 37.
124 앞의 책, 237~238페이지.
125 앞의 책, 56페이지.

든 상대성으로부터 해방된 본원적 근거, 자기-정초적인 절대적 공 또는 빔이다. 그것은 니시타니의 역사의식 개념에 대한 탈구축을 수행하는 것이 아니라 오히려 역사의식 뒤에는 테크놀로지-의식의 작동이 놓여 있다고 주장하는 것이다. 다시 말해 니시타니는 동아시아 문화의 테크놀로지적 무의식에 대한 '정신분석' 없이는 결코 목표를 달성할 수 없을 것이다. 스티글러 주장대로 기술이라는 매체 없이는 역사의식이 존재할 수 없는 것이 사실이라면 중국과 일본에도 또한 일종의 테크놀로지적 무의식이 존재해야 한다고 말할 수 있을 것이다. 역사 전적들, 인쇄물들 그리고 당대에는 세계의 다른 어떤 것보다도 더 세련되고 정교했던 다른 기술이 존재하는 한에서 말이다. 하지만 만약 그렇다면 왜 이 기술이라는 매체 — 쓰기와 인쇄 기술(중국에는 비록 고대 유럽보다 더 진보된 상태라고까지는 할 수 없으나 동등하게 그것들이 존재했다) — 가 중국에서는 기술적 역사의식을 초래하지 않았는지를 설명해야 할 것이다. 분명히 우리는 중국과 일본에서 그러한 기술들이 기억과 무관했다고 주장하고 있는 것이 아니다. 오히려 우리는 지적 직관에 기반해 기능하며 본체에 대한 통찰을 추구하는 철학 체계는 기억을 고려하는 것을 거부한다는 것을 보여주려 하고 있다. 그리고 그 결과 존재론이 둘로, 즉 본체적 존재론과 현상적 존재론으로 나뉘며 거기서 전자의 지배는 후자의 종속을 의미한다는 것을 말이다.

그런데 그것은 순환논법으로 이어지는 것처럼 보일 수도 있을 것이다. 즉 1) 시간-물음이 정교화되지 않았기 때문에 역사의식이 결여되어 있다. 2) 시간-물음이 정교화되지 않았기 때문에 기술과 시간 사이의 관계가 결코 질문된 적이 없다. 3) 기술과 시간 사이의 관계가 질문되지 않았기 때문에 상기로서의 역사의식이 등장하지 않는다. 하지만 바로 이 지점에서 앞서 논의한 기하학, 시간, 기억 문제가 돌아오며, 우리를 기-도 관계로 돌려보낸다.

기器는 스티글러 용어로는 아마 '파지적 대상'으로 묘사할 수 있을 것이다. 기술적 대상으로, 기록 또는 기억을 보존하기 때문이다. 하지만 중국에서 기는 존재론적으로 비시간적, 비역사적이다. 왜냐하면 도와 일치하며, 도를 표현하기 때문이다. ― 그리고 '뛰어나기' 위해 도와 일치하는 것보다 더 중요한 것은 없다. 여기서 도는 우주론적이고 도덕적인 것이다. 기는 우주론의 일부이지만 그 자체로서는 규정되지 않으며, 인간적인 것뿐만 아니라 비인간적인 다른 존재와의 관계에 의해 규정되는 원리에 의해 지배되고 있다. 1부(§ 14~15)에서 우리는 장학성과 위원이 주창하는 바의 도-기 관계에 대한 사유 노선을 검토한 바 있다. 장학성은 기-도 관계를 역사적·시간적 관계로 간주해야 함을 날카롭게 지적한다. 그에게서 육경은 역사적 인공물이다. 따라서 기에 속한다. 그것은 기-도 관계를 탈-절대화하는 동시에 이 관계의 재-기입으로 이어진다. 이 설명에 따르면, 기는 그저 시대의 도를 나르기 때문이다. 도를 기속에 기입하기 위한 위원의 정반대 시도는 제2차 아편전쟁 후에 제안된 것으로, 테크놀로지-의식을 확보하기 위한 시도였다. 하지만 그러한 의식은 상황 전체를 견뎌낼 수 없으며, 정신은 중국 사상東道으로 하고 서양 테크놀로지西技는 단지 도구로만 이용한다는 '데카르트적 분리'에 의해 즉각 휩쓸려 나가게 될 것이다. 이 두 사례를 모두 새로운 에피스테메[126]를 생산하기 위해 존재론적인 기-도 관계를 동원하기 위한 노력으로 볼 수 있을 것이다.

---

126 에피스테메라는 용어의 용법에 대해서는 § 2를 참조하라.

§ 25 포스트모던의 상기

　교토학파가 몰락한 지 40년 후에 '근대 초극' 과제는 유럽에서 또 다른 형태를 띠게 되었다. 리오타르에 의해 유명해진 '포스트모던'이 그것이다. 실제로 니시타니가 자임한 이 과제 — 즉 절대 무로 유럽의 문화와 테크놀로지를 극복하는 것 — 는 포스트모던에 대한 리오타르의 정식화에서 일정한 공명을 발견하게 되었다. 나는 여기서는 1998년에 영어로 번역되어 나온 그의 글 모음집 『비인간적인 것: 시간에 관한 성찰들』 속에 들어 있는 텍스트 「로고스와 테크네 또는 텔레그라피」를 참조할 것이다. 리오타르는 이 논문을 스티글러 — 당시 그는 리오타르 지도로 석사논문을 쓰고 있었다 — 주최로 퐁피두센터에서 열린 IRCAM*Institut de Recherche et Coordination Acoustique/Musique*의 1986년 세미나에서 처음 발표했었다. 이 텍스트는 특히 상기와 테크네 문제를 다루고 있는데, 그것은 스티글러 철학에서 핵심 주제가 된다.

　이 세미나의 중심 논제는 다음과 같았다. 리오타르에 따르면 물질과 시간의 관계는 세 가지의 상이한 시간적 종합 속에서 파악될 수 있다. 습관, 기억, 상기가 그것이다. 습관은 신체적으로 표현되는 종합이다. 기억은 기원 또는 시작을 갖고 서사를 추구한다. 리오타르에게서 상기는 그와는 다소 다른 것을 의미하며, 기억과 섬세하게 구분되어야 한다. 그러한 구분은 프로이트, 특히 1914년의 논문 「기억하기, 반복하기, 철저하게 작업하기」에서 유래한다. 이 논문에서 프로이트는 두 가지 분석 테크닉이 존재함을 보여주려고 했다. 먼저 최면이 있는데, 그것은 환자가 기억하기라는 (환자가 현재로부터 격리되며 중요한 것은 보다 이전의 상황이라는 의미에서) 단순한 형태를 통해 무의식적 내용을 재구성하는 것을 돕는다. 그리고 제2의 시나리오. 여기서 "일반적으로 되찾을 수 없는 기억은 없다."127 이 두 번째 상황은 예를 들어 유아기의 몇몇 경험, 즉 당시에는 이해하지 못했지만 어쨌든 이후에 정체가 드러나는 몇몇 경험과 함께 일어난다. 최면에서 상기의 테크닉과 반복을 알아내는 테크닉 사이의 가장 중요한 차이는 후자에서는 환자가 "그것을 기억이 아니라 행위로 재생하는" 데 있다. "자기가 물론 반복하고 있다는 것을 알지 못한 채 반복한다."128 이 경우 분석가의 과제는 환자로 하여금 저항의 원천을 알아내는 것을 돕는 것이다. 하지만 프로이트가 식별해낸 바 있듯이 여기서는 두 가지 어려움이 존재한다. 첫 번째 것은 환자가 문제가 있다는 것을 인정하기를 거부할 수 있는 것이다. — 즉 기억하기를 거부할 수 있는 것이다. 두 번째 것은 신참 분석가가 심지어 그러한 저항을 환자에게 드러낸 후에도 아무런 변화도 없는 것을 종종 발견하는 것이다. 프로이트가 철저하게 작업하기 *Durcharbeiten*라는 세 번째 항을 도입하는 것은 바로 이 지점에서이다.

> 환자에게 이제는 익숙해진 이 저항에 대해 보다 친숙해지고, 그것을 끝까지 작업하고, 그것을 극복할 수 있는 시간을 허용해야 한다. 그러한 저항을 무릅쓰고 분석의 기본 규칙에 따라 분석 작업을 계속하는 것에 의해서 말이다.129

---

127 S. Freud, "Erinnern, Wiederholen, Durcharbeiten", *SE* XXII(London, Hogarth), p. 149.
128 앞의 책, 150페이지.
129 앞의 책, 155페이지.

「로고스와 테크네 또는 텔레그라피」에서 리오타르는 길트기frayage, 스캐닝balayage, 처리passage라는 기억의 세 양태 — 그것은 각각 습관, 기억, 상기에 상응한다 — 를 참조함으로써 스티글러의 (공간화를 통한) 기억의 파지적 모델을 언급하며 프로이트의 철저하게 작업하기Durcharbeiten를 시간적 종합의 세 번째 유형 즉 상기와 동일시하고 있다. 하지만 철저하게 작업하기Durcharbeiten에 대한 리오타르의 독법은 프로이트의 독법과는 완전히 다르다.130 리오타르에게서 상기는 두 가지 다른 의미를 갖고 있는데, 두 의미의 뉘앙스를 섬세하게 구분해야 한다. 철저하게 작업하기Durcharbeiten의 첫 번째 의미는 자유연상 형태를 띤다. 리오타르 말에 따르면 처리에는 스캐닝과 길트기보다 더 많은 에너지가 드는데, 다름 아니라 미리 정해진 아무런 규칙을 갖지 않기 때문이다.131 이 의미가 다른 경우에서, 즉 『포스트모던 상술』에서 받아들여지는데, 이 책에서 리오타르는 아방가르드주의를 근대(성)에 함축된 가정에 대해 큰 책임을 가진 운동으로 이해한다. 마네부터 뒤샹, 뉴먼Barnett Newman에 이르는 근대 화가들의 작업은 정신분석적 치유라는 의미에서 상기라는 관점에서 이해될 수 있다고 그는 주장한다.

마치 환자가 겉으로는 일관되지 않은 몇몇 요소를 과거의 일부 상황과 자유

---

130 도미니크Scarfone Dominique는 논문 "À quoi oeuvre l'analyse?", *Libres cahiers pour la psychanalyse* 9(2004), pp. 109~123에서 프로이트에게서 철저하게 작업하기 Durcharbeiten는 환자에게 떨어진 과제이며 분석가는 그저 기다리고 일들이 일어나는 것만 허용할 수 있을 뿐이라고 주장한다. 리오타르에게서는 그와 정반대이다. 시니피앙의 처리*passage*를 허용하는 것은 분석가의 '세 번째 귀'인 것이다.
131 리오타르, 「로고스와 테크네 또는 텔레그라피」, 57페이지.

롭게 연상시킴으로써 ― 그리하여 그것이 환자의 삶과 행위에서 가진 숨겨진 의미를 드러내는 것을 허용함으로써 ― 현재의 골칫거리를 상술하려고 시도하듯 그와 동일한 방식으로 세잔, 피카소, 들로네Robert Delaunay, 칸딘스키, 클레, 몬드리안, 말레비치 그리고 마지막으로 뒤샹의 작업을 근대(성)가 이 근대(성) 자신의 의미에 대해 수행하는 철저하게 작업하기Durcharbeiten로 간주할 수 있을 것이다.132

리오타르에게서 이 화가들은 근대적인 것과의 결별을 대변하기보다는 오히려 근대적인 것의 상기를 대변한다. 따라서 그들은 상기를 통해 규칙과 책임으로부터 자기를 해방시키며, 기입의 규칙을 넘어서는 포스트모던 미술의 대표자들이다. 하지만 비록 또한 다소 당혹스럽기는 하지만 보다 흥미로운 것은 리오타르가 기입되지 않은 것, 따라서 쓰기의 규칙에 의해 제한될 수 없는 것 ― 프로이트가 예시하는 유아기의 경험이라는 개념이 그것인데, 즉 기억나지는 않지만 그럼에도 불구하고 철저하게 작업Durcharbeiten되어야 하는 것이 그것이다 ― 을 요구하는 것이다. ― 기억되지 않는 것인 기원, 실제로 기입되지 않지만 망각될 수 없는 기억이 그것이다. 핀스크는 이 점과 관련해 리오타르의 상기 개념에서 유아기의 역할을 강조할 것을 제안하며, "리오타르는 자기가 유아기**로부터** 유아기에게 글을 쓰고 있는 것으로 이해하고 있다"133고 지적하고 있다. 「로고스와 테크네 또는 텔레그라피」 중 상기를 다루는 절 중

---

132 J. F. Lyotard, *The Postmodern Explained: Correspondence, 1982~1985*, tr. D. Barry(Sydney: Power Publications, 1993), pp. 79~80(번역을 수정했다).
133 F. Fynsk, "Jean-Francois Lyotard's Infancy", *Yale French Studies* 99, *Jean-Francois Lyotard: Time and Judgment*(2001), p. 48.

여기서 우리 탐구에 핵심적인 의미를 갖고 있는 구절에서 리오타르는 자기가 말하는 처리 또는 상기가 무슨 의미인지를 설명하기 위해 도겐의 예를 극적으로 도입한다. 도겐의 그러한 이용에서 우리는 '처리'를 철저하게 작업하기*Durcharbeiten*로서의 상기로부터 [구분해서] 표시해주는 상이한 뉘앙스들을 관찰할 수 있다. 핀스크는 이렇게 쓰고 있다.

> 여기서 도겐에 호소하는 것은 아무리 이 점과 관련해 또한 효율적일 수 있더라도 그저 이국취미의 한 사례에 불과하다고는 믿지 않는다. 그것은 오히려 [리오타르가] 사유하려는 것이 어떤 개념이나 이론적 논고에 순응할 수 있는 것이 아님을 암묵적으로 인정하고 있다. — 즉 유아기로부터 사유로의 이행이 이루어진다면 그것은 개념에 의해서는 아니리라는 것을 말이다.[134]

나는 도겐에 대한 그러한 참조를 핀스크보다 더 진지하게 받아들이고 싶다. 실제로 리오타르의 저술에서 도겐에 대한 참조는 이 한 사례에 국한되지 않으며, 다양한 각주와 인터뷰에서 반복된다. 여기서 리오타르가 생각하고 있던 것은 핀스크가 암시하는 것보다 훨씬 더 흥미롭고 무시무시하다. 즉 그것은 니시타니가 예로 든 불에서처럼 존재를 본질로 환원시키는 것을 피하기 위해 사용했던 바로 그 논리에 다름 아니다. 나는 이 논리를 **로고스의 부정**이라고 부르겠다. — 비록 '부정'이라는 말이 아마 완전히 정확하지는 않겠지만 말이다. 여기서 부정은 총체적 부정도 또 부분적 결핍(예를 들어 부분, 강도)도 아니기 때문이다. 하이데거가 그리스인들이 이해하는 바의 부정과 결핍 사이의 차이를 명확히 하

---

134 앞의 책, 55페이지.

기 위해 이용하는 독특한 예를 살짝 바꾸어 말함으로써 부정과 결핍의 그러한 구분을 명확히 해볼 수 있을 것이다. 스키 탈 시간 있느냐는 질문을 받을 때 나는 "아뇨, 시간 없는데요"라고 대답한다. 실제로 시간이 있지만 '당신을 위한' 시간은 없다는 말이다.135 여기서 존재는 역방향을 취함으로써 부정되는 것이 아니라 ('불은 불을 태우지 않는다'에서처럼) 통상적 맥락에서 빼내지는 방식으로 결핍되게 된다. 이 논리의 좋은 예가 모던에서 포스트모던으로의 이행이다. 포스트모던은 모던의 자기 부정인 것이다. 근대(성)의 특정한 시점에 어떤 일이 일어나 그 시점에 포스트모던이 도래하는 식이 아니라 오히려 근대(성)의 논리가 발전하는 특정한 시점에 자기에게 등을 돌리고 다른 맥락 속으로 자기를 이식하는 것이다.136 도겐에 대한 참조도 그와 동일한 논리를, 즉 더 이상 근대(성)의 사례에 국한된 것이 아니라 로고스 자체에 적용된 논리를 입증하는 것을 추구하고 있다고 나는 믿는다. 나는 리오타르가 여기서 기술에 대한 궁극적 물음을 제기하고 있다고 믿는다. 비록 모호함 속에 둘러싸여 있지만 말이다. ─ 즉 상기라는 말로 의미하려는 바를 도겐이 선불교 고전인 『정법안장正法眼藏』에서 명경이라고 부른 것과 비교하려고 하고 있다. 리오타르의 논평을 길게 인용해보겠다.

---

135 M. 하이데거, 『졸리콘 세미나』, 이강희 역, 롤링스톤, 104페이지. 하이데거는 이렇게 쓰고 있다. "결핍privation이라는 사상에 다다르기 위해 그리스 사상가들은 200년을 사용했다. 플라톤이 처음으로 결핍으로서의 부정을 발견했다. 그리고 자기의 대화편 『소피스트』에서 논구했다."[105~106페이지]
136 내적 발달로부터 출현하는 이 부정은 리오타르가 『비물질적인 것』의 「서문」에서 소개하는 논리이다. J.-F. Lyotard, *Deuxième état des immatériaux*, 1984년 3월(퐁피두센터 문서고)을 보라.

어떤 것(이것을 '어떤 것'이라고 부르자)을, 즉 만약 이 '어떤 것'의 기입이 쓰기나 기억의 매체를 깨트린다면 기입되지 않았을 어떤 것을 상기하려고 하는 것은 말이 된다. 나는 거울이라는 이 은유를 도겐의 『정법안장』의 한 장인 「전기全機」에서 차용하고 있다. 즉 거울은 비추지 못하며 거꾸로 거울을 산산 조각내는 존재가 있을 수 있다. 이방인이나 중국인이 거울 앞으로 가면 모습이 거울에 나타난다. 하지만 도겐이 '명경'이라고 부르는 것이 거울을 마주하면 "모든 것이 산산조각날 것이다." 그리고 도겐은 이어 이 점을 분명히 하고 있다. "처음에는 아직 깨지는 일이 일어나지 않았다가 그런 다음 모든 것이 깨지는 때가 온다고 상상하지 마라. 그저 깨질 뿐이다." 따라서 지금 앞에 있는 존재는 결코 기입되지 않으며 또 기억되지 못한 채 그저 깨질 뿐이다. 그것은 현성現成하지 않는다. 그것은 망각된 기입이 아니다. 그것은 기입의 매체 위에서, 비추는 거울 속에서 자리와 시간을 갖고 있지 않다. 그것은 길트기와 스캐닝에게는 미지의 것으로 남아 있다.[137]

의문의 여지 없이 이 구절이 리오타르의 발언 중 가장 당혹스러운 부분이다. 분명히 거울과 명경이 가진 형이상학적 함의는 끝이 없다. 하지만 핀스크의 지적대로 모종의 이국취향에 빠지지 않고 이 진술을 분석하기는 — 20세기의 프랑스 철학자와 13세기 일본의 선승 사이의 대화를 검토하기는 — 매우 어렵다.

도겐의 이야기를 계속 이어가자면, '명경'은 그것 앞에서 현상이 해체되는 거울(또는 지적 직관)을 대변한다. 명경은 어떤 것을 실체에 대한 모든 개념적 파악과는 거의 정반대로 제시한다. 왜냐하면 그것은 공이

---

[137] Lyotard, "Logos", p. 55.

기 때문이다. 먼저 명경은 실체나 에이도스, 즉 형상으로서의 본질(우시아)을 부정한다. 아마 그것은 우리에게 자기-동일성[자성]에 대한 니시타니의 당혹스러운 설명을 떠올리게 할지도 모르겠다. 불은 불을 태우지 않으며, 따라서 그것이 불이다. 현상적 경험은 마음을 현실화하는 것을 통해 자기를 그 자체로 드러낸다. 보통 사람은 그것을 실체화하는 데 집착하기 때문이다. 명경은 또 다른 유형의 마음으로, 그와 같은 실체주의적 성향을 박탈하는 작용을 할 수 있다. 이 마음에게 세계는 부단한 변화 속에서 나타나며, 어떤 지속성도 갖고 있지 않다. 명경을 깨고 시작을 표시한 어떤 사건도 존재하지 않았다. 명경 앞에는 오직 지속적인 깨짐만이 존재하는데, 그것은 자아 개념을 파괴한다(자아는 전혀 거울에 비추어질 수 없다). 명경 같은 마음을 갖고 있지 않은 사람은 자기를 볼 수 있다. 여전히 취取, *upādāna*(집착, 애착, 마음을 두는 것)를 갖고 있기 때문이다. 그것은 오직 현상만 보는데, 형상만 탐구할 수 있기 때문이다. 이와 반대로 명경은 모든 것을 깨진 형태로 본다. 자체가 비어 있기 때문이다. 리오타르는 이렇게 계속하고 있다.

> 서양 — 철학적 서양 — 이 서양의 기술적 사명이라는 사실 자체에 의해 이런 식으로 사유하는 데 성공해왔는지에 대해서는 확신이 들지 않는다. 아가톤을 본질을 넘어선 것으로 사유하려고 할 때 아마 플라톤은 그랬을지도 모른다. 원초적 억압을 사유하려고 할 때 아마 프로이트는 그랬을지도 모른다. 하지만 둘 다 모두 항상 다시 테크노로고스로 물러날 위험에 직면해 있었다. 도겐이 쓰고 있듯이 두 사람은 '살해하는 말'을 발견하려고 하기 때문이다. 심지어 후기 하이데거조차 깨뜨리는 것의 폭력을 아마 그리워하고 있을 것이다.[138]

리오타르가 '명경'의 역사를 얼마나 많이 알고 있었는지는 분명하지 않다. — 비록 출처가 불분명하기는 하지만 이 이야기는 선불교에서는 유명하다. 전하는 이야기에 따르면 선종 제5대조인 홍인弘忍대사는 후계자를 찾으려고 했는데, 수상좌인 신수神秀(606~706년)가 유력한 후보자로 간주되고 있었다. 하지만 확신이 들지 않았던 홍인대사는 좀 더 적합한 사람을 찾고 싶었는데, 후계자를 선택하기 위해 제자들에게 마음이 무엇인지를 설명하는 게송을 쓰라고 명했다. 신수는 벽에 아래와 같은 게송을 써서 붙였다.

> 몸은 보리수[깨달음의 나무]身是菩提樹,
> 마음은 명경 같아라心如明鏡臺.
> 때때로 닦아時時勤拂拭
> 티끌 하나 앉지 않게 하라勿使若塵埃.

이 이야기를 듣고 절의 불목하니이던 혜능慧能(638~713년)도 다른 사미승에게 신수의 게송 옆에 자기 게송을 써달라고 부탁했다. 실제로 혜능은 일자무식이어서 다른 사미승에게 부탁해야 했던 것이다(그것은 선불교 수행의 특징 중의 하나이다. 읽고 쓸 수 있는 것이 중요한 미덕으로 간주되지 않는 것이다). 그의 게송이 홍인의 승인을 얻었으며, 그리하여 선불교의 제6조가 되었다. 명경은 선불교가 이루려고 하는 마음이다.

138 앞의 책, 55페이지.

보리라는 나무는 본디 없고菩提本無樹

명경 또한 거울이 아닐세明鏡亦非臺.

본래 일체의 것이 없거늘本來一無物

어느 곳에 티끌이 앉으랴何處惹塵埃.

하지만 리오타르는 명경을 **쓰기**에 대한, 그리하여 또한 로고스에 대한 물음으로 변형시킨다. 여기서 우리는 실체의 또 다른 의미에 부딪치게 된다. 즉 기체基體, *hypokeimenon*가 그것이다. 물음은 이렇다. 존재는 기체에 의해 담지되지 않고도 존재할 수 있을까? 또는 리오타르가 『비인간적인 것』에 그대로 실은 최초의 텍스트에서 묻는 대로 '사유는 신체 없이 계속될 수 있을까?' 로고스는 로고스에 의해 기입되지 않은 상기를 촉진시킬 수 있을까? 다시 말해 로고스, 여기서는 테크노로고스는 상기를 결정하기보다는 비결정론적 방식으로 상기에 도달하는 것을 허용할 수 있을까? 이처럼 리오타르는 마치 니체와 니시타니가 **니힐리즘을 통해 니힐리즘을 극복하려고** 했듯이 **로고스를 통해 로고스를 극복하기**를 원했다. 도겐의 가르침 속에 들어 있는 이와 비슷한 또 다른 구절이 이 논리를 잘 보여준다. 즉 이 선승은 '**비사려**非思慮**를 사려**思慮**하라**'고 가르치는 것이다. 비사려를 어떻게 사려할 수 있을까? 비사려. 이것이 '좌선'(말 그대로 앉아서 하는 선으로, 명상 기법이다)의 핵심적 기술이다.[139] 도겐은 여기서 사려와 비사려를 대립되는 것으로 만들고 있다. 그것은 순수 부정인데, 사려는 비사려가 될 수 없으며 비사려는 사려가 될 수

---

[139] C. Olson, *Zen and the Art of Postmodern Philosophy: Two Paths of Liberation from the Representational Mode of Thinking*(New York: State University of New York Press), p. 68.

없기 때문이다. 하지만 도겐에게서 사려와 비사려 사이에는 제3의 길이 존재하는데, 무사려無思慮가 그것으로 그것은 사려의 결핍을 통해 사려와 비사려를 모두 부정한다. 리오타르에게서 로고스의 그러한 결핍은 로고스 속에 기입되지 않으며 기입 불가능한 영역으로 이어진다. 리오타르는 화가 에팅저Bracha L. Ettinger의 전시 개막 기념 콜로키움에서 발표한 글(나중에 「가시적인 것의 상기」로 출판되었다)에서 그녀의 작품을 "**나는 내가 더 이상 기억하지 않는다는 것을 기억한다**"[140]는 말로 묘사하면서 앞의 논리를 받아들인다. 그러한 이중구속이 상기의 논리라고 할 수 있을 것이다. 즉 로고스 내에서의 로고스의 부정을 통한 무-로고스가 가능한가? 그는 「로고스와 테크네 또는 텔레그래피」의 마지막 절에서 「서문」에서 우리가 인용한 질문을 제기하고 있다.

> 즉 그러한 이행은 가능한가? 신기술을 특징짓는 새로운 양식의 기입과 기억화와 **함께 가능할까? 아니 오히려 그것에 의해 허용될까?** 신기술은 종합을 강요하지 않을까? 이전의 어떤 기술이 한 것보다 더 영혼 속에서 내밀하게 개념적으로 파악되는 종합을 말이다.[141]

이런 식으로 리오타르는 모종의 새로운, 미지의 가능성이 이처럼 신기술에 의해 열릴 수 있는지를 묻고 있다. 아니면 그와 반대로 신기술은 단지 점점 더 효율성을 높여가며 헤게모니를 점점 더 크게 행사하는 종합만, 즉 자동화만 선호하는지를 말이다. 이 물음이 쓰기 또는 기억보조장치의 철학자들에게 제기되었다. 로고스는 명경을 마주하게 된다. **테크**

---

[140] J-F. Lyotard, "Anamnesis of the Visible", *Theory and Society* 21(2004), p. 118.
[141] J-F. Lyotard, "*Logos*", p. 57(강조는 나의 것이다).

노-로고스로 명경을 실현하는 것이 가능한지를 생각하기 위해서 말이다.

이미 제안해본 대로, 시대를 소급해 혹시 리오타르가 여기서 언급하는 상기가 니시타니가 제안하는 공과 매우 흡사하지는 않은지를 질문해 볼 수 있을 것이다. 실제로 둘은 동일한 선사禪師까지는 아니더라도 동일한 전통에서 유래한다. 리오타르는 그가 알기로는 동아시아적 사유의 토대를 이루는 상기를 통해 서양의 근대(성)를 극복하려고 했다. 하지만 그는 아마 동일한 상기가 근대화에 직면할 때는 또한 동아시아적 사유의 최대 약점임은 인식하지 못한 것처럼 보인다. 게다가 리오타르의 분석은 현실적 문제, 즉 역사적이고 테크노-로지컬하고 지-정학적인 문제를 건드리고 있지 않다. 리오타르는 '명경'이 체계의 전체화를 향한 경향을 부정해, 프레임화Enframing로서의 체계에서 벗어나는 것을 가능하게 해줄 것을 희망하고 있다. 그리고 그것의 시간-축 ─ 그는 그것을 "공동의 시간"142으로 부른다 ─ 으로부터 벗어나는 것에 의해 기억의 산업화라는 헤게모니에 저항할 수 있기를 말이다. 이 의미에서 그는 포스트모던이 비-모던을 받아들여 근대 극복에 이용할 수 있기를 바라고 있다. 하지만 이런 식으로 비-모던과 모던을 단순하게 대립시키는 것은 문제가 있는 것으로 받아들여야 한다. 그리고 포스트모던은 단지 유럽의 기획보다는 글로벌한 기획이 되기를 원하는 한 상이한 존재론들과 상이한 에피스테메들의 양립 불가능성의 해소를 추구하는 지양Aufhebung으로서 재정립되어야 한다.

지구화를 통해 헤게모니를 행사하게 된 그러한 글로벌한 시간-축에 대해 몇 마디 해보자. 나는 위에서 포함/배제-물음을 동반하고 있기 때

---

142 J-F. Lyotard, "*Logos*", p. 47.

문에 우리는 구球라는 시각적 이미지에서 벗어날 필요가 있음을 암시한 바 있다. 우주는 '우宇'와 주宙라는 개념은 고대 서양의 존재론에서 유래한다. 슬로터다이크가 정확하게 주장하는 대로 프톨레마이오스적 모델이 전형적으로 보여주는 "모든 것을 포함하는 구라는 자극적인 이미지"가 그것으로, 그것은 "20세기까지 살아남았다."143 구 모양과 반대로 그는 거품 이론을 제시하는데, 그는 그것을 '다우주론polycosmology'으로 부른다. 슬로터다이크가 제시하는 새로운 시각적·공간적 형태의 거품에 매료될 수도 있을 텐데, 그는 그것을 "이산적離散的 존재론"144의 토대로 제안한다. 하지만 난민 정책에 대한 그의 최근 발언은 즉각 이 자율적인 거품들이 배타적이고 거의 파쇼적인 성향을 감추고 있는 것은 아닌지 묻지 않을 수 없도록 만들고 있다. 2016년 1월에 독일의 정치잡지 『키케로』와 가진 인터뷰에서 그는 메르켈의 난민 정책을 비판하면서 이렇게 주장했다. "우리는 국경들을 찬양하는 것Lob을 배우지 못했다." "유럽인들은 조만간 효율적인 공통의 국경 정책을 개발할 것이다. 길게 보자면 영토를 지키라는 정언명령이 승리할 것이다. 결국 자기를 파괴하라는 도덕적 의무는 없다."145 거품들의 참여는 국경들의 환원 불가능성만 확인해주는가? 그리고 거품들의 매력은 여전히 우리를 국경 그리고 포함/배제 문제에 갇힌 채로 놔두고 있지 않은가?

지구화의 진짜 위험은 이중적인 것처럼 보인다. 먼저 지구화는 앞서

---

143 Peter Sloterdijk, *In the World Interior of Capital: Towards a Philosophical Theory of Globalization*, tr. W. Hoban(London: Polity, 2013), p. 28.
144 P. Sloterdijk, "Spheres Theory. Talking to Myself about the Poetics of Space," *Harvard Design Magazine* 30(Spring/Summer), pp. 1~8, p. 7.
145 P. Sloterdijk, "Es gibt keine moralische Pflicht zur Selbstzerstörung", *Cicero Magazin für politische Kultur*(2016년 1월 28일).

검토한 대로 시간과 되기生成가 온전히 테크놀로지에 의한 규정에 종속되는 것에 의해 이루어지며, 두 번째로는 근대(성) 극복 시도로 이루어지고 있는데, 후자는 너무 쉽게 '뿌리 뽑힌 사람들'에 반대하는 파쇼적이고 광신적인 운동으로 돌변한다. 우리는 여기서 첫 번째 사항과 관련해서는 논의를 마무리 지을 것이며, 두 번째 점에 대해서는 다음 절에서 논할 것이다.

르루아-구랑은 『몸짓과 말』의 결론 부분에서 기술 체계의 동기화 효과와 함께 등장하는 리듬 문제를 제기한다. "개체는 오늘날 (인간[세계]화와는 반대되는) 거의 총체적인 기계성 단계에 이른 리듬성에 의해 젖어 있고 그것에 의해 조건 지어져 있다."146 공간적 은유로부터 시간적 경험으로 이동하자는 초대는 우리의 일상적 삶의 모든 영역 속에 존재하며 모든 영토를 횡단 중인 전 지구적 기술 체계 — 텔레콤, 물류, 금융 등 — 의 승리를 따라 동기화와 동질적인 것-되기의 과정 속에 있는 리듬을 재사유하자는 초대이다. 리오타르의 포스트모던한 '방향상실' 이후 '방향 재설정' 프로그램의 주과제가 되어야 하는 것이 이러한 재사유로, 이 프로그램은 지구적인 것과 지역적인 것의 대립이 문화적・정치적 정체성을 구성하는 것을 넘어서는 것을 목표로 한다. 기술과 전통을 부정하는 대신 그러한 프로그램은 기존에 존재하는 것을 변형하는 것을 통해 코스모테크닉스의 복수성과 리듬의 다양성에 자기를 열어야 할 것이다. 그렇게 할 수 있는 유일한 길은 널리 기술과 테크놀로지로 받아들여지고 있는 범주들을 무효화하고 다시 만드는 것이다.

리오타르와 반대로 동양의 근대(성) 초극 시도들 — 전쟁으로 근대

---

146 Leroi-Gourhan, *Gesture and Speech*, p. 311.

(성)를 초극하자는 교토학파의 광신적 제안이건 아니면 양지로부터 내려감으로써 근대(성)를 초극할 수 있다는 모종삼의 낙관주의적 제안이건 말이다 — 은 전 지구적 규모로 근대(성)의 테크놀로지적 무의식에 의해 구성되는 시간-축을 극복할 수 없었기 때문에 실패했다. 니시타니의 전략은 이 시간-축에 절대 무라는 새로운 토대를 마련해주기 위해 그것을 감쌈으로써 그것으로부터 벗어나는 것이었다. 모종삼의 전략은 이 시간-축에 대해 명상함으로써 그것으로 내려가는 것이었다. '한 마음으로 두 문[전망]을 연다一心開兩間'고 말할 때처럼 그것을 통합할 수 있으리라는 희망에서 말이다. 궁극적으로 여기서 문제적인 것은 두 경우 모두 이원론이 해법으로 제시되는 것이다. 이 이원론은 데카르트적 이원론 — 실제로 두 사상가 모두 데카르트적 이원론의 문제를 너무나 잘 알며, 두 사람의 철학 모두 이 이원론을 극복하는 것을 목표로 하고 있다 — 이라기보다는 오히려 현존재 또는 세계사성*Weltgeschichtlichkeit*을 구성하는 것으로서의 기술이 마음心의 단순한 가능성으로 약화되고 있는 이원론이라고 할 수 있다. 우리는 이 세 가지 시도가 모두 실패했다는 결론을 내릴 수 있을 것이다. 하지만 그러한 물음들이 제기된 방식은 또 다른 프로그램을 정식화하는 것을 허용해줄 것이다. 리오타르의 사변적 물음은 오늘날에도 힘을 하나도 잃지 않았는데, 진짜 물음은 중국이나 일본의 전통이 과학이나 테크놀로지를 낳을 수 있는지의 여부가 아니라 오히려 이 두 전통 자체를 위해 새로운 영역을 철저하게 열기 위해 어떻게 두 전통이 글로벌한 시간-축을 리오타르가 묘사한 방식으로(하지만 정반대 방향으로) 전유할 수 있느냐 그리고 어떻게 이원론으로 퇴행하지 않고 그렇게 할 수 있느냐이기 때문이다.

§ 26 귀향의 딜레마

이 근대(성) 초극 시도들로부터 무엇을 받아들여야 할까? 철학과 테크놀로지에 대한 하이데거의 해석을 적극적으로 고수하려는 시도들은 형이상학적 파시즘으로 귀결되었다. 대동아공영권을 달성하기 위해 헤겔적 변증법 그리고 철학을 제3제국의 이론으로 만들려는 하이데거의 사명을 받아들인 교토학파의 입장147은 형이상학적 오류뿐만 아니라 또한 용납 불가능한 범죄로 이어졌다. 하지만 단지 도덕적 의분에서 그들을 비판하는 것만으로는 충분하지 않다. 실제로 하이데거는 테크놀로지의 전 지구화에 의해 초래될 문제, 즉 전통의 파괴 그리고 모든 '집'의 사라짐을 지적하기 때문이다. 따라서 그것은 테크놀로지의 전 지구화에 의해 초래되는 참혹한 결과를 재사유하기 위해 민족주의 비판을 넘어서까지 끌고나가야 할 물음이다. 그러한 딜레마를 이해하는 데 실패하면 결국 교토학파의 광신주의로 귀결되고 말 텐데, 이 학파는 심지어 총력전이라는 대가를 치르고라도 세계사를 재수립하려고 했다. 또는 이슬람 극단주의의 광신주의로 귀결되고 말 것인데, 그것은 테러로 문제를 극

---

147 타나베는 「공영권의 논리에 대해: 지역 블록의 철학을 향하여」(1942년)에서 이 기획을 헤겔적 변증법으로 제시하는데, 그에 따르면 이 변증법은 국가들의 평등으로 이어질 것이다. 1933년에 타나베는 하이데거의 총장취임연설에 일본의 신문에 실린 3편의 연속 기사로 응답했다. 「위기의 철학 또는 철학에서의 위기: 하이데거의 총장취임연설에 대한 성찰」. 이 글에서 그는 아리스토텔레스의 테오레인을 우선시하는 하이데거의 주장에 반대하면서 플라톤이 시라쿠사를 두 번 방문한 것에서 볼 수 있듯이 철학을 정치의 위기에 보다 적극적으로 개입하는 것으로 간주할 것을 제안하고 있다. 이 두 기사는 D. Williams, *Defending Japan's Pacific War: The Kyoto School Philosophers and Post-White Power*(London: Routledge, 2005)에 수록되어 있다.

복할 수 있다고 믿고 있다. 테크놀로지의 전 지구화와 직접 대결하지 않고는 광신주의의 타고 남은 찌꺼기는 사라지지 않을 것이다. 그러한 대결 없이 광신주의는 상이한 형태로 유럽 내부뿐만 아니라 외부로 모든 곳으로 확산될 것이다. 21세기의 첫 20년은 근대(성)를 극복할 수 없는 그러한 무능력을 반영하고 있다.

그런데 러시아의 신우익 하이데거 사상가 두긴Aleksandre Dugin의 이론을, 철학의 '귀향'을 테크놀로지의 전 지구화에 맞선 대응책으로 전유하려는 최근 사례를 대표하는 시도로 간주할 수 있을 것이다. 두긴은 본인이 '네 번째 정치 이론'이라고 부르는 것을 20세기의 주요한 정치 이론, 즉 파시즘, 공산주의, 자유주의의 계승자로 제시한다.148 이 새로운 프로그램은 통상 하이데거, 에른스트 윙거와 프리드리히 윙거, 슈미트, 슈펭글러, 좀바르트, 슈판Othmar Spann, 힐셔Friedrich Hielscher, 니키쉬Ernst Niekisch 그리고 보다 악명 높게는 반 덴 브룩Arthur Moeller van den Bruck (1876~1925년) — 1923년에 출판된 그의 『제3제국*Das Dritte Reich*』은 독일의 민족주의운동에 상당한 영향을 미쳤는데, 그것은 근대 테크놀로지를 전통에 대한 큰 위협으로 간주하며, 그것에 맞서려고 했다 — 과 결부되는 '보수혁명'의 연속이다. 두긴에게 근대(성)는 전통의 절멸처럼 보이는 반면 포스트모더니티는 "존재의 궁극적 망각"이다. "무(니힐리즘)가 모든 갈라진 틈으로부터 스며들기 시작하는 저 '한밤중'이다."149 근대(성)와 포스트모더니티 모두를 극복하자는 두긴의 제안은 "보수파가

---

148 Aleksandr Dugin, *The Fourth Political Theory*, tr. M. Sleboda and M. Millerman (London: Arktos Media, 2012).
149 앞의 책, 22페이지.

혁명을 이끌어야 한다"150고 제안하는 가운데 반 덴 브룩의 발자취를 따르는 것으로 이루어져 있다. 러시아적 전통으로 돌아가 테크놀로지적 근대(성)에 맞서기 위한 전략으로 그것을 동원하자는 것이 두긴의 생각이다. 그는 이 생각을 그가 '유라시아 운동'이라고 부르는 것 속에서 구체화하고 있는데, 그것은 정치 이론인 동시에 에피스테메이기도 하다. 전통을 "과학, 정치, 문화, 인류학을 포함한 근대(성)의 일원화된 에피스테메와는 정반대의"151 에피스테메로 이용한다는 의미에서 말이다. 비록 두긴이 제안하는 것, 즉 새로운 에피스테메의 재수립은 우리가 지금까지 이야기해온 것과 공명하지만 그의 프로그램은 그처럼 새로운 에피스테메를 어떤 철학 프로그램으로도 심화시키는 데 실패하고, 단지 보수주의운동이 되고 만다.

'보수혁명'은 예외 없이 테크놀로지적 근대화에 반대하는 반동적 운동이다. 하이데거는 이 물음을 형이상학적 물음으로, 즉 형이상학의 완성으로서의 근대적 기술-물음으로 변형시킨 최초의 사람 중의 하나였다. 하지만 하이데거는 소크라테스 이전 사상가들로의 '귀향' 가능성을 열어두었다. 그렇게 하는 가운데 그는 연인인 한 그리스인과 독일인 대화자의 왕복 편지로 이루어진 횔덜린의 서정시적 소설 『히페리온』을 암시하고 있었을지도 모른다. 이 편지들로부터 우리는 히페리온이 한때 고국을 떠나 아폴론적 합리성을 획득하기 위해 독일로 여행했음을 알 수 있다.152 하지만 그는 독일에서의 삶이 견딜 수 없음을 알고는 그리

---

150 앞의 책, 132페이지.
151 앞의 책, 136페이지.
152 J. Young, *The Philosophy of Tragedy: From Plato to Žižek* (Cambridge: Cambridge University Press, 2013), p. 101.

스로 돌아와 은자로 살았다. 횔덜린에게 고대 그리스는 기술과 자연이 긴장과 갈등 속에서 제시되는 독특한 역사적 시점의 '경험'이자 '앎'이다.153 하이데거는 이 점을 자기 시대의 기술적 상황에 대한 진단 속에서 전유하고는 그것을 '재개'로 제시했다. 귀향이라는 이 개념 속에서 하이데거, 교토학파, 두긴의 정치 프로그램에 공통적인 기반을 어렵지 않게 볼 수 있다.

근대(성)를 넘어선 재개로서의 철학의 귀향은 테크놀로지의 거부에만 그치는 것이 아니다. 테크놀로지는 1930~1940년대의 하이데거에 의해 닦달Gestell이라는 용어에 앞서 공작Machenschaft이라는 용어로 특징지어졌다.154 형이상학의 포기는 보다 '본래적인' 것이, 즉 존재의 진리가 드러나리라는 희망에 기반하고 있다. 하지만 존재의 진리는 보편적이지 않은데, 왜냐하면 그것은 오직 귀향한 사람에게만 드러나며 집에 있지 않은 사람, 특히 결정적으로는 민족Volk과 민족의 귀향 사이에 서 있는 사람에게는 드러나지 않기 때문이다. 후자는 대중(세인 *das Mann*)이라는 범주 아래 포괄되며, 물론 디 체자레가 "형이상학적 반유대주의"로 묘사하는 것이 지배하고 있는 『블랙 노트북』에서는 그러한 범주 중 유대 민족이 가장 두드러진다. 형이상학의 역사에 대한 그러한 독법에 따르면 유대인들은 형이상학의 뿌리 뽑힘을 완성하고 증폭시킨 사람들이 된다.

---

153 Dennis J. Schmidt, *On Germans and Other Greeks: Tragedy and Ethical Life*(Indianapolis: Indiana University Press), p. 139.
154 I. Farin, "The Black Notebooks in Their Historical and Political Context", in I. Farin and J. Malpas(eds), *Reading Heidegger's Black Notebooks*(Massachusetts, Cambridge: MIT Press, 2016), p. 301.

세계 유대주의*Weltjudentum*의 역할에 대한 물음은 결코 인간됨*Menschentümlichkeit*의 종류와 관련된 인종적 물음이 아니라 형이상학적*metaphysisch* 물음이다. 전적으로 어떤 것에도 묶여 있지 않은 그들은 모든 존재자*Seiendes*를 존재*Sein*로부터 뿌리 뽑는다는 세계사적 '과제'를 넘겨받을 수 있다.155

유대인-물음[문제]*Judenfrage*와 존재-물음[문제]*Seinsfrage*은 존재론적 차이를 구성하지만 하이데거에게서 유대인들*Judens*은 용재적 존재처럼 고정된 어떤 것이 아니다. 오히려 그것은 서양을 존재의 심연 쪽으로 몰고 가는 힘이다. 유대주의는 서양 형이상학의 근대적 발전을 전유했으며, '공허한 합리성'과 '계산 능력'을 확산 중이다. 유대주의는 유해한 근대 형이상학과 손에 손을 잡고 걷고 있다.

유대주의가 일시적으로 힘을 늘린 이유는 서양 형이상학이, 적어도 근대적 발전에서는 그렇지 않았더라면 텅 비었을 합리성과 계산 능력의 확산에 출발점을 제공해온 데서 찾을 수 있다. 그 결과 그것은 정신*Geist* 속에서 거처 *Unterkunft*를 얻었지만 그럼에도 불구하고 자기로부터 출발해 결정의 권역 *Entscheidungsbezirke*을 파악할 수는 없었다. 예상되는 결정과 물음은 독창적이며 시작에 사로잡혀 있을수록 그만큼 더 이 '인종'에게는 접근 불가능하게 남아 있을 것이다.156

---

155 M. Heidegger, *GA 96 Überlegungen XII-XV*(*Schwarze Hefte* 1939~1941)(Frankfurt am Main: Klostermann, 2014), p. 243. D. Di Cesare, "Heidegger's Metaphysical Anti-Semitism", in *Reading Heidegger's Black Notebooks 1931~1941*, p. 181에서 재인용.
156 M. Heidegger, *GA 94 Überlegungen II-VI*(*Schwarze Hefte* 1931~1938)(Frankfurt am Main: Klostermann, 2014), p. 46. D. Di Cesare, "Heidegger's Meta physical

하지만 해로운 형이상학적 힘으로 그리고 존재-물음에 접근하는 것을 막는 장애물로 묘사되는 것은 유대인뿐만이 아니다. 여기서 하이데거는 또한 아시아적인 것을 시야에 넣고 있는데, 아시아적인 것은 "야만적이며, 뿌리 뽑히고, 외래 지층적인"157 존재로 묘사된다. 그가 말하는 '아시아적인 것'이 무슨 의미인지는 완전히 명확하지는 않지만 그것이 '비유럽적인 것'이라는 일반적 의미를 담고 있는 것은 분명하다. 1936년 4월 8일에 로마 소재 카이저빌헬름연구소의 헤르치아나도서관에서 하이데거는 '유럽과 독일 철학'이라는 강연을 했는데, 서양철학의 과제를 규정하는 것부터 강연을 시작하고 있다.

> 우리의 역사적 **현존재**는 점증하는 긴급성 그리고 명확성과 함께 이 **현존재**의 미래가 극명한 이것이냐 저것이냐에 직면하고 있음을 경험하고 있습니다. 즉 유럽의 구원이냐 아니면 유럽 자체의 파괴냐가 그것입니다. 하지만 구원 가능성은 두 가지 것을 요구합니다.
> 1. 아시아적인 것으로부터의 유럽 민족의 방위*Bewahrung*입니다.
> 2. 유럽 자체의 뿌리 뽑힘과 해체의 극복입니다.158

Anti-Semitism", p. 184에서 재인용.
157 초기 그리스와 아시아적인 것을 대립시키는 하이데거의 논의를 요약하면서 밤바흐는 이렇게 쓰고 있다. "[아시아는] 야만적이며, 뿌리 뽑히고, 외래 지층적인 것의 이름을 대변한다. — 뿌리가 토착적이지 않으며 다른 곳에서 온 존재들 말이다. 하이데거에게서 아시아는 순수한 이타성, 조국의 보존을 위협하는 타자성을 의미하게 되었다." C. Bambach, *Heidegger's Roots. Nietzsche, National Socialism, and the Greeks*(Ithaca and London: Cornell University Press), p. 177.
158 M. Heidegger, "Europa und die Deutsche Philosophie." L. Ma, *Heidegger on East-West Dialogue: Anticipating the Event*(London: Routledge, 2007), p. 112에서 재

유럽 형이상학의 운명인 텅 빈 합리성과 계산의 확산의 역사적 의미는 무엇일까? 그것은 위기로, 이미 전 지구화되었기 때문에 서양철학이 다룰 수 없는 긴급사태로 제시된다. 유럽 내부에 있건 외부에 있건 '아시아적인 것'은 유럽을 위협하는 것으로 간주된다. 하지만 유럽 바깥의 아시아 국가들도 테크놀로지적 근대화에 맞설 수 없으며 교토학파 또한 고향 찾기*Heimatum*의 사유로 물려나려는 하이데거를 따르려고 했다. 역으로 그것이 하이데거, 교토학파 그리고 보다 최근에는 이들의 러시아 동료 보수주의자에게 공통적인 '전회' 속에서 '형이상학적 파시즘'을 정당화해주고 있다.

그것은 서양 형이상학의 역사와 (자연의 역사로서의) 테크놀로지의 역사에 대한 하이데거의 독법의 한계들을 드러낸다.159 하지만 우리는 또한 이렇게 질문해야 한다. 하이데거의 형이상학 분석은 왜 동양에서 그렇게 강한 반향을 얻을 수 있었을까? 왜냐하면, 다시 한 번 말하지만, 그가 묘사한 것은 부정할 수 없기 때문이다. 예를 들어 전통의 파괴가 그러한데, 마을은 전통적 형태의 삶을 잃고 관광지가 되고 있다.160 하이데거는 근대(성)에 대한 그러한 경험은 유럽 내부보다는 유럽 외부에서 한층 더 심각하리라고 생각했던 것처럼 보인다. 비록 이 문제가 유럽의 운명이라는 그의 주관심사 밖에 있었지만 말이다. — 예를 들어 공산주의가 중국에서 집권한다면 중국은 테크놀로지에 대해 "자유로워질

인용. 원문은 H. H. Ganders(ed.), *Europa und die Philosophie*(Frankfurt am Main: Klostermann, 1993), pp. 31~41에 들어 있다.
159 Heidegger, *GA 95*, p. 133.
160 앞의 책, 80페이지.

수 있다"고 쓸 때가 그렇다. 100년의 근대화 이후 중국이든, 일본이든, 이슬람이든 또는 아프리카든 모든 철학의 '귀향'은 방향상실의 가속화 때문에 21세기에는 점점 더 큰 관심사가 될 것이다. 그러면 어떻게 총력전과 테러리즘의 광신주의 또는 '보수혁명'을 — 파시즘에 맞선다고 주장하는 형이상학적 파시즘을 피할 수 있을까?

모든 사람에게는, 모든 문화에게는 '고향'이 필요한데, 그것이 배타적이고 실체적 장소일 필요는 없다. 대안을 찾는 것이 필요할 뿐만 아니라 기술-물음을 보편적인 테크놀-로지가 아니라 상이한 코스모테크닉스에 대한 물음으로 여는 것에 의해 그렇게 하는 것이 가능함을 보여주는 것이 이 책의 목적이다. 그것은 근대 테크놀로지를 문화 안으로 받아들여 변형시키는 것뿐만 아니라 특정 문화 내부로부터 형이상학의 범주들을 재전유하는 것을 포함하고 있다.

1949년 이후 테크놀로지를 경제적·군사적 경쟁 수단으로 전유해온 공산당에 비해 신유학파는 근대화에 대해 상이한 접근법을 택해왔다. 그들은 전통 철학으로 돌아갔는데, 다행히도 앞서 말한 것과 동일한 종류의 형이상학적 파시즘에 호소하지 않은 채 말이다. 그들이 실패한 이유는 역사적이고 철학적이다. 먼저 근대화는 너무나 놀라운 속도로 진행되었기 때문에 점점 더 종류를 불문하고 철학적 성찰을 위한 어떤 시간도 남겨놓지 않게 되었다. 특히 중국의 철학 체계는 지속적으로 기술*Technik*이라는 범주 자체를 식별하는 데 실패해왔기 때문이다. 두 번째로 테크놀로지를 재개념화하려는 경향은 다소 이념적 접근법을 택했으며, 그리하여 테크놀로지에 대한 어떤 깊은 이해도 없이 그것을 문화적 프로그램 안에 끼워 넣게 되었다. 코스모테크닉스는 자아와 테크놀로지를 동시에 재발명하고 도덕적인 것과 윤리적인 것에 우선권을 부여함으로써 근대(성)-물음에 새롭게 접근할 것을 제안한다.

§ 27 인신세에서의 중화미래주의中華未來主義(1839~2046년)

우리는 여기서 멈추었을 수도 있을 것이다. 중국에서의 기술-물음은 거의 완전히 드러났기 때문이다. 먼저 한때 사회적·정치적 삶을 지배한 전통적 형이상학과 전통적 우주론의 파괴. 두 번째로 그것들의 전통에 고유한 그리고 서양의 테크놀로지 및 기술과 양립 가능한 토대를 재구성하려는 시도들이 정반대 결과들만 낳고만 사실. 마지막으로 하이데거가 유럽에 내재적인 위험으로 예견한 뿌리 뽑힘Entwurzulung. 하지만 그것은 아시아에서는 훨씬 더 엄청난 속도로 진행되었다. 그러나 우리는 여기서 멈출 수 없다. 우리는 철학의 '귀향'이라는 문제 틀과 대결하고 그것을 넘어서야 한다. 중국인들이 실제로 결코 경험해본 적이 없지만 지금 전승되고 있는 과거가 되어버린 과학과 기술을 전면 거부하는 것은 명백히 불가능하기 때문이다. 오늘날 아시아에서 전통을 상실했다는 광범위한 느낌으로 이어지고 있는 테크놀로지적 조건에 대한 이러한 탐구를 긴급하게 한층 더 멀리까지 밀고 나가야 할 것이다. 그리고 유일하게 가능한 대응은 테크놀로지에 대한 새로운 형태의 사유와 실천을 제안하는 것뿐이다.

1958년에 있은 한 원탁토론에서 니시타니는 이 뿌리 뽑힘에 대해 엄청난 비통함과 함께 이렇게 묘사하고 있다.

일본에서는 종교가 무력하다. 일본에는 심지어 진지한 무신론도 존재하지 않는다. 유럽에서는 전통으로부터의 모든 일탈이 전통과의 타협에 이르거나 또는 적어도 그것과 충돌하게 되었다. 그것이 사람들을 생각하는 사람으로 만드는 내면적 또는 내성적 성향을 설명해주는 것처럼 보인다. 일본에서는 …… 전통과의 끈이 끊어졌다. 우리 뒤에 놓인 것과 타협해야 하는 부담은 사라지고 그것의 자리에는 단지 공백만 남아 있다.161

아마 일본보다는 중국의 근대화 속도가 더 빠를 것이다. 다름 아니라 중국은 '근대(성) 없는 근대화' 국가였으며 여전히 그렇게 간주되는 반면 일본은 유럽적 근대(성)의 세례를 받은 국가로 간주되기 때문이다. 20세기 하반기의 중국은 온갖 실험으로 가득 차 있었다. 대약진운동, 문화대혁명, (농업, 공업, 국방, 과학 및 기술의) 4대 근대화, 시장경제 …….
그 결과 지난 30년 동안 글로벌한 테크놀로지의 시간-축 — 그것은 속도, 혁신 그리고 군사경쟁에 의해 특징지어진다 — 에 동기화된 엄청난 변혁을 목격해왔다. 앞서 살펴본 대로 그리고 이미 니시타니가 지적한 대로 기술 체계는 지금 모든 도덕적 우주론으로부터 완전히 분리되었다. 우주론은 천문학이 되었으며, 영혼은 미신으로 경멸받고 있으며 종교는 '인민의 아편'이 되었다. 니시타니가 우려한 전통과 현대적 삶의 분리는 사회주의 진영의 최고 가속화주의자 등소평의 개혁 아래 중국에서 한층 더 간극이 벌어지면서 증폭되고 강화되었을 뿐이다. 1부에서 논한 대로 '자연 변증법' 사상가들의 조언에 따라 등소평이 이끈 가속화는 중국을 서양과 동일한 테크놀로지적 시간-축의 정면에 놓았다. 하지만 가속화와 동기화가 결합된 그러한 흐름을 따르면서도 중국이 뒤쳐진

---

161 Hesig, *Philosophers of Nothingness*, p. 204에서 재인용.

것이 있다면 '중국적 사유'라고 할 수 있다. 도-기 관계는 기술 체계에 의해 도입된 새로운 리듬 아래 무너졌다. 여기서 '밤이 내리고 있다'는 하이데거의 말을 반복하고 싶은 유혹을 느낀다. 우리가 볼 수 있는 모든 것이라곤 문화산업을 통해서건 아니면 여행을 통해서건 전통의 소멸과 문화유산의 피상적 마케팅화뿐이다. 경제 호황의 한가운데서 우리는 또한 종언이 다가오고 있음을 느낄 수 있다. 그리고 이 종언은 새로운 장면에서, 즉 인신세라는 장에서 실현될 것이다.

인신세는 지리학자들에 의해 완신세完新世[충적세] 다음에 이어지는 지리학 시기로 간주되고 있는데, 완신세는 인류 문명이 발달하기 위한 안정적인 지구 시스템을 제공해주었다. 인신세는 새로운 시대, 새로운 시간-축으로 간주된다. 이 시기에 인간의 활동은 지구 시스템에 전에는 상상조차 할 수 없는 방식들로 영향을 미치고 있다. 논평가들에 따르면 인신세는 18세기 말경에 시작되었으며, 산업혁명을 촉발한 와트의 증기 기관의 발명에 의해 특징지어진다는 데 대략적 합의가 이루어져 있다. 이후 인간 존재가 "인간 역사의 이해에서 인과적인 설명적 범주"[162]로 격상되면서 호모 인두스트리알리스*homo industrialis*와 이 인간의 테크놀로지적 무의식이 지구를 변형시키고 파국을 창조하는 주요한 힘이 되었다.[163] 20세기에 우리는 지리학자들이 '대가속화the great acceleration'라고 부르는 것을 목격했는데, 1950년대부터 시작된 그것을 냉전 시기 동

---

[162] 나는 호모 인두스트리알루스라는 용어를 M. S. Northcott, *Political Theology of Climate Change*(Grand Rapids, MI: Eerdmans, 2013), p. 105에서 차용하고 있다.
[163] C. Bonneil, "The Geological Turn. Narratives Of The Anthropocene", in C. Hamilton, F. Gemenne, C. Bonneil(eds), *The Anthropocene and the Global Environmental Crisis: Rethinking Modernity in a New Epoch*(London and New York: Routledge, 2015), p. 25.

안의 경제적·군사적 경쟁 그리고 석탄에서 석유로의 이동 등에서 찾아볼 수 있을 것이다. 거시적 수준에서 우리는 오랫동안 기후변화와 환경파괴를 지켜보아 왔다. 미시적 수준에서 지리학자들은 인간의 활동이 지구의 지리-화학적 과정에 엄청난 영향을 미치고 있다고 지적해왔다. 우리 시대에 대한 그러한 이해 방식에 따르면 지리적 시간과 인간적 시간은 더 이상 두 개의 별도의 체계가 아니다.

인신세에 대한 인식은 테크놀로지적 의식의 정점으로, 거기서 인간 존재는 지적 환경 속에서뿐만 아니라 좀 더 넓은 대중 속에서도 생태계 파괴와 인류의 미래에서 테크놀로지가 어떤 역할을 하는지를 깨닫기 시작하고 있다. 만약 실질적 완화가 이루어지지 않는다면 기후변화는 200년 안에 인류라는 종의 종말을 가져올 것으로 추정된다.164 인신세는 근대(성)를 재사유하려는 기획과 긴밀하게 관련되어 있는데, 기본적으로 우주, 자연, 세계, 인류에 대한 근대의 존재론적 해석들이 오늘날 우리가 처한 곤경으로 우리를 이끈 것을 구성하고 있기 때문이다. 인신세는 근대(성)과 거의 구분될 수 없는데, 둘 다 동일한 시간-축에 위치해 있기 때문이다.

간단히 말해 인신세의 잠재적 위험에 대해서는 두 가지 반응이 존재한다. 하나는 지리-공학geo-engineering으로, 근대 테크놀로지를 동원하면 지구는 수리될 수 있다고 믿는다(예를 들어 생태학적 모더니즘). 다른 것은 문화적 다원성과 존재론적 다원주의에 호소한다. 우리가 이 책에서 논전을 벌여온 것은 두 번째 반응이었다. 이 주제를 이야기하기 위해 인류학, 신학, 정치학, 철학에 걸쳐 많은 노력이 기울여져 왔다. — 그중

---

164 Michael S. Northcott, *Political Theology of Climate Change*, p. 13.

라투르의 '근대(성)의 재설정' 기획과 데스콜라의 자연의 인류학이 주목할 만하다. 근대(성)에서의 문화와 자연의 구분은 많은 인류학자에 의해 인신세를 가져온 주요 요소 중의 하나로 간주되고 있다. 몽트벨로가 쓰고 있듯이 생물이든, 인간이든, 신적 존재든 만물은 하나의 공동체를 이루고 있다고 말하는 이오니아학파의 우주론과 반대로 데카르트적 이원론은 인간을 특수한 종류의 존재, 즉 자연으로부터 떨어져 있으며 자연을 대상으로 만드는 존재로 만들고 있다.165 근대(성)는 코기토와 함께, 인간 존재로 하여금 세계를 지배하고 코기토의 자기-정초를 통해 지식 체계를 발전시키고 발전 또는 진보 프로그램을 출발시킬 수 있도록 해주는 의식에 대한 믿음과 함께 시작되었다. 신학자 노스코트는 근대(성)가 서양에서의 신학적 의미의 상실과 정치신학적 실패를 동반해 온 것으로 간주하고 있다. 그의 말을 들어보자.

> 따라서 인신세가 시작된 날짜를 산업혁명이 시작된 때로 잡는 것이 신학적 관점에서는 실제로 가장 적합한데, 그리스도와 교회 그리고 우주가 서로 협력하고 있다는 느낌이 종교개혁 이후의 유럽에서 사라진 것은 석탄, 광학 그리고 교역의 등장과 함께이기 때문이다.166

노스코트의 지적은 유럽에서는 비록 산업혁명이 단절로 경험되었지만 그러한 단절이 외적 힘의 개입에 따른 결과라기보다는 내적 역동성으로부터 출현한 것이어서 여전히 일정한 연속성이 남아 있다는 점만 제외하고는 니시타니의 지적과 공명하고 있다. 인신세에 대한 최근의 성찰에

---

165 P. Montebello, *Métaphysiques cosmomorphes*, p. 103.
166 Northcott, *Political Theology of Climate Change*, p. 48.

서 일부 탁월한 지식인이 정치신학과 우주론의 특정한 재발명을 제안해 온 것 또한 사실이다. 노스코트 같은 사상가는 인신세를 변화의 시기, 반드시 붙잡아야 할 카이로스로 제시한다.[167] 노스코트는 18세기 말경에 스코틀랜드 지리학자 허튼James Hutton이 발견한 지구의 심층 시간deep time을 크로노스로 해석하며[168], 인신세를 신의 개입 없는 종말, 그러한 위기에 대해 책임을 묻기 위해 인간 존재를 소환하는 카이로스로 바라본다.

하지만 그러한 제안들 사이에서는 근대(성) 문제에 대한 공통의 과소평가가 존재하는데, 이 문제를 마치 교란Störung인 것처럼 바라보는 것이 그것이다. 라투르의 '근대(성)의 재설정' 기획을 예로 들어 살펴보자. 우리는 라투르 본인이 사용하는 은유를 통해 '근대(성)의 재설정'을 이해할 수 있다.

> 방향을 잃었을 때, 예를 들어 당신의 모바일 폰의 디지털 컴퍼스가 미쳐 날뛸 때 당신은 무엇을 하는가? 당신은 그것을 재설정한다. 방향을 잃었기 때문에 살짝 당황한 상태에 있을 수도 있지만 시간을 내 컴퍼스를 재측정해 재설정하기 위한 지시를 따라야 한다.[169]

---

[167] Northcott, "Eschatology in the Anthropocene: From the Chronos of Deep Time to the Kairos of the Age of Humans", pp. 100~112.
[168] 허튼은 지구가 약 6천년 정도 되었다는 성경의 믿음과 반대로 지구가 80억년 이상 존재해왔음을 처음으로 보여준 사람 중의 하나였다. 허튼의 발견은 교회에 도전하는 것이었을 뿐만 아니라 '지구의 체계' 이론을 제안하기도 했는데, 그것이 근대 지리학의 토대를 놓은 것으로 간주된다.
[169] B. Latour, "Let's Touch Base", in B. Latour(ed.), *Reset Modernity!*(Karlsruhe and Cambridge MA: ZKM/MIT Press, 2016), p. 21.

이 은유가 문제인 것은 근대(성)가 오작동하는 기계가 아니라 오히려 안에 끼워 넣어진 논리에 따라 너무 잘 움직이는 기계인 데 있다. 일단 재설정되면 동일한 전제와 동일한 절차와 함께 다시 시작될 것이다. 버튼을 누르는 것처럼 근대(성)를 재설정할 수 있으리라고 바랄 수는 도저히 없을 것이다. — 또는 오히려 근대(성)의 이 카이로스는 유럽에서는 가능할 수도 있지만 — 비록 나로서는 여전히 의심스럽지만 말이다 — 근대 초극을 위한 중국과 일본의 시도의 실패들을 설명하면서 보여주려고 한 대로 분명히 유럽의 이 외부에서처럼 기능하지는 않을 것이다. 전자는 결국 근대(성)를 증폭시키는 것으로 귀결되었으며, 후자는 광신주의와 전쟁으로 귀결되고 말았다. '방향상실disorientation'이란 단지 어떤 사람이 길을 잃었으며 어떤 방향을 택할지를 모른다는 것만 의미하는 것이 아니다. 그것은 또한 시간성들, 역사들, 형이상학의 양립 불가능성을 의미하기도 한다. 그것은 오히려 '**동양** 상실dis-orientation'이다.

'자연으로 돌아가자'나 '근대(성)의 재설정'에 호소하는 것과는 반대로 여기서 내가 제안해보려고 시도해온 것은 형이상학적 기획인 동시에 에피스테메적인 기획으로서의 코스모테크닉스의 재발견이다. 앞으로 한층 더 자세히 정식화해야 할 것으로 남아 있는 물음은 이 기획에서 근대 테크놀로지가 어떤 역할을 해야 하는가이다. 내게는 그것이 오늘날의 근대 초극에서 기본적인 물음처럼 보인다. 그것은 인신세 — 비록 우리는 중국이 그것의 가속화에 크게 기여했음을 알지만[170] — 에서의 중국의 역할에 대한 질문이라기보다는 중국이 (예를 들어) 근대 테크놀로지에 의해 구성되고 있는 지구-인간의 시간-축의 거대한 힘과 관련

---

[170] 예컨대 2008년 이후 중국은 최대 CO^2 배출국이다. W. Steffen et all., *From Global to Planetary Stewardship*, Ambio 40: 7(2011).

해 어떻게 자기 위치를 다시 잡느냐에 관한 것이다. 테크놀로지-의식을 우리가 여기서 조명해보려고 한 코스모테크닉스와 연결하는 것은 어떻게 가능할까? 중화미래주의sinofuturism ― 이 말은 우리가 만든 말이다 ― 가 다양한 영역에서 모습을 드러내고 있다. 하지만 그와 같은 미래주의는 도덕적인 코스모테크닉스적 사유와는 정반대 방향으로 달려가고 있다. ― 궁극적으로 그것은 유럽의 근대 기획의 가속화일 뿐이다. 현재 중국에서 디지털화와 관련해 일어나고 있는 것에 주목한다면 우리 견해의 올바름을 확인할 수 있을 것이다. 즉 페이스북과 유튜브가 들어오자 중국은 그것들을 검열하고 인인망人人网이나 유쿠를 만들었는데, 그것들은 거의 같아 보인다. 우버Uber가 들어오면 그것을 차용해 '유부Youbu'라고 부를 것이다. …… 누구나 이해할 수 있는 대로 거기에는 역사적·정치적 이유가 있지만 또한 그와 같은 반복을 중단하고 근대(성)-물음을 다시 한 번 제기할 때이기도 하다.

두 차례의 아편전쟁 이후 중국의 꿈中國夢, 즉 '영국을 따라잡고 미국을 추격하자超英趕美'는 중국의 한 회사가 영국의 힝클리포인트에 원자력발전소 건설 계약을 따낸 것이 확인된 2015년에 어떤 식이든 실현된 것처럼 보인다. 1974년의 원자폭탄 그리고 1976년의 수소폭탄 실험의 성공은 중국을 세계의 군사 열강 중 일등 국가 반열에 올려놓았으나 이 핵 프로그램은 중국 국경 내부에 남아 있었다. 하지만 영국에 원자력발전소를 건설하는 것은 상징하는 바가 달랐다. 2015년 10월에 런던주재 중국대사 유효명劉曉明은 원자력발전소를 주제로 한 BBC의 프로그램에 출현한 적이 있다. 영국 또한 중국에 원자력발전소를 지을 수 있는지 묻자 그는 이렇게 대답했다. "먼저 돈이 있습니까? 기술이 있습니까? 전문가들이 있습니까? …… 이 모든 것을 갖고 계신다면 저희는 분명히 프랑스인들처럼 여러분과의 협력을 원할 것입니다. 프랑스와는 협력 사업을 몇 가지 함께 하고 있습니다."

2016년 2월에 방영된 국영CCTV의 유명한 춘절 축하 TV 프로그램은 수십 대의 드론이 무대 위로 떠올라 레이저 빛 사이로 왔다 갔다 하고 가수가 떨리는 목소리로 "빨리, 빨리, 빨리, 세계의 정상을 향해 서둘러라"라고 노래하는 가운데 540개의 로봇이 춤추며 무대 위로 올라오는 순간 절정에 이르렀다. 아마 이것이 중국에서의 인신세의 그럴듯한 미래를 가장 잘 상징하는 장면이라고 할 수 있을 것이다. 로봇과 드론이 그것이다. — 자동화와 살인, 내재적 감시 그리고 민족주의의 상징 말이다. 대중의 상상력이 이미 얼마나 많이 중국적 전통에 핵심적이었던 삶의 형태와 도덕적 우주론으로부터 유리되었는지가 궁금할 것이다. 하지만 그러한 장면들 뒤에는 중국이 근대(성)의 시간-축의 구성에 참여하는 데 성공했으며, 그와 같은 근대(성)의 주요한 주역 중의 하나가 되었다 — 아무리 이 사실을 받아들이기가 주저되더라도 그리고 그것이 전통의 상실에 대해 아무리 많이 개탄하게 만들더라도 말이다 — 는 사실이 놓여 있다. 중국의 급속한, 계속 진행 중인 근대화 그리고 아프리카에서의 인프라건설프로젝트를 고려하면 특히 그렇다. 그리하여 '근대적인 것' — 그것은 중국 문화에는 우연적이었다 — 은 이 나라 자체 안에서 증폭되고 있을 뿐만 아니라 제3세계의 협력 국가들 내에서도 전파되고 있다. — 그리고 이 의미에서 **근대 테크놀로지**(하이데거에 따르면 존재신학)**를 통해 유럽적 근대(성)를 확대하고 있다.**

이처럼 인신세에 대한 물음은 예컨대 공해 감소 같은 조치에 관한 물음이 아니라 하이데거가 이미 지적한 대로 심연을 향해 우리를 끌고 가고 있는 시간-축에 맞서기 위한 물음이다. 그렇다고 하여 이것이 그와 같은 개선책이 중요하지 않다는 의미는 아니다. 그와 반대로 **필요하지만** 충분하지 않다는 것이다. 보다 기본적인 것은 문화와 자연을 규정하는 인간과 우주(하늘과 땅) 사이의 관계이다. 하이데거가 예견한 대로 이 관계들은 서서히 사라져버리고, 존재는 부품 Bestand이라는 전반적 이해로 대체되고 있다. 자본주의가 지구를 지배하는 우리 시대의 코스모테크닉스이다. 사회학자 무어가 그것을 '세계 생태계 world ecology'라고 부르는 것은 정확한데, 그것은 생태를 유지하기 위해 자연 자원과 부불 노동을 부단히 착취하고 있다.171 경제학자 바이클러와 니천은 자본주의를 권력에게 명령하고 재명령하는 '권력의 양식'으로 간주할 것을 제안하고 있다(그리스어 *kosmeo*[돌보다, 뒷바라지하다, 부양하다] 자체가 암시하는 대로 말이다).172 두 사람은 자본주의의 진화는 자본주의가 근대과학과 기술을 받아들이면서 진화하는 것만 의미하지 않는다고 주장한다. 오히려 그것은 또한 우주적 동력학에 대한 이해를 공유한다는 것이다. 예를 들어 19세기 말과 20세기 초 사이에는 기계론적 양식의 권력으로부터 불확실성과 상대성에 우선권을 부여하는 양식으로의 이동이 일어났다는 것이다.

인간-우주 관계가 공존, 협치, 삶의 원리로 어떻게 개념적으로 재파악될 수 있는지에 대해 고대의 지혜에서 얼마간의 암시를 얻을 수 있는 것이 사실이다. 예를 들어 『맹자』에는 맹자와 양혜왕 사이의 유명한 대화가 들어 있는데, 거기서 맹자는 전쟁을 비난하면서 왕에게 사시四時에

---

171 J. W. Moore, *Capitalism in the Web of Life: Ecology and the Accumulation of Capital*(London: Verso, 2015).
172 S. Bichler and J. Nitzan, "Capital as Power: Toward a New Cosmology of Capitalism", *Real-World Economics Review* 61(2012), pp. 65~84.

따라 나라를 다스릴 수 있는 또 다른 방법을 조언하고 있다.

> 맹자께서 말씀하였다. "왕께서 만일 그것을 아신다면 백성이 이웃 나라보다 많아지기를 바라지 마소서. 농사철을 어기지 않게 하면 곡식을 이루 다 먹을 수 없으며, 촘촘한 그물을 웅덩이와 연못에 넣지 않으면 고기와 자라를 이루 다 먹을 수 없으며, 도끼와 자귀를 때에 따라 산림에 들어가게 하면 재목을 이루 다 쓸 수 없을 것입니다. 곡식과 고기와 자라를 이루 다 먹을 수 없으며, 재목을 이루 다 쓸 수 없으면 이는 백성으로 하여금 산 이를 봉양하고 죽은 이를 장송함에 유감이 없게 하는 것이니, 산 이는 봉양하고 죽은 이를 장송함에 유감이 없게 하는 것이 왕도의 시작입니다 王如知此, 則無望民之多於隣國也. 不違農時, 穀不可勝食也; 數罟 不入洿池, 魚鼈不可勝食也; 斧斤以時入山林, 材木不可勝用也. 穀與魚鼈不可勝食, 材木不可勝用, 是使民養生喪死無憾也. 養生喪死無憾, 王道之始也."[173]

사시에 따라 나라를 다스리라는 이와 비슷한 조언은 맹자의 동시대인인 순자荀子(기원전 313~238년)[174]의 글 속에서도 발견된다. 지난 수십 년 동안 경제 위기와 걷잡을 수 없는 산업화 속에서 '고대 중국의 지혜'가 부단히 반복되었지만 우리에게 들려온 것이라고는 그저 부단한 파국뿐이었다. 예는 순전히 형식적인 것이 되었는데, 어느 정도인가 하면 우스

---

[173] 맹자,『맹자』, 1권 3.
[174] 성선설을 주장하는 맹자와 반대로 순자는 성악설을 주장하는데, 교육이 중요한 것은 이 때문이다. 하지만 순자는 환경 문제에 대해 맹자에게 동의하고 있다. 즉 성인으로서 왕은 한참 자라는 과정에 있을 때는 자연자원을 보호하기 위한 법을 도입해야 한다. 예를 들어 "풀과 나무가 자라고 꽃이 피고 우거지고 자라는 시기에는 도끼나 낫 등의 벌목도구를 들고 산이나 숲속에 들어가지 못하게 해 그것들의 삶을 요절하지 않게 하며 성장을 멈추게 하지 않는다草木榮華滋碩之時 草木榮華滋碩之時, 則斧斤不入山林, 不夭其生, 不絶其長也."

깡스럽게도 더 많은 이득을 얻기 위해 지구를 더 많이 착취할 수 있도록 해달라고 하늘에 빌 정도가 되었다. 문제가 있다는 것을 모르는 것이 아니라 실용적 이성 — 지구화로부터 이득을 얻기 위해 적응하려는 이성 — 이 코스모테크닉스와 에피스테메라는 보다 심오한 물음을 제기하지 못하도록 우리를 막고 있는 것이다. 친밀성으로서뿐만 아니라 제약 요소로서의 우주와의 코스모테크닉스적 관계는 대부분의 경우 산업적 생산양식에서는 무시된다. 어마어마하게 다양한 지식과 에피스테메가 자본주의에 의해 강요되는 글로벌한 에피스테메로 대체되고 있다. 세계가 이처럼 테크놀로지적인 것이 되어가고 있는 것에 대해 그것의 동질적 동기화를 중단시키고 그것과는 다른 존재양식을 생산하기 위해 그러한 추세에 도전해야 한다. 우리는 자포자기한 채 중국철학의 원리들은 글로벌한 시간-축의 진보에 의해 낡아빠지거나 시대착오적인 것이 되었다는 것을 받아들이지도 않을 뿐만 아니라 또한 '정신적인 것'에 대한 피상적 옹호나 테크놀로지를 고대의 교훈에서 전하는 것으로 알려진 '자연철학' 속에 기입하는 식으로 — 그리하여 마음을 달래주는 형이상학을 제공해 방향상실에 의해 초래된 불안을 그저 완화시켜줄 뿐이다 (예를 들어 도나 선이라는 모델을 소비자를 위한 '자기-계발' 용도로 제공하는 것이 그것이다) — 이 문제에 대답하지도 않을 것이다. 테크놀로지를 재전유하는 것은 '근대 초극' 기획을 복잡하게 만드는데, 그것은 오직 글로벌한 기획일 수밖에 없기 때문이다. — 이 기획은 공통의 시간-축에 의해 구성되지만 이 축에 맞선 투쟁이 벌어지고 있기도 하다. 글로벌한 것에 대한 물음으로부터의 모든 후퇴는 완만한 해체 이상의 해결책은 제공할 수 없을 것이다. 따라서 세계사에는 그러한 관점에서 접근해야 한다.

§ 28 또 다른 세계사를 위하여

이와 같은 공동의 시간-축과 세계사를 설정함으로써 우리는 탈식민주의 학자들 주장대로 일종의 역사주의에 사로잡혀 유럽의 근대(성)에 대한 특정한 서사를 세계사의 회전축으로 받아들이게 되지 않을까?175 이 질문은 분명히 우리 주의를 끌만하다. 오래된 문제를 새로운 것처럼 꾸미는 것은 위험할 수 있기 때문이다. 하지만 그것은 단지 서사 문제만이 아니라 오히려 담론 수준만으로는 환원될 수 없는 기술적 현실 문제이다. 세계사는 단지 서사일 뿐이며, 따라서 다른 서사를 통해 그것으로부터 벗어나는 것이 가능하다는 주장의 위험 중의 하나는 그것이 그러한 세계사의 물질성을 무시하고 기술과 사유, 도-기 관계를 단순히 텍스트만의 문제로 간주하는 것이다. 예를 들어 우리는 대략 1880~1930년 사이에 독일의 역사학자와 신칸트학파 사이에서 발전한 역사주의는 양차 대전 이후 파산한 것을 알고 있다.176 우리에게서 문제가 되고 있는 것은 서사로서의 역사가 아니라 역사가 물질적 관점에서 어떻게 기능하는가이다. 나는 시간, 따라서 새로운 세계사의 새로운 구성은 단지 새로운 서사뿐만 아니라 오히려 새로운, 즉 더 이상 근대(성)라는 시간-축에 의해 총체화될 수 없는 실천과 지식으로 이루어져야 한다고 주장하고 싶다. 이것이 탈식민주의와 관련해 내가 갖고 있는 입장 차이로, 이 점을 강조할 필요가 있다.

---

175 D. Chakrabarty, *Provincializing Europe: Postcolonial Thought and Historical Difference*(Princeton and Oxford: Princeton University Press).
176 C. Bambach, *Heidegger, Dilthey, and the Crisis of Historicism*.

그러한 정신에 따라 탈식민주의 역사가이자 학자인 채크라바티의 일부 생각을 경이롭고 도발적인 저서『유럽을 지방화하기』— 이 책은 역사주의 그리고 유럽이 근대(성)의 역사적 서사의 중심축이라는 개념을 철저하게 비판하는 데 바쳐지고 있다 — 에서 제시된 대로 간단하게 검토해보자. 채크라바티는 '역사 1 대 역사 2'라는 패러다임으로서의 마르크스의 역사 개념을 문제화하기 위해 하이데거를 이용하는데, 용재성 zuhanden과 전재성 vorhanden 사이의 대립을 사용한다.

> 하이데거는 객관화하는 관계들(역사 1은 여기에 속할 것이다) — 그의 번역자의 산문에서는 '전재성'이라고 불린다 — 의 중요성을 최소화하지 않으며, 이해에 관한 하이데거의 본래적인 틀에서 전재성과 용재성은 모두 중요성을 간직하고 있다. 전자가 후자에 대해 인식론적 우위성을 갖는 것은 아니다. 역사 2는 역사 1로 지양될 수 없다.[177]

채크라바티는 몇 페이지 뒤에서 그가 말하는 '역사 1 대 역사 2'가 무슨 의미인지를 보다 분명하게 진술하고 있다. 즉 철학적·역사적 범주로서의 자본이 번역을 통한 역사 1의 이행으로 분석될 때 그것은 보편적이고 텅 빈 추상화가 된다. 하지만 역사 2는 '역사적 차이'를 열어젖히는 것으로, 따라서 상이한 종류의 번역을 즉 환원 불가능한 **차이**에 의해 구성되는 차이를 포함하고 있다. 이러한 의미에서 하이데거적 용재성은 역사 1의 '인식론적 우선성'에 저항하기 위해 동원될 수 있다.[178]

---

[177] 앞의 책, 68페이지.
[178] 앞의 책, 239페이지.

역사 1은 바로 그것, 분석적 역사이다. 하지만 역사 2의 이념이 인간의 소속에 관한 보다 **정감 어린** 서사를 우리에게 가리킨다. 그러한 서사에서 삶의 형태는 비록 서로 스며들지만 추상노동 같은 등가적인 제3항에 의해 교환 가능한 것처럼 보이지는 않는다.[179]

이 분석 전체의 문제는 용재성이 설명되고 있지 않은 것이다. 다른 곳에서 지적한 대로 용재성은 기본적으로는 우리의 일상생활에 존재하는 기술적 대상이다. 그것은 전재성이, 즉 주체에 마주 서*gegen* 있는*stehen* 대상*Gegenstand*이 아니다. 용재성의 시간성은 장비성*Zeuglichkeit*에 의해 규정된다. 예를 들어 망치를 사용할 때 우리는 망치가 무엇인지에 대해서는 생각할 필요가 없다. 그저 그것이 무엇인지를 이미 다 아는 것처럼 사용하면 그만이다. 하이데거가 말하는 용재성*Zuhandenheit*은 담론적·존재적 관계들의 혼합물로, 그것이 기술적 대상, 하지만 또한 기술 체계의 시간적 동력학을 구성한다.[180] 우리는 상이한 역사의 시기에 발달되었으며 상이한 시간성을 소유한 채 점점 더 기술적으로 되어가고 있는 대상으로 구성되는 세계 속에 살고 있다. 그리고 기본 범주로서의 역사

---

[179] 앞의 책, 71페이지.
[180] 졸저, 『디지털 대상들의 존재에 대해』, 3장을 보라. 거기서 나는 내가 '담론적' 관계라고 부르는 것과 '존재적' 관계라고 부르는 것 사이의 역동적 관계를 묘사하기 위해 관계의 존재론을 제안하고 있다. 이 두 유형의 관계는 중세 철학에서 말에 따른 관계relationes secundum dici와 존재에 따른 관계relationes secundum esse로 묘사된 것과 혼동되어서는 안 된다. 후자는 여전히 실체라는 관념을 간직하고 있기 때문이다. 관계적 존재론은 그것을 존재론으로부터 제거하려고 한다. 간단히 말해 담론적 관계들은 상이한 형태로 말해지고, 따라서 물질화될 수 있는 관계인데, 인과적 관계도 배제하지 않는다. 예를 들어 그림으로 그려진 것, 글로 쓰여진 것, 도르래와 벨트의 물리적 접촉, 전류, 데이터 연결이 그것이다. 존재적 관계는 담론적 관계의 구체화에 의해 부단히 수정되는 세계와의 관계이다.

학과 역사, 전재성과 용재성 사이의 대립은 역사성 자체를 설명하기에는 충분하지 않다. 아마 바로 이 점에서 세계 역사성에 대한 스티글러의 해석과 니시타니의 해석 사이의 대결을 본격화해볼 수 있을 것이다. 용재성Zuhandenheit을 생활-세계로 특징짓는 채크라바티의 입장은 식민화의 역사에 맞선 대안적 역사를 개념화하기 위한 직관적이고, 정말 흥미로운 방식이다. 왜냐하면 용재성은 본질로의 어떤 환원에도 저항하기 때문이다. 하지만 용재성의 본질이 기술적 대상임을 인식하지 않고는, 그것은 그것만으로는 기술적 대상으로 존재할 수 없으며 오직 세계 ─ 이 세계는 점점 더 통일되고 지구화된 체계가 되고 있다 ─ 속에서만 존재할 수 있음을 인식하지 않고 용재성에 기반한 역사 이해 방식을 연역하는 것은 가능하지 않다.

채크라바티 말대로 전 지구적 활동을 동기화하는 시간-축은 점점 더 강력해지고 있으며 동시에 점점 더 동질적으로 되어가고 있다. 우리가 '근대화'라고 부르는 것이 바로 그것이다. 하지만 이 시간-축을 단지 서사로 축소시킬 수 있다는, 그리하여 쉽게 이 시간-축을 '지방화'할 수 있다는 그의 생각에는 동의할 수 없다. 채크라바티의 비판은 많은 탈식민주의 이론의 문제를 잘 보여주는데, 이 이론은 정치적·물질적 문제를 비교문학에서의 상호-텍스트성이라는 항목으로 축소시키는 경향이 있다. 테크놀로지적 무의식으로서의 근대(성)는 **필연적으로** 다른 문화와 문명 속에서 전파될 것이다. 유럽에서의 근대(성)의 종언의 선언은 근대(성) 일반의 종언을 의미하지는 않는데, 왜냐하면 그와 같은 테크놀로지적 무의식이 (니체의 니힐리즘에서처럼) 운명인 동시에 새로운 가능성으로 파악되는 것은 오직 유럽에서뿐이기 때문이다. 그것은 다른 문화들에서는 **필연성**인데, 다른 문화들에서 테크놀로지적 무의식은 전

지구적인 군사적·경제적 경쟁에 의해 조장되며, 따라서 테크놀로지적 근대화가 필연적인 것이 되기 때문이다. 중국이 기술 발전의 가속화의 필요성을 발견한 것은 그러한 조건하에서였다. — 냉전 시기 동안 소련과 미국과의 상시적 긴장 그리고 이후의 시장경제의 도착은 오직 중국으로 하여금 GDP의 끊임없는 성장을 유지하기 위해 모든 자연자원과 인간자원을 고갈시키도록 밀어붙였을 뿐이다. 따라서 문제는 단지 새로운 서사를 발전시키는 것 또는 세계사를 아시아 아니면 유럽의 관점에서 바라보는 것뿐만 아니라 오히려 근대(성)를 통해, 즉 근대 테크놀로지와 테크놀로지적 무의식을 재전유하는 것을 통해 근대(성)를 극복하기 위해 이 시간-축과 대결하는 것이다.

전 지구적 교역에 의해 **세계시민적 권리**로 구성되는 것과 같은 종류의 세계시민주의 — 칸트는 『세계시민의 관점에서 본 보편사의 이념』에서 그것이 세평에 오르게 되는 과정에 대한 추론 속에서뿐만 아니라 『영구평화론』(1795년)에서 그에 대한 생각을 펼쳐 보인 바 있다 — 는 오늘날 다양한 망상화 테크놀로지(예를 들어 다양한 형태의 네트워크, 수송, 텔레콤, 금융, 테러방지대책)의 구현과 함께 어느 정도는 실현되어 왔다. 아마 하버마스처럼 칸트가 묘사한 것과 같은 종류의 이성은 아직 도착하지 않았으며, 계몽주의라는 기획은 미완이라고 주장할 수 있을 것이다. 하지만 문제는 더 이상 칸트적 그리고/또는 헤겔적 의미에서의 보편 이성을 완성하는 것이라기보다는 근대(성)에 의해 구성되어 온 글로벌한 시간-축에 저항할 수 있는 다양한 코스모테크닉스를 구성하는 것에 관한 것이다. 칸트는 유럽의 식민주의자와 교역자를 비판한 후 중국과 일본은 외국에서 찾아오는 그러한 이방인에 반대하는 정책을 현명하게 결정할 것이라고 지적한다. 즉 중국은 접촉은 허용하지만 영토로의 입국은 허용하지 않으리라는 것이다. 일본은 네덜란드인들과의 접촉을 제한하는 반면 동시에 그들을 범죄자로 취급하리라는 것이다.[181] 하지만 그와 같은 '지혜'는 지구화의 맥락에서는 불가능한 것으로 입증되었다. 그리고 그와 같은 고립 상태로 되돌아가는 것 또한 불가능하다. — 외적인 것(즉 교역)은 이제 (금융과 다른 네트워크를 통해) 국가에 내적인 것이 되었기 때문이다.

하지만 오늘날 근대(성)를 통한 근대(성) 초극이라는 과제는 우리를 특수성과 지역성이라는 문제로 데려간다. 지역성은 지구화에 대한 불안감을 해소시켜주는 대안이 아니라 지구화의 '보편적 산물'[182]이다. 우리가 다시 한 번 지역성에 대해 말하기를 원한다면 그것은 고립된 지역성이 아니며, 단지 글로벌한 것에 의해 생산되고 재생산되는 것인 대신 글로벌한 것을 전유하는 지역성이 되어야 함을 인정해야 한다. 글로벌한 시간-축에 저항할 수 있는 지역성은 그것을 철저하게 그리고 자의식적으로 변형시킴으로써 그것에 맞설 수 있는 지역성이다. — 단지 지구화에 미학적 가치만 덧붙이는 대신 말이다. 지역적인 것 자체가 글로벌한 것에 대한 저항이 될 수는 없을 것이다. 그렇지 않으면 모종의 '보수혁명'에 부전패를 당하거나 심지어 형이상학적 파시즘을 촉진시킬 위험을 무릅쓰게 될 것이다. 나는 여기서 중국철학을 그저 도덕철학으로 읽는 관습적 독법으로부터 벗어나는 쪽으로 첫걸음을 떼어보려고, 중국철학을 코스모테크닉스로 재평가해 보려고 그리고 전통 형이상학의 범주들을 우리 시대의 범주들로 제시해보려고 시도해왔다. 나는 또한 기술

---

181 칸트, 「영구평화를 위하여」.
182 The Invisible Committee, *To Our Friends*(Cambridge MA: Semiotext, 2014), pp. 188~189.

개념을 상호 환원 불가능한 상이한 형이상학적 범주들로 구성된 다-코스모테크닉스로 열어젖히는 것을 목표로 해왔다. 코스모테크닉스의 관점에서 근대 테크놀로지를 재전유하려면 두 단계가 요구된다. 먼저 여기서 시도해본 대로 근거 Grund로서의 기-도 같은 형이상학의 기본 개념들을 재구성할 것이 요구된다. 그런 다음 두 번째로 그에 근거해 기술적 발명, 발달, 혁신이 더 이상 단순한 모방이나 반복이 아닐 수 있도록 하기 위해 그것들을 조건 지을 에피스테메를 재구성할 것이 요구된다.

중국이나 동아시아 일반에 대해 말할 경우 여기서의 우리 명제에 핵심적인 문제는 1부에서 개요를 제시해본 기-도 관계가 어떻게 다원성이나 복수성에 대한 논의에 기여할 수 있는가이다. 기-도 관계의 계보의 개요를 제시하면서 '기원' 또는 기-도 사이의 '본원적인' 또는 '본래적인' 관계로 돌아가자고 제안하는 것이 우리 의도는 아니며 오히려 우리는 글로벌한 시간-축과 관련해 도를 새롭게 이해할 수 있는 방법을 힘차게 열어보려고 한다. 과거에서 예를 찾자면 (유가와 도가 등을 포함한) 제자백가의 출현, 송명리학, 신유학은 하나 같이 정치 위기 또는 정신의 몰락에 대한 대응이었다. 각각은 형이상학적 범주를 통해 전통을 재해석하는 것에 기반해 에피스테메를 혁신하려고 시도했다. 이 에피스테메가 이어 정치적, 미학적, 사회적, 정신적 삶(또는 삶의 형태)을 조건 지었으며 앎에 대한 창조와 규제의 힘으로 작용했다. 예를 들어 다도茶道 또는 서도書道에서 기의 사용은 더 이상 특정한 목적이라기보다는 완전히 상이한 경험을 목표로 하고 있다. 이 두 경우 기는 보다 높은 목포로 변형되는데, 우리는 그것을 칸트를 따라 '목적 없는 합목적성'이라고 부를 수 있을 것이다. 그러한 형태의 미학적 실천은 중국에서는 고대부터 오늘날까지 널리 행해져 오고 있다. 일상생활의 근대화 덕분에 비록 우리의 소비주의 사회의 마케팅 전략의 맥락에서 일부가 지금 부활하고는 있지만 그것들은 점점 더 사라지고 있다. 문제는 단지 미학적 경험 속으로 다시 들어가는 것이라기보다는 그러한 경험 안에 담길 수 있는 철학적 사유를 정교화하는 것이라고 할 수 있다. 중국에서의 테크놀로지 철학을 추적하고 찾아내자는 제안에 핵심적인 것은 기술 그리고 우주적인 것과 도덕질서의 합일 사이의 관계를 체계적으로 성찰하는 것이다. ─ 그것은 다시 한 번 테크놀로지의 생산과 사용에 대해 성찰하는 것을 허용해줄 것이다.

한층 더 자세히 성찰하고 구체적으로 살펴보아야 할 문제가 아직 많이 남아 있다. 즉 컴퓨터, 스마트폰, 로봇 등 정보기술과 관련해 그와 같은 형태의 경험은 어떻게 상상될 수 있을까? 다이오드, 트리오드, 트랜지스터, 즉 기술적 대상의 존재양식을 논하기 위해 시몽동이 사용한 예와 관련해 기-도에 대해서는 어떻게 이야기할 수 있을까? 1백 년의 근대화 이후 비-인간적인 것들과의 관계를 어떻게 혁신할 수 있을까? 테크놀로지의 발전이 고대의 코스모테크닉스의 틀을 흘러넘쳤는데, 도교와 불교 또는 심지어 스토아주의와 같은 가르침조차 도그마가 되어, 그 결과 자기-계발 방법에 불과한 것으로 쓰이고 있을 정도이다. '최고의' 경우 '캘리포니아 이데올로기'[183] 같은 것으로 변형될 수 있을 뿐이다. 하지만 우리는 이 물음들을 새롭게 제기하는 것이 그리고 ─ 초연한 내맡김 Gelasseneheit이라는 관점이 아니라 ─ 우주부터 기에 이르는 상이한 등급에 따라 코스모테크닉스의 관점에서 이 물음들에 접근하는 것이 가능하다고 주장한다. 앞서(§ 2) 논한 바 있는 TV 안테나에 대한 시몽동의 분

---

[183] 1960년대 동안의 미국의 히피 운동. 다소 서구화된 형태의 선불교가 많은 해커의 종교로 채택되었다.

석은 코스모테크닉스적 사유와 근대 테크놀로지 사이의 양립 가능성을 어떻게 하면 사유할 수 있는지를 보여주는 훌륭한 사례처럼 보인다.

따라서 코스모테크닉스라는 개념은 — 우주론을 넘어 — 기술-물음뿐만 아니라 이 테크놀로지의 복수複數의 역사를 다시 열 수 있기를 바란다. 다시 말해 중국을 하나의 사례로 이용해 그리고 기-도 코스모테크닉스를 근대 테크놀로지의 전유를 위한 토대이자 제약 요소로 받아들일 것을 제안함으로써 우리는 테크놀로지적 세계의 동질적인 것-되기로부터 의식적으로 자기를 빼내며 그것으로부터 벗어날 삶의 형태와 코스모테크닉스를 혁신할 것을 목표로 하고 있다. 그것은 전통을 재해석하고, 그것을 새로운 에피스테메로 **변형**시키지 않고는 불가능하다. 그리고 그것은 또한 또 다른 형태의 번역을 포함할 것이다. 예를 들어 메타피직스를 '형이상학'으로 또는 테크네를 '기술'로 번역하는 것처럼 더 이상 **등가성**equivalence에 기반한 번역이 아니라 **변환**이 일어나는 것을 허용하는 **차이**에 기반한 번역이 그것이다.

시몽동이 이해하는 바에 따르면 변환은 어떤 체계가 들어오는 정보에 의해 촉발되어 점차 구조적으로 변형되는 것을 함축하고 있다. — 그것은 문명의 개체화의 일부로, 여기서 진보[진전]는 '내적 공명'에 의해 특징지어진다. 「인간의 진보의 한계들: 비판적 연구」[184]라는 제목의 논문 — 인간의 진보의 한계와 관련해 테크놀로지의 가속화에 대한 질문에 대한 뤼에르Raymond Ruyer의 1958년의 동명의 논문에 대한 응답이다 — 에서 시몽동은 기술적 대상의 물질적 구체화를 문명에 대한 한계로 간주할 것을 제안한 바 있다. 뤼에르는 테크놀로지의 진보는 규칙적이

---

[184] Simondon, "The Limits of Human Progress: A Critical Study"(1959), *Cultural Politics* 6: 2(2010), pp. 229~236.

고 일직선적인 증대라는 쿠르노Antoine Cournot의 생각을 거부하고 그것을 오히려 "가속화된 폭발"로 묘사하면서 테크놀로지의 기하급수적 폭발은 특정한 지점에서 멈출 것이라고 주장한 바 있다.185 여기서는 뤼에르의 주장에 대해 상론할 수는 없지만 논문 끝에서 그가 비록 18세기와 19세기 초의 산업혁명은 인구의 많은 부분에 빈곤을 가져왔지만 "일단 테크놀로지의 골격이 안정되자 삶은 놀이와 환상을 새롭게 시작할 수 있었다"186고 진술하고 있는 것을 지적하는 것은 흥미롭다. 뤼에르의 주장은 중국의 실용주의자들에게서 공명을 얻을 수 있을 것이다. 즉 발전[개발]을 방치하고, 제발 파국을 눈감아 주길. — 나중에 우리가 '자연'을 수리할 테니 말이다. 시몽동은 인간의 진보에 특정한 목표를 상정하기보다는 인간의 진보를 인간 존재와 대상적 구체화 사이의 내적 공명으로 특징지어지는 순환이라는 관점에서 이해할 것을 제안한다.

> 인간의 진보는 하나의 자기-제한적인 순환으로부터 다른 순환으로 이행할 때 인간이 대상적 구체화와 함께 형성하는 체계 속에 연루되는 부분을 증가시킬 때만 이루어진다고 말할 수 있을 것이다. 인간-종교라는 체계에 인간-언어라는 체계보다 더 많은 내적 공명이 부여될 때 그리고 만약 인간-테크놀로지라는 체계에 인간-종교보다 더 많은 내적 공명이 부여될 때 진보가 일어난다.187

---

185 R. Ruyer, "Les limites du progrès humain", *Revue de Métaphysique et de Morale* 64: 4(1958), pp. 412~427, p. 416.
186 앞의 책, 423페이지.
187 Simondon, "The Limits of Human Progress", p. 231.

여기서 시몽동은 세 가지 순환, 즉 '인간-언어', '인간-종교', '인간-테크놀로지'를 식별하고 있다. '인간-테크놀로지' 순환에서 시몽동은 새로운 대상적 구체화를 주목하는데, 그것은 더 이상 자연 언어나 종교 의식의 구체화가 아니라 '테크놀로지적 개체'의 생산의 구체화이다. 테크놀로지적 대상화가 어떤 내적 공명도 생산하지 않으며, 그리하여 어떤 새로운 순환으로도 이어지지 않는 것은 가능하다. 이것이 근대(성)에 대한 시몽동의 비판을 구성한다고 말할 수 있을 것이다. 이 비판은 대부분의 아시아뿐만 아니라 오늘날의 중국에서 구체적 사례를 발견하고 있는데, 거기서 우리는 자본주의(지배적인 코스모테크닉스)에 의해 추동되는 엔트로피적인 것[188]으로-되기가 아무것으로도 이어지지 않으면서 어떤 공명도 얻지 못하고 있는 것을 발견하고 있다. ― 데스콜라적 의미에서의 자연주의가 보편화되고 있는 것이다. 그것은 인신세에 사는 우리 모두에게 닥치고 있는 위험이다. 여기서는 내적 공명을 생산하는 것이 번역의 과제이다. 우리가 여기서 찾고 있는 '내적 공명'은 기와 도라는 형이상학적 범주의 합일로, 그것에는 우리 시대에 고유한 새로운 의미와 힘이 부여되어야 한다. 이 둘을 변형시키기 위해서는 분명히 과학과

---

[188] 나는 '엔트로피적'이라는 용어를 레비-스트로스가 『슬픈 열대』에서 '엔트로피학en-tropology'이라고 부르는 용어와 연결시키고 있다. 그는 서양의 팽창으로부터 공격당하고 있는 문화들의 해체를 묘사하는 자기의 분과학문, 즉 인류학이라는 이름을 개칭하기 위해 이 용어를 제안하고 있다. "최고도로 전개된 형태 속에서 이 해체 과정을 연구하는 분과학문의 이름은 '인류학anthropologie이라기보다는 '엔트로피학entropologie'이라고 써야 할 것이다(레비-스트로스, 『슬픈 열대』, 박옥줄 역, 한길사, 743페이지). 이 용어는 최근 스티글러가 인신세를 그것이 부단히 교만hubris을 생산한다는 의미에서 '탈인신세'로 부르면서 다시 불려내진 바 있다. Bernard Stiegler, *Dans la disruption: Comment ne pas devenir fou?* (Paris: Editions les Liens qui Libèrent, 2016)를 보라. 무어는 인신세는 기본적으로 자본주의라는 세계 생태계 단계라는 의미에서 자본세라고 부른다. Jason W. Moore, *Capitalism in the Web of Life*를 보라.

기술을 이해해야 할 것이다. 하지만 1백 년이 더 넘는 '근대화' 이후 이제 새로운 형태의 실천을 추구해야 할 때가 되었다. 중국뿐만 아니라 다른 문화에서도 말이다. 바로 여기서 상상력의 날개를 펼치고 온갖 노력을 구체적으로 경주해야 할 것이다. 본서의 목적은 차이에 기초한 그와 같은 새로운 번역을 제안하는 데 있다. 오직 그러한 차이를 갖고 있을 때만 그리고 그러한 차이를 물질적 측면에서 주장할 수 있는 능력과 상상력을 발휘할 때만 또 다른 세계사에 대한 소유권을 주장할 수 있을 것이다.

■ 찾아보기

⟨ㄱ⟩

가르네, 마르셀 81
가타리, 펠릭스 118
갈릴레이 278~280
강유위 229
골드슈미트, 빅터 132
공자 137 176 180 182~185 189
 204 222~223 228 257
곽상 172
교서금 268
그라네, 마르셀 94 107 119 123
 150 283 285 338
그람, 몰트케 251~252
그레이엄, A. C. 94 118 123
그룰, 마르틴 211
김관도 201 205
김영식 219
깁슨, 제임스 93

⟨ㄴ⟩

나가르주나 203
나겔, 토마스 192~193
노스코트, 마이클 374
누스바움, 마샤 139 160 162
뉴턴, 아이작 244~245 278~279
 281
니덤, 조셉 85 94 96 102
 104~105 137 237 240~245
 264 274~275 278~279 315
니비슨, 데이비드 220 222
니시다, 키타로 326~327
니시타니, 케이지 63, 109 112
 114 309 318~332 336~344
 346 350 353~357 360
 369~370 373 384
니찬, 조녀선 378
니체, 프리드리히 182~185 189
 204 222~223 228 257
니키쉬, 에른스트 362

⟨ㄷ⟩

단옥재 180
담사동 228~229
대진 221 295
데리다, 자크 178 223 288 303
 306~308 312
데스콜라, 필립 63 88 90~92
 113~114 117~119 373 391
데자우어, 프리드리히 77 265
데 카스트로, 에두아르도
 117~118
도겐 112 321~322 328
 349~353 356 391
동중서 96 152~153 156~157

195
두긴, 알렉산드르　362~364
두유명　246
듀이, 존　231
드레퓌스, 휴버트　268
드티앙, 마르셀　285
들뢰즈, 질　115　118
등소평　236　266~267　370
디 체자레, 도나텔라　364
디오게네스 라에르티우스　193　197
딜타이, 빌헬름　305　332

〈ㄹ〉
랑케, 레오폴드 폰　331~332　338
러셀, 버틀란트　231　246
루크닉, 데이비드　158　164
뤼예르, 레이몽　389
르루아-구랑　289　291
리오타르, 프랑수아　108　111~113
　　300~301　303　346~360
리치, 마테오　276
리케르트, 하인리히　332

〈ㅁ〉
마르코 폴로　210
마르쿠스 아우렐리우스　198　200
마르크스, 칼　265~268
마이네케, 프리드리히　332
맹자　239　256　279　378~379
메를로-퐁티, 모리스　93
메이야수, 켕탱　115~116
모종삼　63　104~106　108
　　110~115　130~131　137
　　156~157　186　195　202　207
　　214　223　246~264　270　274
　　315　324　326　328　336~337
　　342　359~360
모택동　73
몽트벨로, 피에르　373　114~120
무어, 제이슨 W.　391
미제스, 리하르트 폰　113
미첨, 칼　73　268

〈ㅂ〉
바디우, 알랭　116
바일, 헤르만　113
반 덴 브룩, 아루투르 묄러　363
반길성　219
밤바흐, 찰스 R.　366
배스의 아델라르드　278
베르그송, 앙리　94~95　155　231
　　236
베르낭, 장-피에르　77　80　84　96
　　144　146~148　159　162　285
베이트슨, 그레고리　92~93
베테그, 가버　195
보르크만, 알베르트　268
보일, 로버트　279
뵘, 루돌프　140　166　313~315
브레이에르, 에밀　194
비츨러, 쉼숀　378
빈델반트, 빌헬름　332
빌라모비츠-묄렌도르프, 울리히 폰
　　79
빌리우, 세바스티앵　249　251

〈ㅅ〉

사르트르, 장-폴 70 320
서광계 276
세네카 132 197 200
세르, 미셸 298
셀라즈 189~191
셸링, 프리드리히 빌헬름 요셉 78 102 136~137 251~254 262 328 331 334
소송 283
소포클레스 139
솔론 159
송응성 207 209~213 216~219
수아레즈, 프란치스코 244
순자 379
슈레더, 만프레드 265
슈미트, 칼 362
슈발레, 카트린느 280
슈위츠, B. I. 118 124
슈판, 오트마르 362
슈펭글러, 오스왈트 69~70 113 362
스츠키, 시게타카 325 332 334
스티글러, 베르나르 61 65 73 107 110 114 179 265 282 286~289 304 308~309 311~315 317 342~346 348 384 391
스피노자, 바루흐 135 137
슬로터다이크, 페터 357~358
시몽동, 질베르 73 84 87~90 93~94 117 119~120 270 300 315 388~389 391

신란 328
신수 354

〈ㅇ〉

아낙시만드로스 76 132 144~148 166
아르키메데스 277
아리스토텔레스 130 140 158 162 164~167 187~189 191~193 280 284 314 322 361
아우구스티누스 284
아이스킬로스 81
아인슈타인, 알버트 113 245 278~279 281
알렉산드리아의 유클리드 277~278
알렉산드리아의 파푸스 278
애너스, 줄리아 193 195 197
야스퍼스, 칼 183
엄복 226
에스테스, 욜란다 252
엘륄, 자크 73 269 300
엠페도클레스 132
엥겔스, 프리드리히 266~268
여영시 203 246
오십주 180
오이켄, 루돌프 155 231~233
오취휘 230
와쓰지 데쓰로 291~294
왕국유 180
왕부지 294
왕신명 235
왕양명 124 223 256~258

326~328 336
왕필 135 172
왕후이 237
요나스, 한스 93
요대지 85
우광원 266~267
우드, 헨리 229
웅십력 113 246
원자바오 156
위원 28 223 225~226 345
윙거, 에른스트 69 362
윙거, 프리드리히 362
율리아누스 243
이드, 돈 73
이삼호 227 228
인골드, 팀 87 91~94 117

〈ㅈ〉
잠베르티, 바르톨로메오 278
장군매 113 231~234
장대년 213 215
장동손 232 236
장자 133~137 153~155 172~173 176~179 188 201 219
장재 206 208~209 213~216 249 250
장학성 219~223 226 295 345
장형 276 283
전신조 134 199
정가동 263
정문강 234
정이 213~214

정현 170
정호 213~214
제논 190 192 194 197
제르네, 자크 83
제임스, 윌리엄 231 327
좀바르트, 베르너 362
주돈이 208~209
주희 213~215 221
쥘리앵, 프랑수아 90 107 119 131 150 186 283~286 294 338
진독수 236
진창서 268
질, 베르트랑 84~85
질송, 에티엔 244
짐머만, 마이클 167

〈ㅊ〉
채크라바티, 디페시 381~384

〈ㅋ〉
칸, 찰스 H. 138 148 188
칸트, 이매뉴얼 86 105 108 114~116 136 157 211 214 246~249 251~255 258~260 262 266 307 324 336 385 387
캅, 에른스트 73 77 264
케네, 프랑수아 155
케플러, 요하네스 278~281
쿠르노, 앙투안 390
크리시포스 193~195 197
클라우어, 제이슨 258
클레안테스 194
키케로 193~194 197 243 358

⟨ㅌ⟩

타르드, 가브리엘 112 115
타박, 존 277
탈레스 77 121 132 147~148 277
토모미, 아사쿠라 337
틸리에트, 크사비에르 251

⟨ㅍ⟩

파르메니데스 139 143 166
푸코, 미셸 97~98 132 199~200
풍우란 105 238~240 246 264
프라이어, 존 207 229
프로이트, 지그문트 303 346~349 353
플라톤 77 79~80 107 137 140 158~159 161~168 171 177~179 189~190 277 288 289 293 297 314 324 351 353 361
피타고라스 148 277 292
피히테, 요한 고트리프 102 136 251~254 262 327~328
핀버그, 앤드류 268 327 329
핀스크, 크리스토퍼 349~350 352

⟨ㅎ⟩

하버마스, 위르겐 73 385
하이데거, 마르틴 63 69~74 88 101~103 107~110 114 130 132 139~146 148~149 154 158 164~168 186~187 244 254 260 265 269 289 291 293 297 300 302~321 323~324 327 329 332 338 340~343 350~351 353 361~367 371 378 382~383
한유 202
함, 데이비드 E. 192 194 198
헤겔, 게오르크 빌헬름 프리드리히 78 102 146 222 254 258 321 331~332 338
헤라클레이토스 139~140 143~144 146 166 193
헤시오도스 77 141 147
혜능 354
호적 231 235
홍인대사 354
화이트헤드, 알프레드 노스 115 117 137 245~246 315~316
회그셀리우스, 페르 85
횔덜린, 프리드리히 78 140 334 364
후설, 에드문트 107 113 282 288 304 312
히포다모스 148
히폴리투스 277
힐셔, 프리드리히 362